JN418655

東洋古典譯註叢書 35

譯註 國語 1

許鎬九 李海權
李忠九 金在烈 譯註

傳統文化硏究會

國譯委員

譯註　許鎬九・李海權・李忠九・金在烈
潤文　趙洙翼
出版　權永順
校正　姜雲淑

刊 行 辭

우리의 古典國譯事業은 민족문화진흥의 기초사업으로 1960년대부터 政府 支援으로 古文獻 現代化 작업을 추진하여 많은 成果를 거두었다. 당시 이 사업 추진의 先行課題로 東洋古典이라 일컬어지는 중국의 基本古典을 먼저 飜譯하여야 한다는 學界의 주장이 있어 왔음에도 불구하고 우리 고전이 아니라는 일부의 偏狹한 視覺과 財政 事情 등으로 인하여 배제되어 왔다.

전통적으로 중국의 기본고전은 우리 歷史와 함께 숨쉬며 각종 교육기관의 教科書로 활용됨은 물론이고 지식인들의 必讀書가 되어 왔으며, 우리 文化의 基底에 자리잡고 거의 모든 방면의 體系와 根幹을 형성하여 왔다. 그래서 학문연구의 기본서 역할을 해왔을 뿐만 아니라 오늘날에도 우리의 國學徒 및 東洋學 研究者들에게 같은 역할을 하고 있음은 주지의 사실이다. 그럼에도 불구하고 中國古典은 우리 것이 아니라 하여 專門機關의 飜譯對象에 포함하지 않음으로써 대부분 原典에서의 직접 번역이 아닌 重譯이나 拔萃譯의 방식이 주를 이루면서 教養水準으로 出版되어 왔다.

오늘날 東洋三國 중에서 우리의 東洋學 연구가 가장 부진한 이유는 東洋基本古典에 대한 폭넓은 이해의 부족과 漢文古典 讀解力의 저하에 기인함을 우리는 솔직히 인정하여야 한다. 따라서 이들 중국고전에 대한 신뢰할 만한 國譯이 이루어지는 것이 한국학 연구를 촉진시키는 시급한 先行課題라 할 수 있다.

이에 韓國學 및 東洋學의 연구와 古典現代化의 基盤構築을 위해서는 전문기관으로 하여금 동양고전을 단기간에 각 분야의 專門 研究者와 漢學者가 상호협동하여 연구번역하여 飜譯의 傳統性과 效率性, 研究의 專門性을 높일 수 있도록 政策的 配慮가 있어야 한다.

이에 本會에서는 元老 및 中堅 漢學者와 斯界의 專攻者로 하여금 協同研究飜譯하여 공부하는 사람들이 믿고 引用하거나 깊이 있는 註釋 등을 활용할 수 있게 하고, 知識人들의 教養을 증진시켜 줄 수 있는 東洋古典의 國譯書 간행을 지속적으로 추진해 왔다. 근래에 다행히 이 사업에 대하여 각계 지도층의 폭넓은 이해와 지원에 힘입어

2001년도부터 國庫補助를 받아 東洋古典譯註叢書를 간행하게 되었다. 이를 계기로 우리 先學의 註釋과 見解를 반영하는 등 국역사업의 內實을 기하게 되었음을 이 자리를 빌어 衷心으로 감사드리며, 아울러 國譯에 參與하신 관계자 여러분의 勞苦에 깊은 謝意를 표한다.

끝으로 우리의 이러한 작업은 오랜 역사 위에 축적된 先賢들의 業績과 現代學問을 이어주는 튼튼한 架橋와 礎石이 되어 진정한 韓國學과 東洋學 발전에 기여할 것을 굳게 믿으며, 21세기를 우리 文化의 世紀로 열어 가는 밑거름이 되도록 우리의 力量을 本 事業에 경주하고자 한다. 江湖諸賢의 부단한 관심과 지원을 기대해마지 않는다.

社團法人 傳統文化硏究會 會長 李 啓 晃

譯者 序

東邦思想研究會는 漢文典籍을 講讀하는 작은 모임이다. 그동안 여러 典籍을 講讀하였고, 2000년 11월부터는 ≪國語≫를 講讀하기 시작하여 2002년 6월까지 1년 7개월 동안 매주 쉬지 않고 講讀과 初譯을 진행하였다. 이 初譯을 바탕으로 校勘·潤文·註釋 등의 마무리 작업을 거쳐 傳統文化研究會에서 ≪譯註 國語≫로 出刊하게 되었다.

≪國語≫는 春秋時代 각 列國의 國別史이며, 주로 對話를 기록한 특이한 歷史書이다. 중국의 史書는 紀傳體나 編年體를 채택하여 記事한 것이 대부분인데 이 ≪國語≫는 君臣이나 使節 사이에, 또는 王室의 卿士가 諸侯나 陪臣의 言行을 보고 王에게 그 興亡禍福을 豫言한 말을 기록한 歷史 散文이다. 아울러 현재에 남아 있는 古代 歷史의 原資料로 평가받는 유일한 史書라고 하겠다.

중국 고대의 史書로서 現傳하는 책은 ≪左傳≫·≪國語≫·≪戰國策≫·≪史記≫ 등을 대표적으로 들 수 있다. ≪左傳≫과 ≪國語≫는 전통적으로 左丘明의 著書로 알려져 왔다. 司馬遷은 ≪史記≫ 〈太史公自序〉에서 "左丘는 失明하자 ≪國語≫의 저술을 남겼다." 하였고, 班固는 ≪漢書≫ 〈司馬遷傳贊〉에서 "孔子가 魯나라 史記를 따라 ≪春秋≫를 지었는데, 左丘明은 그 본래의 일을 논술하여 傳(左傳)을 지었고, 또 ≪左傳≫과의 異同을 纂述하여 ≪國語≫를 지었다." 하였다. 또 ≪漢書≫ 〈藝文志〉에는 "≪國語≫는 21篇인데 左丘明이 지었다." 하였고, 韋昭는 〈國語解叙〉에서, 左丘明이 ≪左傳≫을 지은 뒤에 "雅正한 생각을 다 쓰지 못하여 또 ≪國語≫를 지었다." 하여, 漢初 이후로 ≪左傳≫·≪國語≫를 모두 左丘明의 저술로 인식하였다. 그래서 ≪左傳≫은 ≪春秋≫의 經을 해석한 책이라 하여 ≪春秋內傳≫으로, ≪國語≫는 經을 위주로 하지 않고 서술하였다 하여 ≪春秋外傳≫으로 불렀다. 이것은 ≪左傳≫에서 다 수용하지 못한 史實을 주류 이외의 史料를 이용하여 편찬했기 때문이라고 한다. 그러나 唐代 이후로 左丘明 著作說에 대하여 異議를 제기하는 사람이 있게 되었고, 宋代의 鄭樵와 朱熹도 左丘明의 著作說에 대하여 懷疑적인 태도를 보였다. 宋의 陳振孫은 ≪直齋書錄解題≫에서 "事實과 言辭에 異同이 많고 文體도 같지 않다……필시 한 사람의 손에서 나온 것이 아니다." 하였다. 近代 新史學界에서 의견의 일치를 보지는 못하였지만 左丘明의 지술이 아니라 戰國 초기, 春秋時代 각국의 역사와 典故에 밝은 사람이 각국의 역사 기록을 모으고 정리하여 편찬한 것이라고 추정한다. 그렇지만 후대 歷史書 편찬의 典範으로 여기는 司馬遷의 ≪史記≫는 바로 ≪左傳≫과 ≪國語≫를 참고하여 저술하였다고 하니 여기에서도 ≪國語≫의 史料的 가치와 역사성을 인정할 수 있겠다.

≪國語≫는 〈周語〉 3권, 〈魯語〉 2권, 〈齊語〉 1권, 〈晉語〉 9권, 〈鄭語〉 1권, 〈楚語〉 2권, 〈吳語〉 1권, 〈越語〉 2권 등 모두 21권으로 엮어져 있다. 이 중 〈晉語〉가 거의 절반을 차지하기 때문에 ≪國語≫를 晉史로 부르는 사람도 있다. 그러나 周 穆王의 犬戎을 정벌하려는 것을 諫한 일에서 시작하여 趙·韓·魏가 연합하여 智伯을 멸망시킨 사실을 마지막으로 기록하였으니, 詳略의 차이는 있지만 西周를 비롯하여 春秋時代 列國의 역사를 두루 기록하고 있다고 볼 수 있다. ≪國語≫는 對話手法을 이용하여 임금과 신하 사이, 大臣과 臣僚 사이의 對話에서 政治·軍事·經濟·文化 등의 觀點을 나타낸 歷史思想書이기도 하다. 아울러 文學性도 가볍게 볼 수 없는 책으로 알려져 있다. 唐代의 文章家 柳宗元은 ≪國語≫ 내용 중의 불합리한 점을 발췌하여 〈非國語〉를 지어 비판을 가하였다. 그런 그도 文學性만은 인정하여 "〈≪國語≫의 文章은〉 深閎傑異하여 진실로 세상 사람들이 탐닉함을 마지 않는다." 하였다. 이 같은 평가를 받는 ≪國語≫를 읽음으로써 春秋時代의 역사를 알게 됨은 물론이고, 典雅한 古代 散文의 아름다움도 鑑賞하는 기회가 되리라 기대한다.

≪國語≫의 講讀은 許鎬九·李忠九·李海權·金在烈(講讀次例順)이 참여하였고, 初譯은 金榮洙·李元澤·申昌鎬·鄭貞淑·金庚泰·孟榮一·金富春 등이 수고하였다. 校勘·注釋·潤文을 거쳐 최종 책으로 완성한 내용은, 제1책 : 周語 一의 祭公諫穆王征犬戎~周語 三의 晉羊舌肸聘周論單靖公敬儉讓咨는 許鎬九, 周語 三의 單穆公諫王鑄大錢~齊語의 管仲對桓公以霸術은 李忠九, 齊語의 管仲佐桓公爲政~晉語 三의 惠公斬慶鄭는 金在烈이 담당하였다. 제2책 : 晉語 四의 重耳自狄適齊~晉語 七의 司馬侯薦叔向은 李忠九, 晉語 八의 陽畢敎平公滅欒氏~楚語 上의 左史倚相儆司馬子期唯道是從은 金在烈, 楚語 下의 觀射父論絶地天通~越語 下의 范蠡乘輕舟以浮于五湖는 許鎬九가 담당하였다.

2005년 12월 일 譯者를 代表하여 許鎬九는 序함

解 題

金榮洙(단국대 교수 국어국문학 전공)

1. 歷史書 編纂

'歷史는 한 시대의 거울'이라는 인식은 동양의 오랜 전통이었다. 따라서 역사서에는 으레 '通鑑'이란 교훈적인 명칭이 자주 사용되었다. 동양의 전통적 학문인 文·史·哲 중에서도 역사가 가장 精緻한 이론 체계를 갖추고 발달한 것도 주목할 만하다. 또한 역사의 평가 기준을 후대보다 전대에 두는 이른바 尙古主義적인 관점도 동양의 오랜 관습이었다. 이는 論理나 必然 대신에 先例를 중시하는 관점이기도 하다. 夏·殷·周를 이상적인 시대로 가정하고 그 이상향을 지향하는 역사관이 바로 그것이다. 이 같은 인식은 역사는 陰陽五行이나 一治一亂에 의해 반복된다는 순환론에 입각한 관점이기도 하다. 이런 면에서 鑑戒主義와 褒貶, 그리고 春秋筆法과 微言大義의 문제는 역사서 편찬에서 가장 중요한 기준이었다. 그러므로 역사 편찬에는 사실의 기록이라는 의미를 넘어 역사상에 실재하는 선한 사례를 찾아서 그것을 오늘날에 계승하기 위한 평가라는 의미가 강하게 작용하고 있다. 즉 역사 서술은 도덕적 가치 평가를 전제로 이해되고 서술해야 한다는 인식이 강하게 자리하고 있다.

중국 目錄學의 嚆矢로 불리는 ≪漢書≫ 〈藝文志〉에는 典籍의 分類를 六藝略·諸子略·詩賦略·兵書略·數術略·方技略의 여섯 가지로 대별한 후, 역사서를 육예략의 春秋類에 넣어서 분류하고 있다. 즉 ≪國語≫나 ≪世本≫·≪戰國策≫·≪史記≫ 등의 역사서가 춘추류에 附記되어 있다. 그 가장 큰 이유는 이들 역사서가 유가의 경전이 아니라고 본 데에 있는 듯하다. 劉歆의 ≪七略≫을 모방하여 지은 ≪漢書≫ 〈藝文志〉에는 ≪七略≫ 중에 輯略이 없는데, 이에 대해서는 분할하여 육략에 넣었다는 주장과, 每 '略'의 總序 및 小序 역시 원래 ≪七略≫에 있던 것을 그대로 답습한 것이라는 설이 있다. '略'이란 封畛의 뜻으로 토지의 경계를 의미하는 말이다. 결국 ≪七略≫과 ≪漢書≫ 〈藝文志〉는 기본적으로 동일하다고 할 수 있다.

≪隋書≫ 〈經籍志〉에 의하면 역사서의 분류를 正史(紀傳體)·古史(編年體)·雜史와

이밖의 13류로 기록하고 있고, 唐代의 劉知幾는 ≪史通≫에서 史體를 六家二體로 분류한 바 있다. 육가는 尙書家(記言家)·春秋家(記事家)·左傳家(編年傳家)·國語家(國別家)·史記家(通古紀家)·漢書家(斷代紀傳家)를 말하고, 二體는 編年과 紀傳을 이른다. 이 중의 國語家를 國別家로 설명한 것을 보면 서술 체제에 의한 분류임을 알 수 있다.

역사서의 서술 체제는 인물을 중심으로 기술하는 紀傳體와 시간을 중시하여 연월일에 따라 기술하는 編年體가 있다. 또한 역사적인 사건을 중심으로 그 본말을 자세히 밝히는 紀事本末體가 있고, 그밖에도 會要體(唐會要)·典志體(通典과 通志)·綱目體(通鑑綱目)·實錄體(王朝의 實錄) 등이 있다.

≪春秋≫는 당시 列國에서 역사서의 명칭으로 널리 사용했던 용어로 '1년간의 역사'를 의미한다. ≪春秋≫의 經文은 文辭가 간략하고 표현이 추상적이어서 傳이 없으면 내용을 파악하기 어려웠기 때문에 이른바 春秋三傳(≪公羊傳≫·≪穀梁傳≫·≪左氏傳≫)이 나오게 되었다. 중국 고대의 역사서로는 ≪左傳≫과 ≪國語≫와 ≪戰國策≫이 전하는데, 司馬遷의 ≪史記≫는 바로 이 책들을 참고하여 지은 것이라 한다.

≪國語≫는 각 나라별로 엮은 사서(國別史, 列國史)로는 가장 오래된 책이다. 또한 ≪國語≫의 '語'는 상고시대 著作의 한 형식이었다. ≪國語≫ 〈楚語 上〉에, 楚 莊王이 대부 士亹에게 태자를 가르치도록 명하자, 士亹가 대부 申叔時에게 태자를 가르치는 법을 물었다. 신숙시는 '春秋·世·詩·禮·樂·令'을 가르치라고 말하고는, '語'를 추가하여 말하였다. "좋은 말을 가르쳐 덕을 밝히고 선왕이 백성에게 덕을 밝히는 데에 힘쓴 것을 알게 하시오.〔敎之語 使明其德 而知先王之務用明德於民也〕"라 하였다. 이를 미루어 보면 '語'를 '治國에 관한 名言警句'로 인식했음을 알 수 있다.

예부터 ≪國語≫와 ≪左傳≫은 左丘明의 저서로 알려져 왔다. 그리고 ≪左傳≫은 內傳으로, ≪國語≫는 外傳으로 구별하여 왔다. 그 이유는 ≪國語≫를 ≪左傳≫의 나머지 자료로 엮었다고 해서 붙인 이름이었다. ≪春秋≫가 魯나라를 안〔內〕으로 삼고, 列國을 밖〔外〕으로 삼아 기술하였듯이, ≪國語≫는 각국 군신 간의 대화나 謀策의 득실을 기록한 것이다. 각국의 주요 인물들이 자신의 주장이나 정견을 펼치면서 나라를 다스리는 要諦를 역설한 것으로서 당시의 典章制度나 각국의 물산·책략·외교관계 등을 살필 수 있는 생생한 자료이다.

韋昭는 〈國語解叙〉에서 "천지의 만상을 포괄하고 화복을 탐색하여 짐작했으며, 깊고 은미한 일을 드러내고 선악을 밝혀낸 것이 매우 밝아서 실로 六經과 六藝를 함께 펼쳤으니, 단지 諸子百家의 무리가 아니다.〔所以包羅天地 探測禍福 發起幽微 章表善惡者 昭然甚明 實爲經藝並陳 非特諸子之倫也〕"라고 한 바 있다. 이는 ≪國語≫를 諸子書가 아닌 經藝의 수준으로 높이 보고 있음을 엿볼 수 있는 언급이다.

그러나 대체적으로 記述의 함축성, 잡다한 성격 및 대화체 등으로 인해 문장이 모호하고 난해하기 때문에 접근하기 어려운 특징을 지니고 있다. 따라서 해석에 있어서도 다양한 견해가 제기되어 왔다.

2. 春秋戰國時代 槪觀

≪國語≫에 나타난 기사는 周 穆王으로부터 魯 哀公에 이르기까지 대략 B.C. 976년에서 B.C. 453년에 이르는 기간의 일을 기록하고 있다. 이 가운데 〈周語〉와 〈鄭語〉에서는 西周의 일을 기록하였고, 나머지는 해당 列國의 일을 기록하여 ≪左傳≫에서 볼 수 없는 事實로 구성되어 있다.

춘추전국시대의 경계에 대해서는 이론이 분분하다. 司馬遷의 ≪史記≫ 〈六國年表〉에는 周 元王 원년(B.C. 475년)으로 보았고, 송대 呂祖謙의 ≪大事記≫에는 춘추전국시대의 분기점을 周 敬王 39년(B.C. 481년)으로 보았는데, 이는 ≪春秋≫의 기사가 끝나는 해이기도 하다. 또한 宋 司馬光의 ≪資治通鑑≫에는 周 威烈王 23년(B.C. 403년)의 趙·魏·韓 三家가 分晉한 일을 전국시대의 시작으로 보고 있다.

이른바 春秋時代는 대개 東周 전반기를 가리키는, 周 平王 49년(魯 隱公 원년 : B.C. 722년)에서 周 敬王 39년(魯 哀公 14년 : B.C. 481년)에 이르기까지 모두 242년간을 말한다. 춘추시대라는 용어는 魯나라의 역사서인 ≪春秋≫에서 유래하였다. 이 시기는 바로 孔子가 저술한 ≪春秋≫의 시기와 일치한다. 또한 周 平王의 東遷(B.C. 770년 : 鎬京에서 洛邑으로 옮김)으로부터 周 敬王 44년(B.C. 476년)까지를 춘추시대로 분류하기도 한다. ≪左傳≫의 기록에 의하면 춘추시대에는 140여 개의 나라가 있었으며, 그중 중요한 나라는 齊·晉·楚·秦·魯·鄭·宋·衛·陳·蔡·吳·越 등이었다. 춘추시대의 역사는 大國의 爭霸史로서 약 1,200여 회의 전쟁을 기록하고 있으며, 전국시대에는 戰國七雄(齊·楚·秦·燕·韓·趙·魏)으로 압축된 형세에서 서로 천하를 다투기 위한 전쟁으로 점철된 혼란한 시대였다.

춘추시대에는 天子인 周王室을 존중하고 제후국이 공존하면서 春秋五霸를 중심으로 역사를 움직인 시대라는 특징을 지닌다. 춘추시대는 대체로 封建制度를 유지하고 있었으나, 각 제후국은 천자에 대하여 정기적인 朝覲述職과 貢納을 하지 않았다. 그러나 주왕실이 비록 쇠퇴하였다 하더라도 제후 중에는 尊王攘夷의 기치를 내세우며 제후를 영도하는 霸主가 있었다. 춘추시대의 첫 번째 패주는 齊 桓公이었다. 패주는 尊王과 攘夷의 두 가지 의리를 표방하고 있었고, 小國은 霸國이 주도하는 성벌에 함께 출병하여 협력하는 일과 경제적인 貢納의 의무를 지고 있었다. 각국의 정권은 여전히 귀족의 손에 조종되고 있었으나, 일부 제후국 내의 대부 계급이 강성하여 전횡을 부리고, 세력이 큰 자는 제후와 대립하기도 하였다. 西周時代의 "예악과 정벌이 천자로부터 나온다.〔禮樂征伐自天子出〕"는 의리가 "예악과 정벌이 제후로부터 나온다.〔禮樂征伐自諸侯出〕"는 逆理로 바뀐 것이다. 그러나 公室을 거세하고 이를 대신하는 지경에까지는 이르지 않았다.

戰國時代는 東周의 후반기로서 東周가 멸망한 이후 34년을 포함하여 말하는, 周 敬王 40년(B.C. 480년)에서 秦나라가 천하를 통일하기 1년 전인 秦王 政 25년(B.C. 222년)까지 259년간을 이른다. 또한 周 元王 원년(B.C. 475년)부터 秦이 六國을 통일한 秦王 政 26년까지로, 제후국들 사이에 끊임없이 전쟁이 계속되었던 시기이다. 전국시대가 시대를 의미하는 말로 쓰인 것은 ≪漢書≫ 〈地理志 上〉에 "전국시대에 이르러 천하가 7국으로 나뉘어져 합종연횡으로 수십 년을 지냈다.〔至於戰國 天下分而七 合從連衡經數十年〕"라는 말에서 비롯한다.

전국시대는 초기의 魏나라 주도 시기와 齊와 秦의 강대국의 대결 시대, 그리고 진나라가 張儀를 등용하여 連橫策으로 천하를 통일하는 시기로 구분된다. 전국시대에 이르러 봉건제도는 점차 붕괴되고 왕실은 제후들의 존경을 받지 못하고 열국에도 강대한 신하가 公室의 지위를 찬탈하는 약육강식의 사태가 발생하였다. 宗法과 血緣을 중심으로 하던 分封制에서 열국이 모두 군사력을 확충하여 군국주의를 지향하면서 중앙집권하의 관료체제와 郡縣制가 태동하기 시작하였다.

전국시대의 가장 큰 특징의 하나는 이른바 思想의 百家爭鳴 시대라는 점이다. 봉건사회에서의 지식이란 본래 '學在官府'라 하여 귀족의 전유물이었으나, 귀족의 후예들이 평민으로 전락하면서 지식도 민간에 흘러 들어갔다. 孔子 역시 '有敎無類'라 하여 차별없이 교육에 힘쓴 것을 볼 수 있다. ≪漢書≫ 〈藝文志〉의 諸子略에 의하면 춘추전국시대의 각 학파는 중요한 것이 10가로서 儒家·道家·陰陽家·法家·名家·墨家·縱橫家·雜家·農家·小說家가 있었다.

춘추전국시대의 諸子들은 현실 정치에 참여하여 자신의 견해를 제시하고 제자들을 모아 講學하는 것을 목적으로 하였고, 또한 당대의 폐단을 논하고 미래를 전망하며 통치자들이 자신의 견해를 채택하여 치국 안민하기를 희망하였다. 당시 讀書는 벼슬길에 나아가는 지름길이었고, 이로 인해 私學은 더욱 발전할 수 있었다. 이 혼란한 시기에 '以史爲鑑'의 관점이 대두되면서 역사 기록이 중시됨에 따라 史學은 궁정의 속박에서 벗어나 개인이 편찬한 사서들이 출현하게 되었다. ≪春秋≫·≪左傳≫ 등 編年體 사서와 ≪國語≫의 記言體 사서가 바로 이 같은 요구에 부응한 역사서였다.

3. 作者 問題

≪國語≫를 지은 이는 左丘明으로 알려져 왔다. ≪左傳≫을 지은 바 있는 좌구명은 ≪漢書≫ 〈藝文志〉에 의하면 "≪春秋左氏傳≫ 30권과 ≪國語≫ 21편은 魯나라 太史 左丘明이 지었다.〔左氏傳三十卷 左丘明 魯太史 國語二十一篇 左丘明著〕"고 언급되어 있다. 司馬遷의 ≪史記≫ 〈太史公自序〉와 ≪文選≫ 〈報任少卿書〉에도 "좌구명이 실명하자 ≪國語≫가 있게 되었다.〔左丘失明 厥有國語〕"라고 기록되어 있다. 劉熙의 ≪釋名≫에는 ≪國語≫라고도 하고, ≪外傳≫이라고도 했으며, 王充의 ≪論衡≫ 〈案書篇〉에도 "≪國語≫는 ≪左氏≫의 외전이다.〔國語 左氏之外傳也〕"라고 하였다. 唐代의 劉知幾도 ≪史通≫에서 ≪國語≫를 좌구명의 저작이라고 하였다.

張一鯤의 〈刻國語序〉에도 "세상에 전해 오는 좌씨의 책이 둘이니, 하나는 ≪春秋左傳≫이고, 하나는 여덟 나라의 ≪國語≫이다. 그러므로 ≪春秋外傳≫이라고 이를 수 있으니, ≪國語≫를 외전이라고 명명한다면 ≪左傳≫은 내전이 된다.〔世傳左氏書二 一春秋傳 一八國語 故猶曰春秋外傳也 語名外傳 則傳 內傳也〕"라고 하였다.

班固는 ≪漢書≫ 〈司馬遷傳贊〉에서 "공자가 노나라의 史記에 근거하여 ≪春秋≫를 짓자 좌구명이 그 본래의 사실을 모아서 전을 지었고, 또 서로 다른 내용을 편찬하여 ≪국어≫를 지었다.〔及孔子因魯史記而作春秋 而左丘明論輯其本事以爲之傳 又纂異同爲國語〕"라고 하여 ≪春秋≫와 ≪左傳≫·≪國語≫의 관계를 명쾌하게 지적한 바 있다.

唐代의 劉知幾는 역사 저술을 六家(尙書家·春秋家·左傳家·國語家·史記家·漢書家)로 나눈 후, "國語家는 그 先鞭이 또한 좌구명에서 나왔다. 이미 ≪春秋內傳≫을 만들고, 또 그 逸文을 상고하고 別說을 모아 周·魯·齊·晉·鄭·楚·吳·越의 8국 일로 나누어 周 穆王에서 시작하여 魯 悼公에서 마쳤는데, 春秋外傳인 ≪國語≫에 列記하여 도합 21편을 만들었다. 그 글이 ≪內傳≫과 비교하면 간혹 거듭 나오기도 하고 약간 다르기도 하다. 그렇지만 예부터 名儒인 賈逵·王肅·虞翻·韋耀(昭) 등이 함께 주석으로 뜻을 펴고 章句를 다듬었으니, 이 또한 六經의 하나이고, 三傳의 버금이다.〔國語家者 其先亦出於左丘明 旣爲春秋內傳 又稽其逸文 纂其別說 分周魯齊晉鄭楚吳越八國事 起自周穆王 終於魯悼公 列爲春秋外傳國語合爲二十一篇 其文以方內傳 或重出而小異 然自古名儒賈逵王肅虞翻韋耀之徒 並申以注釋 治其章句 此亦六經之流 三傳之亞也〕" (≪史通≫ 권1 六家篇)라고 하였다.

그러나 宋代 이후 朱熹·鄭樵·劉安世 등이 좌구명의 저술이라는 주장에 대해 이의를 제기하였고, 淸代에는 尤侗, 劉逢祿, 皮錫瑞, 康有爲 등이 고증을 통해 반론을 제기하면서 좌구명 한 사람에 의한 저술보다는 당시의 典故에 밝은 사람이 여러 나라의 기록을 모으고 분류하여 지었을 것으로 보는 견해가 제시되었다. 또한 〈晉語〉가 상대적으로 가장 많은 9

권으로 기록되어 있는 점을 들어 晉나라 사람의 저술일 가능성을 제기한 견해도 있다.

한편 高國抗은 ≪國語≫ 가운데 楚나라가 越나라를 멸망시키고, 越王 無彊을 살해한 사실을 기술하고 있지만 이 사건은 B.C. 334년의 일인 만큼 공자와 동시대의 좌구명이 이때까지 생존할 수 없음을 들어 후세 사람이 좌구명의 저술에 약간의 사료를 보충하여 완성한 것이라고 언급하고 있다.(高國抗 저, ≪中國史學史 上≫, 오상훈・이개석・조병한 역, 풀빛, 1998, p.104) 결국 ≪國語≫의 저자는 左丘明의 저서라는 설과 劉向이 편집했다는 설, 그리고 서로 다른 시기의 사람들이 이어서 저술했다는 등의 세 가지 설이 있는 셈이다.

4. 國語의 內容과 體裁

≪國語≫는 西周 말 춘추시대에 있었던 각 제후국의 역사를 서술한 '國別史(列國史)'로서 전국시대 초기의 저술이다. 각국의 주요 인물들이 역사적인 사건에 대해 대화를 통해 서로 공박한 論據를 모아 기록한 記言의 史書이다. 다만, 사건의 시말을 체계적으로 기록한 것이 아니라 일말의 사건을 중점적으로 기록하고 있고, 사건을 기록한 다음에 때로는 그 사건의 발전 과정이나 역사상의 영향을 기록하고 있다는 점이 특이하다.

〈周語〉를 首篇으로 삼은 것은 尊周思想을 계승하고 있는 것으로 보이나, 周王室을 제후국과 대등하게 취급하고 있어 周나라에 대한 大一統의 관념이 약화되어 있는 점은 ≪左傳≫의 태도와 다르다. 또한 〈晉語〉가 他國보다 상대적으로 많아 ≪國語≫를 晉史라고도 하는데, 이는 ≪左傳≫도 마찬가지이다.

後漢의 劉熙는 ≪釋名≫에서, ≪國語≫의 내용에 대해 "≪國語≫는 군신 간에 서로 함께 말을 나누고 모책을 의논한 득실을 기록하였으니, ≪左傳≫ 이외의 각국의 일이다.〔國語 記諸君臣相與言語謀議之得失 傳外國事也〕"라고 말한 바 있다. 이는 대체로 魯나라의 ≪春秋≫를 천하의 중심에 놓고 열국의 역사를 기록했다는 의미를 담고 있다.

宋庠의 〈國語補音叙錄〉에는 "魏晉 이후로부터 도서 목록에서 제목을 붙인 것에 모두 ≪春秋外傳國語≫라 썼으니 이것은 ≪左傳≫이 ≪春秋≫의 內傳이 되고 ≪國語≫가 外傳이 됨을 말하는 것이다. 이 두 책이 서로 도와서 큰 학업을 이루게 된다. 모든 사실을 內傳에서 자세히 말한 것은 外傳에서 간략하게 다루었고 外傳에서 상세하게 말한 것은 內傳에서 간단하게 언급하였다.〔自魏晉以後 書錄所題 皆曰春秋外傳國語 是則左傳爲內 國語爲外 二書相副 以成大業 凡事詳於內者 略於外 備於外者 簡於內〕"라고 하여 ≪國語≫와 ≪左傳≫의 밀접한 상관관계를 언급하고 있다.

이는 두 책이 당시의 역사를 살피는 데 있어서 상호 보완적인 역할을 하고 있음을 말한 것이다.

≪國語≫는 ≪左傳≫과 더불어 춘추시대로 분류되는 西周 穆王 2년(B.C. 990)에서 東周 定王 16년(B.C. 453)까지의 538년 동안에 일어난 八國의 歷史를 기록한 史書이다. 모두 21卷으로 되어 있으며, 各國의 篇數는 〈周語〉 3卷, 〈魯語〉 2卷, 〈齊語〉 1卷, 〈晉語〉 9卷, 〈鄭語〉 1卷, 〈楚語〉 2卷, 〈吳語〉 1卷, 〈越語〉 2卷으로서 총 196개 條로 이루어져 있다.

이 196조 史事의 기록 가운데 ≪左傳≫의 기록과 비교하면 같은 내용은 104조에 달하고, ≪左傳≫에는 없고 ≪國語≫에만 있는 기록은 92조에 달한다.(白壽彝, 國語散論, 人民日報, 1962.10.16 / 高國抗, 中國古代史學史概要, 廣東高等敎育出版社, 1985, p.50) 그러나 點校本 ≪國語≫에 수록된 편수는 후대의 刊本마다 약간씩 차이가 있다. 上海古籍出版社의 1978년판 點校本 ≪國語≫의 통계에 의하면 261편의 歷史散文으로 구성되어 있다고 기록되어 있고, 同出版社의 1981년판 ≪國語≫는 총 243편으로 구성되어 있다. 또한 徐元誥 撰, 王樹民·沈長雲 點校의 ≪國語集解≫(中華書局, 2002년)에는 총 230편으로 구성되어 있는데, 이 같은 篇次의 차이는 錯簡에 의한 것과 내용에 따라 바로잡은 것에 기인한다.

≪國語≫는 대부분 각국의 주요한 사실이나 인물 및 사건을 다루고 있는데, 주로 국가를 흥성케 하고 백성을 다스리는 문제, 효과적인 정벌을 위한 모책, 왕과 왕비의 실정과 음란함, 천재지변의 현상과 정치의 득실과의 관계, 그리고 사치로 인해서 나라가 멸망하거나 민심을 잃은 일 등을 다루고 있다. 또한 각 나라의 주요 인물들의 활동에 대해서도 다루고 있는데, 〈魯語〉는 臧文仲·里革·公父文伯 등의 言行을 주로 다루었고, 〈齊語〉는 管仲의 역할에 초점을 맞추었으며, 〈晉語〉는 많은 양을 公子 重耳의 금의환향과 패자가 되는 과정을 다루고 있다. 〈鄭語〉는 史伯이 천하의 흥망성쇠를 논한 일을, 〈楚語〉는 靈王과 昭王의 활약상을, 〈吳語〉는 夫差의 越나라 정벌 실패와 伍子胥의 원한과 吳나라의 멸망을, 〈越語〉는 句踐과 范蠡가 吳나라를 멸망시킨 사실을 기록하고 있다.

≪國語≫가 공간 구성, 즉 나라별로 구분하여 자료를 모아 엮은 列國史의 성격을 띠고 있다면 ≪左傳≫은 시간의 흐름을 따라 기록하는 編年體 구성을 보여주고 있다. 또한 ≪國語≫는 국가별 紀事本末體의 성격을 띠고 있다. 열국사의 특징은 각국의 흥망성쇠를 동시에 眺望할 수 있는 생동감을 보여주는데, ≪國語≫는 이 같은 열국사의 先鞭의 위치를 점하고 있는 셈이다. 이후 ≪戰國策≫, 陳壽의 ≪三國志≫와 晉代 常璩의 ≪華陽國志≫, 宋代 歐陽脩의 ≪新五代史≫, 明代

崔鴻의 ≪十六國春秋≫, 淸代 吳任臣의 ≪十國春秋≫ 등은 이러한 열국사의 전통을 이은 역사책들이다.

≪國語≫가 '記言'의 형식이라면 ≪左傳≫은 '記事'의 형식이며, ≪國語≫가 '列國史'라고 한다면 ≪左傳≫은 '編年史'에 해당하는 것이어서, 이 두 책은 상호 보완적이기에 서로 참고하며 읽어야 할 史書이다. ≪國語≫에 기록된 記事는 ≪左傳≫에 비해 시기가 246년이 빠르며 94개 조목에서 내용의 차이가 보이고, 주로 인물과 언론을 기술하는 데 치중하고 있다.

≪國語≫와 관련하여 우리나라 문인들의 기록을 살펴보면 다음과 같다. 白沙 李恒福의 行狀에는 "공이 저술한 시문집 약간 권이 있다. ≪朝天唱酬錄≫ 1권, 奏議 2권, 啓辭 2권, 禮經의 중요한 말들을 분류 편찬한 ≪四禮訓蒙≫이란 책 약간 권, 좌씨내외전을 참합하여 편찬한 ≪魯史零言≫이란 책 15권이 집에 소장되어 있다.〔所著詩文集若干卷 朝天唱酬錄一卷 奏議二卷 啓辭二卷 類編禮經要語曰四禮訓蒙者若干卷 參合左氏內外傳魯史零言者十五卷 藏于家〕"라는 기록이 있다. 또한 神道碑銘에는 白沙의 학문과 문장을 논하면서 "그리하여 학문을 구하는 데에 있어서는 堯典・舜典・皐陶謨, 孔子로부터 周濂溪・程子・張橫渠・朱子에 이르렀고, 문장을 하는데 있어서는 ≪左傳≫과 ≪國語≫로부터 秦漢시대의 문장까지 연구하여 20년 동안을 일찍이 손에서 책을 놓은 적이 없었다.〔求學 自典謨洙泗 至濂洛關閩 爲文 自左國至秦漢 未嘗去手者二十年〕"라고 했다. 백사는 ≪魯史零言≫을 編述하면서 ≪左傳≫ 속에 ≪國語≫를 보충하여 내외전의 합본 형태를 취하여 ≪春秋≫의 해설서로 재구성하였다.

象村 申欽도 이 ≪國語≫의 성격에 대하여 "≪國語≫를 혹 ≪春秋≫의 외전이라고도 하고, 혹 ≪春秋≫의 초고라고도 하는데 이 모두가 정확한 의론이 못 된다. 주자가 일찍이 말하기를 '≪國語≫의 문체를 보면 힘이 없으니 쇠퇴한 세상의 글이 분명하다.'고 하였는데, 내가 보는 바로는 ≪左氏傳≫과 그다지 다르지 않으니, 주자의 이 말도 옳은지 모르겠다.〔國語或謂春秋外傳 或謂春秋草稿 而皆非的論也 朱子嘗言國語委靡 眞衰世之文也 以愚觀之 與左氏不甚異 朱子之言 亦未知也〕"라고 하여 ≪國語≫를 ≪左傳≫과 대등한 史書로 인식하고 있음을 알 수가 있다.

5. 國語의 文體

춘추전국시대는 散文創作이 대단히 활발했던 시기이니, 생존을 위한 정치 외교투쟁과 유세객들의 활약상으로 인한 결과였다. 歷史散文이 記事를 통해 說理에 치중하였다면 諸子散文은 說理를 위주로 하면서 故事나 寓言・典故를 활용하여 현실 문제에 대한 분석과 논변을 통하여 자신의 견해를 드러내는 데 주안점을 두었다.(陳必祥 저, 沈慶

昊 역, ≪한문문체론≫, 1995, 이회문화사)

이 시기에 발달한 산문은 역사산문과 제자산문이다. 산문은 記事를 위주로 하되, 문학적 형상화와 함께 인물을 생동감 있게 묘사하여 후대의 傳記體 산문의 기초를 닦았다.

≪國語≫가 사건에 대한 言說로써 의견을 개진하는 이른바 立言 위주의 서술 방식을 채택하고 있다면 ≪左傳≫은 사건의 전개 과정을 중심으로 기술하는 記事 위주의 서술 방식을 채택하고 있다.

≪國語≫의 文體는 주로 대화체의 문장을 이루고 있어서 때로는 어디까지가 대화이고 설명인지 구분이 모호한 경우도 있다. 따라서 각 인물들이 자기의 주장이나 논리를 역사적인 사례나 전거를 통해 증거를 제시하면서 상대방을 설득하는 방식이 주류를 이루고 있다. 이에 따라 각 인물들의 성격이나 정치적인 견해 등이 생동감 있게 표현되는 특징을 지닌다.

≪國語≫는 제국의 군신이 서로 말을 주고받으며, 모의한 내용의 득실을 기록한 것으로 그 가운데는 구체적인 연월일의 기록이 없는 경우가 많고, 사건의 시말 또한 논리 정연하게 정리되어 있지도 않으며, 사건과 사건 간의 연관성도 일정하지 않고, 문체와 언어도 통일되어 있지 않은 특징을 지니고 있다. 즉 일종의 주요 언론의 집록이자 단편 사료의 모음인 셈이다.

6. 各國의 主要 記錄과 教訓

≪國語≫에 기록된 각국의 주요한 사건과 내용 및 교훈을 살피면 다음과 같다. 이의 소제목은 1998년에 간행된 上海古籍出版社本 ≪國語≫를 따랐다.

〈周語〉에서는 '邵公諫厲王弭謗(소공이 여왕의 비방을 막는 일에 대해 간하다)', '西周三川皆震伯陽父論周將亡(서주 삼천에 모두 지진이 일어나자 백양보가 서주의 패망을 예언하다)', '內史過論神(내사 과가 신을 논하다)', '單穆公諫景王鑄大鐘(선목공이 경왕의 대종 주조에 대해 간하다)' 등이 중요한 편목이다. 그 요지는 '백성들의 비판 여론을 막아서는 안 된다.'는 것과, '지진과 같은 자연 재해는 정치의 득실과 밀접한 관련이 있다.'는 것이다. 또한 '군주는 덕행과 정성으로 신령을 섬겨야 복을 받는다.'는 것과, '종을 만드는 것보다 중요한 것은 백성들과 조화를 이루는 것.'이라는 견해를 보이고 있다. 주로 군주의 덕행과 백성에 대한 자세를 논한 것으로, 위로는 신령을 정성스럽게 모시고 아래로는 백성들을 덕행으로 다스려야 한다는 교훈을 전하고 있다.

〈魯語〉에서는 '展禽論祭爰居非政之宜(전금이 원거에게 제사 지내는 것은 정사의 마땅함이 아니라고 논하다)', '公父文伯之母論勞逸(공보문백의 모친이 부지런함과 안일함에 대하여 논하다)'이 중요한 편목이다. 그 요지는 '제사는 나라의 大節이므로 대상과 원칙을 정하여 시행해야 한다.'는 것과, '백성은 부지런해야 근검절약하고, 안락하면 방탕하게 되니 위정자가 솔선수범해야 한다.' 는 견해이다. 나라에 큰 공이 있는 대상을 엄선하여 제사를 올리되, 淫祀를 경계한 내용이다.

〈齊語〉에서는 '管仲佐桓公爲政(관중이 환공을 보좌하여 정치를 하다)'편을 통해 '각 부문의 뛰어난 인재를 발굴, 추천하여 나라를 다스려야 한다.'는 견해를 피력하고 있다. 제환공이 패업을 이루는 과정에서 관중의 도움을 받아 국력을 확장하는 사실을 明君良臣의 모범적인 사례로 기록하였다.

〈晉語〉에서는 '史蘇論驪姬必亂晉(사소가 여희는 반드시 진나라를 어지럽게 할 것이라고 논하다)', '優施敎驪姬譖申生(우시가 여희에게 신생을 참소하게 하다)', '寺人勃鞮求見文公(시인 발제가 진문공에게 뵙기를 청하다)', '趙宣子論比與黨(조선자가 비와 당에 대해 논하다)', '趙文子冠(조문자가 관례를 하다)', '史黯論良臣(사암이 어진 신하에 대해 논하다)' 등이 중요한 편목이다. 그 요지는 '군주는 백성을 앞세워 好好惡惡하고 樂樂安安해야 하며, 화란은 근본부터 제거해야 하고, 교묘한 참언을 경계해야 한다.'는 것이다. 또한 '신하는 군주를 섬김에 두 마음이 없어야 하고, 군주는 사적인 好惡로 신하를 대해서는 안 된다는 것과, 충신한 마음으로 정의로운 사람을 추천해야 한다.'는 것이다. 이어서 '冠禮를 마치면 대부들의 충언을 새겨들어야 하고, 어진 신하는 군주의 과실을 勸諫하여, 선악과 성패에 관한 교훈을 採納하게 해야 한다.'는 견해를 피력하고 있다.

〈鄭語〉에서는 '史伯爲桓公論興衰(사백이 정환공을 위해 흥망성쇠를 논하다)'를 통해 '국가의 흥망성쇠는 군주의 덕행에 달려 있고, 군주는 다양한 견해의 조화를 이끌어 내야 한다.'고 기록하고 있다.

〈楚語〉에서는 '申叔時論傅太子之道(신숙시가 태자의 스승 노릇 하는 방도를 논하다)', '白公子張諷靈王宜納諫(백공자장이 영왕에게 간언을 받아들임이 마땅함을 풍간하다)', '觀射父論祀牲(관역보가 제사의 희생에 대해 논하다)', '王孫圉論國之寶(왕손어가 나라의 보물에 대해 논하다)' 편이 중요하다. 그 요지는 '태자에게 가르칠 經傳과 자세를 논하고 태자가 보위에 오르면 사부는 인퇴해야 한다는 것과 군주는 덕행으로 다스리고, 스스로 면려하며, 충간을 받아들여야 한다.'는 것이다. 또한 '제사는 孝敬을 밝히고 자손을 번성케 하며, 국가와 신민을 안녕케 하는 것으로 폐할 수 없는 것이며, 나라의 국보는 玩物이 아닌 밝은 지혜로 국가를 돕는 신하임.'을 언급하고 있다.

〈吳語〉에서는 '申胥自殺(신서가 자살하다)' 편을 통해 '하늘이 천명을 바꿀 때에는 작은 기쁨은 안겨 주되, 그 뒤에 우환을 감추는 법이니, 이를 깨닫지 못하면 환난을 당한다.'는 교훈을 기록하고 있고, 〈越語〉에는 '句踐滅吳(구천이 오나라를 멸망시키다)',

'范蠡乘輕舟以浮於五湖(범려가 배를 타고 오호로 떠나가다)' 편을 통해 '구천이 복수를 하기 위해 臥薪嘗膽하며 힘을 기르고 민심을 얻는 모습과 모든 일은 때와 조건에 맞추고 하늘의 뜻을 얻은 후에 이루어지며, 일을 이루면 신하는 지체 없이 떠나가는 功成身退의 교훈.'을 보여주고 있다.

7. 板本과 注釋書

≪國語≫의 傳本으로는 北宋代의 간본을 바탕으로 한 公序本(公序補音本)과 明道本의 두 계통이 있다. 공서본이 주류를 이루다가 1799년(淸, 嘉慶 4년)에 명도본이 나왔고, 이 명도본은 段玉裁, 錢大昕 등에 의해 秘本으로서의 가치를 인정받아 유행하게 되었다. 中華書局의 四部備要에는 明道本을, 商務印書館의 四部叢刊에는 公序補音本을 실었다.

현전하는 주석서 가운데 가장 이른 것은 삼국시대 魏나라의 韋昭가 지은 ≪國語解≫가 있다. 이 책은 ≪春秋≫와 ≪左傳≫을 참고하여 사실에 대한 엄정한 주석을 시도했고, 앞선 주석가들의 중요한 견해를 흡수하고 옛 전적을 참고하여 지은 것으로 ≪國語≫의 가장 훌륭한 주석서로 꼽힌다.

韋昭는 ≪國語解≫를 지으면서 賈逵와 唐固・虞翻 등의 주석가와 ≪五經≫・≪春秋左氏傳≫・≪世本≫・≪爾雅≫ 등의 많은 전적을 참고하여 307개의 일을 바로잡았다고 밝히고 있다. 이는 ≪國語≫가 자료로서의 정확성에 있어서는 다소 문제점을 안고 있는 것을 보여주는 대목이다.

≪國語≫가 전해진 과정에 대해 위소는 〈國語解叙〉에서 秦나라의 난을 만나 묻혔다가 다시 세상에 나왔다고 하였다. 주석에 관해서는 賈生(賈誼)・司馬遷・劉向・鄭衆・賈逵・虞翻・唐固 등에 의해 전해진 것으로 보았고, 宋庠은 〈國語補音叙錄〉에서 鄭衆(國語章句)・賈逵(國語解詁)・王肅(春秋外傳國語章句)・虞翻(春秋外傳國語, 주석)・唐固(春秋外傳國語, 주석)・韋昭(春秋外傳國語解)・孔晁(春秋外傳國語, 주석)로 발전했음을 언급하였다. 그러나 위소가 참고한 앞 시대 주석가의 주석은 전해지지 않고 위소의 주석이 현재 가장 오래된 것으로 남아 있다.

≪隋書≫ 〈經籍志〉에는 ≪國語≫의 편수가 20권(賈逵注), 혹은 22권(韋昭注) 혹은 20권(孔晁注)으로 언급한 것이 보이나 대체로 현재 전하는 21편이 주류를 이룬 듯하다.

이후 청나라 때 고증학의 발달로 인해 ≪國語≫와 ≪國語解≫를 함께 주석한 책들이 나왔는데, 대표적인 것으로는 洪亮吉의 ≪國語韋昭注疏≫(16권), 董增齡의 ≪國語正義≫(21권), 汪遠孫의 ≪國語校注本三種≫(29권 : 三君注輯存 4권, 國語發正 21권, 國語攷異 4권), 黃丕烈의 ≪校刊明道本韋氏解國語札記≫와 근대인의 것으로 吳曾祺의

≪國語韋解補正≫, 沈鎔의 ≪國語詳注≫, 徐元誥의 ≪國語集解≫(21권) 등이 있고 1978년 상해고적출판사에서 나온 교점본이 있다. 또한 黃奭의 ≪漢學堂叢書≫본 ≪國語≫와 연구서로서 譚演의 ≪國語釋地≫(4권)가 있다.

8. 高麗·朝鮮의 ≪國語≫ 관련 기록

高麗時代에도 ≪國語≫를 學校의 教材로 사용했다는 기록이 있다. ≪高麗史≫ 〈仁宗世家〉에 "三學(國子學·大學·四門學)에서의 생도들의 과업 가운데 ≪孝經≫과 ≪論語≫는 1년, ≪周易≫·≪毛詩≫·≪周禮≫·≪儀禮≫는 2년으로, ≪尙書≫·≪公羊傳≫·≪穀梁傳≫은 2년 반으로, ≪禮記≫·≪左傳≫은 3년 기한으로 공부하되, 모두 ≪孝經≫과 ≪論語≫를 먼저 읽은 다음에 諸經과 算, 時務策을 익히며 여가가 있으면 ≪國語≫·≪說文解字≫·≪字林≫·≪三倉≫·≪爾雅≫를 읽게 하였다."는 기록이 있으니, 高麗時代에도 ≪國語≫를 補充教材의 一課로 정하여 읽게 한 사실을 알 수 있다.

≪朝鮮王朝實錄≫에는 ≪國語≫에서 언급한 구절을 군신 간에 토론한 내용이 대부분이고, 간혹 ≪國語≫의 수집이나 간행을 언급한 경우도 있고, 經筵의 講義資料로 사용했다는 등의 기록이 있다. 그 가운데 몇 가지 기록을 연도순으로 살펴보면 다음과 같다.

太宗 12년(1412년)에는 史官 金尙直에게 명하여 忠州 史庫에 소장된 서적을 가져다 바치게 하였는데, 그 가운데 ≪國語≫가 들어 있었고, 이 책들을 春秋館에 내려 수장하게 하였다.(太宗實錄 12년 8월 7일 己未) 또 世宗 11년(1429년)에는 각 도의 監司에게 傳旨하기를 "道內의 민가에 ≪國語≫·≪宋播芳≫·≪資治通鑑源委≫·≪文苑英華≫·≪朱文公集≫·≪周禮東巖證義≫ 등의 책을 소장한 사람이 있으면, 일일이 방문하여 비록 한 질이 되지 않더라도 모두 바치게 하라."라는 기록이 있다.(世宗實錄 11년 5월 29일 甲戌)

世宗 17년(1435년)에는 형조참판 南智를 聖節使로 燕京에 파견하면서, 여러 서적을 奏請하게 하였는데, 그 從事官이 가지고 간 事目에 "≪綱目書法≫과 ≪國語≫도 사가지고 오되, 책을 살 적에는 반드시 두 帙을 사서 脫落에 대비해야 한다."라고 하였다.(世宗實錄 17년 8월 24일 癸亥)

≪朝鮮王朝實錄≫에서 ≪國語≫에 대해 가장 자세하게 언급한 부분은 다음의 기록일 것이다. 곧 "經筵에 소장한 ≪國語≫와 〈音義〉 한 本은 탈락된 부분이 꽤 있다. 중국에 구하여 別本을 얻었으나, 빠진 부분이 그래도 많고 註解도 소략하였다. 일본에 구하여 또 상세한 것과 소략한 것 두 本과 補音 세 권을 얻어 왔으나 역시 완전하지 못하였다. 이에 集賢殿에 명하여 經筵에 소장하고 있는 舊本을 주로 삼고, 여러 본을 참

고하여 잘못된 것은 바로잡고 탈락된 것은 보충하였다. 이어서 〈音義〉와 〈補音〉을 가지고 煩亂한 것은 삭제하여 매 구절의 아래에 나누어 넣었다. 그래도 완전하지 못한 것은 韻書를 가지고 보충하고는 마침내 鑄字所에 명하여 인쇄해서 널리 반포하게 하였다.〔經筵所藏國語與音義一本 頗有脫落 求之中國 得別本 闕逸尙多 註解亦略 購求日本 又得詳略二本兼補音三卷以來 亦且不完 於是命集賢殿 以經筵所藏舊本爲主 參考諸本 正其訛謬 補其脫落 仍將音義補音 芟夷煩亂 分入逐節之下 其不完者 以韻書補之 遂命鑄字所模印廣布〕" (〈世宗實錄 22년 6월 26일 丙申)는 내용이다. 완전한 ≪國語≫를 소장하기 위하여 중국과 일본에서도 完本을 구하지 못하자 여러 본을 참고하여 오류와 탈락을 바로잡아 펴낸 것을 알 수 있다.

世宗 26년(1444년)에는 廣平大君 李璵가 졸하였는데, 그는 어릴 때부터 학문에 힘써서 ≪孝經≫·≪小學≫과 四書三經을 다 통하고, ≪文選≫과 李太白·杜子美·歐陽脩·蘇東坡의 문집들을 두루 열람하였고, 더욱 ≪國語≫와 ≪左傳≫에 공부가 깊었다는 기록이 있다.(世宗實錄 26년 12월 7일 壬子)

成宗 10년(1479년)에는 經筵에서 ≪國語≫를 講하였다는 기록이 있으니,(成宗實錄 10년 10월 7일 己未) 이는 ≪國語≫가 역사서로서 상당히 비중이 있었음을 의미하는 것이라고 하겠다.

中宗 때에는 따로 都監을 설치하여 弘文館에 소장한 ≪朱文公集≫·≪眞西山讀書記≫ 등 여러 서적과 ≪三國志≫·≪南史≫ 등의 수많은 史書와 함께 ≪國語≫·≪戰國策≫을 찍어 내었다.(中宗實錄 10년 11월 4일 丙戌)

肅宗朝에 右議政 許穆이 "신이 經說 20편을 지어 易說·春秋說·詩說·書說……鬼神說에 관하여 말했고, 虞書·夏書……左傳·國語 같은 여러 글에 관하여 追述했습니다."라는 箚子를 올리기도 하였다.(肅宗實錄 3년 1월 12일 己丑)

正祖 23년(1799년)에 正祖는 학문하는 방법에 대해 "옛날에는 初學者를 가르치는 법이 먼저 ≪大學≫·≪論語≫·≪孟子≫·≪中庸≫·≪詩經≫·≪書經≫을 가르치고, 그 뒤에 차차로 ≪史記≫를 가르치고 범위를 넓혀 문장가의 글을 가르쳤다. 그런데 여기에 반대로 하는 자들은 먼저 ≪左傳≫·≪國語≫와 班固의 ≪漢書≫, 司馬遷의 ≪史記≫로부터 시작하고 그 뒤에 비로소 經書를 가르친다. 이러므로 혈기가 정해지기 전에 일상 생활에 꼭 필요한 四德이나 五常 등의 학설은 들어보지 못하니, 어떻게 바른 학문이 마음속에 쉽게 받아들여질 수가 있겠는가."(正祖實錄 23년 5월 5일 壬戌)라고 하여 史書를 가르치는 科目에 ≪國語≫가 들어 있었음을 볼 수 있다.

哲宗 10년(1859년)에는 "≪國語≫를 새로 인출할 때 監董한 閣臣 이하에게 施賞하였다."(哲宗實錄 10년 7월 16일 甲申)라는 기록이 있어서 이번에 출간하는 ≪譯註 國

語≫의 底本이 인출된 사실을 알 수 있다.

9. 國語에 대한 非難과 擁護

歷代로 ≪國語≫에 대해 비판적인 견해를 발표한 이들이 있는데, 대표적인 것으로 唐代 柳宗元이 ≪國語≫의 기록 사실에 대해 비판한 〈非國語〉(柳河東集 卷 44~45)가 있다. 이에 대해 宋代의 江端禮와 劉章, 元代의 虞槃, 明代의 曾于乾, 黃瑜 등은 유종원의 〈非國語〉를 비판한 〈非非國語〉를 내었다. 또한 明代 胡應麟은 자신의 ≪少室山房筆叢≫에서 자신이 〈非非非國語〉를 지었다고 말하였으니, 歷代로 ≪國語≫에 대한 관심과 비판이 상당했음을 보여주고 있다.

高麗의 李奎報도 유종원의 〈非國語〉를 비난한 〈非柳子厚非國語論〉을 쓴 바 있다. 李奎報는 이 글에서 "柳子厚의 〈非國語〉를 나는 다시 비난한다. 左氏는 직접 仲尼에게서 經을 배웠다. 경에 붙일 만한 사실은 모두 ≪左傳≫에서 해석하였고, 그 나머지를 채집하여 ≪國語≫를 만들었으므로 이미 傳에 실린 것이 다시 ≪國語≫에 나타난 것도 많은데, 어찌 모두 거짓되고 음란해서 聖人에게 맞지 않는 것이겠는가? 유자후가 비난의 대상이 되지 않는 것을 비난한 것 중에 우선 한두 편을 가지고 이를 밝히려 한다.……그러므로 左氏는 이미 ≪左傳≫에 썼고, 또 ≪國語≫에 기재하게 된 것이다. 유자후는 어찌하여 ≪左傳≫은 비난하지 않고 ≪國語≫만 비난하였는가? 무릇 비난하지 않을 것을 비난한 것은 대부분 이러한 유이다.〔柳子厚之非國語 予復以爲非也 左氏親受經於仲尼 凡事之可以因經而附者 皆釋於傳 採其餘 以爲國語 旣載之傳 而又見於國語者亦衆矣 何皆誣淫不槪于聖耶 柳子所以非其所非而非之者 請先以一二篇明之……故左氏旣書右傳 而又載之國語矣 柳子何於傳不非 而獨於此非之耶 凡非其所非而非之者 多此類也〕" (≪東國李相國全集≫ 雜文, 非柳子厚非國語論) 이규보는 이 글에서 유자후와 견해를 달리하는 두 가지 사건을 들어 비난하고 있다. 첫째는 〈周語〉에 기록된 三川의 지진에 대해 伯陽父가 西周의 패망을 예언한 사건이고, 두 번째는 〈晉語〉에 기록된 鉏麑가 趙宣子의 早而假寐에 감탄하여 그를 죽이지 못하고 자진한 사건에 대한 것이다. 결국 유종원의 〈非國語〉나 〈非國語〉를 비난한 다른 글도 결국은 역사적인 사건이나 天地災變에 대한 견해의 차이를 드러낸 것에 불과하다고 본다. 곧 天人相感論과 天道自然의 無爲論(偶然論)의 견해 차이에서 비롯된 것이다.

朝鮮의 象村 申欽도 柳宗元의 〈非國語〉를 비판한 〈書非國語後〉를 통해 "子厚가 평생 전해 받은 것은 ≪國語≫였는데, 글을 지어 비난하였으니 그의 마음 씀이 편벽됨을 볼 수 있다. 左氏는 진실로 과장이 심한 자이기는 하지만 모두가 당시의 占卜에서 나온 것이다. 三古(上古・中古・下古)시대의 易數는 조리가 정연하여 상고할 수 있고, 周나라의 쇠퇴기에도 오히려 史官인 太史氏는 있었다. 하물며 사람의 吉凶은 言行에 따라 나타나는 것이고, 하늘의 일은 항상 象으로 나타나므로 성스럽고 지혜가 뛰어난 사람이 그를 법받는 것이니, 그를 인용하여 말한다고 무슨 비난할 만한 것이 있는가? 자후가 左丘明을 비난하는 것은 귀뚜라미가 우레를 놀라게 하는 격이다.〔子厚平生受用者國語 而乃著書非之 足見用心之頗 左氏固有夸者 然皆出於一時占筮 數之在三古 幷幷可稽 而周衰猶存於太史氏也 況人之吉凶 著於云爲 天事恒象 聖智則之 援以爲言 有何可非 以子厚非丘明 其蟋蟀之驚霆哉〕"(≪象村先生集≫ 題跋, 書非國語後)라고 하여 다시 柳宗元을 비판하고 있다.

이 말 속에는 일부 역사서의 기록 가운데 占筮의 미신적이고 浮華한 것도 따지고 보면 當代의 논리라는 관점이다. 사람의 길흉도 그 자가 지은 業의 결과이고, 하늘의 일도 象을 통해 나타나는 것이니 오직 성스럽고 지혜로운 자만이 이를 법으로 삼고 헤아릴 줄 안다는 것이다.

10. 國語의 史料的 價値

≪國語≫의 가치는 ≪左傳≫과 대비되어 거론되는 경우가 많다. ≪左傳≫을 하나의 완정한 역사 저작이라고 한다면 ≪國語≫는 사료를 모아 놓은 원사료라고 할 수 있다. 곧 ≪左傳≫은 ≪國語≫의 자료를 인용하되, 선택적으로 인용한 저서라고 할 수 있다.

≪國語≫의 내용은 西周 穆王부터 전국시대 魯의 悼公까지의 기록인데, 끝부분은 ≪左傳≫과 시기적으로 같으나 시작되는 부분은 ≪左傳≫보다 내용이 많은 편이다. 곧 魯 隱公 元年 이전의 周의 東遷 사실을 ≪左傳≫에서는 入錄하지 않았으나, ≪國語≫는 그 일에 해당하는 많은 사료를 수록하고 있다. 또한 ≪左傳≫에서는 周王室의 기록을 간략히 취급하였으나, ≪國語≫에서는 穆王 이래 敬王까지 10왕의 일을 기록하고 있고, 齊 桓公의 霸業보다는 管仲의 치적에 대해 많은 언급을 하고 있다. 또한 吳越의 기사가 ≪左傳≫보다 상세하고, 楚를 비호하거나 楚의 방언을 많이 쓰고 있는 것으로 보아 楚와 관계있는 저작으로 보기도 한다. 또한 ≪左傳≫에서는 국가의 大事가 전쟁과 제사라고 언급하고 있는데 반해 ≪國語≫에서는 농업이 국가의 大事라고 언급한 것도 특이하다 하겠다.

≪國語≫를 헐뜯는 사람들은 내용에 있어 '부미하고 화려함〔富而豔〕'을 지적하고 있다. 柳宗元은 "그 말은 거짓되고 외설스러운 것이 많으며〔其說多誣淫〕", "이치에 위배되고 도리를 떠나 그 말을 부화함을 힘썼다.〔背理去道而務富其語〕"라고 비판했으며, 朱子는 "〈≪國語≫의 문체는〉 힘이 없고 번잡히여 진정 쇠퇴한 세상의 글이다.〔委靡繁絮 眞衰世之文耳〕"라고 했다. 또 비난하는 사람들은 "문사가 외설스럽고 거짓이 많아서 성인

의 도에 맞지 않는다.〔詞多淫誣 不概於聖〕", (張一鯤 〈刻國語序〉)라고 했으나 이는 亂世의 역사에 대한 이해 부족과 사료의 선별 과정에서 빚어진 현상이라고 생각한다.

≪國語≫에서 다루고 있는 시기는 ≪左傳≫보다 넓어서 ≪左傳≫에 없는 역사적인 사실을 ≪國語≫를 통해 알 수 있다는 점도 ≪國語≫의 가치를 높여 주는 중요한 점이다. ≪左傳≫ 중의 많은 기록이 ≪國語≫에서 유래하기 때문에 ≪左傳≫과 함께 읽으면 周代의 역사를 연구하는 데 매우 중요한 문헌이 될 수 있다. ≪國語≫에서 사료로서의 가치가 높은 것은 〈周語〉와 〈楚語〉가 상대적으로 높고 〈晉語〉·〈鄭語〉·〈魯語〉는 그 버금이 된다고 할 수 있다.

≪國語≫의 서목 차례를 보면 周와 魯·齊·晉·鄭의 관계, 그리고 諸夏와 蠻夷의 관계순으로 되어 있어 편찬자의 周에 대한 숭상의 정도를 엿볼 수 있다. 또한 〈晉語〉에서만 아홉 군데의 史事 끝에 '君子曰'이라는 史贊을 두어 역사적인 평가를 하고 있다. 이 같은 ≪國語≫의 서목 배열 방식은 후대 역사서 편찬에 영향을 주어 戰國時代의 史魚와 司馬遷의 ≪史記≫에 列序한 列國 諸侯의 世家와 劉向이 정리한 ≪戰國策≫ 등에 직접적인 영향을 준 것으로 보인다.

〔참고문헌〕

≪隋書≫ 〈經籍志〉

≪史通≫ 劉知幾

≪四庫全書≫

〈刻國語序〉 張一鯤

≪漢書≫ 〈地理志〉 班固

≪漢書≫ 〈藝文志〉 班固

≪史記≫ 〈太史公自序〉 司馬遷

≪論衡≫ 〈案書篇〉 王充

≪釋名≫ 劉成國(後漢 劉熙)

≪非國語:上下≫ 柳宗元

≪白沙先生集≫ 李恒福

≪象村先生集≫ 申欽

≪高麗史≫

≪朝鮮王朝實錄: 태종·성종·중종·숙종실록≫

≪東國李相國全集≫ 李奎報

≪국어≫ 申智瑛·李廷宰 공편역 홍익출판사 1998

≪국어≫ 신동준 인간사랑 2005
≪中國의 歷史認識:上≫ 高柄翊 창작과 비평사 1985
≪조선유학의 개념들≫ 吳恒寧 예문서원 2002
≪講座 中國史 1≫ 李成九 지식산업사 1989
≪增訂新版: 中國通史≫ 傅樂成 著·辛勝夏 譯 宇鍾社 1981
≪春秋戰國時代의 法治思想과 勢·術≫ 李春植 아카넷 2002
≪中國史學史:上≫ 高國抗 저 오상훈·이개석·조병한 역 풀빛 1998
≪중국의 지성 5인이 뽑은 고전 200≫ 王燕均·王一平 저 최종세 역 예문서원 2000
〈國語散論〉 白壽彛 인민일보 1962.10.16.
≪中國古代史學史概要≫ 高國抗 광동고등교육출판사 1985
≪한문문체론≫ 陳必祥 저 沈慶昊 역 이회문화사 1995
≪중국사학사≫ 辛勝夏 고려대학교 출판부 2000
≪중국사학사1:선진·한·당편≫ 편집조 저 김동애 역 자작아카데미 1998

凡 例

1. 本書는 東洋古典譯註叢書 ≪國語≫ 전2책 중 제1책이다.
2. 본서는 朝鮮 哲宗 10년(1859)에 整理字(鐵鑄字)로 刊行한 ≪公序補音本 國語≫(學民文化社 影印)를 底本으로 삼고 四部叢刊 ≪國語≫와 四部備要本 ≪國語≫ 등을 참고하였다.
3. 飜譯은 原義에 充實하도록 노력하였다. 다만 難解한 부분은 意譯, 또는 補充譯을 하였다.
4. 原文에는 이해를 돕기 위해 懸吐하고, 특별한 音이나 어려운 한자에는 ( ) 안에 음을 달았다.
5. 註釋은 韋昭의 原註와 古今 諸家의 說을 소개하면서 譯者의 見解를 밝혔으며, 필요한 경우에는 譯註로 보충하였다.
6. 原文 校勘은 四部備要本(明道本) 위주로 底本과 對校하였으며, 특별한 경우 諸家의 說을 밝혀서 下段에 校勘記를 달았다.
7. 전체 章에 一連番號를 달아 찾아보기 쉽도록 하였다.
8. 본서에 사용된 주요 符號는 다음과 같다.

   " " : 對話, 각종 引用

   ' ' : 再引用, 强調

   「 」 : ' '안에서 再引用

   ( ) : 漢字의 音, 간단한 註釋, 原文에서 同字

   ≪ ≫ : 書名, 出典

   〈 〉 : 篇章節名, 作品名, 補充譯, 원문의 補充字

   〔 〕 : 원문의 倂記, 원문 誤字의 수정자, 音이 다른 漢字

   { } : 원문의 衍文

參考文獻

〔經傳類〕

≪十三經注疏≫ 藝文印書館 1981년(影印, 8版)

≪十三經注疏≫ 北京大學出版社 1999년

≪인터넷 十三經注疏≫ 臺灣中央研究所 1997년

≪詩經集傳≫ 二以會 1982년(影印)

〔春秋 左傳類〕

≪音註全文春秋括例始末左傳句讀直解≫ 林堯叟 啓明文化社 1990년(影印)

≪春秋左傳注≫ 楊伯峻 中華書局 2000년(6版)

≪左傳譯文≫ 沈玉成 中華書局 1982년

≪春秋左傳詞典≫ 楊伯峻 中華書局 1985년

〔國語類(譯註 포함)〕

≪國語公序本≫ 四部叢刊 上海商務印書館(影印)

≪國語明道本≫ 四部備要 臺灣中華書局 中華民國55년

≪校刊明道本韋氏解國語札記≫(四部備要本 附錄) 黃丕烈 中華書局

≪國語明道本攷異≫(四部備要本 附錄) 汪遠孫 中華書局

≪國語≫ 大野 峻 明治書院 昭和54년(3版)

≪國語≫ 上海師範大學古籍整理研究所 校點 上海古籍出版社 1998년

≪國語譯注辨析≫ 董立章 暨南大學出版社 1993년

≪國語譯注≫ 鄔國義·胡果文·李曉路 上海古籍出版社 1994년

≪白話國語≫ 李維琦 岳麓書舍 1994년

≪國語全釋≫ 黃永堂 貴州人民出版社 1995년

≪新譯國語讀本≫ 易中天 三民書局 1995년
≪國語譯注≫ 薛安勤・王連生 吉林文化出版社 1996년
≪譯注 國語≫ 秦峰 江西高校出版社 1998년
≪國語直解≫ 來可泓 復旦大學出版社 2000년

〔史書 및 其他類〕

≪管子纂詁≫ 安井 衡 景仁文化社 1986년(影印)
≪史記新注≫ 張大可 華文出版社 2000년
≪戰國策注釋≫ 何建章 中華書局 1996년
≪柳宗元集≫(非國語) 柳宗元 中華書局 1979년
≪增批古文觀止≫ 學民文化社 2004년(影印)
≪譯注古文觀止≫ 許嘯天 天津古籍書店 1981년

〔辭書類〕

≪大漢和辭典≫ 大修館書店 昭和 43년
≪漢語大詞典≫ 漢語大詞典出版社 1993년(2版)
≪漢韓大辭典≫ 檀國大學校 東洋學硏究所 1999～2004년

目 次

國語 제2권

周語 中

國語 제3권

周語 下

國語 제4권

魯語 上

國語 제5권

魯語 下

國語 제6권

齊語

國語 제7권

晉語 一

國語 제8권

晉語 二

國語 제9권

晉語 三

國語解叙

韋 昭

昔孔子發憤於舊史하사 垂法於素王1)하시니 左丘明因聖言以攄意하고 託王義以流藻하니 其淵源深大하고 沈懿雅麗하야 可謂命世之才요 博物善作者也라 其明識高遠하고 雅思未盡이라 故復采錄前世穆王以來로 下訖魯悼智伯之誅히 邦國成敗와 嘉言善語와 陰陽律呂와 天時人事의 逆順之數하야 以爲國語하니 其文不主於經이라 故號曰外傳이라하니 所以包羅天地하고 探測禍福하며 發起幽微하고 章表善惡者 昭然甚明하야 實爲經蓺並陳하니 非特諸子之倫也라 遭秦之亂하야 幽而復光하니 賈生史遷이 頗綜述焉하니라 及劉光祿이 於漢成世에 始更考校하야 是正疑繆하고 至於章帝하야 鄭大司農이 爲之訓註2)야 解疑釋滯하니 昭晰可觀이나 至於細碎하야는 有所闕略이오 侍中賈君이 敷而衍之3)하니 其所發明에 大義略擧하야 爲已憭矣라 然於文間에 時有遺忘이러니 建安黃武之閒4)에 故侍御史會稽虞君5)과 尙書僕射丹陽唐君6)

---

1) 素王 : 帝王이 갖춰야 할 德은 가지고 있으나 帝王의 지위에는 오르지 못한 사람을 이르는 말. 孔子 같은 분을 이르며, 空王이라고도 한다. ≪論衡≫ 〈定賢〉에 "공자는 왕노릇 하지 못하였으나 素王의 사업이 ≪春秋≫에 있다.〔孔子不王 素王之業在春秋〕"라 하였다.

2) 鄭大司農爲之訓註 : 漢나라의 大司農을 역임한 鄭衆이 ≪國語章句≫를 지은 일을 말한다. 오래 전에 散佚되어 篇數조차 알 수가 없다.

3) 侍中賈君敷而衍之 : 後漢의 侍中 벼슬을 지낸 賈逵가 ≪左氏春秋≫와 ≪國語≫의 解詁 51篇을 지은 일을 이른다. ≪左傳≫은 30篇이고, ≪國語≫는 21篇인데, ≪隋書≫ 〈經籍志〉에 20卷이라고 기재되었으나 唐代에 벌써 散佚되었다.

4) 建安黃武之閒 : 建安은 後漢 獻帝의 年號로 서기 196년~219년이고, 黃武는 三國 吳

은 皆英才碩儒로 洽聞之士也라 采摭所見하고 因賈爲主而損益之하니 觀其辭義하면 信多善者나 然所理釋이 猶有異同이라 昭以末學으로 淺闇寡聞이나 階數君之成訓하고 思事義之是非호니 愚心頗有所覺이라 今諸家並行하야 是非相貿하니 雖聰明疏達識機之士는 知所去就나 然淺聞初學은 猶或未能祛過라 切不自料하고 復爲之解할새 因賈君之精實하고 採唐虞之信善하며 亦所以覺〔以所覺〕①으로 增潤補綴호대 參之以五經하고 檢之以內傳하며 以世本7)으로 考其流하고 以爾雅8)로 齊其訓하야 去非要하고 存事實하니 凡所發正이 三百七事요 又諸家紛錯은 載述爲煩이라 是以時有所見하야 庶幾頗近事情을 裁有補益이나 猶恐人之多言하야 未詳其故하니 欲世覽者는 必察之也하노라

〔校勘〕 ① 所以覺〔以所覺〕: 四部備要本에 의거하여 고쳤다.

예전 孔子께서 옛 史書(春秋)의 纂修에 뜻을 다지고 노력하여 素王에게 法을 전하셨다. 左丘明이 聖人의 말씀을 따라 자기의 뜻을 펼치고 尊王의 의리에 가탁하여 문장을 전하니, 근원이 깊고 크며 문장이 진중하고 아름다워 세상에서 뛰어난 재주요 박식한 좋은 作家라고 이를 만하다. 그의 밝은 지식은 高遠하고, 雅正한 才思는 다

大帝(孫權)의 年號로 서기 222년~228년이다.

5) 侍御史會稽虞君 : 三國 吳에서 侍御史 벼슬을 지낸 會稽 사람 虞翻을 말한다. ≪春秋外傳國語≫의 注 21卷을 저술하였다.

6) 尙書僕射丹陽唐君 : 三國 吳의 尙書僕射 벼슬을 지낸 丹陽 사람 唐固는 ≪春秋外傳國語≫의 注 21卷을 저술하였다.

7) 世本 : 黃帝 이후의 帝王과 諸侯의 世系와 諡號·名號 등을 기록한 책. 漢나라 劉向은 "古代의 史官으로서 古事에 밝은 사람이 기록한 것이다."라고 하였다. 秦漢시대에 제작한 것으로 추정되며, ≪漢書≫ 〈藝文志〉에 ≪世文≫ 15篇이 실려 있고, ≪隋書≫ 〈經籍志〉에 劉向이 지은 ≪世本≫ 2권과 宋衷이 지은 ≪世本≫ 4권이 수록되어 있다. ≪顔氏家訓 書證≫·≪史通 正史篇≫

8) 爾雅 : 十三經의 하나. 漢字의 뜻을 주석한 최초의 訓詁書이다. 作者는 西周 周公의 저작설에서 西漢 중·후기의 저작설에 이르기까지 여러 異說이 있다. ≪詩經≫의 어휘가 많이 채록되어 있는 것으로 보아 孔子가 ≪詩經≫을 刪定한 이후에 편찬된 것으로 추정되고, 현재에는 秦漢시대에 편찬된 책으로 알려지고 있다.

끝나지 않았다. 그러므로 다시 前代의 周穆王 이후, 아래로 魯悼公 때 智伯을 誅滅한 일에 이르기까지 각 나라의 成敗와 아름답고 좋은 말과 陰陽 律呂와 天時 人事의 逆理와 順理에 관한 氣數를 採錄하여 ≪國語≫를 만들었는데, 그 글이 ≪春秋≫ 經文을 위주로 하지 않았기 때문에 이름을 ≪春秋外傳≫이라 하였다. 天地의 萬象을 포괄하고 禍와 福을 탐색하여 짐작했으며, 깊고 은미한 일을 드러내고 善惡을 밝혀낸 것이 뚜렷이 매우 밝아서 실로 六經과 六藝를 함께 펼쳤으니, 단지 諸子百家의 무리가 아니다. 秦나라의 난리를 만나 묻혔던 것이 다시 빛을 보게 되니, 賈誼와 司馬遷이 종합하여 記述하였다.

漢나라 光祿大夫 劉向이 漢成帝 때 처음으로 考證하고 校正하여 의심스럽고 잘못된 부분을 바르게 고쳤고, 後漢 章帝 때에 이르러 大司農 鄭衆이 해석하는 註를 지어서 의심스럽고 막혀 통하지 않던 부분을 해석하니, 명백하고 분명하여 볼 만하였다. 그러나 미세하고 자질구레한 부분에는 빠뜨리거나 소략한 점이 있었다. 侍中 賈逵는 이를 알기 쉽게 자세히 설명하였으니, 그의 설명에 따라 大義가 대략 드러나 매우 분명하게 되었다. 그러나 문장 사이에 간혹 잊고 빠뜨린 곳이 있었는데, 建安・黃武 연간에 故 侍御史 會稽 사람 虞翻과 尙書僕射 丹陽 사람 唐固는 모두 英才 碩儒로서 多聞博識한 儒者이다. 자기가 본 것을 채집하고, 賈逵의 해석을 위주로 하여 줄이거나 늘려서 손질하니, 그 文辭와 뜻을 읽어보면 참으로 잘된 것이 많다. 그러나 분석하고 해석한 것에 그래도 서로 같지 않은 것이 있다.

내가 後學으로서 학문이 얕고 아는 것이 적으나, 앞의 몇 분들이 완성한 訓詁에 근거하고 事理의 옳고 그름을 생각해 보니, 내 마음에 자못 깨우치는 것이 있었다. 지금 諸家의 주석이 함께 流行하여 옳고 그른 것이 서로 뒤섞이니, 총명하고 막힘이 없으며 기미를 아는 선비는 버리고 취할 것을 알겠지만, 아는 것이 얕은 初學者는 아직 잘못된 해석을 버리지 못한다. 적이 자신의 능력을 헤아리지 않고 다시 註解하였는데, 賈逵의 精深하고 소박한 주석을 따르고, 唐固와 虞翻의 信實하고 좋은 것을 채록하며, 또 내가 깨우친 것으로 늘리고 潤色하며 보충하였다. 五經으로 참고하고 內傳(左傳)으로 검열하며, ≪世本≫으로 源流를 고찰하고, ≪爾雅≫로 訓詁를 정리하여 요긴하지 않은 것은 버리고 事實을 남겨 두니,

밝히고 訂正한 것이 모두 3백 7건의 일이다. 또 諸家의 어지러운 주석을 그대로 記述하는 것은 번잡함이 되기 때문에 때로 옳게 본 것이 있어서 거의 실정에 가까운 것은 알맞게 잘라 보충하였다. 그런데도 사람들의 말이 많을까 두려워 그 원인을 자세히 말하지 못하였으니, 세상의 이 책을 보는 사람들은 반드시 이를 살피기 바란다.

校補國語凡

凡標題를 諸本俱先題某語第幾하고 下復題國語[1]二字하니 似於綱目先後에 不倫이라 今據宋庠所藏舊本하야 先題國語第幾하고 別一行하야 題某語以爲正云이라

凡八國下에 舊無世繫어늘 今悉加之호대 用杜氏世族譜[2]하고 亦從其注하니 內傳例也라

凡國語諸本이 俱無音釋하고 僅有舊音이나 俚不可觀이요 惟宋氏祖舊音而爲補音[3]하니 用心勤矣로대 但自爲一卷하야 難於討尋일새 今取音切하야 附諸各條各句之下하야 庶幾便覽이라

凡補音이 旣多繁蕪하고 又有疎漏어나 或初學易識者도 並加音切하며 至典籍不常經見者와 顧獨失音하야는 今並刪補라

凡音切을 條釋字下하고 或一篇之中에 有重出者는 則前云後並同하고 餘不復釋이라

凡補音에 有辯證하고 間有指摘國語注者는 附於注末하고 餘辯舊音之非者는 悉不錄이라

凡舊音은 則直音某字하고 補音은 則悉加反切하야 彼此似太重複이어늘 今按直音之未當者는 乃用反切하고 其當者는 則仍舊直音하야 示畫一也라

凡 標題를 여러 本이 모두 某語第幾를 먼저 쓰고, 아래에 다시 國語 두 글자를 썼으

1) 先題某語第幾 下復題國語 : 標題에서, 각 나라의 語를 먼저 쓴 다음, 밑에 다시 國語라는 제목을 씀. 예를 들면, '周語上國語第一'로 써서 綱인 國語를 뒤에 쓰고, 目인 周語上을 뒤에 썼음을 이른다.

2) 杜氏世族譜 : 晉나라 杜預가 王室과 諸侯의 世系와 族類를 기재하여 만든 譜冊.

3) 宋氏祖舊音而爲補音 : 宋나라의 宋庠이 예선부터 전해오던 音釋을 이어서 온당치 못한 音을 補正하여 補音本을 만든 일을 말한다.

니, 綱目의 先後 차례에 맞지 않은 듯하다. 지금 宋庠이 所藏한 옛 책에 의거하여 國語第幾를 먼저 쓰고 따로 한 줄을 잡아 某語라고 써서 바로잡았다.

凡 여덟 나라 아래에 예전 책에는 世系를 쓴 것이 없었는데, 지금 모두 더하여 쓰되 杜氏世族譜를 이용하였고 또 그 注를 따랐으니, 內傳(左傳)의 例이다.

凡 ≪國語≫의 여러 本이 모두 音釋이 없고 겨우 舊音이 있으나 상스러워서 볼 수가 없다. 다만 宋庠이 舊音을 원조로 하여 補音을 만드니, 부지런히 마음을 썼으나 다만 별도의 한 책으로 만들어 검토하는 데 어려웠다. 때문에 지금 音을 나타내는 反切을 취하여 각 조목 각 구절의 아래에 붙여서, 읽는 데 거의 편리하게 하였다.

凡 補音이 번다하고 거친 것이 많으며 또 疏漏하거나 初學者가 쉽게 알 수 있는 것도 모두 反切을 붙였으며, 일상적으로 잘 볼 수 없는 典籍과 도리어 音을 잘못 표시한 부분은 지금 모두 삭제하고 보충하였다.

凡 音을 나타내는 反切을 해당 글자 아래에 조목조목 해석하고, 간혹 한 篇 안에 거듭 나오는 것은, 앞의 글자에서 '뒤에 나오는 글자도 모두 같다'라고 하고 나머지 글자는 다시 해석하지 않았다.

凡 補音에 辨證이 있고 간간이 ≪國語≫注라고 지적한 것은, 注의 끝에 붙이고 나머지 舊音의 잘못을 辨證한 것은 모두 기록하지 않았다.

凡 舊音은 아무 글자라고 直音을 달았고, 補音은 모두 反切로 표시하여 彼此(舊音과 補音)가 지나치게 중복된 듯하다. 지금 상고하여 直音의 합당하지 않은 것은 곧 反切法을 사용하였고, 그 중 합당한 것은 예전대로 直音을 따라서 획일함을 보였다.

國語補音敘錄

按 班固藝(藝)文志[1]에 種別六經[2]하니 其春秋家[3]에 有國語二十一篇하고 注에 左丘明[4]著라하다 至漢司馬子長하야 撰史記할새 遂據國語・世本・戰國策하야 以成其書하니라 當漢世하야 左傳祕而未行하고 又不立於學官[5]이라 故此書亦弗顯이요 唯上賢達識之士 好而尊之하고 俗儒弗識也러니 逮東漢하야 左傳漸布하니 名儒始悟向來公・穀膚近之說하고 而多歸左氏하니라

班固가 지은 ≪漢書≫ 〈藝文志〉에 六經을 종류별로 구별하여 실었는데 春秋家에 ≪國語≫ 21篇이 있고, 그 注에 左丘明이 지었다고 되어 있다. 漢나라 司馬子長(子長은 司馬遷의 字)에 이르러 ≪史記≫를 지으면서 마침내 ≪國語≫와 ≪世本≫과 ≪戰國策≫을 근거로 하여 그 책을 완성하였다. 漢나라 시대가 되어 ≪左傳≫이 깊이 감추어져서 세상에 유행되지 못하였고, 또 學官을 두지도 않았기 때문에 이 책 또한 세상에 드러나지 않았다. 단지 뛰어난 賢人과 識見 있는 선비만 좋아하여 尊崇하였고, 俗儒는 알지 못했다. 그러다가 東漢(後漢)시대에 와서 ≪左傳≫이 차츰 세

1) 藝文志 : 당세에 유통하는 典籍을 類別로 정리하여 기재한 史書의 한 체재. 經籍志라고 한 史書도 있다.
2) 六經 : 여섯 종의 經書. 곧 ≪易≫・≪書≫・≪詩≫・≪周禮≫・≪樂記≫・≪春秋≫를 이른다.
3) 春秋家 : 春秋를 전공하는 類派나 春秋에 관한 典籍을 이르는 말.
4) 左丘明 : 춘추시대 魯나라 사람. 孔子와 같은 시대이거나 그보다 약간 앞선 시대의 賢人이라고 전한다. ≪國語≫와 ≪左傳≫을 지은이로 알려져 있으나 확실하지 않다. ≪史記 太史公自序≫・≪漢書 藝文志≫
5) 學官 : 교육에 관한 사무를 관장하는 관원과 官學의 선생을 이르는 말. 漢代에 처음으로 둔 五經博士・博士祭酒 등과 晉代에 둔 國子祭酒・博士・助敎 등과 같은 직위를 이른다.

상에 널리 퍼지게 되자 名儒가 비로소 그 전의 ≪公羊傳≫과 ≪穀梁傳≫이 얕고 천박한 說임을 깨닫고, 많은 선비들이 ≪左傳≫으로 돌아왔다.

及杜元凱硏精訓詁하야 木鐸[6]天下하니 古今眞謬之學이 一旦冰釋이요 雖國語라도 亦從而大行하니 蓋其書並出左①丘明이라 自魏晉以後로 書錄所題에 皆曰春秋外傳國語라하니 是則左傳爲內요 國語爲外라 二書相副②하야 以成大業하니 凡事詳於內者는 略於外하고 備於外者는 簡於內하니라 先儒孔晁亦以爲然하고 自鄭衆・賈逵・王肅・虞翻・唐固・韋昭之徒로 並治其章句하고 申之注釋하야 爲六經流亞하니 非復諸子之倫이요 自餘名儒碩士 好是學者를 不可勝紀로다

〔校勘〕 ① 左 : 四庫全書의 ≪國語補音≫에는 '左'자가 없다.
② 副 : 四庫全書의 ≪國語補音≫에는 '輔'로 되어 있는데, 뜻은 같다.

杜元凱(元凱는 杜預의 字)가 〈≪左傳≫의〉 훈고를 정밀하게 연구하여 천하에 木鐸을 울리니, 고금의 옳고 그른 주석이 하루아침에 얼음 풀리듯이 풀렸고, ≪國語≫라 할지라도 ≪左傳≫을 따라 크게 유행하니, 그 책은 모두 左丘明에게서 나왔다. 魏나라와 晉나라 이후로부터 도서목록에서 제목을 붙인 것에 모두 ≪春秋外傳國語≫라고 썼으니, 이것은 ≪左傳≫이 春秋의 內傳이 되고 ≪國語≫가 外傳이 되는 것이다. 이 두 책이 서로 도와서 큰 학업을 이루게 된다. 모든 사실을 內傳에서 자세히 말한 것은 外傳에서 간략하게 다루었고, 外傳에서 상세하게 말한 것은 內傳에서 간단하게 언급하였다. 先儒 孔晁도 그렇게 여겼고, 鄭衆과 賈逵와 王肅과 虞翻과 唐固와 韋昭의 무리들이 모두 그 章句를 연구하고, 주석을 펼쳐서 六經의 亞流가 되니, 다시 諸子百家의 類가 아니다. 그 나머지 名儒와 碩學으로서 이 주석을 좋아한 사람들을 이루 다 기록할 수가 없다.

歷世離亂하야 經籍亡逸하니 今此書唯韋氏所解傳於世하고 諸家章句는 遂無存者나 然觀韋氏所叙컨댄 以鄭衆・賈逵・虞翻・唐固爲主하야 而增損之라 故其注備而

6) 木鐸 : 나무 추〔舌〕를 단 큰 구리 방울. 국가의 정책이나 법령을 선포할 때 흔들어 울려서 사람들의 注意를 집중하게 하는 데 쓴다. 여기서는 세상을 교화하는 사람을 비유하는 말로 썼다. ≪周禮 天官 小宰≫・≪論語 八佾≫

有體하니 可謂一家之名學[7])이로다 唯唐文人柳子厚作非國語[8])二篇하야 攟摭左氏意外微細하야 以爲詆訾나 然未足掩其鴻美요 左篇今完然하야 與經籍並行에 無損也라 庸何傷於道리오 因略記前世名儒의 傳・學[9])姓氏別之하노라

세상의 난리를 거치면서 經籍이 흩어져 없어지니, 현재 이 책은 오직 韋昭가 해석한 것만 세상에 전하고, 여러 학자들이 낸 章句는 마침내 남아 있는 것이 없게 되었다. 그러나 韋昭가 서술한 주석을 보면, 鄭衆과 賈逵와 虞翻과 唐固의 해석을 위주로 하여 보태고 줄여서 주석하였다. 그러므로 그의 注가 완비되고 체계가 있으니, 一家를 이룬 이름난 주석이라 이를 만하다. 그런데 唐나라 文人 柳子厚(子厚는 柳宗元의 字)는 〈非國語〉라는 두 편의 글을 지어 左氏가 마음에 두지 않은 자질구레한 것들을 주워 모아서 헐뜯고 나무랐다. 그러나 ≪國語≫의 위대하고 아름다운 점은 덮어 가릴 수 없고, 左篇이 지금 완전하여 經籍과 함께 세상에 유행하는 데에 손상될 것이 없다. 道에 무슨 손상이 되겠는가! 이어서 앞 시대의 ≪國語≫를 해석한 名儒의 주석과 성씨를 별도로 대략 기록한다.

後漢大司農鄭衆의 字는 仲師라 作國語章句호대 亡其篇數라

後漢에서 大司農을 지낸 鄭衆의 자는 仲師인데, ≪國語≫의 章句를 지었으나 그 편수는 잃었다.

漢侍中賈逵의 字는 景伯이라 作左氏春秋及國語解詁五十一篇하니 左傳三十篇이요 國語 二十一篇이라 隋志云 二十卷이라하나 唐已亡이라

漢나라에서 侍中을 지낸 賈逵의 자는 景伯이다. ≪左氏春秋≫와 ≪國語解詁≫ 51篇

---

7) 學 : 본문의 뜻을 주석하여 그 의미를 밝히는 일. 注를 달리 이르는 말로, 傳・箋・釋 등으로도 말한다.

8) 非國語 : 唐宋八大家의 한 사람인 唐나라 柳宗元이 ≪國語≫의 잘못된 부분을 비평한 글의 篇名. 聖人의 道에 맞지 않는다고 여기는 57條를 뽑아 비평을 가하였다. ≪柳宗元集 非國語 上・下≫

9) 傳・學 : 모두 주석을 이르는 말. 注를 이르는 말로 注・傳・箋・學・解・釋 등이 있다.

을 지었는데, ≪左傳解詁≫는 30편이고, ≪國語解詁≫는 21편이다. ≪隋書≫ 〈經籍志〉에는 20卷이라 하였으나 唐나라 때에 벌써 없어졌다.

魏中領軍王肅의 字는 子雍이니 作春秋外傳國語章句一卷이라 隋志云 梁有二十二卷이라하고 唐志亦云 二十二卷이라하니라

魏나라에서 中領軍을 지낸 王肅의 자는 子雍이니, ≪春秋外傳國語章句≫ 1권을 지었다. ≪隋書≫ 〈經籍志〉에는 南朝梁 때 22권이 있었다라 하였고, ≪唐書≫ 〈藝文志〉에도 22권이라고 하였다.

吳侍御史虞翻의 字는 仲翔이니 注春秋外傳國語二十一卷이라

吳나라에서 侍御史를 지낸 虞翻의 자는 仲翔이니, ≪春秋外傳國語≫ 21권을 주석하였다.

吳尙書僕射唐固의 字는 子正이니 注春秋外傳國語二十一卷이라

吳나라에서 尙書僕射를 지낸 唐固의 자는 子正이니, ≪春秋外傳國語≫ 21권을 주석하였다.

吳中書僕射侍中 高陵亭侯 韋昭의 字는 弘嗣니 注春秋外傳國語二十一卷이라 隋志云 二十二卷이라하고 唐志에 二十一卷이라하니 與今見行篇次同이라

吳나라에서 中書僕射와 侍中을 역임하였고 高陵亭侯에 봉해진 韋昭의 자는 弘嗣인데 ≪春秋外傳國語≫ 21권을 주석하였다. ≪隋書≫ 〈經籍志〉에는 22권이라 되어 있고, ≪唐書≫ 〈藝文志〉에는 21권이라 하였으니, 현행 본의 편차와 같다.

晉五經博士孔晁 注春秋外傳國語二十卷하니 唐志에 二十一卷이라

晉나라에서 五經博士를 지낸 孔晁는 ≪春秋外傳國語≫ 20권을 주석하였는데, ≪당서≫ 〈예문지〉에는 21권이라고 되어 있다.

右按古今卷第 亦多不同하야 或云二十一篇하고 或二十二卷①하고 或二十卷이라 然據班志하면 最先出賈逵次之를 皆云二十一篇이라하니 此實舊書之定數也②어늘 其後或互有損益하니라 蓋諸儒章句煩簡不同하고 拆③簡併篇하야 自名其學하니 蓋不足疑也오 要之컨대 藝文志爲審矣라

〔校勘〕 ① 卷 : 四庫全書의 ≪國語補音≫에는 '卷'자가 없다.
② 也 : 四庫全書의 ≪國語補音≫에는 '也'자가 없다.
③ 拆 : 四庫全書의 ≪國語補音≫에는 '析'으로 되어 있다.

이상을 상고하면 고금의 권수 차례도 대부분 같지 아니하여 혹은 21편이라 하고, 혹은 22권이라 하고, 혹은 20권이라 하였다. 그러나 班固의 〈藝文志〉에 근거하면 가장 먼저 나온 賈逵가 편찬한 것을 모두 21편이라 하였다. 이것이 실로 옛 ≪國語≫의 확정된 숫자인데, 그 후에 간혹 서로 줄이거나 보탠 것이 있다. 諸儒들이 만든 章句가 번다하고 간략한 점이 같지 않고, 단락을 나누거나 篇을 합쳐서 자기의 주석서를 命名하니 의심할 것도 없고, 요컨대 〈藝文志〉의 (21편이) 확실하다.

又按先儒未有爲國語音者는 蓋外內傳文多相涉하고 字音亦通故邪〔也〕①라 然近世에 傳舊音一篇하야 不著撰人名氏나 尋其說하면 乃唐人也라 何以證之오 據解犬戎樹惇10)하면 引鄯州羌11)爲說하니 夫改鄯善②國爲州는 自唐始耳라 然其音簡陋하야 不足名書나 但其間 時出異聞하야 義均雞肋12)이로다 庠이 因暇輒記其所闕하야 不覺盈篇이어늘 今因舊本而廣之하야 凡成三卷하니 其字音反切은 除存本說外에 悉以陸德明經傳釋文爲主하니 亦將稽舊學하야 除臆說也라

〔校勘〕 ① 邪〔也〕 : 四庫全書의 ≪國語補音≫에 '也'로 되어 있어 이를 따랐다.

---

10) 犬戎樹惇 : 犬戎이 돈후하고 질박한 성품을 확립했음을 이른 말. 犬戎은 戎族의 한 지파로, 殷周시대에 중국의 서북부 지역에 살던 민족이다. 畎戎·畎夷·犬夷·昆夷·緄夷라고도 한다. 이 말은 〈周語 上〉의 '祭公諫穆王征犬戎'條에 보인다.

11) 鄯州羌 : 선주에 살던 羌族. 선주의 관할 구역은 지금의 青海省 西寧市·湟中·樂都 등지에 해당한다.

12) 雞肋 : 닭의 갈비. 먹을 만한 것은 없고 버리기엔 아까운 음식물로, 큰 의미는 없으나 차마 버리지는 못하는 사물을 비유하는 말. ≪三國志 魏志 武帝紀 裴松之 注≫

② 鄯善 : 四庫全書의 ≪國語補音≫에는 '善鄯'으로 되어 있으나 '鄯善'이 옳다.

또 상고하건대 先儒가 ≪國語≫의 音을 주석한 사람이 있지 않은 것은, 아마도 外傳(國語)과 內傳(左傳)의 문장이 대부분 서로 관계되고, 또 글자의 음도 서로 통하기 때문일 것이다. 그러나 근세에 예전의 음을 주석한〔舊音〕一篇이 전해지는데, 지은 사람의 이름은 밝히지 않았으나 그 주석한 말을 찾아보면 곧 唐나라 사람이 지은 것이다. 무엇으로 이를 증명하는가? '犬戎樹惇'에 대하여 해설한 것을 근거로 하면 이를 鄯州 지방에 사는 羌族을 인용하여 설명했는데, 鄯善國을 고쳐 州로 만든 것은 唐나라 때 시작된 것[13]이기 때문이다. 그러나 그 音이 간략하고 천박해서 책이라고 이름할 수가 없다. 다만 그 안에 때때로 특이한 말이 나와 그 뜻이 마치 雞肋과 같다. 庠이 여가를 이용하여 그때마다 〈舊音〉에 빠진 것을 기록했는데 나도 모르는 사이에 한 篇이 차게 되었기에, 이제 그 舊音本을 따라 확대하여 모두 3권으로 완성하였다. 字音의 反切은 舊音本의 내용을 보존해 둔 이외의 것은 모두 唐나라 陸德明의 ≪經傳釋文≫을 위주로 하였는데, 이는 역시 옛날의 주석을 가져다 참고하여 나의 억측을 없애기 위해서이다.

唯陸音不載者는 則以說文字書集韻等附益之하고 號曰 國語補音이라하니라 其間闕疑는 請俟鴻博하니 非敢傳之達識이오 姑以示兒曹云이라 〈宋庠序〉①

〔校勘〕 ① 〈宋庠序〉 : 四庫全書의 ≪國語補音≫에는 '宋庠序' 세 글자가 더 있다.

다만 陸德明의 音에 실려 있지 않은 것은, ≪說文≫과 字書 ≪集韻≫ 등의 것을 더 붙여서 이름을 ≪國語補音≫이라 하였는데, 이 책에 빠졌거나 의심나는 것은 학문이 크고 넓은 이를 기다리겠다. 감히 이 책을 식견이 통달한 이에게 전하지 못하고 우선 아이들에게 보인다. 宋庠은 서문을 쓴다.

---

13) 鄯善國……시작된 것 : 鄯善國을 州로 둔 것은 北魏시대로, 여기서 唐나라 때부터라고 말한 것은 잘못된 고증이다.

國語 제1권

周語 上

周나라는 黃帝의 후예로 姬姓이니, 始祖 后稷의 이름은 棄이다. 棄의 어머니 有邰氏의 딸 姜嫄이 어느 날 들에 나갔다가 大人의 발자국을 밟았는데 몸에 感動이 오는 걸 느꼈고 임신하여 아들을 낳았다. 이를 祥瑞롭지 못하다 하여 내다 버렸는데 짐승들이 보호하므로 다시 거두어 길러 뒤에 后稷이 되었다 한다. 帝舜시대에 邰(지금의 陝西省 武功縣 남서쪽에 있던 옛 나라 이름)에 봉해졌고, 后稷이 죽은 뒤 아들 不窋이 계승하였으나 不窋 말년에 夏侯氏의 정치가 衰落하여 后稷의 벼슬을 없애고 농업을 힘쓰지 않으므로 不窋이 職位를 잃고 西戎으로 달아나 살았다.

不窋이 죽은 뒤 鞠을 거쳐 公劉에 이르러 西戎에 살면서 다시 后稷의 遺業을 닦아 농사에 힘쓰니 여기서부터 周道가 일어나기 시작하였다. 公劉의 아들 慶節이 계승하여 도읍을 豳(지금의 陝西省 彬縣의 북동쪽)으로 옮겼다. 后稷의 12대 孫 太王이 后稷과 公劉의 勳業을 닦고 德을 쌓으며 道義를 행하자 국민들이 모두 추앙하였다. 뒤에 獯鬻과 戎狄의 핍박을 받아 岐(현재의 陝西省 岐山縣에 있는 岐山 아래)로 옮겼는데, 셋째 아들 季歷이 文王을 낳았는데 聖人의 자질이 있었다. 季歷이 뒤를 계승하였고, 文王이 天命을 받아 천하의 3분의 2를 소유하였으며, 武王이 殷나라를 멸망시킨 뒤 천하를 차지하였다. 穆王 이후로 점차 쇠퇴하기 시작하여 厲王이 無道하니 국민의 습격을 받아 彘(지금의 山西省 霍縣)로 달아나서 그곳에서 죽자 宣王이 中興을 꾀하였다. 幽王이 褒姒에게 빠져 暴政을 하다가 犬戎에게 살해되자, 平王이 동쪽 洛陽으로 遷都하여 王城(河南省 洛陽縣城의 서쪽. 곧 洛邑)에 거주하였다. 이 이후를 東周라고 부르며, 平王으로부터 25王째인 赧王에 이르러 秦나라에 멸망되었다.

1. 祭公諫穆王征犬戎 祭公이 犬戎을 정벌하려는 穆王에게 諫하다

【大義】 先代의 聖德을 지닌 天子들은 德을 밝히고 武力示威를 하지 않는 것으로써 주장을 삼았으니, 나라를 다스리는 사람은 文德으로 백성들을 臣服시켜야지 武力을 함부로 사용하면 안 된다고 주장하다.

穆王將征犬戎할새 祭(채)公謀父(보)諫曰 不可하니이다 先王은 耀德하고 不觀兵하니이다 夫兵戢而時動이니 動則威요 觀則玩이요 玩則無震이라 是故로 周文公之頌[1]에 曰 載戢干戈하며 載櫜弓矢하고 我求懿德하야 肆于時夏하니 允王保之라하니이다 先王之於民也에 茂①正其德而厚其性하며 阜其財求而利其器用하며 明利害之鄕하고 以文修之하야 使務利而避害하고 懷德而畏威라 故能保世以滋大하니이다

昔我先〈王〉②이 世后稷하야 以服事虞・夏러니 及夏之衰也에 棄稷弗務하야 我先王不窋이 用失其官하고 而自竄於戎翟之間하야 不敢怠業하야 時序其德하고 纂修其緖하며 修其訓典하야 朝夕恪勤하야 守以惇篤하고 奉以忠信하야 奕世載德하야 不忝前人하니이다 至於武王하야 昭前之光明하고 而加之以慈和하야 事神保民하니 莫不欣喜하니이다 商王帝辛이 大惡於民하니 庶民이 弗忍하야 欣戴武王하야 以致戎於商牧하시니 是先王이 非務武也라 勤恤民隱하야 而除其害也니이다

夫先王之制[2]에 邦內[3]甸服[4]이요 邦外侯服[5]이요 侯・衛賓服[6]이요 蠻・夷要

---

1) 周文公之頌 : 文公은 周文王의 아들 周公 姬旦. 頌은 ≪詩經≫ 六義의 하나. 〈周頌〉・〈魯頌〉・〈商頌〉이 있는데, 모두 宗廟 제사에 쓰는 舞曲의 歌辭이다. 여기서는 〈周頌〉의 時邁篇으로, 周公이 武王의 德을 稱頌하여 지은 것이다.

2) 先王之制 : 중앙에서 邊鄙까지의 국토를 거리로 나누어 劃定한 구역과 貢賦 등에 관하여 制定한 規定.

3) 邦內 : 天子國의 國都 사방 1천 리 區域을 이르는 말. 천자가 직접 統治하는 곳으로, 夏代에는 邦內, 商代에는 邦畿, 周代에는 王畿라 하였다.

4) 甸服 : 天子國의 王城을 중심으로 郊外의 1천 리 안 지역을 이르는 말. 甸은 畿內, 服은 王을 위하여 힘껏 농사지어 받든다는 뜻이라고 한다. ≪書經 禹貢 孔安國傳≫・≪周禮 夏官 職方氏≫. 일설에는, 甸은 농사를 짓는다는 뜻이고, 服은 고대에 王畿 밖의 지역

服[7]이요 戎·翟荒服[8]이라 甸服者는 祭[9]하고 侯服者는 祀[10]하며 賓服者는 享[11]하고 要服者는 貢[12]하며 荒服者는 王[13]하나니 日祭·月祀·時享·歲貢·終王이 先王之訓也니이다 有不祭則修意하고 有不祀則修言하며 有不享則修文하고 有不貢則修名하며 有不王則修德하야 序成而有不至하면 則修刑하니이다 於是乎 有刑不祭하며 伐不祀하며 征不享하며 讓不貢하며 告不王이니이다

於是乎 有刑罰之辟하며 有攻伐之兵하며 有征討之備하며 有威讓之令하며 有文告之辭하니이다 布令陳辭호대 而又不至면 則又增修於德하고 〈而〉③無勤民於遠이라 是以近無不聽하고 遠無不服하니이다 今自大畢·伯仕[14]之終也로 犬戎氏以其職來王이어늘 天子曰 予必以不享征之[15]라하시고 且觀之兵하시니 其無乃廢先

을 이르는 말로, 區域 안이라는 뜻이라고 한다.

5) 侯服 : 甸服의 밖 5백 리 지역으로, 諸侯들에게 封地로 주는 區域.

6) 賓服 : 侯服의 밖 5백 리 區域. 諸侯와 中國의 邊境에 끼어 있어서 諸侯國의 外衛가 된다는 뜻이며, 이들이 정기적으로 天子에게 朝貢하면 賓禮로 대접한다 하여 賓服이라 하였다.

7) 要服 : 賓服의 밖 5백 리 區域. 要는 束縛하다의 뜻. 蠻夷는 國都에서 아주 멀리 떨어져 있기 때문에 中國과 같은 統治가 불가능하다. 때문에 友好 관계를 맺어 天子를 섬기도록 하여 '羈縻術'로 다스린다 하여 이른 말이다.

8) 荒服 : 要服의 밖 5백 리 區域. 이곳은 要服보다 훨씬 더 먼 荒野地域으로 그들의 風俗에 順應하여 天子를 섬기도록 한다 하여 이르는 말이다.

9) 祭 : 天子가 日祭라 하여 날마다 아버지와 祖父에게 祭祀를 지내는 일. 日祭에 드는 祭物과 費用은 甸服 안의 사람들이 공급한다.

10) 祀 : 天子가 月祀라 하여 한 달에 한 번씩 高祖와 曾祖에게 祭祀를 지내는 일. 月祀의 祭物과 費用은 侯服의 諸侯가 공급한다.

11) 享 : 天子가 時享이라 하여 매 계절마다 네 번 始祖에게 제사를 지내는 일. 時享의 祭物과 費用은 賓服의 君主가 공급한다.

12) 貢 : 歲貢으로, 1년에 한 번 그 지역에서 나는 珍寶 따위의 특산품을 바치는 일. 要服의 君主는 6년마다 한 번씩 天子에게 朝覲하며 특산품을 禮物로 바친다.

13) 王 : 終王이라 하여 天子를 王으로 받들어 臣服함을 이르는 말. 한 王의 시대가 끝나고 新王이 繼承하면 本國에서 나는 귀한 보물을 禮物로 가지고 와서 한 世代에 한 번 天子에게 朝會한다.

14) 大畢·伯仕 : 둘 다 犬戎의 君主 이름이다.

王之訓하야 而王幾頓乎잇까 吾聞夫犬戎樹惇하야 能帥舊德하야 而守終純固하니 其有以禦我矣니이다 王이 不聽하고 遂征之하야 得四白狼과 四白鹿以歸하니 自是로 荒服者不至하니라

〔校勘〕 ① 茂 : 四部備要本에는 '懋'로 되어 있는데 통용한다. 아래도 같다.
② 〈王〉 : 天聖本과 ≪史記≫ 〈周本紀〉에 '王'자가 있고, 黃丕烈 〈國語札記〉에도 이를 따랐으므로 '王'자를 보충하였다.
③ 〈而〉 : 四部備要本에 의거하여 보충하였다.

周穆王이 장차 犬戎을 정벌하려고 하자, 祭公인 謀父가 간하였다. "옳지 않습니다. 先王들은 천하에 德을 밝게 提示하였고, 閱兵을 하지 않았습니다. 兵器를 거두어 저장하였다가 때가 이르렀을 적에 썼으니, 쓰게 되면 두려워했고, 閱兵을 자주 하게 되면 깔보며, 깔보면 두려워함이 없게 됩니다. 이런 까닭에 周나라 文公의 頌에 '방패와 창을 收藏하며, 弓矢를 활집에 넣고 우리(武王)가 아름다운 덕을 구하여, 이 큰 樂章에 큰 功德을 다 늘어놓았으니, 진실로 王이 天命을 잘 보존했다.'라고 했습니다. 先王이 백성에 대해 그 德을 바르게 하여 그 性情을 厚하게 하기를 힘쓰며, 재물 구하는 것을 豐富하게 하여 그 器用을 이롭게 하며, 이롭고 해로운 방향을 밝히고 文德으로 닦았습니다. 백성들에게 利를 힘써 해로움을 피하고, 德에 感服하여 刑罰의 威嚴을 두려워하게 하였습니다. 때문에 〈國運을〉 대대로 지켜서 더욱 성대하게 發展했던 것입니다.

옛날 우리 先祖께서 대대로 后稷(農政을 주관하는 벼슬)이 되어 虞나라와 夏나라를 職分을 다하여 섬겼습니다. 夏나라의 정치가 衰退해졌을 때, 后稷의 職任을 버리고 힘쓰지 않아 우리 先王 不窋이 그 때문에 官職을 잃고, 스스로 戎과 翟 지방의 사이로 도망쳐서 감히 職業을 게을리 하지 않아 그 先代의 德을 敍述하고, 先代의 일을 繼承하였으며, 先代의 訓典(敎訓과 法度)을 닦아 아침저녁으로 정성스럽고 부지런히 힘써서, 敦篤함으로써 지키고, 忠信으로 받들어 대대로 德을 이루어 先人들의 德을 욕되게 하지 않았습니다. 武王에 이르러 前代의 빛난 업적을 밝게 드날리고, 더욱 仁慈하고 溫和한 德을 더하여 神明을 섬기고 백성을 보호하니, 神明과 백성이 기뻐하며 좋아하지 않는 자가 없었습니다. 商나라 임금 帝辛(辛은 紂王의 이름)이 백성들에게 아주 포

15) 不享征之 : 時享은 賓服의 제후가 행하는 禮인데, 이 禮로 犬戎을 꾸짖으며 무력을 보인 것은 잘못이다.

악한 정치를 하자, 庶民들이 참지 못하여 즐거운 마음으로 武王을 推戴하고 저 商나라 牧野에서 전쟁을 하였습니다. 이것은 先王들이 武力을 힘쓰지 않은 것으로써 부지런히 백성의 고통을 염려하여 그 害를 除去한 것입니다.

先王의 制度에 邦內는 甸服이고, 邦畿 밖은 侯服이며, 侯服과 衛 사이는 賓服이며, 蠻夷族이 사는 곳은 要服이며, 西戎과 北翟이 사는 곳은 荒服이라 하였습니다. 甸服에 사는 사람들은 祭를 공급하고, 侯服에 사는 사람들은 祀를 바치며, 賓服에 사는 사람들은 享을 드리고, 要服에 사는 사람들은 貢을 바치며, 荒服에 사는 사람들은 王을 합니다. 日祭와 月祀와 時享과 歲貢과 終王이 先王의 法度[16]입니다. 甸服에 사는 사람이 祭를 공급하지 않으면 天子는 마음을 修養하여 自責하고, 侯服이 祀를 바치지 않으면 號令을 내려 바로잡으며, 賓服이 享을 드리지 않으면 法令을 정비하고, 要服이 貢을 바치지 않으면 名分(尊卑와 職責에 관한 名號)을 修正하며, 荒服이 王을 하지 않으면 文德을 닦아서 오게 하였습니다. 이 〈다섯 가지〉의 次序가 이루어졌는데도 오지 않는 자가 있으면 형벌로 다스렸습니다. 이리하여 祭를 공급하지 않는 자는 刑罰을 시행하며, 祀를 바치지 않는 자는 攻伐하며, 享을 드리지 않는 자는 征討하며, 貢을 바치지 않는 자는 譴責하며, 王을 하지 않는 자는 文辭로 타일렀습니다.

이리하여, 刑罰하는 法이 있게 되고, 攻伐하는 武力이 있게 되고, 征討하는 武備가 있게 되고, 〈歲貢을 바치지 않는 자에게〉 威嚴을 세워 꾸짖는 號令이 있게 되고, 〈終王하지 않는 자에게〉 文辭로 타이르는 글이 있게 되었습니다. 命令을 宣布하고 말로 타이르는데도 오지 않으면 또 자기의 文德을 더욱 닦아서, 백성들이 먼 곳에 가서 征討하는 수고로움이 없게 하였습니다. 이 때문에 가까이 사는 백성들은 왕명을 따르지 않는 이가 없었고, 먼 지방에 사는 사람들은 臣服하지 않는 사람이 없었습니다.

이제 저 大畢과 伯仕가 죽으면서부터 〈그 뒤를 이은〉 犬戎의 君主가 자신이 행해야 할 職分을 가지고 와서 終王하였습니다. 그런데 天子는 말하기를 '나는 반드시 時享하지 않은 죄로 征討하겠다.'라 하시고, 또 閱兵을 하려고 하십니다. 혹여 先王의 가르침과 法度를 폐기하여 〈荒服이 행하는 禮인〉 終王의 일이 파괴되지나 않겠습니까! 제가 듣기에 犬戎이 敦厚한 性情을 수립하여, 옛 先王의 德을 능히 따라 끝까지 전일하게 終王의 職分을 지킨다니, 〈閱兵하여 犬戎을 정벌하면〉 그들이 우리에게 對應할 名分

---

16) 法度 : 原文의 '訓'을 '訓則'으로 해석하여 法度로 번역하였다.

이 있게 될 것입니다."

왕은 듣지 않고 끝내 征伐하여 그 지방의 흰 이리 네 마리와 흰 사슴 네 마리를 잡아 돌아왔다. 이때부터 荒服에 사는 사람들이 周나라에 終王하지 않았다.

2. 密康公母論小醜備物終必亡 密나라 康公의 어머니가 작은 인물이 사물을 구비하면 반드시 망한다고 論하다

【大義】 禮制를 위배하고 작은 인물이 모든 事物을 갖추면 결국 滅亡하게 된다.

恭王이 游於涇上할새 密康公從이러니 有三女奔之[17]한대 其母曰 必致之於王하라 夫獸三爲羣이오 人三爲衆이오 女三爲粲이니 王田不取羣하고 公行下衆[18]하며 王御不參一族이니라 夫粲은 美之物也어늘 衆以美物歸女하니 而何德以堪之리오 王猶不堪이어든 況爾小醜〈乎〉[①]리오 小醜備物이면 終必亡하리라 康公弗獻이러니 一年에 王滅密하다

〔校勘〕 ① 〈乎〉: 四部備要本에 의거하여 보충하였다.

周恭王이 涇水 가에 가서 유람할 때 密나라 康公이 모시고 따라갔는데 세 여인이 禮를 갖추지 않고〔奔之〕 〈康公과〉 野合하였다. 康公의 어머니가 말하기를 "〈이 세 여인을〉 반드시 王에게 바치거라. 짐승이 셋 이상이면 무리〔群〕라 이르고 사람이 셋 이상이면 여럿〔衆〕이라 이르며, 여자가 셋 이상이면 아름답다〔粲, 美人이 많다는 뜻〕라고 이른다. 王이 사냥할 때 짐승의 무리를 다 잡지 않고, 諸侯가 일을 행할 때 여러 사람에게 下問하며, 王의 妃嬪은 한 아버지 所生의 세 姉妹를 취하지 않는다. 美女〔粲〕는 美物인데 많은 美物이 너에게 돌아왔으니 너

---

17) 奔之 : 여자가 六禮를 갖추지 않고 남자와 야합함을 이르는 말. 《禮記》 〈內則〉에 "聘則爲妻 奔則爲妾 : 빙례를 행하면 아내가 되고, 야합하면 첩이 된다."라 하였다.

18) 公行下衆 : 諸侯는 일을 정할 때 여러 사람과 상의함으로써 謙遜과 尊賢함을 보인다는 뜻. 韋昭는 "공은 제후이다. 下衆은 감히 大衆을 속이지 않는 것이다. 國君은 卿에게 몸을 낮추며 여러 사람을 만나면 몸을 숙여 禮를 표한다.〔公 諸侯也 下衆 不敢誣衆也 禮國君下卿位 遇衆則式禮之也〕"라 하였다.

는 무슨 德으로 이 세 여자를 감당하겠느냐? 王도 감당하지 못할 일인데, 더구나 너 같은 작은 人物이겠느냐? 작은 人物이 事物을 다 갖추면 끝내는 반드시 망하는 것이다."라고 하였다. 강공이 〈이 여자들을〉 王에게 바치지 않았는데, 1년 만에 王이 密나라를 멸망시켰다.

3. 召公諫厲王弭謗 召公이 백성들의 비방하는 말을 막는 厲王에게 간하다

【大義】 帝王이라도 자연스럽게 일어나는 백성들의 여론을 强壓的 手段으로 막아서는 안 된다고 논하다.

厲王이 虐이어늘 國人謗王한대 召①公告王②曰 民不堪命矣로소이다 王怒하야 得衛巫하야 使監謗者하고 以告則殺之하니 國人莫敢言하고 道路以目하니 王喜하야 告召公曰 吾能弭謗矣니 乃不敢言이로다 召公曰是는 鄣③之也니 防民之口 甚於防川하니이다 川壅而潰면 傷人必多하나니 民亦如之라 是故爲川〈者〉④는 決之使導하고 爲民者는 宣之使言하나니이다 故天子聽政에 使公卿至於列士히 獻詩[19]하고 瞽獻典〔曲〕⑤하며 史[20]獻書하고 師箴하며 瞍賦하고 矇誦하며 百工諫하고 庶人傳語하며 近臣盡規하고 親戚補察하며 瞽史教誨하고 耆艾修之하나니 而後王斟酌焉이라 是以事行而不悖하니이다 民之有口也⑥猶土之有山川也하야 財用於是乎出하고 猶其有原隰衍沃也⑦하야 衣食於是乎生하나니이다 口之宣言也에 善敗於是乎興하니 行善而備敗⑧ 所以阜財用衣食者也니이다 夫民이 慮之於心하고 而宣之於口하야 成而行之어늘 胡可壅也릿가 若壅其口면 其與能幾何릿가 王弗聽하다 於是에 國人이 莫敢出言이러니 三年에 乃流王於彘[21]하다

---

19) 獻詩 : 民間에서 부르는 민요를 채집하여 詩를 바치는 방식으로 정치상의 得失을 諷諫하는 일.

20) 史 : 外史. 周官의 春官 大宗伯에 딸리어 外方의 地誌와 王令의 선포를 관장하던 벼슬. 韋昭는 "史는 外史이니, 周官의 外史는 고대 三皇과 五帝의 典籍을 관장한다.〔史外史也 周官外史 掌三皇・五帝之書〕"라 하였다. ≪周禮 春官 大宗伯≫

21) 彘 : 당시 晉나라 땅. 현재의 山西省 霍縣. 厲王이 돌아오지 못하고 이곳에서 죽자 召

〔校勘〕 ① 召 : 四部備要本과 여러 白話譯註本에 '邵'로 되어 있는데 통용한다. 아래도 같다.
② 王 : 四部備要本에는 '王'자가 없다.
③ 鄣 : 四部備要本에는 '障'으로 되어 있다.
④ 〈者〉 : 四部備要本과 下文의 '爲民者'에 의거하여 '者'를 보충하였다.
⑤ 典〔曲〕 : 四部備要本 이하 諸本이 모두 '曲'자로 썼다. 劉台拱은 "西周 이전에는 聲歌를 '曲'이라 하지 않았고, 周末에 歌曲이란 말이 있게 되니, '典'자가 옳다 하였다." 그러나 韋解明은 "'曲'은 樂曲이므로 '曲'자가 잘못되지 않았다." 하였기에 '曲'을 따른다.
⑥ 也 : 四部備要本에는 '也'자가 없다.
⑦ 猶其有原隰衍沃也 : 四部備要本에는 '猶其原隰之有衍沃也'로 되어 있다.
⑧ 敗 : 四部備要本에는 '敗'자 다음에 '其'자가 더 있다.

厲王이 가혹한 정치를 하자 백성들이 王을 비방하였다. 召公이 王에게 "백성들이 王의 명령을 감당하지 못하여 〈비방〉하는 것입니다."라고 하였다. 왕이 怒하여 위나라의 무당〔衛巫〕을 구해 와서 비방하는 자를 감시하게 하였다.

衛巫가 〈비방한 사람을〉 보고하면 죽여 버리니, 백성들이 감히 비방하지 못하고 길에 다니면서 눈짓으로 〈비방을 표현〉하였다. 王이 기뻐하며 召公에게 "내가 능히 비방을 그치게 하니 감히 비방하는 말을 하지 못하는구나."라고 하니, 召公이 말하였다. "이는 막은 것이니, 백성들의 입을 막는 것은 흐르는 냇물을 막는 것보다 폐해가 심합니다. 흐르는 냇물이 막혔다가 터지면 필시 많은 사람을 傷害하게 되는데, 백성도 이와 같습니다. 이 때문에 河川을 治水하는 자는 잘 흐르도록 터서 소통시키고 백성을 다스리는 사람은 드러내 놓고 말하도록 하는 것입니다. 그러므로 天子가 政事를 처리할 때 公卿(三公과 九卿)에서 列士(上士・中士・下士의 통칭)까지는 詩를 바치고, 소경 악사〔瞽〕는 음악을 바치고, 外史는 고대의 典籍을 바치고, 師(小師로서 樂官)는 箴言을 올리고, 눈동자 없는 소경〔瞍〕은 諷諫하는 詩를 낭송하고, 눈동자 있는 소경〔矇〕은 箴言을 외며, 百工(각종 手工藝人)은 諫言을 올리고, 平民들은 거리의 여론을 남을 통하여 간접 전달하고, 近臣은 마음을 다해 規諫하고, 王의 宗親과 姻戚은 돕고 監察하며, 소경

公과 周公 두 宰相이 함께 政事를 상의하여 시행하였는데, 이를 共和政이라 한다.

太師(소경으로 樂官의 長)와 太史는 〈音樂과 禮法으로〉 가르치고, 연령이 높은 師傅는 修養하는 말을 하게 한 뒤에 王이 이를 헤아려서 取捨하고 시행합니다. 이러므로 모든 일이 잘 시행되어 事理에 어긋나지 않게 됩니다.

백성에게 입이 있는 것이 마치 땅에 산과 내가 있는 것과 같아 財用이 여기에서 나오고, 넓은 평야와 隰한 저지대와 낮고 평탄한 땅과 물대기 좋은 肥沃한 토지가 있는 것과 같아 입고 먹는 物產이 여기에서 나옵니다. 입으로 드러내 놓고 말할 적에 政事의 잘잘못이 여기에서 일어나니, 〈백성들이〉 잘한다는 것은 시행하고 잘못한다는 것은 防備하는 것이 財用과 衣食을 풍부하게 하는 방법입니다. 백성들이 마음속에 충분히 생각하고 입으로 드러내 놓고 말하여 〈생각과 말이〉 성숙해진 뒤에 자연스레 행동으로 나타나는 것인데 어찌 강제로 막을 수 있겠습니까? 만일 강제로 그들의 입을 막는다면 얼마나 유지하겠습니까?"

왕은 그 말을 따르지 아니하였고, 이리하여 백성들이 감히 말을 꺼내지 못했는데 3년 만에 마침내 厲王을 彘에 流配시켰다.

4. 芮良夫論榮夷公專利 芮良夫가 榮夷公이 이익을 獨占하는 데 대하여 論하다

【大義】 統治者는 백성에게 이익을 양보하여 백성이 행복을 누리도록 해야 하고, 백성들과 이익을 다투어 天下의 이익을 독점해서는 안 된다고 주장하다.

厲王說榮夷公이어늘 芮良夫曰 王室이 其將卑乎인저 夫榮公好專利하고 而不知大難하니 夫利는 百物之所生也오 天地之所載也어늘 而或專之면 其害多矣니이다 天地百物을 皆將取焉이어늘 胡可專也리오 所怒甚多어늘 而不備大難하고 以是教王하니 王能久乎잇가 夫王人者는 將導利而布之上下者也니 使神人百物로 無不得其極이라도 猶日怵惕하야 懼怨之來也라 故頌에 曰 思文后稷이 克配彼天이샷다 立我烝①民이 莫匪爾極이라하고 大雅에 曰 陳錫載周라하니 是不布利而懼難乎잇가 故能載周하야 以至於②今이어늘 今王學專利하시니 其可乎잇가 匹夫專利라도 猶謂之盜어늘 王而行之하시면 其歸鮮矣리니 榮公若用이면 周必敗하리이다 既榮公爲卿士한대 諸侯不享하고 王流於彘하다

〔校勘〕 ① 烝 : 四部備要本에는 '蒸'으로 되어 있다.
② 於 : 四部備要本에는 '于'로 되어 있다.

周厲王이 榮나라 夷公을 좋아하였는데 芮良夫가 다음과 같이 말하였다.

"왕실이 장차 쇠미해질 것입니다. 榮公은 이익을 독점하기 좋아하고 큰 어려움이 닥칠 것은 알지 못합니다. 이익이란 온갖 사물에서 나오는 것이고, 천지의 기운을 받아서 만들어지는 것인데, 어떤 사람이 그것을 독점하게 되면 그 해로움이 많게 됩니다. 천지가 생성한 온갖 사물을 모든 사람이 그 이익을 취해야 하는 것인데 어찌 독점할 수 있겠습니까? 〈이익을 독점하면〉 노여워하는 사람이 매우 많을 터인데도 큰 환난을 대비하지 아니하고, 이것으로 왕을 이끌고 있으니 왕이 오래갈 수 있겠습니까? 백성에게 임금 노릇을 하는 사람은 장차 이익을 소통시켜서 天神과 사람에게 분배해 주어야 합니다.

天神과 사람 및 온갖 사물에게 그 적당함을 얻게 하더라도 오히려 날마다 경계하고 두려워하여 원망을 초래할까봐 걱정해야 합니다. 그러므로 〈周頌〉에 이르기를 '文德이 훌륭한 后稷의 덕이 능히 하늘과 짝하셨다. 우리 많은 백성에게 곡식을 먹게 한 것이, 너의 지극한 德이 아님이 없다.'[22]라 했고, 〈大雅〉에는 이르기를 '〈文王이 德을〉 펴서 周나라에 〈복을〉 주었다.'[23] 하였으니, 이분들이 이익을 백성에게 분배해 주고 환난을 두려워한 것이 아니겠습니까? 그러므로 능히 周나라의 王道를 이루어 지금에 이르렀는데, 이제 왕께서 이익을 독점하는 일을 배우셔서야 되겠습니까? 필부가 이익을 독점하더라도 오히려 도적이라 이르는데 왕으로서 독점하는 일을 행하신다면 왕에게 귀의하는 사람이 적을 것입니다. 榮公을 重用하시면 周나라는 반드시 패망할 것입니다."

---

22) 文德이……없다 : ≪詩經≫ 〈周頌 思文〉篇에 보인다. 다만 '立我烝民 莫匪爾極'을 韋昭는 "우리 뭇 백성을 자립하게 한 도리는 네가 때를 알맞게 얻게 한 것이 아님이 없으니 공이 지극히 크다.〔立我衆民之道 無不於女時得其中者 功至大也〕"라고 해석하였다. 여기서는 朱熹 〈集傳〉의 "立은 粒과 통용이고, 極은 지극함이니 德의 지극함이다…… 우리의 많은 백성들에게 곡식을 먹게 한 것은 그의 덕이 지극하지 않은 것이 없다.〔立 粒通 極 至也 德之至也……蓋使我烝民 得以粒食者 莫非其德之至也〕"라고 해석한 것을 따랐다.

23) 文王이……주었다 : ≪詩經≫ 〈大雅 文王〉篇에 보인다.

얼마 후에 榮公이 卿士가 되자, 諸侯가 朝貢을 바치지 않았고, 왕은 彘에 유배되었다.

5. 召公以其子代宣王死 召公이 宣王을 대신하여 그의 아들을 죽게 하다

【大義】 신하가 임금을 섬기는 도리는, 위험에 처해도 원망하지 않으며 원망하는 마음이 있어도 노하지 않는다.

彘之亂[24)]에 宣王在召公之宮이러니 國人圍之어늘 召公曰 昔에 吾驟諫王호되 王不從이라 〈是〉[①]以及此難하니 今殺王子면 王其以我爲懟而怒乎인저 夫事君者는 險而不懟하며 怨而不怒어든 況事王乎아하고 乃以其子로 代宣王이러니 宣王長而立之하다

〔校勘〕 ① 〈是〉: 四部備要本과 기타 여러 本에 의거하여 보충하였다.

彘의 난리에 宣王(당시에는 王子)이 召公의 집에 피신하고 있었는데, 백성들이 포위하자 召公이 말하기를 "예전에 내가 왕에게 자주 諫하였으나 왕이 따르지 않았다. 이 때문에 이 난리에 이르게 되었는데, 이제 왕자가 피살당하면 왕은 내가 왕을 원망하여 왕자에게 노여움을 푼 것이라 여길 것이다. 임금(諸侯)을 섬기는 자는 위험에 처하여도 원망하지 않으며 마음에 원망함이 있어도 노여워하지 않는 것인데, 더구나 왕을 섬기는 일이겠느냐?"라 하고는, 마침내 그 아들에게 宣王을 대신하여 죽게 하였다. 〈召公은〉 宣王이 장성하자 그를 왕으로 옹립하였다.

6. 虢文公諫宣王不藉千畝 虢文公이 千畝의 藉田을 親耕하지 않는 周宣王에게 諫하다

【大義】 농사의 중요성과 藉田의 예를 廢할 수 없는 도리를 강론하며, 周나라의 重農歷史와 藉田儀式 및 藉田을 폐하여 초래하는 害를 밝혔다.

宣王卽位하야 不藉[①](적)千畝[25)]어늘 虢文公諫曰 不可하니이다 夫民之大事在農하니

---

24) 彘之亂 : 厲王의 暴政이 계속되자 국민들이 暴動을 일으켜 厲王을 彘 땅으로 추방하여 유배시킨 난리.

上帝之粢盛이 於是乎出이오 民之蕃庶 於是乎生이오 事之共給이 於是乎在오 和協輯睦이 於是乎興이오 財用蕃殖이 於是乎始오 敦厖純固 於是乎成이라 是故稷爲大官이니이다 古者에 大史[26]順時[27]覛土하야 陽癉憤盈하고 土氣震發하며 農祥[28]晨正하고 日月底於天廟[29]면 土乃脉發하나니이다

先時九日에 大史告稷曰 自今至於初吉에 陽氣俱烝하고 土膏其動하나니 弗震弗渝면 脉其滿眚하야 穀乃不殖이라하면 稷以告王曰 史帥陽官[30]以命我司事하야 曰 距今九日에 土其俱動이라하니 王其祗祓하사 監農不易하소서 王乃使司徒[31]로 咸戒公卿・百吏・庶民하고 司空[32]으로 除壇於藉하고 命農大夫[33]하야 咸戒農用하나니이다

先時五日에 瞽告有協風至하면 王既〔卽〕②齊宮하고 百官御事하야 各卽其齊三日하나

---

25) 不藉千畝 : 藉(籍)田은 고대에 天子와 諸侯가 농민의 힘을 빌려서 경작하는 農地. 天子는 1천 畝, 諸侯는 1백 畝를 藉田으로 삼아 春耕 때가 되면 직접 쟁기를 잡고 한 차례 땅을 갈아엎는 儀式을 행하여 농업의 중시와 天子가 농사일의 시범을 보이는 행사를 한다. 여기서 생산한 곡물로는 天地・山川・社稷・先祖에게 제사를 드리는 祭物로 썼다. 藉은 籍・耤로도 쓴다. ≪禮記≫ 〈祭義〉에 "是故昔者天子爲藉千畝 冕而朱紘 躬秉耒……以事天地山川社稷先古."라 하였다.

26) 大史 : 周代의 春官에 속하여 역사 기록과 史書의 편찬과 文書의 기초, 典籍・天文・曆法 등을 관장하던 벼슬. ≪通典 職官8≫

27) 順時 : 時는 時令으로, 계절별로 나누어 정해 놓은 농사일에 관한 政令. 1년 열두 달의 기후와 행해야 할 일 등을 정해 놓은 것. 順은 따른다는 뜻이다. ≪禮記 月令≫

28) 農祥 : 二十八宿의 하나인 房星. 韋昭는 "농상은 房星이다. 晨正은 입춘날 새벽에 정남방에 나타남을 이르니, 이때는 농사지을 기후이기 때문에 農祥이라 하였다.〔農祥 房星也 晨正 謂立春之日晨 午也 農事之候 故曰農祥〕"라 하였다.

29) 天廟 : 營室星의 별명. 이십팔수의 하나인 室宿. 정월에는 태양과 달이 모두 영실성의 위치에 있다고 한다.

30) 陽官 : 곧 春官. 周官 六卿의 하나. 禮儀와 祭祀의 일을 주관하였다. 宗伯이라고도 한다. ≪周禮 天官 小宰≫・≪周禮 春官 序官≫

31) 司徒 : 周官 六卿의 하나. 地官 大司徒라 일컬으며, 禮敎로 백성을 교화하는 일을 관장하였다. ≪書經 舜典≫・≪周禮 地官 序官≫

32) 司空 : 周官 六卿의 하나. 冬官 大司空이라 하며, 土木과 水土에 관한 일을 관장하였다. ≪書經 舜典≫・≪通典 職官典 司空≫

33) 農大夫 : 농민을 감독하여 농업 생산에 종사하게 하는 일을 맡은 벼슬. 곧 田官.

니이다 王乃淳濯饗醴하고 及期하야 鬱人[34]薦③鬯하고 犧人[35]薦醴어든 王祼鬯하고 饗醴乃行하나니 百吏・庶民이 畢從이라 及藉하야 后稷監之하고 膳夫[36]・農正[37]이 陳藉禮하며 大史贊王이면 王敬從之하나니이다 王耕一墢[38]하고 班三之[39]하며 庶人④終於千畝니 其后稷省功이어든 大史監之하고 司徒省民이어든 大師監之니이다 畢에 宰夫[40]陳饗이어든 膳宰[41]監之하고 膳夫贊王하면 王歆大牢[42]하고 班嘗之하야 庶人이 終食하나니이다

---

34) 鬱人 : 周官의 春官에 속한 벼슬. 降神하는 데 쓰는 祭器를 관장한다. 모든 제사와 賓客의 降神하는 일에 鬱金香을 찧어 달여서 鬯酒에 타 祭器에 담아 陳設한다. ≪周禮 春官宗伯 鬱人≫

35) 犧人 : 犧尊을 관장하는 벼슬. 醴酒 올리는 일을 맡았다.

36) 膳夫 : 周官의 天官 冢宰에 딸린 벼슬. 上士로서 王이 먹는 음식과 요리를 담당하는 벼슬의 長官. ≪周禮 天官 膳夫≫

37) 農正 : 농사에 관한 일을 관장하는 벼슬. 農大夫로 아홉 명이 있었다. ≪左傳 昭公17年≫

38) 王耕一墢 : 王은 대등한 상대가 없으므로 혼자 하나의 쟁기로 땅을 갈아엎는 일. 두 사람이 나란히 짝을 이루어 두 개의 쟁기로 갈아엎는 것을 耦라고 한다. 韋昭는 "왕이 한 번 갈아엎는다는 것은, 한 번 耦耕으로 갈아엎는다는 말이다. 보습의 넓이는 다섯 치이니, 두 개의 보습이 耦耕이 되므로 한 번 耦耕으로 갈아엎으면 넓이 한 자, 깊이 한 자가 된다.〔王耕一墢 一耦之墢也 耜廣五寸 二耜爲耦 一耦之墢 廣尺 深尺〕" 하였다. 그러나 여기서는 淸나라 董增齡의 ≪國語增解≫의 "두 사람이 나란히 각자 하나의 쟁기로 가는 것을 耦라 하고 한 사람이 단독으로 가는 것을 墢이라 한다."라는 說을 따랐다.

39) 班三之 : 王 이하 사람은 각기 位次에 따라 세 배의 수로 땅을 갈아엎음을 이른 말. 韋昭는 "班은 位次이다. 三之는 아랫사람은 각각 그 윗사람보다 세 배로 하니, 王이 한 번 갈아엎으면 公은 3번, 卿은 9번, 大夫는 27번을 갈아엎는다.〔班 次也 三於(之) 下各三其上也 王一墢 公三 卿九 大夫二十七〕"라 하였다.

40) 宰夫 : 周官의 天官 冢宰에 딸린 벼슬. 조정의 儀法을 관장하였다. 韋昭는 下大夫라 하였다. ≪周禮 天官 宰夫≫

41) 膳宰 : 왕의 음식과 요리를 관장하는 벼슬. 곧 膳夫로, 宰夫보다 高位라고 한다. ≪儀禮 燕禮≫

42) 大牢 : 牛・羊・豕 각 한 마리씩을 갖추어 제사에 祭物로 쓰거나 饗禮에 쓰는 것을 이르는 말. 매우 隆重한 뜻을 표현한다. ≪禮記 王制≫・≪公羊傳 桓公8年≫

是日也에 瞽帥音官이 以省風土[43]라 廩於藉東南하야 鍾而藏之하야 而時布之於農하니이다 稷則徧戒百姓하야 紀農協功하고 曰 陰陽分布하고 震雷出滯하니 土不備墾이면 辟在司寇[44]라하고 乃命其旅하야 曰 徇하라하나니 農師[45]一之하고 農正再之하고 后稷三之하고 司空四之하고 司徒五之하고 大保[46]六之하고 大師[47]七之하고 大史八之하고 宗伯[48]九之하고 王則大徇하나니 耨穫에도 亦如之하니이다 民用莫不震動하야 恪恭於農하야 修其疆畔하고 日服其鎛하야 不解於時하니 財用不乏하고 民用和同하니이다

是時也에 王事唯農是務요 無有求利於其官하야 以干農功하며 三時務農하고 而一時講武라 故征則有威하고 守則有財니이다 若是라야 乃能媚於神하고 而和於民矣니 則享祀時至하고 而布施優裕也니이다

今天子欲修先王之緖어시늘 而棄其大功하사 匱神之〔乏〕⑤祀하시고 而困民之財하시니 將何以求福用民이리잇가

王이 弗聽이러니 三十九年에 戰於千畝[49]하야 王師敗績於姜氏之戎[50]하다

---

43) 以省風土 : 古代에는 바람이 흙에서 일어난다고 여겼기 때문에 律管을 地下에 안치하여 바람을 관찰하는데, 바람이 온화하면 곡식을 심기에 적합한 土氣로 인식하였으므로 이른 말.

44) 司寇 : 周官 六卿의 하나. 秋官 大司寇라 하며, 刑獄에 관한 일을 주관하였다. ≪周禮 秋官 序官≫·≪禮記 王制≫

45) 農師 : 周代의 벼슬 이름. 上士로 농사를 관장하였다.

46) 大保 : 周代 三公의 하나. 太傅에 버금가는 벼슬로, 天子를 보필하였다. ≪書經 周官≫·≪漢書 百官公卿表 上≫

47) 大師 : 周代 三公의 하나. 三公 중의 으뜸 벼슬로, 天子의 政事를 보필하였다. ≪書經 周官≫·≪漢書 百官公卿表 上≫

48) 宗伯 : 周代 六卿의 하나. 宗廟의 제사 등 국가의 典禮를 관장하였다. ≪書經 周官≫·≪周禮 春官 宗伯≫

49) 千畝 : 땅 이름. 현재의 山西省 介休縣 남쪽에 있었다. ≪左傳 桓公2年≫

50) 姜氏之戎 : 西戎의 한 갈래. 전설상 炎帝의 후예라고 하며, 그들의 先祖가 堯임금 때 禹임금의 治水를 도운 공으로 四嶽에 봉해지고 姜氏 姓을 받았다고 한다. ≪左傳 僖公33年≫

〔校勘〕 ① 藉 : 四部備要本에 '籍'으로 되어 있는데 통용한다.
② 既〔卽〕: 四部備要本과 諸本에 모두 '卽'으로 되어 있고, 문맥상 '卽'이라야 맞기에 고쳤다.
③ 薦 : 四部備要本에는 '荐'으로 되어 있는데 통용한다.
④ 人 : 四部備要本에는 '民'으로 되어 있다.
⑤ 之〔乏〕: 四部備要本에 의거하여 고쳤다.

宣王이 즉위하여 千畝의 藉田을 親耕하지 않자 虢나라 文公이 諫하였다. "옳지 않습니다. 백성의 큰 일은 농사짓는 데 있으니, 上帝에게 제사 지내는 쌀이 여기에서 나오고, 백성의 많은 번식이 여기에서 생기며, 나랏일에 쓸 경비의 공급이 여기에 달려 있고, 백성이 화합하고 친목하게 지내는 것이 여기에서 일어나며, 재물의 늘어남이 여기에서 시작되고, 敦厚하고 寬大하며 순수하고 굳센 덕성이 여기에서 이루어집니다. 이 때문에 〈농사일을 주관하는〉 稷이 아주 중대한 벼슬이 된 것입니다. 옛날에 太史가 時令를 따라 토양을 살펴봐서 陽氣가 성하게 올라와 가득 쌓이고, 땅기운이 발동하여 일어나며, 農祥이 입춘날 새벽에 정남방의 위치에 오고, 태양과 달이 天廟 자리에 이르면, 地力이 맥이 뛰듯 일어나는 것입니다.

立春이 되기 9일 전에 太史가 稷에게 고하기를 '지금부터 初吉(2월 초하루)에 이르기까지 陽氣가 모두 위로 올라오고 흙의 윤기가 流動하게 됩니다. 이때 땅을 갈아 파헤쳐서 굳어 있던 토양을 바꿔주지 않으면 땅의 기운이 응결되는 災病이 들어 곡식이 번성하지 않는다.'라고 말합니다. 그러면 稷이 왕에게 고하기를 '太史가 陽官을 거느리고 나의 농사를 주관하는 일〔司事〕을 명하여, 「지금부터 9일 뒤에 흙의 기운이 모두 움직인다」라고 합니다. 왕께서는 공경한 마음으로 재계하시고 농사일을 감독하여 親耕할 알맞은 때를 바꾸지 마십시오.'라고 합니다. 그러면 왕은 곧 司徒를 시켜서 모든 公卿과 百官과 庶民에게 알리게 하고, 司空을 시켜서 藉田 근처에 땅을 닦아 祭壇을 만들게 하고, 農大夫에게 명하여 모든 농민이 농기구를 준비하게 하는 것입니다.

親耕하기 5일 전에 소경 樂師가 온화한 바람이 불어온다고 고하면, 왕은 곧 齊(齋)宮에 나아가 齋戒하고 百官은 각자 맡은 일을 처리하여 그들의 재계하는 장소에 나아가 3일 동안 재계합니다. 왕이 마침내 목욕한 뒤에 감주〔醴酒〕를 마십니다. 親耕할 날짜에 이르러 鬱人은 鬱鬯酒를 올리고 犧人이 醴酒를 올리거든, 왕이 鬱鬯酒로 降神하여 農神에게 고한 뒤 醴酒를 마시는 饗禮를 행하고 나서 곧 출발하는데, 이때 百官과

庶民이 모두 뒤따릅니다. 藉田에 이르러 后稷이 모든 일을 監察하고 膳夫와 農正이 藉田을 親耕하는 예를 設行합니다. 太史가 앞에서 왕을 인도하면 왕은 공경한 마음으로 뒤를 따릅니다. 왕이 단독으로 한 번 갈아엎으면 그 아래는 位次에 따라 세 배로 하며 마지막으로 庶人이 千畝를 모두 갈아엎습니다. 그런 뒤에 稷이 그 일한 결과를 살피거든 太史가 감찰하고, 司徒가 참가한 백성의 수를 살피거든 太師가 감찰합니다. 그 일을 마치고 宰夫가 음식을 차려 잔치를 베풀거든 膳宰가 그 일을 감찰하는데, 膳夫가 왕을 잔치 자리로 인도하면 왕이 먼저 太牢를 먹은 다음에 관직의 位次에 따라 맛을 보며, 庶人이 마지막으로 음식을 먹습니다.

이 날에 瞽師(소경 樂師)와 音官(樂官)이 12律의 律管으로 흙에서 일어나는 바람을 살핍니다. 藉田 동남쪽에 쌀 창고를 짓고 수확한 쌀을 모아 저장하였다가 때맞추어 농민들에게 나누어 줍니다. 稷은 백성들에게 두루 훈계하여 농사를 총괄하고 일을 협력하게 하면서 '밤과 낮의 길이가 똑같이 분포되고, 우레가 겨울잠을 자는 곤충을 일깨워 땅 밖으로 나오게 한다. 이때에 땅을 빠짐없이 갈지 않으면 司寇가 그 죄를 다스린다.'라고 합니다. 이어서 그 무리들에게 '행사를 시행하라.'고 말하면, 農師가 첫 번째로 나가고 農正이 두 번째로 나가고 后稷이 세 번째로 나가고 司空이 네 번째로 나가고 司徒가 다섯 번째로 나가고 太保가 여섯 번째로 나가고 太師가 일곱 번째로 나가고 太史가 여덟 번째로 나가고 宗伯이 아홉 번째로 나가고, 왕은 公卿 大夫를 거느리고 크게 親耕을 시행합니다. 그리하여 김을 매거나 수확하는 행사도 이와 같이 합니다. 백성들이 농기구를 크게 움직여 농사짓는 일을 공경하고 신중히 하지 않는 사람이 없어서 農地의 경계를 잘 修整하고 날마다 농장에 나가 호미로 김을 매며 일을 해 농사철에 게으름을 부리지 않습니다. 그러기에 財用이 모자라지 않고 이로써 백성들이 서로 함께 和平하게 사는 것입니다.

이때에 왕의 일은 농사에만 힘써야 하고, 관원에게 다른 이익을 추구하도록 요구하여 농사일에 끼어들어 어지럽히지 않게 하며, 봄·여름·가을 세 계절에는 농사에 힘쓰고 겨울 한 철에는 武藝를 강습합니다. 그러므로 군대를 출동하여 정벌하면 위력이 있고, 나라를 지켜 편안하면 財用이 넉넉해집니다. 이와 같이 하여야 곧 天神에게 잘 보이게 되고 백성에게서 화합을 끌어낼 수 있습니다. 그렇게 되면 제사 지내는 祭物이 때맞춰 오고, 백성에게 재물을 넉넉히 베풀어 주게 됩니다.

지금 天子께서 先王의 緖業을 닦아 계승하려 하면서 先王이 功業을 이룬 농사를 버리셔서 神明에게 제사 지내는 祭物을 결핍되게 하고 백성의 財用을 곤궁하게 하시니, 앞으로 무엇으로 神明에게 福을 구하며 백성을 부릴 수 있겠습니까?"

宣王이 그 말을 따르지 않았다. 그 뒤 宣王 39년에 千畝에서 싸워 王의 군대가 姜氏의 戎에게 패배하였다.

7. 仲山父諫宣王立戲 仲山父가 周宣王이 戲를 태자로 세우려는 일에 대해 諫하다

【大義】 周宣王이 嫡長子의 繼承制度를 위배하여 諸侯는 王命을 따르지 않고, 魯나라는 內亂을 초래하다.

魯武公이 以括與戲見(현)王이러니 王이 立戲하다 樊仲山父[51]諫曰 不可立也로소이다 不順이면 必犯이요 犯王命이면 必誅라 故出令을 不可不順也니 令之不行이면 政之不立이요 行而不順이면 民將棄上하리이다 夫下事上하며 少事長이 所以爲順也어늘 今天子立諸侯而建其少면 是教逆也니이다 若魯從之하고 而諸侯倣①之면 王命이 將有所壅이요 若不從而誅之면 是自誅王命也니 是事也는 誅亦失이요 不誅亦失이니 天子其圖之하소서 王夲②立之하다 魯侯歸而夲이러니 及魯人이 殺懿公하고 而立伯御[52]하다

〔校勘〕 ① 倣 : 四部備要本에는 '效'로 되어 있는데 同字이다.
② 夲 : 四部備要本에는 '卒'로 되어 있는데 同字이다.

魯나라 武公이 長子인 括과 작은아들인 戲를 데리고 王을 뵈었는데, 王이 戲를 太子로 세우려고 했다. 그러자 樊仲山父가 諫하였다. "〈戲를〉 세워서는 안 됩니다. 〈嫡長子로 지위를 계승하는 법도에〉 순응하지 않으면, 魯나라는 반드시 王命을 위반할 것이고, 王命을 위반하면 반드시 誅罰해야 할 것입니다. 그러므로 명령 내리는 일은 법도에 순응해야 합니다. 내린 명령이 시행되지 않으면 정치가 확립되지 못하고, 집행하는 政事가 법도에 부합하지 않으면 백성들이 앞으로 윗사람을 버리게 됩니다. 아랫사람

51) 樊仲山父 : 周王室의 卿士. 樊은 采邑(食邑) 이름. 현재의 湖北省 襄樊市에 해당한다.
52) 伯御 : 魯武公의 長子 括의 字. ≪史記≫ 〈魯周公世家〉에는 伯御를 括의 아들이라 하고, "伯御가 懿公 9년에 魯나라 사람들과 懿公을 弑害하고 魯君이 되었다."라고 하였다.

이 윗사람을 섬기며, 어린이가 어른을 섬기는 일이 법도에 순응하는 것입니다. 이제 天子께서 諸侯를 세우면서 그의 작은아들을 세우면, 이는 법도에 거스르는 일을 가르치는 것입니다. 만일 魯나라가 이번의 王命을 따르고 諸侯들이 그 일을 본받게 되면 先王의 長子를 세우게 한 命이 앞으로는 막히어 시행되지 않을 것입니다. 만일 魯나라가 王命을 따르지 아니하여 誅罰하게 되면 이것은 天子가 스스로 先王의 長子를 세우게 한 命을 誅罰하는 것입니다. 이 일은 誅罰하여도 잘못이고 誅罰하지 않아도 잘못이니, 天子께서는 잘 헤아리소서!"

宣王은 끝내 戲를 세웠다. 魯武公이 歸國하여 죽자, 魯나라 사람이 懿公(戲의 시호)을 弑害하고 伯御를 세웠다.

8. 穆仲論魯侯 穆仲이 魯侯에 대하여 論하다

【大義】 魯孝公이 孝道를 행하자, 穆仲이 宣王에게 孝公을 諸侯의 長으로 삼아 諸侯를 訓導하라고 건의하다.

三十二年53)〈春〉①에 宣王伐魯하야 立孝公54)하니 諸侯從是而不睦하다 宣王이 欲得國子55)之能導訓諸侯56)者한대 樊穆仲57)曰 魯侯孝하니이다 王曰 何以知之오 對曰 肅恭明神하야 而敬事耈老하며 賦事行刑에 必問於遺訓하고 而咨於故實58)하야

53) 三十二年 : 周宣王 32년 봄으로, 기원전 796년. 여기서부터 '諸侯從是而不睦'까지 底本에는 위의 단락인 '仲山父諫宣王立戲'의 末尾에 붙였으나 四部備要本과 今本에 모두 '穆仲論魯侯'의 첫머리로 삼았으므로 이를 따랐다.

54) 宣王伐魯立孝公 : 宣王은 伯御가 懿公을 弑害하고 魯君이 된 일을 미워하여 魯나라를 쳐서 伯御를 廢位시키고 懿公의 아우 稱을 세우니, 곧 孝公이다.

55) 國子 : 王室의 姬姓 子弟를 이르는 말. 國子에 대해서 여러 說이 있으나 韋昭는 "국자는 王室과 同姓인 여러 姬姓이니, 모든 王의 子弟를 國子라 이른다.〔國子 同姓諸姬也 凡王之子弟 謂之國子〕" 하였다.

56) 導訓諸侯 : 諸侯 중에서 德望이 있는 諸侯를 골라 諸侯의 長으로 삼아 諸侯를 敎導하고 訓戒하는 일. 伯主로서 諸侯들을 통솔하여 王室을 받들며 王命을 따르지 않는 諸侯를 토벌하는 책임과 권한을 가졌다. 王室이 衰微한 뒤에는 성격이 바뀌어 힘이 강한 諸侯가 스스로 伯主가 되어 諸侯의 질서를 잡고 王室을 압박하기도 하였다.

57) 樊穆仲 : 樊은 采邑(食邑), 穆은 諡號, 仲은 字. 곧 仲山父를 이른다.

不干所問하며 不犯所咨하니이다 王曰 然則能訓治其民矣로다하고 乃命魯孝公於夷宮[59]하다

〔校勘〕 ① 〈春〉: 四部備要本과 기타 諸本에 '春'자가 있어서 이를 따라 보충하였다.

32년 봄에 宣王이 魯나라를 정벌해서 孝公을 세우니, 諸侯가 이로부터 宣王과 화목하지 않게 되었다. 宣王이 國子로서 諸侯를 訓導할 수 있는 사람을 뽑으려고 하자, 樊穆仲이 말하기를 "魯侯가 효성스럽습니다."고 하였다. 宣王이 말하기를 "무엇으로 아는가?" 하니, 대답하기를 "魯侯는 엄숙하고 공손하며 총명하고 슬기로워 공경한 마음으로 노인을 섬기며, 政事를 펴고 刑罰을 집행할 적에 반드시 先王의 遺訓을 물어 행하고, 故實을 자문하여 자문한 先王의 遺訓을 犯하지 않고, 자문한 故實을 범하지 않습니다." 하였다. 왕이 말하기를 "그렇다면 능히 백성을 訓導하여 다스릴 수 있겠구나!"라 하고, 곧 夷宮에서 孝公을 〈諸侯의 長으로〉 임명하였다.

9. 仲山父諫宣王料民 仲山父가 宣王에게 인구조사하는 일을 諫하다

【大義】 인구조사는 담당하는 관리가 있어 자연스럽게 통계가 이루어지니, 까닭 없이 인구조사를 하면 政事에 해롭고 後嗣에도 방해가 된다고 論하다.

宣王이 既喪南國之師[60]하고 乃料民於大原[61]이어늘 仲山父諫曰 民不可料也니이다 夫古者에 不料民而知其少多하니 司民[62]은 協孤終하고 司商[63]은 協名①

58) 故實 : 참고하거나 거울로 삼을 만한 예전의 成例.

59) 夷宮 : 夷宮이란 宣王의 할아버지 夷王의 사당이다. 옛날 爵名을 내릴 때는 반드시 할아버지 사당에서 하였다.

60) 既喪南國之師 : 周宣王 39年(기원전 789년)에 姜氏 戎과의 전쟁에서 패배한 일. 南國은 고대 長江과 漢水 사이의 지방을 일컫는다. 宣王이 姜氏 戎과 전쟁을 할 때 長江과 漢水 유역에 위치한 楚·申·呂·鄧·陳·蔡나라의 군대를 징발하여 싸우다가 敗戰하여 많은 군사가 전사하거나 부상을 입었다.

61) 大原 : 현재의 寧夏回族自治區의 固原縣 북쪽인 原州·涇陽 사이에 있는 地名. 周나라와 서북 소수민족의 接境 지역이었다.

62) 司民 : 周官의 秋官에 딸리어 백성의 戶口 등록을 주관하는 벼슬. ≪周禮 秋官 司民≫

63) 司商 : 族姓을 수여하던 일을 맡아보던 벼슬. 韋昭는 "사상은 족성을 내려주는 일을

姓하며 司徒[64]는 協旅하고 司寇는 協姦하며 牧[65]은 協職하고 工[66]은 協革하며 場[67]은 協入하고 廩[68]은 協出하나니 是則少多死生과 出入往來者를 皆可知也니이다 於是乎 又審之以事[69]니 王治農於藉하고 蒐於農隙[70]하며 耨穫亦於藉하고 獮於既烝[71]하며 狩於畢時[72]라 是皆習民數者也니 又何料焉이리잇가 不謂其少而大料之면 是示少而惡(오)事也니 臨政示少면 諸侯避之하고 治民惡事면 無以賦令이니이다 且無故而料民이면 天之所惡也니 害於政而妨於後嗣니이다 王卒料之러니 及幽王하야 乃廢滅[73]하니라

〔校勘〕① 名 : 四部備要本에는 '民'으로 되어 있으나 따르지 않는다.

관장하는 벼슬이다. 商은 金에 해당하는 소리로 소리가 맑다. 사람이 처음 태어났을 때, 律을 불어서 합쳐지면 그 姓名을 정하였다.〔司商 掌賜族受姓之官 商金聲淸 謂人始生 吹律合之 定其姓名〕" 하였다. ≪漢書≫ 〈京房傳〉에는 "房本姓李 推律自定爲京氏 : 房의 본래 성은 李氏인데 律의 소리를 미루어 스스로 정하여 경씨가 되었다."라 하여 이 주장을 증명하고 있다.

64) 司徒 : 원래는 禮敎로 백성을 교화하는 일을 담당하던 六卿의 하나. 韋昭는 "사도는 군대의 무리를 모으는 일을 관장한다.〔司徒 掌合師旅之衆〕"라 하였다. 앞의 주 31) 참고.

65) 牧 : 牧人. 짐승을 기르는 일을 관장하던 벼슬. ≪周禮 地官 牧人≫

66) 工 : 관직명으로 수공업, 즉 工匠을 맡은 사람. 革은 바꾸는 일을 말한다.

67) 場 : 場人으로, 채마밭·과수원을 관장하는 벼슬. ≪周禮 地官 場人≫

68) 廩 : 廩人으로, 곡식 저장 창고를 관장하는 벼슬. ≪周禮 地官 廩人≫

69) 審之以事 : 事는 적전과 사냥을 인하여 그 숫자를 간략히 아는 것이다.

70) 蒐於農隙 : 봄 사냥을 蒐라고 하니, 蒐는 선택함이다. 禽獸가 새끼를 밴 것이 드러나지 않으면 가을에 가서야 잡는다. 農隙은 仲春에 耕種이 끝난 뒤의 틈이 나는 농한기이다.

71) 獮於既烝 : 獮은 가을 사냥의 이름. 烝은 오른다는 뜻으로, 새 곡식이 이미 익어 수확한 中秋를 이른다.

72) 狩於畢時 : 狩는 겨울 사냥의 이름. 畢時는 일 년의 농사일을 끝마친 겨울철을 이른다.

73) 廢滅 : 西周의 멸망을 이른 말. 宣王의 아들 幽王이 犬戎의 공격으로 驪山 아래에서 피살됨으로써 西周가 멸망하고, 周平王이 洛陽으로 東遷하여 東周시대가 열리게 되었다.

宣王이 남쪽 지방의 군사를 잃고 나서 곧 太原에서 백성의 인구수를 조사하려 하자, 仲山父가 간하였다. "아무 때나 백성의 인구수를 조사해서는 안 됩니다. 옛날에는 백성의 인구수를 조사하지 않고서도 백성의 수가 적고 많음을 알았습니다. 司民은 태어나고 죽은 사람의 수를 통계하고, 司商은 이름과 姓의 수를 통계하며, 司徒는 군대의 수를 통계하고, 司寇는 간악한 백성의 수를 통계하며, 牧은 각종 짐승 기르는 사람의 수를 통계하고, 工은 工人의 변동되는 수를 통계하며, 場은 곡물 수확을 통계하고, 廩은 국가의 곡물이 나가고 들어오는 수를 통계합니다. 이렇게 하면 인구수의 적고 많음과 죽고 나며, 나가고 들어오고, 가고 오는 것을 다 알 수 있습니다. 이렇게 하고 또 일로써 인구의 수를 살펴야 하니, 왕은 藉田에서 농사를 짓고, 농한기에 봄 사냥을 하며, 김매고 수확하는 것도 적전에서 하고, 이미 곡식이 익었을 때는 가을 사냥을 하며, 농사일을 마친 계절에 겨울 사냥을 해야 합니다. 이런 일은 모두 백성의 수를 대강 알 수 있게 하는 것인데, 또 어찌 戶籍을 조사하여 인구를 統計해야 되겠습니까? 〈전쟁 등으로〉 백성의 수가 적어졌다고 말하지 않고 대규모로 호구조사를 하면, 〈스스로 백성의 수가〉 줄어든 것을 보여주고 政事를 싫어하여 닦지 않는 것을 보여주는 것입니다. 政事에 임하여 백성의 수가 적어진 것을 보이게 되면, 諸侯들이 피하여 멀리하게 되고, 백성을 다스리면서 政事를 싫어하면, 명령을 頒布할 수가 없습니다. 또 아무 까닭 없이 호구를 조사하면, 하늘이 싫어하게 되어 政事하는 도리를 해치고, 後嗣에 방해가 일어날 것입니다."

왕이 끝내 호구조사를 시행했는데, 幽王에 이르러서 마침내 멸망하게 되었다.

10. 西周三川皆震伯陽父論周將亡 西周의 세 江에 모두 地震이 일어나자 伯陽父가 西周는 장차 亡할 것이라고 論하다

【大義】 國都는 반드시 山川의 精氣를 의지해야 되므로 산이 무너지고 강이 마르는 것은 장차 망하게 될 징조를 보인 것이라고 예견하다.

幽王三〔二〕①年에 西周三川74)이 皆震이어늘 伯陽父曰 周將亡矣로다 夫天地之

---

74) 西周三川 : 西周는 鎬京에 도읍했던 周나라 王朝. 宗周라고도 한다. 三川은 岐山에서 발원하는 涇水・渭水・洛水의 세 하천. 底本의 韋昭 注에는 "三川은 경수・위수・예

氣[75]는 不失其序니 若過其序면 民[76]之亂〔亂之〕②也니라 陽伏而不能出하고 陰遁〔迫〕③而不能烝[77]하면 於是有地震하나니 今三川實震은 是陽失其所而鎭陰[78]也라 陽失而在陰이면 川源必塞이니 〈源塞國必亡〉④하나니라 夫水土演[79]而民用也어늘 水土無⑤演이면 民乏財用이니 不亡何待리오 昔伊·洛[80]竭而夏亡하고 河竭而商亡이러니 今周德이 若二代之季[81]矣요 其川源又塞하니 塞이면 必竭이니라 夫國必依山川이니 山崩川竭은 亡之徵也라 川竭이면 山必崩하리라 若國亡인댄 不過十年이니 數之紀[82]也라 夫天之所棄는 不過其紀니라 是歲也에 三川竭하고 岐山[83]崩이러니 十一年에 幽王乃滅하고 周乃東遷[84]하니라

수이니, 岐山에서 나온다.〔三川 涇·渭·汭 出於岐山也〕"라 하여 洛水가 汭水로 되어 있다. 그러나 四部備要本의 위소 주에는 '洛'으로 되어 있고, 〈國語札記〉에 "망령난 사람이 잘못 〈汭로〉 고쳤다." 하였기에 '洛水'를 따랐다.

75) 天地之氣 : 陰陽의 두 氣. 陽은 하늘, 陰은 땅에 해당한다.

76) 民 : 여기서 말한 '民'은 백성을 지칭한 것이 아니고, 王을 바로 지적해 말할 수 없어서 빌려서 말한 것임.

77) 烝 : '오르다(升, 升騰)'는 말이다.

78) 鎭陰 : 鎭은 塡과 통용. 陽氣가 陰氣에 막혀서 오르지 못함을 이른다. 韋昭는 "鎭은 陰氣에 눌려 압박을 받은 것이다.〔鎭爲陰所鎭笮也〕"라 하여 '鎭'을 누르다의 뜻으로 보았다. 그러나 底本에 "≪史記≫에 '塡'으로 썼다." 하였고, 〈國語札記〉에 "鎭과 塡은 예전에 통용하였다." 하였기에, 이를 따랐다.

79) 演 : 衍과 통용. 촉촉하게 젖는다는 뜻이다.

80) 伊·洛 : 伊水와 洛水. 지금의 河南省 登封縣 동남쪽의 옛 夏나라 都邑인 陽城 근처에 있다. 伊水는 河南省 盧氏縣의 동남쪽 悶頓嶺에서 발원하여 伊陽·洛陽 등 여러 현을 거쳐 洛水에 닿는다. 洛水는 陝西省에서 발원하여 洛陽市를 거쳐 黃河로 흘러든다.

81) 二代之季 : 夏나라와 商나라의 末世. 夏나라의 末王 桀과 商나라의 末王 紂를 이른다.

82) 數之紀 : 紀는 마침. 마지막. 數는 1에서 시작되어 10에서 마치는데, 10에 이르면 다시 바뀌어 시작되기 때문에 10은 數의 마지막이 된다.

83) 岐山 : 지금의 陝西省 岐山縣에 있는 산. 周나라의 先祖인 古公亶父가 邠에서 狄人의 괴롭힘을 피하여 岐山 아래에 터를 잡아 周나라의 기틀을 다졌다 한다. ≪詩經 大雅 緜≫·≪孟子 梁惠王 下≫

84) 周乃東遷 : 기원전 771년 幽王이 죽고 그 아들 宜臼가 즉위하여 平王이 되었다. 그러나 이듬해 기원전 770년에 西周 鎬京이 무너지고, 지금의 河南省 洛陽인 洛邑으로

〔校勘〕 ① 三〔二〕 : 四部備要本에 '二'로 되어 있고, 〈國語札記〉에는, "惠棟이 '≪史記≫에 二年이라' 하였는데, 이는 〈周本紀〉를 말한다. 또 〈十二諸侯年表〉와 ≪漢書≫ 〈五行志〉에도 二年이라 하였으니, 〈公序本〉에 '三年'으로 쓴 것은 잘못이다." 하였기에 '二'로 고쳤다.

② 之亂〔亂之〕 : 四部備要本과 ≪史記≫에 모두 '亂之'로 되어 있고, 문법으로도 맞기에 고쳤다.

③ 遁〔迫〕 : 四部備要本에 '迫'으로 되어 있고, 四部備要本과 公序本의 韋昭 注에 모두 '陽氣迫之'라 하여 본래 '迫'자였음을 보이고 있어 고쳤다.

④ 〈源塞國必亡〉 : 四部備要本에 '源塞國必亡'의 다섯 글자가 있고, 韋昭 注의 "國都는 산천을 의지해야 되는데, 지금 근원이 막혔기 때문에 國都가 장차 망할 것이다.〔國依山川 今源塞 故國將亡也〕"라는 말을 보면, 본래 '源塞國必亡' 다섯 글자가 있던 것이 없어진 듯하여 보충하였다.

⑤ 無 : 四部備要本에는 '無' 다음에 '所'자가 더 있다.

幽王이 즉위한 지 2년에 西周의 세 강물이 모두 地震으로 말랐다. 伯陽父가 말하기를 "西周가 장차 망할 것이다. 천지의 기운은 운행하는 次序에 어긋나지 않아야 되니, 운행하는 次序가 어긋나면 백성(王)이 혼란하게 된다. 陽이 잠복하여 밖으로 나오지 못하고 陰이 압박하여 陽이 위로 오르지 못하면, 이리하여 地震이 일어나게 된다. 지금 세 江이 과연 地震이 난 것은 陽이 당연히 있어야 할 위치를 잃고 陰에 막혀서 위로 오르지 못하기 때문이다. 陽이 위치를 잃고 陰의 아래에 있게 되면, 강물의 근원이 반드시 막히게 되니, 근원이 막히면 國都가 반드시 망하게 된다. 물이 흙을 적시어 萬物을 내면 백성들이 그것을 이용하는 것인데, 물이 흙을 적시는 일이 없으면 백성들의 財用이 궁핍하게 되니, 망하지 않고 무얼 기다리겠는가? 伊水와 洛水가 마르자 夏나라가 망했고, 黃河가 마르자 商나라가 망했다. 지금 周나라의 德이 夏나라와 商나라 두 시대의 末世와 같고, 강물의 근원이 地震으로 또 막혔으니, 막히면 반드시 마르게 된다. 國都는 반드시 山川에 의지하여 형성되는 것이니, 산이 무너지고 강물이 마르는 것은 망할 징조이다. 강물이 마르면 산도 반드시 무너지게 된다. 만일 西周의 國都가 망한다면 10년을 넘지 않을 것이니, 그것은 수의 끝이기 때문이다. 하늘이 事物을 버리는 것은, 紀인 10년을 넘지 않을 것이다."라고 하였다.

遷都하였는데, 이를 周의 東遷이라고 하며, 역사에서는 東周라고 한다.

이 해에 세 江이 마르고, 岐山이 무너지더니, 11년 만에 幽王이 마침내 죽었고, 周나라는 이내 동쪽 洛邑으로 國都를 옮겼다.

11. 鄭厲公與虢叔殺子頹納惠王 鄭厲公이 虢叔과 함께 子頹를 죽이고 惠王을 들이다

【大義】 周惠王이 王子 頹에게 쫓겨나 3년 동안 鄭나라에 있다가 鄭伯과 虢叔의 도움으로 다시 復位한 사실을 기록하다.

惠王[85]三〔二〕①年에 邊伯·石遬②·蔿國出王[86]하고 而立王③子頹[87]하니 王處於鄭三年하다 子④頹飮三大夫酒할새 子國爲客[88]하야 樂及徧儛[89]러니 鄭厲公見虢叔[90]하고 曰 吾聞之호니 司寇行戮이면 君爲之不擧라커늘 而況敢樂禍乎아 今吾聞子頹歌舞하야 不思憂⑤라하니 〈樂禍也〉⑥라 夫出王而代其位하니 禍孰大焉고 臨禍忘憂

---

85) 惠王 : 惠王은 平王의 五世孫이고, 莊王의 孫子. 이름은 閬인데 底本의 韋昭 注에는 '毋涼'이라 하였고, 四部備要本의 韋昭 注에는 '涼'으로 되어 있다. 또 汪遠孫의 ≪國語明道本攷異≫에 의하면 "舊音賈逵 注에 毋자가 없고, 〈世本〉과 〈古今人表〉에는 모두 毋涼으로 썼는데, ≪史記≫에는 閬으로 썼으니 閬과 涼의 음이 비슷하고, 또 毋자가 없어서 어떤 것이 옳은지 모르겠다." 하였다.

86) 邊伯·石遬·蔿國出王 : 邊伯·石遬·蔿國 세 사람은 모두 周王室의 大夫. 蔿國은 子頹의 스승. 惠王이 즉위하여 蔿國의 園圃와 邊伯의 집을 빼앗고, 또 石遬의 벼슬을 회수하자 세 사람이 공모하여 惠王을 축출하고 王子 頹를 세웠다.

87) 王子頹 : 周莊王의 작은아들. 惠王의 숙부. 莊王의 애첩 姚姬의 아들인데, 莊王에게 총애를 받아 蔿國을 스승으로 삼게 되었다.

88) 子國爲客 : 子國은 곧 蔿國. 客은 上客이다.

89) 徧儛 : 上古 六代의 舞曲을 두루 연주함. 六代의 舞曲을 韋昭는 "黃帝는 雲門, 堯는 咸池, 舜은 大招(소), 禹는 大夏, 殷은 大濩, 周는 大武라고 한 것을 말한다.〔謂黃帝曰雲門 堯曰咸池 舜曰大招 禹曰大夏 殷曰大濩 周曰大武〕"고 하였다. 陽伯峻은 ≪春秋左傳≫ 莊公20年條의 注에서 黃帝의 음악으로 雲門에 大卷을 추가하였고, 堯의 음악을 大咸으로, 舜의 음악을 大韶라 하였다.

90) 鄭厲公見虢叔 : 鄭厲公은 鄭莊公의 아들로, 이름은 姬突. 虢叔은 周王室의 卿士로, 虢公 林父이며, 이름은 丑(추)이다.

是謂樂禍니 **禍必及之**하리라 **盍納王乎**아 **虢叔許諾**하다 **鄭伯**은 **將王自圉門**[91]**入**하고 **虢叔**은 **自北門入**하야 **殺子頽及三大夫**하니 **王乃入**⑦하다

〔校勘〕 ① 三〔二〕: 四部備要本과 諸本에 모두 '三'으로 되어 있으나, 汪遠孫의 ≪國語明道本攷異≫에 "'二'로 써야 되니, ≪史記≫ 〈周本紀〉 등에 '二'로 교정하였다." 라 하였다.

② 遬 : 四部備要本과 ≪左傳≫에는 '速'으로 되어 있는데 音이 같다.

③ 王 : 四部備要本에는 '王'자가 없다.

④ 子 : 四部備要本에는 '子'자 앞에 '王'자가 더 있다.

⑤ 不思憂 : 四部備要本에 '不息'으로 썼으나 汪遠孫의 ≪國語明道本攷異≫에 "〈공서본〉에 '不思憂'라 썼으니 이것이 옳다. 아래 글의 '臨禍忘憂'가 바로 '樂禍'이다." 하였기에 따르지 않는다.

⑥ 〈樂禍也〉: 四部備要本에 '樂禍也'의 세 글자가 있고, 文勢로 보아 당연히 있어야겠기에 보충하였다.

⑦ 入 : 四部備要本에는 '入'자 뒤에 '也'자가 더 있다.

惠王 2년에 邊伯과 石遬과 蔿國이 惠王을 축출하고 王子 頽를 왕으로 세우니, 惠王은 鄭나라에서 3년 동안 살았다. 子頽가 세 大夫와 술을 마실 적에, 子國이 上客이 되어 六代의 舞樂을 두루 연주하였다. 鄭厲公이 虢叔에게 말하였다. "내가 들으니 司寇가 사형을 집행할 때엔 임금은 그 사람을 위하여 음악을 연주하지 않는다고 한다. 더구나 감히 남이 당한 禍를 즐거워한단 말인가? 지금 내가 들으니 子頽가 노래하고 춤추면서 근심하기를 생각하지 않는다고 하니, 이는 남이 당한 禍를 즐거워하는 것이다. 왕을 축출하고 그 王位를 대신했으니, 어떤 禍가 이보다 더 크겠는가? 禍에 임하여 근심을 잊는 것을 바로 禍를 즐거워한다고 이르는 것이다. 禍가 반드시 자기에게 미칠 것이니, 어찌 왕을 다시 들여보내지 않겠는가!"

虢叔이 허락하였다. 鄭伯은 惠王을 모시고 圉門으로부터 들어오고, 虢叔은 북문으로부터 들어와 子頽와 세 大夫를 죽이니, 왕이 마침내 들어왔다.

---

91) 圉門 : 王城의 南門.

12. 內史過論神 內史 過가 神에 대해 論하다

【大義】 나라가 興할 적엔 밝은 神이 내려와 德에 임하고, 나라가 亡할 적엔 惡을 보여 준다. 어진 德을 지닌 자에게는 福을 주고 邪惡한 자에게는 禍를 준다는 의논이다.

十五年에 有神降於莘92)이어늘 王問於內史過93)曰 是何故오 固有之乎아 對曰 有之하니이다 國之將興에 其君齊明衷正하고 精潔惠和하야 其德足以昭其馨香하고 其惠足以同其民人이면 神饗而民聽하야 民神無怨이라 故明神降之하야 觀其政德하야 而均布福焉하나니이다 國之將亡에 其君貪冒辟邪하고 淫佚荒怠하며 麤穢暴虐하고 其政腥臊하야 馨香不登94)하고 其刑矯誣하야 百姓攜貳면 明神弗蠲하고 而民有遠志하나니 民神怨痛하야 無所依懷라 故神亦往焉하야 觀其苛慝하야 而降之禍라 是以或見神以興하고 亦或以亡하나니이다 昔夏之興也에 融降於崇山95)하고 其亡也에 回祿信於聆隧96)하고 商之興也에 檮杌次於丕山97)하고 其亡也에 夷羊在牧98)하며 周之興也에 鸑鷟鳴於岐山99)하고 其衰也에 杜伯射王於鄗100)하니

---

92) 莘 : 당시 虢나라의 地名. 지금의 河南省 三門峽市 硤石鎭의 서쪽 15리에 있는 莘原이다.

93) 內史 過 : 周代의 大夫 벼슬. 過는 그의 이름이다. 爵位와 祿俸을 폐지하거나 설치하는 일과 諸侯·孤·卿·大夫의 策命에 관한 일을 관장한다.

94) 馨香不登 : 神明이 제사를 받지 않음을 이른 말. 韋昭는 "登은 오름이니, 만일 향기가 올라가 神에게 맡게 하지 못하면 神이 제사를 받지 않는 것이다. 傳(書經 君陳)에 이르기를, '제물(黍稷)이 향기로운 게 아니라, 밝은 덕이 향기롭다.'라고 하였다.〔登 上也 若香不上聞於神 神不饗也 傳曰 黍稷非馨 明德惟馨〕"라 하였다.

95) 融降於崇山 : 融은 祝融. 전설상 남방 炎帝의 보좌관으로 죽어서 불을 관장하는 神이 되었다고 한다. 崇山은 嵩山으로, 지금의 河南省 登封縣 북쪽에 있다.

96) 回祿信於聆隧 : 回祿은 火神. 信은 전쟁이나 사냥에 나가서 이틀 밤을 묵는 것을 이른다. 聆隧는 지명으로, 지금의 어디인지는 상고할 수 없다.

97) 檮杌次於丕山 : 檮杌은 舜의 아버지 鯀이라는 說과 전설상 악한 짐승의 이름이라는 두 說이 있는데, 韋昭는 鯀이라고 하였다. 次는 이틀 밤 이상 묵는 것을 이른다. 丕山은 河南省에 있는 산으로, 大邳(伾·岯)山이다.

98) 夷羊在牧 : 夷羊은 전설상 신령스런 짐승. 牧은 商나라 교외의 牧野이다.

是皆明神之志者也니이다

王曰 今是何神也오 對曰 昔昭王娶於房[101]하니 曰房后라 實有爽德[102]하야 協於丹朱[103]하니 丹朱凭①身以儀之하야 生穆王[104]焉하니 實②臨照周之子孫而禍福之하니이다 夫神壹不遠徙遷焉③하니 若由是觀之컨대 其丹朱〈之神〉④乎인저 王曰 其誰受之오 對曰 在虢土니이다 王曰 然則何爲오 對曰 臣聞之호니 道而得神이면 是謂逢福이요 淫而得神이면 是謂貪禍라호이다 今虢少荒[105]하니 其亡乎인저 王曰 吾其若之何오 對曰 使大宰[106]로 以祝史[107]하야 帥(솔)狸姓[108]하고 奉犧牲・粢盛・玉帛하야 往獻焉호대 無有祈也하소서

王曰 虢其幾何오 對曰 昔堯臨民以五[109]러시니 今其冑[110]見하니 神之見也면 不

---

99) 鸑鷟鳴於岐山 : 鸑鷟은 鳳의 별칭. 岐山은 陝西省 岐山縣 경내에 있는 산으로, 周太王이 豳에서 이 산 아래로 옮겨와 살면서 周나라 王國의 기틀을 세웠다.

100) 杜伯射王於鄗 : 杜는 지금의 陝西省 西安市 동남쪽에 있던 나라. 伯은 伯爵. 周宣王 때 大夫였으나 무고하게 宣王에게 피살되었다. 3년 뒤 宣王이 諸侯들을 불러모아 사냥할 때, 杜伯이 厲鬼가 되어 宣王을 사살하였다 한다. 鄗는 鎬로도 쓰며, 周나라의 도읍 鎬京이다.

101) 昭王娶於房 : 昭王은 周昭王으로 이름은 瑕. 房은 子爵의 나라 이름인데, 지금의 河南省 遂平縣 지역에 있었다.

102) 爽德 : 개인이 지녀야 할 德行을 잃음. 또는 지닌 德이 어긋남. 지닌 德에 결함이 있음을 이르는 말.

103) 丹朱 : 堯임금의 不肖한 아들. 이름은 朱. 丹에 봉해져서 丹朱라 한다.

104) 穆王 : 周穆王. 이름은 滿. 八駿馬를 타고 천하를 周遊하였다고 한다.

105) 少荒 : 酒色과 사냥 등의 逸樂에 빠져서 헤어나지 못하는 상태를 이른다.

106) 大宰 : 周官 六卿의 으뜸인 冢宰. 국가의 큰 政事와 祭祀儀式 및 會盟・朝聘 등을 주관하였다. ≪通典 職官 2 太宰≫

107) 祝史 : 祝과 史. 祝은 太祝으로, 국가의 福祥을 비는 일을 맡은 벼슬. 史는 太史로, 祭祀와 禮儀를 맡은 벼슬이다. ≪周禮 春官 序官・太史≫

108) 狸姓 : 丹朱의 후예. 周나라에서는 傅氏가 되었다. 韋昭는 "狸姓은 丹朱의 후예이다. 神은 자기의 族類가 올리는 제사가 아니면 받지 않기 때문에 인솔하여 간 것이다. 〔狸姓 丹朱之後 神不歆非類 故帥以往也〕" 하였다. 汪遠孫의 ≪國語明道本攷異≫에는 "狸는 貍로 써야 된다."고 하였다.

109) 臨民以五 : 5년에 한 번 巡狩하여 그 지방의 다스림을 살펴서 백성의 삶을 고찰

過其物111)이라 若由是觀之컨대 不過五年이니이다 王使大宰忌父112)로 帥傅氏113) 及祝史하고 奉犧牲・玉鬯114)하야 往獻焉하다 內史過從至虢한대 虢公亦使祝史로 請土115)焉하니 內史過歸하야 告⑤王曰 虢必亡矣리이다 不禋於神而求福焉이면 神必禍之하고 不親於民而求用焉이면 民⑥必違之하나니 精意以享이 禋也오 慈保庶民이 親也니이다 今虢公動匱百姓하야 以逞其違하고 離民怒神而求利焉하니 不亦難乎잇가 十九年에 晉取虢하다

〔校勘〕 ① 馮 : 四部備要本에는 '憑'으로 되어 있다.
② 實 : 四部備要本에는 '實'자 앞에 '是'자가 더 있다.
③ 焉 : 四部備要本에는 '焉'자가 없다.
④ 〈之神〉 : 四部備要本에 의거하여 보충하였다.
⑤ 告 : 四部備要本에는 '告'자 앞에 '以'자가 더 있다.
⑥ 民 : 四部備要本에는 '人'으로 되어 있다.

15년(惠王 15년. 기원전 662년)에 神이 莘 땅에 내려왔다. 王이 內史인 過에게 묻기를 "이는 무슨 까닭인가? 본래 이런 일이 있는 것인가?" 하니, 過가 대답하였다. "그런 일이 있습니다. 나라가 장차 흥성할 적엔 그 임금의 지혜가 민첩하고 총명하며, 中道를 행하고 바르며, 정성스럽고 潔白하며, 은혜롭고 仁和하여 그의 밝은 德이 신령에게 향기를 맡게 하고, 그의 은혜가 백성의 마음을 하나로 합치게 합니다. 그러면 神明이 제사를 歆饗하고 백성이 王命을 따르게 되어 백성과 神이 원한이 없게 됩니다. 그러므로 밝은 神明이 내려와서 그 임금의 政敎와 德行을 관찰하여 고루 福을 베풀어 주는 것입니다. 나라가 장차 망할 적엔 그 임금이 財利에 탐욕을 부리고, 편벽하여 바르지 못하며, 거리낌없이 즐기고 방종하며, 정치는 황폐하고 태만하며, 거칠고

하는 일.

110) 胄 : 후예. 여기서는 丹朱의 神을 이른다.

111) 物 : 物數. 곧 사물의 數를 이른다.

112) 忌父 : 太宰 周公 忌父의 이름. ≪說苑≫에는 '己父'로 되어 있다.

113) 傅氏 : 狸姓. 周나라에서는 傅氏가 되었는데, 곧 丹朱의 後代를 이른다.

114) 玉鬯 : 제사 때 술을 담는 玉으로 만든 술그릇. 여기에 鬯酒를 따라 땅에 부어 降神한다.

115) 請土 : 神에게 田土를 내려 달라고 請求하는 일.

추악하며, 사납고 모질며, 그 정치가 부패하여 악취가 나 제사 지내는 향기가 神明에게 오르지 않으며, 행하는 형벌이 법을 속이고 罪를 만들어 무고한 사람에게 함부로 가하여 백성의 마음이 떠나고 두 마음을 갖게 됩니다. 그러면 밝은 神明은 불결하게 여겨 제사를 받지 않고 백성은 멀리 떠나려는 마음을 두게 될 터이니, 백성과 神明이 원망하고 몹시 미워하여 의지할 곳이 없게 됩니다. 때문에 神明이 또 내려가서 그가 혹독하고 사악한 정치를 하는지 관찰하여 재앙을 내리는 것입니다. 이러므로 어떤 때는 神이 나타남으로써 흥성하기도 하고, 또는 망하기도 합니다. 옛날 夏나라가 흥성할 적에는 祝融이 崇山에 내려왔고, 망할 적에는 回祿이 聆隧에 내려와 이틀 밤을 묵었습니다. 商나라가 흥할 적에는 檮杌이 丕山에서 여러 밤을 머물렀고, 망할 적에는 夷羊이 牧野에 있었습니다. 周나라가 흥할 적에는 鸑鷟이 岐山에서 울었고, 衰微할 적에는 杜伯의 神이 鄗京에서 宣王을 쏘아 죽였습니다. 이는 모두 神明이 인간 세상에 내려왔던 일을 역사로 기록한 것입니다."

王이 말하기를 "지금 이 莘에 내려온 神은 어떤 神인가?" 하니, 대답하기를 "옛날 昭王이 房나라에 장가를 드니 이를 房后라고 합니다. 실로 房后의 德에 결함이 있어서 옛날 丹朱의 德과 부합하니, 丹朱의 神이 房后의 몸에 붙어 짝이 되어 穆王을 낳았습니다. 이 神이 周나라의 子孫에게 내려와서 禍를 주거나 福을 줍니다. 神은 한결같은 마음으로 사람에게 붙어서 멀리 옮겨 가지 않습니다. 만일 이것을 따라 본다면 丹朱의 神일 것입니다." 하니, 王이 말하기를 "그 누가 禍와 福을 받겠는가?" 하니, 대답하기를 "虢 땅에서 받을 것입니다." 하니, 王이 말하기를 "그렇다면, 무엇 때문인가?" 하니, 대답하기를 "신은 들으니 '正道를 행하여 神이 내려옴을 얻게 되면 이를 福을 맞이했다라 이르고, 음란함을 행하여 神이 내려옴을 얻게 되면 이를 탐욕으로 禍를 불렀다라고 이른다.' 하였습니다. 지금 虢임금이 조금 荒淫하니 아마 망할 것입니다." 하니, 王이 말하기를 "나는 어떻게 해야 되겠는가?" 하니, 대답하기를 "太宰를 시켜 太祝과 太史를 데리고 狸자 姓을 가진 사람을 인솔하고 犧牲과 粢盛과 玉帛을 받들고 가서 바치되 구하는 것이 없이 빌게 하십시오." 하였다.

王이 말하기를 "虢나라는 얼마나 더 가겠는가?" 하니, 대답하기를 "옛날 堯임금은 5년에 한 번 백성에게 나아갔었는데 지금 그 後裔가 나타났으니, 神이 나타나게 되면 그 일의 數를 지나지 않습니다. 만일 이것으로 본다면, 5년을 지나지 못할 것입니다." 하였다. 王이 太宰인 忌父를 시켜 傅氏와 太祝과 太史를 인솔하고 犧牲과 玉鬯을 받들어 莘 땅에 가서 제사드리게 하였다. 內史 過가 太宰 일행을 따라 虢나라에 갔는데, 虢公이 太祝과 太史를 시켜 土地를 더 달라고 요청하게 하였다. 內史 過가 돌아와서 왕에게 告하기를 "虢나라는 반드시 망할 것입니다. 神에게 깨끗한 정성으로 제사를 올리지 않고 福을 구하면, 神은 반드시 禍를 주고, 백성에게 親愛하지 않으면서 부려먹기를 구하면, 백성은 반드시 그 命을 어길 것입니다. 정성스런 마음으로 神에게 제사지내는 것을 禋이라 하고, 자애로운 마음으로 백성을 보호하는 것을 親이라 이르는 것입니다. 지금 虢公은 걸핏하면 곤궁한 백성을 부려서 자신의 정당하지 못한 욕심을 만족시키고, 백성이 배반하여 떠나고 神을 노하게 하면서 이익을 구하고 있으니, 나라를 보존하기가 어렵지 않겠습니까?" 하였다.

惠王 19년에 晉나라가 虢나라를 빼앗아 버렸다.

13. 內史過論晉惠公必無後 內史 過가 晉惠公은 반드시 後嗣가 없을 것이라고 論하다

【大義】 天子가 諸侯에게 爵名을 내릴 때 諸侯가 不敬스럽게 禮를 행할 경우, 나라가 멸망하지 않으면 後嗣가 없을 것이라고 論하다.

襄王使召公過116)及內史過로 賜晉惠公命117)한대 呂甥郤芮118)相119)晉侯不敬하고 晉侯執玉卑120)하며 拜不稽首121)하다 內史過歸하야 以告王曰 晉不亡이면 其

116) 召公 過 : 周나라의 卿士. 召穆公의 후손으로, 이름은 過. 시호는 武로, 召武公이라 한다.

117) 賜晉惠公命 : 諸侯가 즉위할 때 天子가 命服과 命圭를 주는 일. 晉惠公은 晉獻公의 庶子로 이름은 夷吾. 命은 諸侯가 됨이 合法的・公式的임을 천명하는 제도이다.

118) 呂甥・郤芮 : 둘 다 晉나라 大夫. 呂甥은 字를 子金이라고 하며, 呂省・瑕甥・瑕呂飴甥 등으로도 쓴다. 郤芮는 字를 子公이라고 하며, 冀芮・郤成子라고도 한다.

119) 相 : 擯相. 손님을 인도하고 접대하는 의식과 예의 등을 맡아보는 직책.

120) 執玉卑 : 玉은 玉으로 만든 信圭. 天子가 諸侯에게 身分의 信標로 주는 符信인데, 禮를 행할 때 잡는다. 卑는 腰帶보다 낮게 내려 잡는 것을 이른다. 일반적으로 가슴 위치의 높이로 올려 잡아야 禮에 부합한다고 한다.

121) 稽首 : 큰절을 할 때 머리를 땅에 닿게 하는 일. 옛사람이 최고의 존경을 표시하는 예절이었다.

君必無後요 且呂郤은 將不免하리이다 王曰 何故오 對曰 夏書[122)]有之하니 曰 衆非元后[123)]면 何戴며 后非衆이면 無與守邦이라하고 在湯誓[124)]하니 曰 余一人[125)]有辠①는 無以萬夫요 萬夫有辠는 在余一人이라하고 在般〔盤〕②庚[126)]하니 曰 國之臧은 則維女衆이오 國之不臧은 則維余一人이니 是有逸罰[127)]이라하니 如是則長衆使民을 不可不愼也니이다 民之所急은 在於③大事[128)]하니 先王知大事之必以衆濟④也라 故⑤祓除其心하야 以和惠民하니이다 考中度(탁)衷以涖⑥之하며 昭明物則以訓之하고 制義庶孚以行之하니 祓除其心은 精也오 考中度衷은 忠也오 昭明物則은 禮也오 制義庶孚는 信也라 然則長衆使民之道는 非精不和요 非忠不立이오 非禮不順이오 非信不行이니이다 今晉侯即位하야 而背外內之賂[129)]하고 虐其處者[130)]는 棄其信也

---

122) 夏書 : ≪書經≫ 〈虞書 大禹謨〉에 보인다. 韋昭는 '夏書는 逸書'라 하였다. 이를 董增齡은 "지금 傳하는 〈大禹謨〉篇은 東晉 때 처음으로 세상에 나왔으니, 韋昭는 삼국시대에 태어나 이 책을 보지 못했기 때문에 逸書라고 했다." 하였다.

123) 元后 : 天子, 또는 君主를 이른다. 元은 '크다 · 으뜸이다.'라는 뜻이다. 韋昭는 "元은 善의 뜻이다.〔元 善也〕"라 하였으나 따르지 않는다.

124) 湯誓 : ≪書經≫ 〈商書 湯誓〉를 말한다. 그러나 今本 〈湯誓〉에는 아래 내용이 없고, 〈湯誥〉에 "其爾萬方有罪 在予一人 予一人有罪 無以爾萬放"으로 약간의 차이를 보인다.

125) 余一人 : 天子가 자신을 스스로 일컫는 말.

126) 盤庚 : ≪書經≫ 〈商書 盤庚 上〉을 이른다. 商王 盤庚이 商邑으로 도읍을 옮길 때 官民에게 선포한 訓辭로 상 · 중 · 하 세 편으로 나뉘어 있다.

127) 逸罰 : 과실로 인한 罪. 韋昭는 "逸은 과실이고, 罰은 罪와 같다.〔逸 過也 罰 猶罪也〕"라고 하였다. ≪書經≫ 〈湯誥〉의 蔡沈集傳에는 "당연히 처벌해야 될 사람을 처벌하지 않은 것이다.〔失罰其所當罰也〕"라고 하였다.

128) 大事 : 전쟁과 제사를 말한다. ≪左傳≫ 成公13년에 "國之大事 在祀與戎 : 나라의 큰 일은 제사와 전쟁에 있다." 하였다.

129) 背外內之賂 : 안팎의 도움을 모두 배신한 일. 惠公이 庶子로서 들어와 諸侯가 되고자 하여, 밖으로는 秦穆公에게 군대를 출동시켜 도와주면 성공한 뒤에 河西의 땅을 주겠다고 약속하였는데 즉위하고 나서는 땅을 주지 않았고, 안으로는 里克과 丕鄭에게 內應하여 奚齊와 卓子를 죽이면 里克에게는 汾陽의 농지 100만을 주고 丕鄭에게는 負蔡의 농지 70만을 주기로 약속하였는데 성공한 뒤에 里克과 丕鄭을 모두 죽인 일을 이른다.

오 不敬王命은 棄其禮也오 施其所惡(오)는 棄其忠也오 以惡實心은 棄其精也니 四者를 皆棄면 則遠不至하고 而近不和矣니 將何以守國이릿고

古者에 先王旣有天下하고 又崇立⑦上帝明神131)而敬事之하니 於是乎有朝日夕月132)하야 以敎民事君이라 諸侯春秋에 受職於王하야 以臨其民하며 大夫士日恪位箸〔著〕⑧133)하야 以儆其官하고 庶人工商이 各守其業하야 以共其上134)호대 猶恐⑨有墜失也라 故爲車服旗章135)以旌之하고 爲摯⑩幣瑞節以鎭之136)하며 爲班爵貴賤以列之하고 爲令聞嘉譽以聲之호대 猶有散遷解⑪慢일새 而著在刑辟하고 流在裔土하니 於是乎有夷蠻⑫之國하고 有斧鉞刀墨137)之民이어든 而況可以淫縱其身乎잇가

夫晉侯는 非嗣138)也而得其位하니 亹亹怵惕하야 保任戒懼라도 猶曰未也어든 若將廣其心而遠其鄰139)하고 陵其民而卑其上이면 將何以固守리오

夫執玉卑는 替其摯也오 拜不稽首는 誣其王也니 替摯면 無鎭이오 誣王이면 無民

130) 虐其處者 : 惠公을 따라 망명하지 않고 국내에 남아 內應했던 里克과 丕鄭을 살해한 일.

131) 上帝明神 : 上帝는 하늘이고, 明神은 日月이다.

132) 朝日夕月 : 朝日은 天子가 春分에 東門 밖에 나가 태양을 향해 절하는 일이고, 夕月은 天子가 秋分에 西門 밖에 나가 달을 맞이하는 일이다.

133) 位著 : 朝廷의 官員이 되어 職務를 담당함을 이른 말. 韋昭는 “中廷의 좌우를 位라 하고, 門屛 사이를 著라 한다.” 하였다.

134) 以共其上 : 윗사람을 모시어 받듦. 또는 奉養하거나 공급함. '共'은 '供'과 통용한다.

135) 車服旗章 : 車服은 수레와 章服. 旗章은 旌旗와 徽章.

136) 摯幣瑞節以鎭之 : 摯禮와 幣帛과 瑞玉과 符節을 가지고 威嚴을 무겁게 함. 摯幣는 옛사람들이 서로 만날 때 증여하는 禮物. 瑞節은 瑞玉과 符節. 韋昭는 六摯·六幣·六瑞·六節이 있다 하였다.

137) 斧鉞刀墨 : 斧鉞은 死刑을 집행하는 도구로 死刑을, 刀墨은 刺字刑을 집행하는 도구로 刺字刑을 이른다.

138) 非嗣 : 惠公은 獻公의 嫡長子가 아닌 庶子여서 합법적인 後繼者가 아님을 이른다.

139) 廣其心而遠其鄰 : 자기의 마음을 넓게 풀어놓고 秦穆公에게 주기로 한 河西의 땅을 주지 않아 友好關係가 疏遠해졌음을 이른다.

이니이다 夫天은 事恆象140)하나니 任重享大者는 必速及이라 故晉侯誣王하니 人亦將誣之오 欲替其鎭141)하니 人亦將替之며 大臣享其祿하고 弗諫而阿之하니 亦必及焉하리이다

襄王三年而立晉侯하고 八年而隕於韓142)하며 十六年而晉人殺懷公143)하니 〈懷公〉⑬無胄하고 秦人殺子金子公144)하다

〔校勘〕 ① 辠 : 四部備要本에는 '罪'로 되어 있는데, '辠'는 古字이다. 아래도 같다.
② 般〔盤〕: 四部備要本에 의거하여 고쳤다.
③ 於 : 四部備要本에는 '於'자가 없다.
④ 衆濟 : 四部備要本에는 '濟衆'으로 되어 있는데, '衆濟'가 옳다.
⑤ 故 : 四部備要本에는 '故'자 앞에 '是'자가 더 있다.
⑥ 涖 : 四部備要本에는 '莅'로 되어 있는데 통용한다. 아래도 같다.
⑦ 立 : 四部備要本에는 '立'자 다음에 '於'자가 있는데 없는 것이 옳다.
⑧ 箸〔著〕: 四部備要本에 의거하여 고쳤다.
⑨ 恐 : 四部備要本에는 '恐'자 다음에 '其'자가 더 있다.
⑩ 摯 : 四部備要本에는 '贄'로 되어 있는데 통용한다. 아래도 같다.
⑪ 解 : 四部備要本에는 '懈'로 되어 있는데 통용한다.
⑫ 夷蠻 : 四部備要本에는 '蠻夷'로 되어 있다.

---

140) 恆象 : 사람이 행하는 善惡에 따라 항상 吉凶의 징조를 미리 나타내 보이는 일.

141) 鎭 : 鎭圭라고 하는 이도 있으나 '엄중한 禮'로 풀이하였다.

142) 隕於韓 : 晉惠公 8년(서기전 644년)에 秦나라는 惠公이 약속을 어긴 데 원한을 품고 征伐하여 韓原에서 싸웠는데, 晉나라 군대를 격파하고 惠公을 사로잡은 일. 마침 秦穆公의 부인이 晉獻公의 딸이라 3개월 동안만 억류하였다가 석방하여 귀국시켰다.

143) 晉人殺懷公 : 懷公은 晉惠公의 아들 子圉. 惠公이 죽자 秦나라에 볼모로 가 있던 子圉가 秦나라에서 도망쳐 돌아와 即位하였다. 周襄王 16년(서기전 636년)에 秦穆公이 군대를 내어 망명해 있던 公子 重耳를 들여보내니, 晉나라 사람들이 懷公을 죽이고 重耳를 迎立하였는데 이 사람이 晉文公이다.

144) 秦人殺子金子公 : 秦人은 秦穆公. 子金은 呂甥의 字. 子公은 郤芮의 字. 呂甥과 郤芮가 重耳를 받아들인 일을 후회하여 公宮에 불을 질러 文公을 시해하려 하였는데, 이를 알고 文公이 몰래 秦穆公과 王城에서 회합하였다. 두 사람이 公宮에 불을 지르고 文公을 찾았으나 찾지 못하고 도리어 秦穆公의 유인에 빠져 살해되었다.

⑬ 〈懷公〉: 四部備要本에 의거하여 보충하였다.

周襄王이 召公 過와 內史 過를 통해 晉惠公에게 命服을 하사하였다. 呂甥과 郤芮가 晉侯의 擯相이 되어 不敬스러웠으며, 晉侯는 玉圭를 아주 낮게 잡았고, 또 절을 하면서 稽首를 하지 않았다. 內史 過가 임무를 마치고 돌아와서 이런 정황을 王에게 告하였다. "晉나라가 멸망하지 않으면 그 임금은 반드시 後嗣가 없을 것입니다. 또 擯相이었던 呂甥과 郤芮는 장차 죽음을 면치 못할 것입니다." 왕이 말하기를 "무슨 까닭인가?" 하니, 內史가 대답하였다. "〈夏書〉에 '민중은 君主가 있지 않으면 누구를 받들며, 君主는 민중이 있지 않으면 함께 나라를 지킬 사람이 없다.'라는 말이 있고, 〈湯誓〉에 '나 한 사람(君主)에게 죄가 있는 것은 만백성 때문이 아니고, 만백성에게 죄가 있는 것은 나 한 사람의 過誤에 있다.'라는 말이 있으며, 〈盤庚〉에는 '나라의 풍속이 좋은 것은 많은 너희들의 공로이고, 나라의 풍속이 좋지 못한 것은 나 한 사람의 過失로 인한 죄이다.'라는 말이 있습니다. 이와 같으니 민중의 君長 노릇을 하며 민중을 부리는 일을 신중히 하지 않을 수 없습니다. 민중이 가장 시급히 여기는 것은 祭祀와 전쟁 등의 큰일에 있으니, 先王이 이런 큰일은 반드시 민중과 함께 하여야 성공할 수 있음을 알았습니다. 이 때문에 〈큰일을 행하기 전에〉 마음속의 邪念을 제거하여 민중과 和合하고 은혜를 베풀었습니다. 나의 마음을 살펴 남의 마음을 헤아림으로써 君臨하고, 事物의 준칙을 명확히 밝혀서 민중을 訓導하며, 민중에게 적합하여 민중이 신뢰하는 政令을 만들어 시행하였습니다. 마음속의 邪念을 제거함은 정결한 것이요, 나의 마음을 살펴 남의 마음을 헤아림은 忠恕요, 事物의 준칙을 명확히 밝힘은 禮에 부합함이요, 민중에게 적합하여 신뢰하는 政令을 만드는 것은 誠信입니다. 그렇다면 민중에게 군장 노릇을 하고 민중을 부리는 방법은 마음이 정결하지 않으면 화합을 이루지 못하고, 忠恕의 도리를 행하지 않으면 정치가 확립되지 못하고, 禮에 부합하지 않으면 순종하지 않고, 信義를 강구하지 않으면 일이 시행되지 않습니다. 지금 晉侯는 즉위하자 안팎에 주기로 약속한 말을 저버려, 재물을 주지 않고 나라 안에서 도운 사람을 학살하였으니 이는 신의를 버린 것이요, 王의 命을 받으면서 不敬한 행동을 한 것은 禮를 버린 것이요, 자기가 싫어하는 일을 남에게 시행한 것은 忠恕를 버린 것이요, 마음속에 邪惡한 생각을 가득 채운 것은 정결한 것을 버린 것입니다. 이 네 가지를 모두 버리면 먼 지방 사람들은 오지 않고, 가까운 지방 사람들은 화합하지 못할 것이니, 앞으로 어떻게 나라를 지키겠습니까?

옛날에 先王이 이미 天下를 소유하고, 또 上帝와 明神을 尊崇하여 제사하는 典禮를 세워 공경히 섬겼습니다. 이에 春分날 아침에 태양을 향하여 절하고, 秋分날 밤에 달을 맞이하는 禮를 두어 백성에게 임금 섬기는 도리를 가르쳤습니다. 諸侯는 봄과 가을에 王에게 자기의 職務를 받아 백성에게 임하며, 大夫와 士는 날마다 공경하는 마음으로 朝廷에서 그가 맡은 官職을 수행하고, 庶民과 工匠과 商人은 각자 자기의 本業을 지켜 君主를 받들면서도 失墜함이 있을까 걱정합니다. 그러므로 수레와 章服과 旌旗와 徽章으로써 신분을 드러내고, 摯幣와 瑞節로써 權威를 무겁게 하며, 班列과 爵位와 貴와 賤을 만들어 序列을 정하고, 훌륭한 名聲과 아름다운 名譽가 있는 사람을 표창하는 제도를 만들었습니다. 그런데도 일에 산만하고, 근무를 이탈하며, 게으르고 소홀히 함이 있기 때문에 刑法을 明文化하고, 죄가 무거운 자는 변방 밖의 아주 먼 지역에 유배하여 살게 하였습니다. 이에 蠻夷의 나라가 있고, 死刑과 刺字刑을 받은 죄인이 있게 되었는데, 더구나 자기의 몸을 지나치게 放縱할 수 있겠습니까?

저 晉侯는 嫡長子가 아니면서 그 諸侯의 位를 얻었으니, 힘써 노력하며 두려워하고 警戒하여 삼가고 조심함으로 職位를 지키더라도 부족하다고 할 것입니다. 만일 마음을 마구 放縱하게 두고 이웃을 멀리하며, 백성을 능멸하고 王命을 멸시한다면 앞으로 어떻게 나라를 굳게 지키겠습니까?

瑞玉을 낮게 잡은 것은 執摯의 禮를 폐기한 것이요, 절하면서 머리가 땅에 닿지 않은 것은 王을 欺罔한 것입니다. 執摯의 禮를 폐기하면 權威에 무게가 없고, 王을 欺罔하면 백성을 잃게 됩니다. 하늘은 항상 행한 일을 따라 吉凶의 징조를 미리 보이는 것이니, 책임이 무겁고 享有한 爵位가 큰 사람은 반드시 禍가 빨리 미치는 것입니다. 晉侯가 王을 欺罔하였으니 백성도 장차 晉侯를 欺罔하고, 嚴重한 禮를 폐기하였으니 백성도 장차 자신의 도리를 폐기할 것입니다. 大臣은 祿俸만을 받아먹고 晉侯의 잘못을 諫하지 않으면서 阿附하였으니, 그들에게도 반드시 禍가 미칠 것입니다."

周襄王 3년에 晉侯가 즉위하였고, 8년에 韓原에서 패배하여 사로잡혔으며, 16년에 晉나라 사람이 懷公을 살해하였는데, 懷公은 後嗣가 없었다. 秦나라 사람이 子金과 子公을 살해하였다.

14. 內史興論晉文公必霸 內史 興이 晉文公은 반드시 霸者가 될 것이라고 論하다

【大義】 晉文公이 命服을 받을 때 禮를 준수하고 恭敬하며 忠信仁義를 갖추었으니, 뒷날 반드시 霸業을 이룰 것이라고 예언하다.

襄王使大宰文公及內史興[145]으로 賜晉文公命한대 上卿逆於境하고 晉侯郊勞하며 館諸宗廟하고 饋九牢[146]하며 設庭燎[147]러니 及期하야 命於武宮[148]할새 設桑主[149]하고 布几筵하다 大宰涖之에 晉侯端委[150]以入하니 大宰以王命으로 命冕服[151]할새 內史贊之하야 三命[152]而後卽冕服하다 旣畢에 賓饗贈餞[153]을 如公命

145) 大宰文公及內史興 : 太宰 文公은 周王室의 卿士인 王子 虎. 內史 興은 周나라의 內史인 叔興父(보)이다.

146) 九牢 : 牛·羊·豕 각 1마리씩 갖춘 것이 一牢. 上公을 접대할 때 九牢를 쓰는데, 晉文公이 上公의 禮로 太宰 文公과 內史 興을 접대하여 天子에 대하여 존중함을 보인 것이다.

147) 庭燎 : 宮殿의 뜰에 큰 촛불을 밝히는 일. 王이 보낸 使者에게 융숭한 접대의 뜻을 보이는 것이다. ≪周禮 秋官 司烜氏≫

148) 武宮 : 晉武公의 사당. 武公의 姓은 姬, 이름은 稱. 獻公의 아버지요 文公의 할아버지인데 '曲沃武公'이라 일컫는다.

149) 桑主 : 뽕나무로 만든 神主. 晉獻公의 神主를 말한다. 韋昭는 "主는 獻公의 神主이니, 練祭 때의 神主는 밤나무를 쓰고, 虞祭 때의 神主는 뽕나무를 쓴다. 禮에 장사를 지내고 나서 虞祭를 지내니, 虞祭를 지낼 때 神主를 만든다. 天子가 이때 죽은 諸侯의 世子에게 爵位를 명하면, 世子가 卽位하여 命服을 받는다. 獻公이 죽은 지 벌써 오래 되었는데 이때에 桑主를 설치한 것은 文公이 惠公과 懷公의 뒤를 계승하려 하지 않은 것이다. 때문에 아버지인 獻公의 神主를 세워 스스로 자식으로서 아버지의 위를 계승하여 아직 踰年이 안 된 禮를 행한 것이다." 하였다.

150) 端委 : 端은 玄端服, 委는 委貌冠. ≪說文≫에는 諸侯의 祭服이라 하였는데, 韋昭는 "선비의 복장이다. 諸侯의 아들이 아직 爵命을 받지 못하면 선비의 옷을 입는다." 하였다.

151) 冕服 : 冕은 冕旒冠(大冠), 服은 諸侯의 命服인 鷩衣. 이를 합하여 鷩冕이라 하는데, 周나라 天子와 諸侯의 禮服이었다. ≪周禮 春官 司服≫

152) 三命 : 세 차례 王命으로 文公에게 命하면 文公은 세 번 사양하여 겸손의 뜻을 표시하는 일. ≪周禮≫ 〈大宗伯〉에 "一命에 직책을 받고, 二命에 命服을 받고, 三命에 爵

侯伯之禮[154]하고 而加之以宴好하다

內史興歸하야 以告王曰 晉不可不善也니 其君必霸하리이다 逆王命敬하고 奉禮義成하니 敬王命은 順之道也오 成禮義는 德之則也니 則德以道①諸侯면 諸侯必歸之하나니이다 且禮는 所以觀忠信仁義也니 忠은 所以分也오 仁은 所以行也오 信은 所以守也오 義는 所以節也라 忠分則均하고 仁行則報하고 信守則固하고 義節則度니 分均無怨이오 行報無匱요 守固不偸요 節度不攜니이다 若民不怨而財不匱하고 令不偸而動不攜면 其何事不濟리잇가 中能應外는 忠也오 施三服義[155]는 仁也오 守禮〔節〕②不淫은 信也오 行禮不疚는 義也니이다 臣入晉境에 四者不失이라 臣故曰 晉侯其能禮矣라하노니 王其善之하소서 樹於有禮면 艾人必豐[156]하나니이다

王從之하야 使於晉者 道相逮也하니라 及惠后之難[157]에 王出在鄭이러니 晉侯納之하다

襄王十六年에 立晉文公하고 二十一年에 以諸侯朝〈王〉③於衡雝④하며 且獻楚捷하야 遂爲踐土之盟[158]하니 於是乎始霸하니라

位를 받는다." 하였다.

153) 賓饗贈餞 : 賓은 손님을 맞이하는 禮. 饗은 손님에게 잔치를 베푸는 禮. 贈은 禮物을 증정하는 禮. 餞은 손님이 돌아갈 때 郊外에 나가 전송하는 禮이다.

154) 如公命侯伯之禮 : 公이 天子의 命을 받아 侯伯을 접대하는 禮와 같이 함을 말한다……太宰는 上卿이어서 公이 아닌데 公이라 말한 것은 겸직했기 때문이다.

155) 施三服義 : 晉文公이 세 차례 王命을 사양한 일과 冠服이 알맞았음을 이른 말. 韋昭는 "賈逵는 '三은 忠과 仁과 信을 이른다.' 하였다. 내 생각에는 施三은 세 번 사양한 것을 이른다. 服義의 義는 알맞음이니, 冠服이 알맞은 것은 玄端服과 委貌冠을 이른다."라고 하였다.

156) 艾人必豐 : 남이 나에게 보답함이 반드시 많을 것임. 艾는 보답함, 豐은 豐厚함이다.

157) 惠后之難 : 惠后는 周惠王의 王后인 陳嬀로, 襄王의 繼母이다. 惠王에게 사랑을 받아 王子 帶를 낳자, 子帶를 세워 太子를 삼으려 하였으나 미처 세우지 못하고 惠王이 죽었다. 襄王이 즉위하자 子帶는 齊나라로 달아났는데 襄王이 국내로 돌아오게 하였더니 襄王의 王后인 隗氏와 간통하므로 隗氏를 廢位시켰다. 大夫인 頹叔과 桃子가 子帶를 王으로 옹립하고, 狄의 군대를 빌려 襄王을 공격하니 襄王은 鄭나라로 망명하였다.(뒤에 晉文公이 子帶를 誅殺하고 襄王을 復位시켰다.)

〔校勘〕① 道 : 四部備要本에는 '導'로 되어 있는데 통용한다.
② 禮〔節〕: 四部備要本에 의거하여 '節'로 고쳤다.
③ 〈王〉: 四部備要本에 의거하여 '王'자를 보충하였다.
④ 雝 : 四部備要本에는 '雍'으로 되어 있는데 통용한다.

周襄王이 太宰 文公과 內史 興을 통해 晉文公에게 命服[159]을 하사하였는데, 上卿이 국경에 나와 이들을 맞이하고, 晉侯가 郊外에 나와 위로하였으며, 宗廟에서 묵게 하고, 九牢를 갖추어 성대히 대접하였으며, 宮庭에 큰 촛불을 밝혔다. 命服을 받는 날이 되자 武公의 사당에서 王命을 받을 적에 뽕나무로 만든 神主를 排設하고, 几筵을 설치하였다. 太宰가 그 자리에 臨席하자 晉侯가 玄端服과 委貌冠을 쓰고 자리에 들어오니, 太宰가 王命으로 冕服을 주었다. 그때 內史가 晉侯를 인도하여 세 번 王命을 선포하고 晉侯가 세 번 사양한 뒤에 冕服을 받으러 나아갔다. 禮를 다 마치고 나서 賓·饗·贈·餞의 禮를 행하는데 마치 公이 王命을 받아 侯와 伯을 대하는 禮와 같이 하였으며 연회를 베풀고 友好를 다짐하였다.

內史 興이 돌아와서 王에게 보고하였다. "晉나라를 잘 대우하지 않을 수 없으니, 그 임금이 반드시 諸侯의 霸者가 될 것입니다. 王命을 맞이하는 태도가 공경하였고, 命服을 받는 의식이 禮에 부합하였습니다. 王命을 존경하는 것은 순종하는 도리요, 禮義에 부합하는 것은 德의 準則이니, 德의 準則으로 諸侯를 인도하면 諸侯들이 반드시 歸附할 것입니다. 또 禮는 그 사람의 忠과 信과 仁과 義를 관찰할 수 있는 것입니다. 忠은 치우치지 않게 均等하고, 仁은 은혜를 행하고, 信은 專一하게 지키고, 義는 절도 있게 하는 것입니다. 忠이 치우치지 않으면 균등하게 되고, 仁이 행해지면 반드시 보답하게 되고, 信으로 지키면 견고하게 되고, 義로 일을 조절하면 法度가 있게 됩니다. 치우치지 않고 均等하면 백성의 원망이 없고, 은혜를 행하여 보답하면 財用이 부족함이 없

158) 踐土之盟 : 鄭나라 땅인 踐土에서 晉文公의 주도로 諸侯들과 會盟한 일. 周襄王 21년(서기전 631년)에 晉文公이 城濮에서 楚나라와 싸워 이기고, 諸侯들을 인솔하여 衡雍에서 天子를 뵙고 楚나라에서 노획한 전리품을 바친 다음 踐土에서 會盟하였다. 이때 襄王이 晉文公을 諸侯의 首長으로 策命함으로써 晉文公이 霸主가 되었다.

159) 命服 : 天子가 신하에게 내려 준 官服. 周代에 官秩을 一命에서 九命까지 아홉 등급으로 나누어 두고, 그 命數의 등급에 따라 官服을 주는 일정한 제도가 있었으므로 붙여진 명칭. 諸侯는 七命으로, 七章의 冕服을 주었다. ≪詩經 小雅 采芑≫

고, 굳게 지키면 구차해지지 않고, 절도 있게 일을 처리하면 백성이 離反하지 않습니다. 백성이 원망하지 않고 財用이 부족하지 않으며, 命令이 구차하지 않고 백성의 행동이 離反하지 않으면, 무슨 일인들 이루지 못하겠습니까? 마음과 몸 밖의 일이 호응하는 것은 忠이요, 세 번 사양하는 도리를 행하고 복장이 禮에 적절한 것은 仁이요, 예를 준수하여 過分하지 않은 것은 信이요, 禮를 행하면서 실수하지 않은 것은 義입니다. 臣이 晉나라의 국경에 들어갔을 적에 忠信仁義 네 가지를 잃지 않았습니다. 臣은 이 때문에 晉侯는 禮를 지킨다고 말씀드리니, 王께서는 晉나라를 잘 대우하십시오. 禮가 있는 사람에게 은혜를 심으면 틀림없이 그 사람에게 豐厚한 보답을 받게 됩니다."

왕이 內史 興의 말을 따르니 晉나라에 使臣 가는 자가 길에 서로 이어졌다. 惠后의 難에 王이 出國하여 鄭나라에 있었는데, 晉侯가 다시 王室에 들였고, 襄王 16년에 晉文公을 諸侯로 세웠다. 襄王 21년에 諸侯를 데리고 衡雝에서 王을 朝會하였고, 또 楚나라와의 전쟁에서 승리한 전리품을 바치고는 마침내 踐土에서 會盟하니, 이리하여 晉侯가 비로소 霸者가 되었다.

國語 제2권

周語 中

15. 富辰諫襄王而翟伐鄭國而翟女爲后 富辰이, 襄王이 翟의 군사를 빌려서 鄭나라를 치고 翟君의 딸을 后로 삼으려는 일을 諫하다

【大義】 작은 분노 때문에 큰 공이 있는 사람을 버리면 안 되며, 婚姻은 內國人을 두고 먼 外人과 하면 禍를 초래한다고 비판하다.

襄王十三年에 鄭人伐滑[1])이어늘 王使游孫伯으로 請滑[2])한대 鄭人執之하니 王怒하야 將以翟①[3])伐鄭하다 富辰諫曰 不可하니이다 〈古〉②人有言曰 兄弟讒鬩이라도 侮人百里라하고 周文公之詩[4])曰 兄弟鬩於牆이나 外禦其侮라하니 若是則鬩乃內侮니 而雖鬩이라도 不敗親也니이다 鄭在天子에 兄弟[5])也오 鄭武莊有大勳力於平桓[6])하니이다

---

1) 鄭人伐滑 : 鄭人은 鄭나라 君主 文公. 伐滑은 서기전 639년에 鄭나라가 滑나라를 征伐한 일. 滑은 周나라의 同姓 諸侯로, 지금의 河南省 偃師縣 緱氏城에 도읍했었다. 韋昭는 "이 앞서 鄭나라가 滑을 征伐하자 滑人이 鄭나라에 복종하였다가 鄭나라 군대가 물러간 다음에 鄭나라를 배반하고 衛나라에 붙었다. 이에 鄭文公이 公子 士와 泄堵兪彌(곧 泄堵寇)에게 군대를 이끌고 가서 치게 한 것이다." 하였다.

2) 請滑 : 滑나라의 사정을 봐 달라고 요청함.

3) 翟 : 당시에 陝西 동북부 지방에서 활동하던 隗氏 姓의 나라.

4) 周文公之詩 : 周文公은 곧 周公 旦. 詩는 ≪詩經≫ 〈小雅 常棣〉로, 周公이 지었다고 전한다.

5) 兄弟 : 襄王과 鄭나라는 兄弟의 親分이 있음. 鄭나라에 처음 封해진 桓公 姬友는 周厲王의 아들이고 宣王의 아우이므로 兄弟國이 된다.

6) 鄭武莊有大勳力於平桓 : 鄭나라 武公과 莊公이 周平王과 桓王에게 큰 공로가 있음을 이른 말. 鄭武公은 平王을 보필하여 동쪽의 洛邑으로 遷都하는 데 功을 세웠고, 莊公은

{凡}③我周之東遷에 晉鄭是依하고 子頹之亂[7]에 又鄭之由④定이어늘 今以小忿棄之면 是以小怨置大德也니 無乃不可乎잇가 且夫兄弟之怨은 不徵於它⑤니 徵於它면 利乃外矣니이다 章怨外利는 不義요 棄親卽翟은 不祥이며 以怨報德은 不仁이니이다 夫義는 所以生利也오 祥은 所以事神也오 仁은 所以保民也니 不義則利不阜하고 不祥則福不降하고 不仁則民不至하나니이다 古之明王은 不失此三德[8]者라 故能光有天下하고 而龢⑥寧百姓하야 令聞不忘하니 王其不可以棄之니이다 王不聽하고 十七年에 王降翟師以伐鄭하다

王德翟人하야 將以其女爲后한대 富辰諫曰 不可하니이다 夫婚姻은 禍福之階也니 〔由之〕⑦利內則福{由之}⑧하고 利外則取禍어늘 今王外利矣시니 其無乃階禍乎잇가 昔摯疇之國也는 由大任[9]하고 杞繒由大姒[10]하고 齊許申呂由大姜[11]하고 陳由大姬[12]하니 是皆能內利親親者也오 昔鄢之亡也에 由仲任[13]하고 密須由伯姞[14]하고

桓王의 卿士가 되어 王命을 받들어 宋나라를 征伐하여 큰 공로를 세웠다.

7) 子頹之亂 : 子頹는 周莊王의 아들로 惠王의 叔父인 王子 頹. 惠王 2년(서기전 675년)에 亂을 일으켜 惠王을 축출하고 王이 되었으나, 鄭나라로 망명했던 惠王이 鄭厲公의 도움으로 子頹를 죽이고 復位되었던 사건을 이른다.

8) 三德 : 바로 앞에서 말한 仁·義·祥을 말한다.

9) 摯疇之國也 由大任 : 摯疇는 任氏 姓의 두 諸侯國. 奚仲과 仲虺의 후예로, 周文王의 어머니 太任의 친정집이다. 摯는 현재의 河南省 汝南에 도읍하였고, 疇는 河南省 平頂山 서남쪽에 도읍하였다. 太任은 摯나라 임금의 둘째딸로 周나라 王季의 妃가 되어 文王을 낳았고, 周나라가 융성하자 外家인 摯疇도 福을 얻게 되었다.

10) 杞繒由大姒 : 杞繒은 姒氏 姓의 두 諸侯國. 夏禹의 후예로, 周文王의 妃이고, 武王의 어머니인 太姒의 친정집. 杞는 현재의 河南省 杞縣에 도읍하였고, 繒은 하남성 方城에 도읍하였다.

11) 齊許申呂由大姜 : 齊許申呂는 姜氏 姓의 네 諸侯國. 齊는 현재의 山東省 淄博市에 도읍하였고, 許는 河南省 許昌의 동쪽에 도읍하였고, 申은 하남성 南陽의 북쪽에 도읍하였고, 呂는 하남성 남양의 서쪽에 도읍하였다. 太姜은 周나라 太王의 妃이고 王季의 어머니이다.

12) 陳由大姬 : 陳은 嬀氏 姓의 諸侯國. 虞舜의 후예로, 현재의 河南省 淮陽에 도읍하였다. 太姬는 周武王의 딸이고, 成王의 누님이다.

13) 鄢之亡也 由仲任 : 鄢은 妘氏 姓의 諸侯國. 현재의 河南省 鄢陵의 서북쪽에 도읍했었

鄶由叔妘[15]하고 聃由鄭姬[16]하고 息由陳媯[17]하고 鄧由楚曼[18]하고 羅由季姬[19]하고 盧⑨由荊媯[20]하니 是皆外利離親者也니이다

王曰 利何如而內며 何如而外오 對曰 尊貴明賢庸勳長老愛親禮新親舊니 然則民

는데, 東周 초에 鄭武公에게 멸망당하였다. 仲任은 仲任氏의 딸로, 당시 鄢君의 부인. 鄢이 멸망한 것에 대하여 唐固는 "鄢은 鄭武公에게 멸망당하였지, 任氏에게 장가들어 망한 것은 아니다." 하였고, 韋昭는 "幽王이 西戎에게 살해되었는데도 ≪詩經≫에서 褒姒가 죽였다고 하였으니, 재앙이 온 원인이 있음을 밝힌 것이다." 하였다.

14) 密須由伯姞 : 密須는 密로 통칭하며, 姞氏 姓의 諸侯國. 伯姞은 密須國 諸侯의 딸이다.

15) 鄶由叔妘 : 鄶는 妘氏 姓의 諸侯國. 현재의 河南省 新鄭의 서북쪽에 도읍하였다. 叔妘은 鄶君의 부인인데 同姓의 딸이다. 唐固는 "鄭武公에게 멸망당하였지, 여자 때문에 망한 것이 아니다." 하였고, 韋昭는 "≪公羊傳≫에 '이 앞서 鄭伯이 鄶公과 사이좋은 자가 있어서 부인과 간통하고 그 나라를 빼앗았다.'라고 했는데 이것을 이른 말이다." 하였다.

16) 聃由鄭姬 : 聃은 姬氏 姓의 諸侯國. 文王의 아들 姬季의 나라로, 현재의 하남성 平輿의 북쪽에 도읍하였다가 춘추시대 楚나라에 멸망당하였다. 鄭姬는 鄭나라의 딸인데 同姓인 聃君의 부인이 되었다.

17) 息由陳媯 : 息은 姬氏 姓의 諸侯國. 현재의 河南省 息縣 서쪽에 도읍하였는데, 춘추시대 楚나라에게 멸망당하였다. 陳媯는 陳君의 딸로 息君의 부인이다. 韋昭는 "蔡哀侯도 陳君의 딸에게 장가들었는데, 息媯가 시집에 갈 때 蔡나라를 지나가게 되었다. 蔡哀侯가 머물게 하여 만나면서 손님으로 예우하지 않으니 息媯가 息侯에게 이 사실을 말하자, 息侯는 楚나라를 유도하여 蔡나라를 정벌하였다. 원한을 품은 蔡侯는 楚子에게 息媯의 미모를 칭찬하니 楚子는 마침내 息나라를 멸망시킨 뒤 息媯를 데리고 돌아갔다." 하였다.

18) 鄧由楚曼 : 鄧은 曼氏 姓의 諸侯國. 현재의 湖北省 襄樊市 부근에 도읍하였는데, 춘추시대에 楚나라에 멸망당하였다. 楚曼은 鄧君의 딸. 韋昭는 "楚曼은 鄧君의 딸로 楚武王의 부인이 되어 文王을 낳았다. 文王이 鄧나라를 방문했다가 탐내어 鄧나라를 滅하고 겸병하였다."라고 하였다.

19) 羅由季姬 : 羅는 熊氏 姓의 諸侯國. 현재의 湖北省 宜城 부근에 도읍하였는데, 楚나라에 멸망당하였다. 季姬는 姬氏의 딸로 羅君의 부인이 된 여자이다.

20) 盧由荊媯 : 盧는 媯氏 姓의 諸侯國. 현재의 湖北省 襄樊市 서남쪽에 도읍하였는데, 楚나라에 멸망당하였다. 荊媯는 盧君의 딸로 荊君(楚君)의 부인이 된 여자이다.

莫不審固其心力以役上令하리이다 官不易方하야 而財不匱竭하며 求無不至하며 動無不濟하야 百姓[21]兆民이 夫人奉利而歸諸上은 是利之內也오 若七德離判[22]이면 民乃攜貳하야 各以利退하야 上求不暨는 是其外利也니이다 夫翟은 無列於王室이요 鄭伯은 南也[23]어늘 王而卑之하시니 是不尊貴也오 翟은 豺⑩狼之德也로대 鄭은 未失周典이어늘 王而蔑之하시니 是不明賢也오 平桓莊惠 皆受鄭勞어늘 王而棄之하시니 是不庸勳也오 鄭伯捷[24]之齒長矣어늘 王而弱之하시니 是不長老也오 翟은 隗姓也오 鄭은 出自宣王[25]이어늘 王而虐之하시니 是不愛親也니이다 夫禮에 新不間(간)舊어늘 王以翟女로 間姜任[26]하시면 非禮요 且棄舊也니 王一擧而棄七德이라 臣故曰利外矣라하노이다 書有之[27]하니 曰必有忍也라야 若能有濟也라하니 王不忍小忿而棄鄭하시고 又登叔隗以階翟[28]하시니 翟은 封豕豺狼也라 不可厭⑪也니이다 王弗聽하다

十八年에 王黜翟后[29]한대 翟人來誅하고 殺譚伯하다 富辰曰 昔에 吾驟諫王호대 王弗從하야 以及此難하니 若我不出이면 王其以我爲懟乎인저하고 乃以其屬死之하다

〔校勘〕 ① 翟 : 四部備要本에는 '狄'으로 되어 있는데 통용한다. 아래도 같다.

---

21) 百姓 : 百姓은 百官이니, 벼슬하여 여러 대에 걸쳐 쌓은 공적이 있어서 氏姓을 받기 때문에 이른다.

22) 七德離判 : 앞에서 열거한 일곱 가지 행위에서 떠남. 일곱 가지 德은, 尊貴・明賢・庸勳・長老・愛親・禮新・親舊를 이른다.

23) 鄭伯南也 : 鄭伯은 鄭文公. 南은 男과 통용. 곧 鄭伯이 男服의 諸侯임을 이른다. 男服은 九服의 하나로 王畿 밖 1천 리에서 1천 5백 리 사이의 지역이다. 원래 이 말은 ≪左傳≫ 昭公13년의 平丘에서 會盟할 때 鄭나라 子產이 한 말이다.

24) 鄭伯捷 : 鄭伯은 鄭文公 姬捷. 捷은 文公의 이름이다.

25) 鄭出自宣王 : 鄭나라의 始封君인 桓公 姬友는 周厲王의 작은아들이고 宣王의 아우이다. 宣王시대에 鄭나라에 封해졌기 때문에 이른 말이다.

26) 間姜任 : 姜氏와 任氏의 딸을 바꿈. 姜氏와 任氏의 딸은 대대로 王의 妃嬪이 되었는데, 지금 翟의 딸을 王后를 삼으려 하기 때문에 이른 말이다.

27) 書有之 : ≪書經≫ 〈周書 君陳〉에 보인다.

28) 又登叔隗以階翟 : 翟의 딸인 叔隗를 王后로 올림으로써 翟의 患難을 불러들이는 계단이 됨. 叔隗는 翟君의 딸이다.

29) 王黜翟后 : 王后가 된 翟后가 王子 帶와 私通하자 襄王이 廢黜하였다.

② 〈古〉: 四部備要本에 의거하여 보충하였다.
③ {凡}: 四部備要本에 의거하여 衍文으로 처리하였다.
④ 由: 四部備要本에는 '繇'로 되어 있는데 통용한다.
⑤ 它: 四部備要本에는 '他'로 되어 있는데, '它'는 '他'의 古字이다.
⑥ 龢: 四部備要本에는 '和'로 되어 있는데, '龢'는 '和'의 古字이다. 아래도 같다.
⑦ 〔由之〕: '福'자 아래에 있는 것을 四部備要本에 의거하여 위로 올렸다.
⑧ {由之}: 四部備要本에 의거하여 '利'자 위로 올리고 衍文으로 처리하였다.
⑨ 廬: 四部備要本에는 '盧'로 되어 있으나 汪遠孫의 《國語明道本攷異》에 의거하여 '廬'를 취하였다.
⑩ 豻: 四部備要本에는 '犴'로 되어 있는데 통용한다.
⑪ 厭: 四部備要本에는 '猒'으로 되어 있는데 통용한다.

周襄王 13년에 鄭나라 군대가 滑나라를 치자, 왕이 大夫 游孫伯을 시켜 滑나라의 사정을 봐주라고 부탁하였다. 鄭君이 游孫伯을 체포하니, 襄王이 노하여 翟의 군대를 빌어서 鄭나라를 치려고 하자, 大夫 富辰이 諫하였다. "옳지 않습니다. 옛사람이 한 말이 있으니, '兄弟간에 서로 헐뜯고 싸우더라도, 百里 밖의 사람이 능멸해 오면 함께 단결하여 막는다.'라 하였고, 周文公의 詩에 이르기를, '兄弟가 한 집 안에서 서로 싸우더라도 남이 밖에서 능멸해 오면 공동으로 방어한다.'라고 하였습니다. 이와 같다면 형제가 싸우는 것은 곧 집 안에서 서로 충돌하는 것일 뿐 집 안에서 싸우더라도 親族의 정을 파괴시키는 것은 아닙니다. 鄭나라는 天子에 있어 兄弟의 관계이고, 또 鄭나라의 武公과 莊公은 周王室의 平王과 桓王에게 큰 功이 있습니다. 우리 周나라가 동쪽으로 遷都할 적에 晉나라와 鄭나라의 힘을 입었고, 子頹의 亂 때에는 또 鄭나라의 도움으로 평정되었습니다. 지금 작은 분노 때문에 鄭나라를 버린다면 이는 작은 원한 때문에 큰 恩德을 폐기하는 것이니, 옳지 못한 일 아닙니까? 兄弟간의 분규에 남을 불러들여 해결하는 일이 있어서는 안 되니, 남을 불러들여 해결하면 바로 외부 사람이 이익을 얻게 됩니다. 내부의 원한을 밖으로 드러내고 외부 사람을 이롭게 하는 것은 義롭지 못하고, 親族을 버리고 翟을 가까이하는 것은 祥瑞롭지 못한 일이며, 원한으로 恩德을 갚는 것은 어질지 못한 행위입니다. 道義는 財利를 생산하고, 祥瑞는 神明을 섬기고, 仁愛는 백성을 보호하는 것입니다. 道義를 행하지 않으면 財利가 풍부해지지 않고, 祥瑞롭지 않으면 福이 내리지 않고, 仁愛하지 않으면 백성이 歸附하지 않습니다. 예전의 明哲한 帝王은 이 세 가지 德을 잃지 않았습니다. 그러므로 능히 광대한 천하를 소유하고, 백성을 화목하고 편안하게 하여 훌륭한 명예를 後人들이 잊지 않았으니, 王께서는 이런 德行을 버려서는 안 됩니다."

王은 諫言을 듣지 않고, 17년에 翟의 군대를 동원하여 鄭나라를 정벌하였다.

왕이 翟人의 恩德을 감사하게 여겨 그의 딸을 王后로 삼으려 하자, 富辰이 諫하였다. "옳지 않습니다. 혼인은 불행과 행복이 들어오는 계단입니다. 혼인할 적에 자기의 내부를 이롭게 하는 쪽을 따르면 행복해지고, 外人을 이롭게 하는 쪽을 따르면 불행을 초래하게 됩니다. 지금 王께서는 外人을 이롭게 하는 쪽으로 행하시니, 그것은 어쩌면 불행을 초래하는 계단이 되는 게 아니겠습니까? 옛날 摯나라와 疇나라는 太任 때문에 복을 얻었고, 杞나라와 繒나라는 太姒 때문에 복을 얻었고, 齊나라·許나라·申나라·呂나라는 太姜 때문에 복을 얻었고, 陳나라는 太姬 때문에 복을 얻었습니다. 이는 모두 혼인에서 내부를 이롭게 하고 親해야 할 사람을 親近히 했기 때문입니다. 옛날 鄢나라가 망한 것은 仲任 때문이고, 密須가 망한 것은 伯姞 때문이고, 鄶나라가 망한 것은 叔妘 때문이고, 聃나라가 망한 것은 鄭姬 때문이고, 息나라가 망한 것은 陳嬀 때문이고, 鄧나라가 망한 것은 楚曼 때문이며, 羅나라가 망한 것은 季姬 때문이고, 廬나라가 망한 것은 荊嬀 때문이니, 이는 모두 혼인에서 外人을 이롭게 하고 親族들을 돌보지 않은 사례입니다."

王이 말하기를 "어떻게 하는 것을 내부가 이롭다 하며, 어떻게 하는 것을 外人이 이롭다 하는 것인가?" 하니, 대답하였다. "귀인을 존중하고, 어진 이를 顯彰하며, 功이 있는 사람을 등용하고, 노인을 어른으로 공경하며, 親族을 사랑하고, 새로 온 손님을 禮遇하며, 옛친구를 친근히 해야 합니다. 그러면 백성이 그들의 마음과 힘을 다하고 굳게 단결하여 君上의 명령을 집행하지 않을 자가 없을 것입니다.

관리는 행정하는 방법을 바꾸지 않아서 財用이 고갈되어 부족해지는 일이 없을 것이며, 위에서 구하는 것은 들어오지 않는 것이 없으며, 하는 일은 이루어지지 않는 것이 없어서 百官과 뭇 백성이 사람마다 이익을 받들어 君上에게 바치지 않는 사람이 없게 되니, 이것은 이로움이 내부에 있다는 것입니다. 만일 일곱 가지의 德에서 분리되면 백성들이 바로 배반하는 두 마음을 가져 각기 자신의 이익을 구하느라 물러가서 君上의 요구에 호응하지 않을 것이니, 이것은 이로움이 外人에 있다는 것입니다.

翟은 王室에서 책봉한 벼슬이 없고, 鄭伯은 男服에 해당하는데도 王께서 卑賤하게 대우하시니, 이는 貴人을 존중하는 것이 아닙니다. 翟은 승냥이와 이리 같은 품성을 가졌지만 鄭나라는 周나라의 典章을 잃지 않고 준수하였는데 王께서 멸시하시니, 이는 賢人을 顯彰하는 것이 아닙니다. 平王·桓王·莊王·惠王은 모두 鄭나라가 세운 공로를 받았는데, 지금 왕께서 鄭나라를 버리시니, 이는 功이 있는 이를 등용하지 않는 것입니다. 鄭伯 捷은 나이가 많은데, 王께서 어린 사람으로 대우하시니, 이는 노인을 공경하지 않는 것입니다. 翟은 隗氏 姓이고 鄭나라는 宣王에서 나온 후예인데 王께서 학대하시니, 이는 親族을 사랑하지 않는 것입니다. 禮에 의하면 새사람으로 옛사람을 교체하지 않는 것인데, 王께서 翟君의 딸로 姜씨와 任씨의 자리를 바꾸려 하시니 禮가 아니요, 또 옛사람을 버리는 것입니다.

王께서 한 번에 일곱 가지 德을 버리셨기 때문에 臣은 外人을 이롭게 하는 것이라고 말하는 것입니다. ≪書經≫에 '반드시 인내함이 있어야 비로소 성공함이 있게 된다.'라 하였습니다. 王께서 작은 분노를 참지 못하여 鄭나라를 버리시고, 또 叔隗를 王后로 올려 翟으로 인한 禍를 부르는 계단을 열려고 하십니다. 翟은 멧돼지나 승냥이와 이리 같아서 만족할 줄을 모릅니다." 襄王은 그의 諫하는 말을 따르지 않았다.

18년에 왕이 翟后를 廢黜하자, 翟人이 군대를 이끌고 와서 罪를 묻고 譚伯(周나라 大夫)을 죽였다.

富辰이 말하기를 "전에 내가 여러 차례 王에게 諫하였으나 王께서 내 말을 따르지 않아 오늘의 이 患難에 이르렀다. 만일 내가 나가 싸우지 않으면 王께서는 내가 王을 원망한다고 여길 것이다."라 하고는 곧 그의 무리를 데리고 싸우다가 죽었다.

16. 襄王拒晉文公請隧道 襄王이 晉文公의 隧道 요청을 거절하다

【大義】 晉文公이 襄王을 復位시킨 功을 믿고 天子의 葬禮制度인 隧道를 내려 달라고 요청하자 襄王이 禮法에 의거하여 거절한 내용의 기록이다.

初에 惠后欲立王子帶라 故以其黨啓翟人하니 翟人遂入周하다 王乃出居於鄭이러니 晉文公納之[30]하다

---

30) 初……晉文公納之 : 公序本에는 別行하지 않고 앞의 '富辰諫襄王而翟伐鄭國而翟女爲后'章 끝에 붙여 두었으나, 四部備要本과 文意에 따라 이 章에 붙였다. 惠后는 周惠王의 王后로 王子 帶의 生母이고, 襄王의 繼母. 王子 帶는 襄王의 異腹동생으로 甘에

晉文公旣定襄王於郟[31])하니 王勞之以地한대 辭하고 請隧焉[32])하다 王弗許하야 曰 昔我先王之有天下也에 規方千里以爲甸服[33])하야 以供上帝山川百神之祀하고 以備百姓兆民之用하며 以待不庭不虞之患[34])하고 其餘는 以均分公侯伯子男하야 使各有寧宇하고 以順及天地하야 無逢其災害하니 先王豈有賴焉이리오 內官은 不過九御[35])요 外官은 不過九品[36])하야 足以供給神祗〔祇〕①而已라 豈敢猒縱其耳目心腹하야 以亂百度리오 亦唯是死生之服物采章[37])으로 以臨長百姓而輕重布之하니 王何異之有리오 今天降禍災於周室하야 余一人이 僅亦守府[38])하고 又不佞以勤叔父[39])

봉해졌기 때문에 ≪左傳≫에서는 '甘昭公'이라 하였다. 黨은 周나라 大夫 頹叔·桃子 등을 이르는데, 惠后가 子帶를 天子로 세우고자 했기 때문에 子帶를 돕는 패거리가 되어 翟人을 끌어들여 周나라를 치게 하였다.

31) 晉文公旣定襄王於郟 : 子帶의 亂에 鄭나라에 망명해 있던 襄王을 晉文公이 郟으로 호송하여 復位시킨 일. 郟은 현재 河南省 洛陽의 서쪽 지역으로, 옛 周나라 王城의 땅이다.

32) 請隧焉 : 天子의 葬禮제도인 隧道를 달라고 요청함. 隧道는 墓 앞의 땅을 파서 만든 지하도로, 天子가 죽은 뒤 靈柩가 이 隧道로 들어와 葬事를 지낸다. 諸侯는 반 지하도인 羨道를 쓴다.

33) 甸服 : 京城 주위 천 리 되는 지역. 정기적으로 天子에게 貢賦를 바친다.

34) 以待不庭不虞之患 : 諸侯가 朝貢을 하지 않거나 뜻밖의 환난을 방비함. 不庭은 諸侯가 朝貢하러 오지 않는 일. 不虞는 意外에 닥치는 환난이다.

35) 內官不過九御 : 宮中의 女官은 九嬪을 넘지 않음. 內官은 宮中의 內命婦. 九御는 天子의 妃嬪으로 九嬪인 六宮 三夫人이다.

36) 外官不過九品 : 朝廷의 官員은 九品을 넘지 않음. 外官은 朝廷의 臣僚. 九品은 九卿이니, 곧 少師·少傅·少保·冢宰·司徒·宗伯·司馬·司寇·司空이다.

37) 服物采章 : 服物은 服飾·器物과 禮儀 制度 등을 말하고, 采章은 彩色으로 무늬를 그리거나 繡놓은 旌旗·수레·服飾 등으로 등급을 구별하는 것을 이른다.

38) 余一人僅亦守府 : 내가 先王이 물려주신 창고의 재물을 근근히 지킴. 余一人은 天子의 自稱. 先王이 이룩한 功業을 겨우 지키는 평범한 임금이라는 뜻으로, 자신을 謙辭로 이른 말이다.

39) 不佞以勤叔父 : 못난 내가 同姓諸侯인 叔父를 애쓰게 함. 不佞은 재주가 없다는 뜻으로 자신을 謙辭로 이르는 말. 叔父는 晉文公을 지칭한 말. 周代에 天子가 同姓諸侯에게는 叔父, 異姓諸侯에게는 伯舅라고 일컬었다.

나 而班先王之大物40)하야 以賞私德이면 其叔父實應且憎하야 以非余一人이니 余一人이 豈敢有愛{也}②리오 先民有言曰 改玉改行41)이라하니 叔父若能光裕大德하야 更姓改物42)하야 以創制天下면 自顯庸也니 而縮取備物43)하야 以鎭撫百姓이면 余一人은 其流辟〈旅〉③於裔土니 何辭之與有〔有與〕④리오 若由是姬姓也인댄 尙將列爲公侯라 以復先王之職이니 大物을 其未可改也라 叔父其茂昭明德이면 物將自至하리니 余〈何〉⑤敢以私勞로 變前之大章하야 以忝天下리오 其若先王與百姓何며 何政令之爲也리오 若不然이면 叔父有地而隧焉인댄 余安能知之리오 文公遂不敢請하고 受地而還(선)하다

〔校勘〕 ① 祇〔祗〕: 四部備要本에 의거하여 '祗'로 고쳤다.
② {也}: 四部備要本에 의거하여 衍文으로 처리하였다.
③ 〈旅〉: 四部備要本에 의거하여 보충하였다.
④ 與有〔有與〕: 四部備要本에 의거하여 고쳤다.
⑤ 〈何〉: 四部備要本에 의거하여 보충하였다.

애당초 惠后가 王子 帶를 天子로 세우려고 했다. 그 때문에 그의 패거리로 翟人을 끌어들이게 하니, 翟人이 마침내 周나라에 들어왔고, 襄王은 周나라를 나가 鄭나라에 거주했는데, 晉文公이 군대를 파견해 왕을 호송하여 復位시켰다.

晉文公이 이미 襄王을 郟에 호송하여 復位시키자, 襄王이 그 공로를 토지로 보상하려 하니 거절하고 隧를 요청하였다. 襄王이 허락하지 않으며 말하였다. "옛날 우리 先王께서 天下를 소유했을 적에 둘레의 거리가 천 리 되는 땅에 경계를 그어 甸服을 만들고 〈그곳에서 나오는 貢賦로〉 上帝와 山川과 온갖 神들의 祭祀에 공

40) 先王之大物: 先王이 규정한 天子만 쓸 수 있는 隧道 등의 제도.
41) 改玉改行: 身分을 상징하는 佩玉이 바뀌면 그것에 따라 걸음걸이도 바뀜. 고대에 허리에 차는 佩玉으로 身分等級을 엄격히 하고, 佩玉의 소리에 맞춰 걸음걸이를 조절하였다. 晉文公은 아직 臣下의 위치에 있으므로 隧道를 할 수 없음을 이른 말이다.
42) 更姓改物: 王朝의 姓氏를 바꾸고 正朔을 고치며 服色을 바꾸다. 곧 易姓革命을 하여 새로운 王朝를 건립함을 이른다.
43) 縮取備物: 天子의 服物 采章을 끌어다 취함. 縮은 引의 뜻. 服物 采章은 앞의 주 37) 참고.

급하고, 百姓(百官)과 億兆百姓의 財用을 준비하며, 諸侯가 朝貢하지 않는 일과 뜻밖의 患難에 대비하였습니다. 그러고 남은 땅은 公·侯·伯·子·男의 諸侯에게 고르게 나눠주어서 그들에게 각기 편안한 居處가 있게 하고, 天地 尊卑의 道理를 순종하여 災害를 만남이 없도록 하였으니, 先王이 어찌 개인적인 이익을 소유했겠습니까? 內官은 九御(九嬪)에 넘지 않았고, 外官은 九品에 지나지 않았으니, 天地神明에게 제사를 받들 수 있을 뿐이었습니다. 어찌 감히 방종하여 자기의 聲色과 心腹(좋아하는 것과 즐기는 음식)을 만족하게 하여 각종 制度를 어지럽게 했겠습니까? 天子는 단지 죽은 뒤와 생전에 쓰는 服飾과 器物의 采色과 文章을 달리함으로써 백성에게 군림하여 尊卑貴賤의 등급을 안배하였으니, 이 밖에 王과 諸侯가 무슨 다른 것이 있겠습니까? 지금 하늘이 우리 周나라 王室에 재앙을 내려 나 한 사람이 겨우 우리 先王의 창고를 지키고, 또 재주 없는 내가 叔父를 애쓰도록 하였습니다. 그러나 先王의 위대한 制度를 頒賜하여 개인의 사사로운 恩德을 갚는다면, 숙부께서는 진실로 이것을 받고도 나를 미워하여 나 한 사람을 그르다고 할 것입니다. 나 한 사람이야 어찌 감히 이것을 아끼겠습니까? 옛사람이 말하기를 '차는 佩玉이 바뀌면 地位에 맞는 걸음걸이로 고쳐야 한다.'고 하였습니다. 叔父께서 만일 위대한 德을 빛나게 드러내어 姓을 고쳐 王朝를 바꾸고, 服飾을 고쳐서 천하의 制度를 창조하면 스스로 드러내놓고 天子의 禮物을 쓰게 될 것입니다. 따라서 天子의 服物을 취하여 백성을 鎭撫하면 나 한 사람은 변방의 먼 지역으로 유배되어 나그네로 지낼 텐데 무슨 말을 하겠습니까? 만일 그대로 姬姓이 王 노릇을 한다면 叔父는 아직 公侯의 班列이 되어 있을 것이고, 先王이 制定한 諸侯의 직분을 회복해야 하니, 이 위대한 制度를 고칠 수가 없을 것입니다. 叔父께서 밝은 德을 힘써 밝히시면 그런 制度가 장차 저절로 올 것입니다. 내가 감히 나의 개인적인 공로 때문에 先王의 위대한 제도를 변경하여 천하 사람의 욕을 받는다면 先王과 백성에게 어떻게 하며, 어떻게 政令을 집행하겠습니까? 만일 그렇게 여기지 않는다면 叔父께서 소유한 영토가 있으니 스스로 隧道를 한들 내가 어찌 알겠습니까?"

文公이 마침내 더 요청하지 못하고 주는 땅을 받아서 돌아갔다.

17. 陽人不服晉侯 陽邑 사람이 晉侯에게 복종하지 않다

【大義】 陽邑 사람 倉葛이 德治의 논리로, 晉文公이 강성함을 믿고 약소한 나라를 능멸하는 행위를 꾸짖다.

王至自鄭44)하야 以陽樊45)賜晉文公한대 陽人不服이어늘 晉侯圍之하다 倉葛이 呼曰 王이 以晉君이 爲〈能〉①德이라 故勞之以陽樊이나 陽樊은 懷我王德이라 是以未從於晉이로소이다 謂君其何德之布以懷柔之하야 使無有遠志요커늘 今將大泯其宗祊하고 而蔑殺其民人하니 宜吾不敢服也라 夫三軍之所尋은 將蠻夷戎翟之驕逸不虔이면 於是乎致武니이다 此羸者陽也 未狎君政이라 故臣〔未〕②承命하니 君若惠及之면 唯官是徵이니 其敢逆命이릿가 何足以辱師리오 君之武震이 無乃玩而頓乎잇가 臣聞之호니 曰 武不可覿이요 文不可匿이니 覿武면 無烈이요 匿文이면 不昭라하니이다 陽不承獲甸하고 而祗以覿武라 臣是以懼하노니 不然이면 其敢自愛也리오 且夫陽이 豈有裔民46)〈哉〉③리오 夫亦皆天子之父兄甥舅也어늘 若之何其虐之也잇가하니 晉侯聞之하고 曰 是君子之言也라하고 乃出陽民하다

〔校勘〕 ① 〈能〉 : 四部備要本에 의거하여 보충하였다.
② 臣〔未〕 : 四部備要本에 의거하여 고쳤다.
③ 〈哉〉 : 四部備要本에 의거하여 보충하였다.

襄王이 鄭나라로부터 돌아와서 陽樊 땅을 晉文公에게 주었는데 陽樊 사람들이 복종하지 않자, 晉侯가 군사를 동원하여 포위하였다. 陽樊 사람 倉葛이 큰소리로 말했다. "王께서 晉君이 능히 德政을 펼친다고 여겼기 때문에 陽樊 땅을 晉나라에 賞으로 주어 공로에 보답하였으나, 陽樊은 우리 王의 德을 그리워하므로 晉나라에 복종하지 않는 것입니다. 백성들은 '晉文公이 무슨 德을 펴서 우리를 懷柔하여, 마음이 멀리 떠나 離

44) 王至自鄭 : 周襄王의 이복동생인 王子 帶가 亂을 일으키자 襄王이 鄭나라에 亡命해 있다가 晉文公의 도움으로 復位하여 王城으로 돌아온 일.

45) 陽樊 : 周나라 王室의 畿內에 있던 邑 이름. 지금의 河南省 濟源縣 동남쪽에 있었다. 周나라 초기의 樊仲山父의 封地가 되었기 때문에 陽樊이라 하였다.

46) 裔民 : 변경의 먼 지방으로 流配된 흉악한 백성. 裔는 荒裔로 먼 변경 지역을 이른다.

反하고자 하는 뜻이 없도록 하겠는가.'라고 말하고 있는데, 지금 陽樊의 宗廟를 滅하고 백성과 貴族을 죽여 없애려고 하니, 우리들이 복종하지 않는 것은 당연한 일입니다. 三軍이 가서 토벌하는 것은, 蠻과 夷와 戎과 翟이 교만하고 방종하여 不恭한 짓을 하면 이에 武力을 발동하여 정벌하는 것입니다. 우리 허약한 陽樊은 晉君이 시행하는 政令에 익숙하지 않습니다. 그러므로 命을 받들지 못하는 것입니다. 晉君께서 만일 은혜를 베풀어 陽樊 사람에게 미치게 한다면 단지 晉나라의 관리만 파견하여도 우리를 부를 수 있을 텐데 어찌 감히 명령을 거스를 수 있겠습니까? 어찌 꼭 晉君께 군대를 동원하는 수고로움을 끼쳐 욕되게 하겠습니까. 晉君께서는 武力의 위세를 너무 경솔히 써서 병력을 피폐하게 하는 것이 아니겠습니까? 신은 들으니 '武力은 현란하게 뽐내면 안 되고 文德은 깊이 숨기면 안 되니, 武力을 현란하게 뽐내면 위엄이 없게 되고 文德을 깊이 숨기면 밝게 드러나지 않는다.'라고 했습니다. 陽樊이 王室의 財用을 담당하는 甸服을 획득하지 못하고, 마침 晉나라의 武力을 뽐내는 일만 당했습니다. 臣은 이 때문에 두려워하오니, 그렇지 않다면 어찌 감히 스스로를 아껴 복종하지 않겠습니까? 또 우리 陽樊이 어찌 裔民이 있겠습니까? 모두 天子와는 父兄과 생질과 외삼촌의 관계인데, 어떻게 그들을 학대한단 말입니까?"

晉侯가 이 말을 듣고 말하기를 "이 말은 君子의 말이다."라 하고는 마침내 陽樊 백성을 나다니도록 하였다.

18. 襄王拒殺衛成公 襄王이 衛成公을 죽이라는 요청을 거절하다

【大義】 임금은 尊貴하고 신하는 卑賤하여 政令이 위에서 아래로 시행되므로 君臣간에는 訟事가 있을 수 없다는 이유로 晉나라의 요청을 거절한 내용의 기록이다.

溫之會47)에 晉人이 執衛成公하야 歸之於周48)하고 晉侯請殺之한대 王曰 不可

47) 溫之會 : 周襄王 20년(서기전 632년)에 晉文公이 盟主로서 溫 땅에서 諸侯들과 會盟한 일. 溫은 지금의 河南省 溫縣 서쪽의 땅으로, 당시에 벌써 晉나라에 속하였다.

48) 晉人執衛成公 歸之於周 : 晉人은 晉文公을 낮추어 이른 말. 晉文公이 盟主로서 복종하지 않는 나라를 토벌하였는데, 衛成公이 楚나라를 믿고 晉文公의 지휘를 따르지 않았다. 뒤에 溫邑의 會盟에서 衛成公이 叔武를 살해한 일로 衛나라 大夫 元咺이 衛成公

하다 夫政은 自上下者也니 上作政이면 而下行之不逆이라 故上下無怨이어늘 今叔父作政而不行하니 無乃不可乎아 夫君臣은 無獄이니 今元咺雖直이나 不可聽也라 君臣皆獄이면 父子將獄하리니 是無上下也어늘 而叔父聽之하니 一逆矣요 又爲臣殺其君이면 其安庸刑이리오 布刑而不庸하니 再逆矣라 一合諸侯하야 而有再逆政하니 余懼其無後49) {也}①일까하노라 不然이면 余何私於衛侯리오 晉人이 乃歸衛侯하다

〔校勘〕 ① {也} : 四部備要本에 의거하여 衍文으로 처리하였다.

溫邑에서의 會盟에 晉人이 衛成公을 사로잡아 周나라에 보내고 晉侯가 天子에게 죽이기를 요청하자, 王이 말하였다 "옳지 않습니다. 政令은 위에서 아래로 시행되는 것이니, 위에서 政令을 제정하면 아랫사람은 이를 받들어 행하고 어기지 않는 것입니다. 그 때문에 임금과 신하 사이에 원망이 없게 되는 것인데, 지금 叔父는 政令을 만들어 順理를 따르지 않으니, 옳지 않은 일이 아니겠습니까? 임금과 신하 사이에는 訟事가 있을 수 없는 것이니, 지금 元咺의 주장이 바르기는 하나 들어주어서는 안 됩니다. 임금과 신하가 모두 송사를 하게 되면 父子간에도 장차 訟事를 하게 될 터이니, 이렇게 되면 위와 아래가 없게 됩니다. 그런데 叔父께서 元咺의 衛成公에 대한 소송을 들어주셨으니, 첫 번째 올바른 도리를 거스른 것입니다. 또 신하를 위하여 그의 임금을 죽이면 어찌 옳은 法을 쓴 것이 되겠습니까? 반포한 法이 있는데도 제대로 쓰지 못하였으니, 이는 두 번째 올바른 도리를 거스른 것입니다. 한번 諸侯를 규합하고서 올바른 도리를 거스르는 두 가지 행사를 두었으니, 나는 이후에 다시 諸侯를 규합하지 못할까 걱정됩니다. 그렇지 않다면 내가 무엇 때문에 衛侯에게 私情을 두겠습니까."

晉人이 곧 衛侯를 돌려보냈다.

과 訟事를 벌여 衛侯가 패소하자, 晉文公이 衛成公을 사로잡아 周나라에 보내어 사형시키라고 요구하였다.

49) 無後 : 이 다음에는 다시 禮義를 사용하여 諸侯들과 會盟하는 일이 어려울 것임을 이른 말.

19. 王孫滿觀秦師 王孫 滿이 秦나라 군대를 관찰하다

【大義】 秦나라 군대가 鄭나라를 습격하려고 周나라를 지나가면서 無禮한 행동을 하자, 王孫 滿이 이를 보고는 秦軍이 반드시 敗戰할 것임을 예언하다.

二十四年[50]에 秦師將襲鄭하야 過周北門할새 左右[51]〈皆〉[①]免冑而下〈拜〉[②][52]하고 超乘者三百乘이러라 王孫滿觀之하고 言於王曰 秦師必有讁하리이다 王曰 何故오 對曰 師輕而驕하니 輕則寡謀요 驕則無禮니 無禮則脫하고 寡謀면 自陷이라 入險而脫하니 能無敗乎잇까 秦師無讁이면 是道廢也니이다

是行也에 秦師還[53]이어늘 晉人敗諸殽[③]하고 獲其三帥丙術視[54]하다

〔校勘〕 ① 〈皆〉 : 四部備要本에 의거하여 보충하였다.
② 〈拜〉 : 四部備要本에 의거하여 보충하였다.
③ 殽 : 四部備要本에는 '崤'로 되어 있는데 통용한다.

周襄王 24년(서기전 628년)에 秦나라가 鄭나라를 습격하려고 周나라 王城의 北門을 지날 적에 左右가 투구를 벗고는 수레에서 내려 절을 하고, 위엄 없이 3백 채의 戰車에 뛰어올라 타는 것이었다.

王孫 滿(周共王의 玄孫)이 이것을 보고 襄王에게 말하기를 "秦나라 군대에는 반드시 災難이 있을 것입니다."라고 하였다. 襄王이 말하기를 "무슨 까닭으로 실패하는가?" 하니, 대답하기를 "군사들이 경솔하고 또 교만하니, 경솔하면 계책이 적고 교만하면

---

50) 二十四年 : 汪遠孫의 ≪國語明道本攷異≫에 "≪左傳≫ 注를 참고하면 二十四年은 응당 二十六年으로 해야 된다."고 하였다.

51) 左右 : 戰車의 左右에 타는 參乘. 옛날 兵車에는 세 사람이 타는데 중앙에는 수레를 모는 御가 타고 왼쪽에는 활을 잡은 甲士가, 오른쪽에는 矛를 잡은 甲士가 탔다.

52) 免冑而下拜 : 王을 공경한다는 표시로 한 행동. 그러나 禮에 갑옷을 입은 사람은 절하지 않는 법이고, 투구를 벗었으니 이것은 군인으로서 경솔한 행동이다.

53) 秦師還 : 鄭나라의 商人 弦高가 秦나라 군대가 습격해 오는 것을 알고 鄭伯의 명령이라 속이고는 소 열두 마리를 잡아 군사를 위로하며 음식을 대접하였다. 그러고는 鄭나라가 미리 습격에 대비하고 있음을 보이자 秦나라는 군사를 돌려 돌아왔다고 한다. ≪左傳 僖公33年≫

54) 丙術視 : 秦나라의 세 장군 白乙丙・西乞術・孟明視를 이른다.

예절이 없게 됩니다. 예절이 없으면 軍律이 느슨해지고, 계책이 적으면 스스로 險한 곳에 빠지게 됩니다. 지금 險한 곳에 들어가면서 軍律이 느슨하니, 그러고서도 災難이 없겠습니까? 秦나라 군대에 災難이 없다면 예로부터 전해오는 道理가 폐기되는 것입니다."라고 하였다.

이번 습격에서 秦나라 군대가 중도에 돌아오자, 晉나라 군대가 殽山에서 秦나라 군대를 격파하고, 秦나라 장수 白乙丙과 西乞術과 孟明視를 사로잡았다.

20. 定王論不用全烝之故 定王이 온전한 犧牲을 쓰지 않는 까닭을 논하다

【大義】 宴饗을 받는 대상 인물에 따라 全烝·房烝·殽烝의 세 종류의 犧牲으로 宴饗을 베풀어 주는 예를 논하다.

晉侯使隨會聘於周55)한대 定王饗之殽①烝56)할새 原公相禮57)러니 范子私於原公曰 吾聞王室之禮는 無毁折이라하니 今此何禮也오 王見其語{也}②하고 召原公而問之하니 原公以告하다 王召士季하야 曰 子弗聞乎아 禘郊58)之事엔 則有全烝59)이요 王公立飫60)엔 則有房烝61)이요 親戚宴饗엔 則有殽烝이니 今女非它

---

55) 晉侯使隨會聘於周 : 晉侯는 晉文公의 손자이고 晉成公의 아들인 景公으로, 이름은 獳이다. 隨會는 晉나라의 正卿인 士季 武子로 士蔿의 손자이고 成伯의 아들이다. 그의 封邑이 隨에 있고, 뒤에 또 范邑을 받았기 때문에 隨會·范會·范子·士會 등으로 부른다. 聘은 聘問으로, 周代에 諸侯가 天子에게, 또는 諸侯와 諸侯 사이에 정기적으로 使臣을 파견하여 안부를 묻고 修好하던 제도이다.

56) 殽烝 : 삶은 犧牲의 각을 떠서 살과 뼈가 붙은 채로 俎에 올려 손님에게 宴饗을 베푸는 일. 烝은 脀으로도 쓴다. 宴饗 중의 兄弟 親戚 등에 쓰는 宴席으로, 짐승의 각을 떠서 禮器(俎)에 올린다는 뜻이다. ≪儀禮 特牲饋食禮≫

57) 原公相禮 : 原公은 周나라 大夫 原襄公. 相禮는 擯相으로, 朝聘·會盟·宴饗 등의 행사에 주인을 도와 賓客을 인도하고 안내하는 일을 맡은 사람이다.

58) 禘郊 : 禘祭와 郊祭. 禘祭는 天子가 始祖에게 지내는 大祭이고, 郊祭는 天帝에게 지내는 大祭이다.

59) 全烝 : 각을 뜨지 않은 온전한 犧牲을 祭器에 올려서 바치는 일. 가장 隆重하고 품격이 높은 禮儀이다.

60) 立飫 : 모두 서서 禮를 행하고 잔치하는 일. 飫禮는 백성에게 敬式을 가르치고, 大體

也오 而叔父使士季로 實來修舊德하야 以獎王室일새 唯是先王之宴禮를 欲以貽女로라 余一人敢設飫禘焉가 忠非親禮요 而干舊職하야 以亂前好라 且唯夫③戎翟은 則有體薦62)이니 夫戎翟冒沒輕儳하야 貪而不讓하고 其血氣不治하니 若禽獸焉이라 其適來班貢에 不俟馨香嘉味라 故坐諸門外하고 而使舌人體委與之어니와 女는 今我王室之一二兄弟로 以時相見하고 將龢協典禮하야 以示民訓則(측)이어늘 無亦擇其柔嘉하며 選其馨香하며 潔其酒醴하며 品其百籩63)하며 修其簠簋64)하며 奉其犧象65)하며 出其尊④彝하며 陳其鼎俎하며 靜〔淨〕⑤其巾冪⑥하며 敬其祓除하며 體解節折하야 而共飮食(사)之리오 於是乎 有折俎加豆66)하고 酬幣宴貨하야 以示容合好니 胡有孑然其效戎翟也리오

夫王公諸侯之有飫也는 將以講事成章하야 建大德하고 昭大物也라 故立成禮烝而已니 飫以顯物하고 宴以食〔合〕⑦好라 〈故〉⑧歲飫不倦하며 時宴不淫하며 月會와 旬脩와 日完不忘하야 服物昭庸하며 采飾顯明하며 文章比象하며 周旋序順하며 容貌有

를 밝히는 것이라 하였다.

61) 房烝 : 큰 祭器에 犧牲을 올려놓는 일. 房은 大俎로, 犧牲의 반을 갈라 大俎에 올려서 바치는 일이다. 일설에는, 房은 旁의 뜻이니 犧牲의 반이라고 한다.

62) 體薦 : 잡은 짐승을 반으로 갈라 大俎에 담아 제사나 宴饗에 쓰는 일. ≪左傳 宣公 16年≫·≪周禮 夏官 小子≫. 일설에는, 짐승의 온전한 몸체를 통째로 大俎에 담아 올리는 일이라고 한다. ≪周禮 夏官 小子〈鄭玄 注〉≫

63) 籩 : 祭祀나 宴饗 때 과일을 담는 그릇. 대오리를 결어 만드는데, 모양은 豆처럼 생겼고 뚜껑이 있다.

64) 簠簋 : 祭祀나 宴饗 때 黍稷과 稻粱을 담는 그릇. 겉은 모나고 안은 둥글게 만들어 稻粱을 담는 것을 簠, 겉은 둥글고 안은 모나게 만들어 黍稷을 담는 것을 簋라 한다. 먼저는 둘 다 대나무 오리를 결어 만들어 썼는데 후대에는 주로 청동으로 주조하여 썼다.

65) 犧象 : 犧尊(樽)과 象尊. 犧尊은 犧牛의 모양을 꾸며 만든 술그릇이고, 象尊은 코끼리나 鳳凰의 모양으로 꾸며 만든 술그릇. 일설에는, 象尊은 象牙로 꾸며 만든 술그릇이라고 한다. ≪周禮 春官 司尊彝≫·≪焦氏筆乘 犧樽≫

66) 折俎加豆 : 折俎는 祭祀나 宴饗을 할 때, 짐승의 각을 떠서 俎에 올려 바치는 일. 加豆는 宴饗의 禮를 행한 뒤에 豆器에 미나리김치와 토끼肉醬 등을 담아 후식으로 대접하는 일이다.

崇하며 威儀有則하며 五味實氣하며 五色精心하며 五聲昭德하며 五義紀宜67)하며 飲食可饗하며 龢同可觀하며 財用可嘉하야 則順而建德〔德建〕⑨이니 古之善禮者 將焉用全烝이리오

武子遂不敢對而退하다 歸하야 乃講聚三代之典禮하고 於是乎 修執秩68)以爲晉法하다

〔校勘〕 ① 殽 : 四部備要本에는 '餚'로 되어 있는데 통용한다.
② {也} : 四部備要本에 의거하여 衍文으로 처리하였다.
③ 夫 : 四部備要本에는 '夫'자가 없다.
④ 尊 : 四部備要本에 '樽'으로 되어 있는데 통용한다.
⑤ 靜〔淨〕 : 四部備要本에 의거하여 바로잡았다.
⑥ 羃 : ≪周禮≫에는 모두 '冪'으로 되어 있는데 통용한다.
⑦ 食〔合〕 : 四部備要本에 의거하여 바로잡았다.
⑧ 〈故〉 : 四部備要本에 의거하여 보충하였다.
⑨ 建德〔德建〕 : 四部備要本에 의거하여 바로잡았다.

晉景公이 隨會를 시켜 周王室에 聘問하게 하였는데 周定王이 殽烝의 禮를 사용하여 宴饗을 베풀어 주면서 原公을 相禮로 삼아 돕게 하였다. 范子(隨會)가 原公에게 개인적으로 물었다. "내가 들으니, 王室의 宴饗에 관한 禮는 犧牲을 해체하지 않고 통째로 쓴다는데 지금의 殽烝은 무슨 禮입니까?" 定王이 그들이 대화하는 것을 보고 原公을 불러서 물으니 原公이 隨會가 한 말을 定王께 말씀드렸다.

定王이 士季(季는 隨會의 字)를 불러서 말하였다. "그대는 듣지 못했는가? 禘祭와 郊祭에는 온전한 몸체를 바치는 全烝을 쓰고, 天子와 諸侯가 서서 잔치할 적에는 반을 갈라서 올리는 房烝을 쓰고, 친척간의 宴饗에는 殽烝을 쓴다. 지금 너는 다른 外人이

67) 五義紀宜 : 五義는 父義·母慈·兄友·弟恭·子孝. 紀宜는 윤리 규범에 알맞은 紀綱을 이른다.

68) 執秩 : 晉文公이 만든 法으로 집행할 만한 常法이라는 뜻. 韋昭는 "晉文公이 被廬에서 閱兵하면서 執秩의 법을 만들었는데, 靈公 이후부터 빼놓고 사용하지 않았다. 그 때문에 武子가 수정하여 晉나라의 法을 만든 것이다." 하였다. ≪左傳≫ 僖公27年에는 "이리하여 크게 閱兵을 하여 禮를 보이고 執秩을 제정하여 官을 바로잡았다." 하였는데, 杜預는 "爵秩을 주관하는 관원이다." 하였다.

아니다. 叔父(同姓 諸侯인 景公)가 士季를 王室에 와서 예전의 친한 情誼를 닦도록 하여 王室을 장려하므로, 先王께서 친척에 대하여 정한 宴禮를 너에게 베풀어 주려는 것이다. 나 개인이 감히 서서 잔치하는〔飫〕 데 쓰는 房烝과 禘祭에 쓰는 全烝을 베풀겠는가? 후하게 대접하는 것이 친척에 대한 禮가 아니고 先王께서 이룬 직분을 위배하여 예전의 友好를 어지럽히는 것이다. 戎·翟은 朝會하러 오면 짐승을 반으로 갈라서 준다. 저 戎·翟은 당돌하며 上下 尊卑의 분별이 없어서 탐욕을 부려 겸양하지 않으며, 血氣를 억제하지 않으니 마치 禽獸와 같다. 그들이 貢賦를 바치기 위하여 왕래할 적에 향기롭고 맛 좋은 음식을 줄 필요가 없다. 그 때문에 궁전의 문 밖에 앉히고 통역관을 시켜 짐승을 반으로 가른 음식을 대접하지만 너는 지금 우리 王室의 가까운 한두 사람의 형제로서 규정된 시간에 서로 만나고 和協한 情誼를 가지고 典禮를 행하여 백성에게 본보기를 보인다. 그런데 부드럽고 좋은 짐승을 가리고 향기로운 음식을 고르며, 술을 정갈하게 마련하고 온갖 과일을 바구니에 골라 담으며, 黍稷과 稻粱을 준비하고 犧尊과 象尊의 술동이를 받들고 尊·彝의 술잔을 내어놓으며, 슴과 俎를 진열하고 그릇을 덮는 보자기를 정결하게 하고 공경히 殿閣을 소제하며, 고기의 각을 뜨고 잘게 썰어서, 마시고 먹게 하지 않겠는가. 그리하여 고기를 베어 俎에 담아 드리고 豆器에 채소와 肉醬 등을 담아 더 들게 하는 일과 손님에게 보답하는 예물로 束帛을 드리는 禮를 두어 和合하고 友好하는 容儀를 보인다. 어찌 온전한 통째로 고기를 내어 戎·翟을 대접하는 禮를 본받겠는가.

天子와 諸侯가 서서 飫禮를 행하는 것은 軍國의 큰 일을 의논하고 정책 법령을 제정하여 큰 功을 세우고 큰 政令을 밝게 선포하려는 것이다. 그 때문에 서서 飫禮의 房烝을 갖출 뿐이다. 飫禮로 장중한 禮를 드러내며 宴禮로 和合한 友好를 표시한다. 그러므로 해마다 飫禮를 행하여도 싫증내지 않으며 철마다 宴禮를 행하여도 과도한 데에 이르지 않으며 매달의 경비 會計와 열흘 동안의 사무와 매일 하는 일을 잊지 않고 행한다. 복식과 기물로 功을 밝게 드러내며, 채색과 문식으로 밝은 德을 표시하며, 복장에 수놓은 문장으로 物象을 본뜨며, 행동거지를 禮의 차례에 따라 하며, 용모를 존엄하게 하며, 威儀에 법도가 있으며, 五味로 志氣를 충실히 하며, 五色으로 마음을 精潔하게 하며, 五聲으로 아름다운 德을 밝히며, 五義로 알맞은 紀綱을 잡으며, 禮에 맞는 음식은 먹을 만하며, 화목하게 함께 어울리는 情誼는 볼 만하며, 손님에게 주는 禮物은 아름답게 여길 만하여 禮法을 順理대로 행하고 功德을 세우게 된다. 고대의 禮法을 잘 행한 사람은 어찌 全烝을 썼겠느냐?"

武子(隨會)가 마침내 감히 대답하지 못하고 물러갔다. 귀국하여 夏·殷·周 三代의 典禮를 모아 講論하고 여기에 의거하여 執秩의 法을 수정해 晉나라의 法을 만들었다.

21. 單襄公論陳必亡 單襄公이 陳나라는 반드시 멸망할 것이라고 論하다

【大義】 임금이 淫亂하고 게을러 직분을 소홀히 하고 不義한 짓을 많이 행하면 반드시 자신의 몸을 망치고 나라는 멸망하는 결과를 초래한다고 말하다.

定王使單(선)襄公으로 聘於宋하고 遂假道於陳하야 以聘於楚하다 火朝覿矣[69]어늘 道茀하야 不可行{也}①하며 候不在疆하며 司空不視塗하며 澤不陂하며 川不梁하며 野有庾積하며 場功未畢하며 道無列樹하며 墾田若蓺하며 膳②宰[70]不致餼하며 司里[71]不授館하며 國無寄寓하며 縣無施舍[72]어늘 民將築臺于夏氏[73]러라 及陳하니 陳靈公與孔寧儀行父로 南冠[74]以如夏氏하야 留賓弗見이러라

單子歸하야 告王曰 陳侯不有大咎면 國必亡하리이다 王曰 何故오 對曰 夫辰角見(현)而雨畢[75]하며 天根見而水涸[76]하며 本見而草木節解[77]하며 駟見而隕霜[78]하며 火

69) 火朝覿矣 : 火는 大火心星으로, 이 별이 아침 일찍 보이면 立冬 전후의 때라고 한다.

70) 膳宰 : 가축을 잡고 음식 만드는 일을 주관하던 벼슬. 膳夫. ≪儀禮 燕禮≫·≪公羊傳 宣公6年≫

71) 司里 : 邑의 인구와 六畜·兵器 등을 관장하고, 政令을 다스리는 里宰. 里長이라고도 하며, 客館을 제공하는 일도 맡았다. ≪周禮 地官 里宰≫

72) 施舍 : 客舍. 韋昭는 "施舍는 손님이 등에 진 짐을 施舍하는 곳(풀어놓고 묵는 곳)이다." 하였는데, 宋庠의 補音本 注에 "施는 지금 (韋昭의) 注를 상고하면 당연히 '弛'로 써야 되니……弛舍는 휴식하며 머물러 묵는 곳이다." 하였다.

73) 夏氏 : 陳나라의 大夫 夏徵舒의 집을 이른다. 夏徵舒의 어머니 夏姬가 陳靈公과 大夫 孔寧·儀行父 세 사람과 私通했기 때문에 백성들이 그 집의 樓臺를 築造하는 일에 징발되었다. ≪左傳 宣公9·10·11年≫

74) 南冠 : 楚나라 사람들이 쓰는 冠. 임금과 大夫는 제멋대로 다른 나라 복장을 착용하지 않는 것이 禮이다.

75) 辰角見而雨畢 : 角은 별 이름. 새벽에 角星이 동방에 나타나면 雨氣가 다 끝남을 이른

見而淸風戒寒79)이라 故先王之教曰 雨畢而除道하고 水涸而成梁하고 草木節解而備藏하고 隕霜而冬裘具하고 淸風至而修城郭宮室이라 故夏令80)曰 九月除道하며 十月成梁이라하고 其時儆曰 收而場功하며 偫而畚挶〔梮〕③81)하야 營室之中82)에 土功其始하며 火之初見에 期於司里라하니 此先王之④所以不用財賄요 而廣施德於天下者也니이다 今陳國은 火朝覿矣어늘 而道路若塞하고 野場若棄하며 澤不陂障하고 川無舟梁하니 是廢先王之教也니이다

周制有之하니 曰 列樹以表道하고 立鄙食以守路83)하며 國有郊牧하고 疆⑤有寓望84)하고 藪有圃草하고 囿有林池하니 所以禦災也오 其餘無非穀土니 民無懸耜하고 野無奧草하며 不奪民時하고 不蔑民功이면 有優無匱하고 有逸無罷하야 國有班事하고 縣有序民이라하니이다 今陳國은 道路不可知하고 田在草間하며 功成而不收하고 民罷於逸樂하니 是棄先王之法制者⑥也니이다

周之秩官85)有之하니 曰 敵國86)賓至면 關尹87)以告하고 行理⑦88)以節逆之하고

다. 角星은 二十八宿의 하나로, 이 별이 새벽에 보이면 寒露 전후의 節候이다.

76) 天根見而水涸 : 天根은 별 이름. 二十八宿 중의 亢宿와 氐宿의 중간 자리에 있다. 寒露 후 5일 쯤에 天根이 이른 아침에 나타나면 물이 완전히 마른다고 한다.

77) 本見而草木節解 : 本은 二十八宿의 하나인 氐宿. 寒露 뒤 10일 쯤에 이 별이 새벽에 나타나는데, 이때가 되면 초목이 말라 떨어진다.

78) 駟見而隕霜 : 駟는 二十八宿 중의 房宿. 이 별이 새벽에 나타나면 서리가 내리는 霜降 전후의 시기라고 한다.

79) 火見而淸風戒寒 : 大火心星이 나타나면 立冬 전후의 시기로, 찬바람이 불어오므로 추위에 대비해야 함. 앞의 주 69) 참고.

80) 夏令 : 夏代에 시행하던 月令. 매달 시행해야 할 政令을 정해 놓은 것으로, 周代에도 따라서 썼다.

81) 偫而畚梮 : 삼태기와 들것을 갖춤. 앞으로 있을 건설 공사에 대비하는 일이다.

82) 營室之中 : 營室은 二十八宿 중의 室宿. 定星이라고도 한다. 이 별이 음력 10월의 黃昏 때 中天에 나타나는데, 이때에 건축 공사를 시작한다고 한다.

83) 立鄙食以守路 : 변방의 큰길 가에 10리마다 집을 건립하고 여행객에게 음식을 제공하는 등 길 가는 사람을 수호하는 일. 鄙는 四鄙로 변방 고을을 이른다.

84) 疆有寓望 : 국경에 외국 손님을 맞이하고 전송하는 집을 설치하고 候望하는 사람을 두는 일.

候人爲導하고 卿出郊勞하고 門尹除門89)하고 宗祝執祀90)하고 司里授館하고 司徒具徒하고 司空視塗하고 司寇詰姦하고 虞人91)入材하고 甸人92)積薪하고 火師93)監燎하고 水師94)監濯하고 膳宰致餐〔饔〕⑧하고 廩人獻餼95)하고 司馬96)陳芻하고 工人展車하고 百官官⑨以物至어든 賓入如歸라 是故로 小大莫不懷愛하나니라 其貴國之賓至면 則以班加一等하야 益虔하고 至於王使⑩하야는 則皆官正涖事하고 上卿監之하며 若王巡守면 則君親監之라하니이다 今雖朝也不才나 有分族於周하고 承王命以爲過賓於陳이어늘 而司事莫至하니 是蔑先王之官也니이다

先王之令有之하니 曰 天道賞善而罰淫이라 故凡我造國은 無從非彝하며 無卽慆淫하야 各守爾典하야 以承天休라커늘 今陳侯不念胤續之常하야 棄其伉儷妃嬪하고 而帥其卿佐97)以淫於夏氏하니 不亦瀆⑪姓98)矣乎잇가 陳은 我大姬99)之後也어

---

85) 秩官 : 周代의 職官 品階와 직책 등을 기록한 문헌.

86) 敵國 : 지위가 대등한 나라. 敵은 匹敵의 뜻이다.

87) 關尹 : 關門을 관장하는 官員. 司關·關人이라고도 한다. 사방에서 오는 손님이 關門을 두드리면 상부에 보고하는 일을 맡았다. ≪周禮 地官 司關≫

88) 行理 : 行人을 보좌하는 벼슬인 小行人. 聘問하는 使臣으로 나가거나 외국의 손님을 영접하고 전송하는 일을 맡았다. ≪左傳 昭公13年≫

89) 門尹除門 : 門尹이 門庭을 소제함. 門尹은 門을 관장하는 官員으로 司門이라고도 한다.

90) 宗祝執祀 : 宗伯과 太祝이 제사의 예를 집행함. 宗伯과 太祝은 국가의 제사를 주관하는 관원으로, 손님이 宗廟에 제사를 지내려고 하면 이를 주관하여 집행한다.

91) 虞人 : 山林川澤에 관계되는 일을 관장하는 벼슬. 山虞·虞師라고도 한다. ≪周禮 下官 大司馬≫·≪左傳 昭公20年≫

92) 甸人 : 照明과 田野의 일 및 公族의 사형에 관한 일을 관장하던 벼슬. ≪儀禮 燕禮≫·≪禮記 文王世子≫

93) 火師 : 궁중의 뜰에 불을 밝히는 일을 관장하던 벼슬. 司火, 또는 司烜氏라고도 한다.

94) 水師 : 물을 관장하여 세탁하는 일을 주관하던 벼슬. 萍氏라고도 한다.

95) 廩人獻餼 : 廩人은 곡물 창고를 관장하는 벼슬. 餼는 짐승의 날고기.

96) 司馬 : 圉人을 통솔하여 말 기르는 일을 관장하던 벼슬.

97) 卿佐 : 孔寧과 儀行父. 이들이 모두 陳나라의 卿士로 陳靈公을 보좌하는 지위에 있기 때문에 이른다.

늘 棄袞冕하고 而南冠以出하니 不亦簡彝乎잇가 是又犯先王之令也니이다

昔先王之教를 茂帥其德也라도 猶恐隕⑫越이어늘 若廢其教而棄其制하고 蔑其官而犯其令이면 將何以守國이리오 居大國[100]之間하야 而無此四者[101]면 其能久乎잇가

六年에 單子如楚하고 八年에 陳侯殺(시)於夏氏하고 九年에 楚子入陳하다

〔校勘〕① {也} : 四部備要本에 의거하여 衍文으로 처리하였다.
② 膳 : 四部備要本에는 '饍'으로 되어 있는데 통용한다.
③ 揭〔楬〕: 四部備要本에 의거하여 고쳤다.
④ 之 : 四部備要本에는 '之'자가 없다.
⑤ 畺 : 四部備要本에는 '疆'으로 되어 있는데 통용한다.
⑥ 者 : 四部備要本에는 '者'자가 없다.
⑦ 理 : 孔晁本에는 '李'로 되어 있는데 '理'와 假借通用한다.
⑧ 餐〔饔〕: 四部備要本에 의거하여 고쳤다.
⑨ 官 : 四部備要本에는 '官'자가 없다.
⑩ 使 : 四部備要本에는 '吏'로 되어 있는데 뜻은 같다.
⑪ 瀆 : 四部備要本에는 '嬻'으로 되어 있는데 통용한다.
⑫ 隕 : 四部備要本에는 '殞'으로 되어 있는데 통용한다.

周定王이 單襄公을 파견하여 宋나라에 聘問하게 하고, 곧 陳나라의 길을 빌려 楚나라에 聘問하게 하였다. 새벽에 大火心星이 나타나는 立冬 때인데도 길에 풀이 우거져 다니기 불편하고, 손님을 접대하는 候人이 국경에서 영접하지 않으며, 司空은 도로를 시찰하지 않고, 못에 둑을 쌓지 않았으며, 하천에 다리를 놓지 않았고, 들에 노적가리가 방치되어 있으며, 타작을 끝마치지 않았고, 도로에는 나무를 늘어심어서 표시한 것이 없으며, 개간한 田地는 마치 모종해 놓은 것처럼 띄엄띄엄 있고, 膳宰는 고기 음식을 제공하지 않으며, 司里는 客館을 주지 않고, 國都에는 묵을 客舍가 없으며, 縣에는

---

98) 瀆姓 : 夏徵舒의 아버지 御叔은 곧 陳나라 公子 夏의 아들이요, 陳靈公의 종조부로 嬀姓인데 靈公이 御叔의 아내 夏姬와 간통하였으니, 이것이 그 姓을 모독한 것이 되는 것이다.

99) 大姬 : 周武王의 딸로 陳나라의 시조인 虞胡公의 妃이니, 陳나라의 祖妣이다.

100) 大國 : 晉나라와 楚나라를 이른다.

101) 四者 : 앞에서 서술한 先王의 教訓・制度・職官・法令을 이른다.

여관이 없는데 백성들이 夏徵舒 집의 樓臺를 축조하려 하였다. 陳나라의 국도에 당도하니 陳靈公이 孔寧·儀行父와 함께 南冠을 쓰고 夏氏의 집에 가서 즐기면서 손님을 머물러 둔 채 접견하지 않았다.

單襄公이 돌아와서 定王에게 보고하기를 "陳侯는 큰 재앙을 만나지 않으면 나라가 반드시 망할 것입니다." 하니, 定王이 말하기를 "무슨 까닭으로 그런가?" 하니, 대답하였다. "角星이 새벽에 나타나면 雨期가 끝나게 되고, 天根이 새벽에 나타나면 물이 마르며, 本星(氐星)이 새벽에 나타나면 초목이 장차 말라 떨어지고, 駟星(房星)이 새벽에 나타나면 서리가 내리게 되며, 大火心星이 새벽에 나타나면 장차 찬바람이 불어올 것을 알리는 것입니다. 그 때문에 先王의 가르침에 말하기를 '雨期가 끝나면 도로를 정비하고, 물이 마르면 다리를 완성하고, 초목이 말라 떨어지면 식량의 저장을 준비하고, 서리가 내리면 겨울에 입을 갖옷을 준비하고, 찬바람이 불어오면 성곽과 집을 수리해야 한다.'고 하였습니다. 그러므로 夏令에 말하기를 '九月에는 길을 정비하고, 十月에는 다리를 완성한다.' 하였습니다. 그리고 時宜에 맞는 경계하는 말에 '추수하여 타작하며, 삼태기와 들것을 준비하여 營室星이 初昏 무렵 하늘 중앙에 나타나면 토목공사를 개시하며, 大火心星이 동방에 처음 나타나면 연장을 가지고 司里에게 모인다.' 라고 하였습니다. 이는 先王이 재물을 허비하지 않고도 천하 백성들에게 널리 은덕을 베푼 것입니다. 지금 陳나라는 大火心星이 새벽에 나타나는 立冬節인데도 도로를 정비하지 않아 막힌 것 같고, 들판의 타작 마당은 버려진 것 같고, 못에는 둑을 쌓아 물을 가두지 않았고, 하천에는 배와 다리가 없으니, 이는 先王의 가르침을 폐기한 것입니다.

周나라 제도에 말하기를 '나무를 늘어심어서 도로를 표시하고, 변방에 宿食을 제공하는 집을 두어 길 가는 사람을 수호하고, 國都에는 교외에 목장을 두고, 국경에는 임시 머무는 집과 候望하는 사람을 두고, 늪에는 무성한 수풀이 있고, 園囿에는 숲과 못이 있어야 되니, 이것은 災難을 막는 것이다. 그 나머지 땅은 모두 곡식을 심는 땅이니, 백성들은 쟁기를 매달아 놓아 놀리는 일이 없고, 들에는 묵어서 우거진 풀이 없어야 된다. 농사철의 人力을 빼앗지 않고, 농민의 노동력을 버리지 않으면 부족함이 없는 넉넉한 생활을 하고, 안락한 생활을 하고 피로하지 않아 國都 안에는 집행하는 일들이 次序가 있고, 지방 縣에는 백성들이 하는 일에 질서가 있게 된다.' 하였습니다. 지금 陳나라는 도로에 표시가 없어서 알 수가 없고, 논밭은 잡초 속에 묻혀 있으며,

지은 농사가 성숙했는데도 거두지 않고, 백성들은 임금의 즐거움을 위하여 피로해 있으니, 이는 先王의 法制를 버린 것입니다.

周나라 ≪秩官≫에 말하기를 '지위가 대등한 나라의 손님이 오면 關尹은 조정에 보고하고, 行理는 符節을 잡고 영접하며, 候人은 앞에서 인도하고, 卿은 교외에 나와 위로하며, 門尹은 門庭을 소제하고, 宗祝은 손님을 모시고 宗廟에서 제사를 집행하며, 司里는 館舍를 안배해 주고, 司徒는 일할 사람을 배정하며, 司空은 도로를 巡視하고, 司寇는 不順한 사람을 조사하며, 虞人은 접대에 필요한 각종 재료를 들이고, 甸人은 땔나무를 운반해 쌓으며, 火師는 뜰에 불을 밝히는 일을 감독하고, 水師는 물을 준비하여 씻는 일을 감독하며, 膳宰는 熟食을 바치고, 廩人은 양식을 드리며, 司馬는 짐승 먹일 꼴을 준비하고, 工人은 수레를 펴서 검사하며, 百官은 맡은 직책대로 물품을 바치면 손님은 마치 자기 집에 돌아온 것처럼 여기게 되니, 이 때문에 손님과 그를 수행하는 大小 인원들이 모두 款待에 감사함을 느끼게 된다. 만일 大國의 貴賓이 오면 접대하는 격식을 한 등급 올려서 더욱 공경히 대하고, 天子의 使臣이 오면 모든 부서의 長官이 迎送하고 접대하는 일을 맡아 하며 上卿이 감독하고, 만일 天子의 巡守하는 행차가 이르면 國君이 직접 監察한다.' 하였습니다. 그런데 지금 저 單朝는 재능이 없으나 周王室에서 갈려나온 宗親이고, 王命을 받들어 陳나라를 지나가는 손님인데 손님을 주관하는 官員이 나타나지 않으니, 이는 先王이 규정한 職官을 멸시하는 것입니다.

先王이 정한 法令에 말하기를 '하늘의 道는 善한 사람은 賞을 주고 음란한 사람은 벌을 준다. 그러므로 우리들 나라를 다스리는 사람은 떳떳한 도리가 아닌 것은 따르지 말며 방종하고 음란한 데로 나아가지 말아서 각기 자기가 지켜야 할 法典을 지켜 하늘이 주는 慶福을 받아야 한다.' 하였습니다. 그런데 지금 陳侯는 역대로 이어오는 떳떳한 法規를 생각하지 않고서 자기의 夫人과 妃嬪을 버리고, 그를 보좌하는 卿들을 거느리고 夏姬와 음란한 짓을 하니, 同姓을 더럽히는 것이 아닙니까? 陳나라는 우리 太姬의 후손인데 袞龍袍와 冕旒冠을 버리고 南冠을 착용하고 출타하였으니 常道를 소홀히 여긴 게 아닙니까? 이는 또 先王의 法令을 위배한 것입니다.

옛 先王의 교훈을 받들어 힘껏 그 德行을 따르더라도 떨어뜨릴까봐 걱정해야 되는데 만일 그 교훈을 폐기하고 선왕의 제도를 버리며, 先王이 제정한 職官을 멸시하고 法令을 위배한다면 앞으로 어떻게 나라를 지키겠습니까? 큰 나라 사이에 끼어 있으면서 이 네 가지를 지키는 것이 없으면 어떻게 오래 유지할 수 있겠습니까?"

定王 6년에 單襄公이 楚나라에 갔고, 8년에 陳侯가 夏徵舒에게 弑害당하였으며, 9년에 楚莊王이 陳나라를 공격해 들어갔다.

22. 劉康公論魯大夫儉與侈 劉康公이 魯나라 대부의 검소함과 사치함에 대하여 論하다

【大義】 魯나라의 季孫氏와 孟孫氏는 검소하므로 오래 유지하게 되고, 叔孫氏와 東門氏는 사치하므로 패망할 것이라고 주장하다.

定王八年에 使劉康公으로 聘於魯하야 發幣於大夫한대 季文子孟獻子는 皆儉하고 叔孫宣子東門子家는 皆侈러라 歸하니 王問魯大夫孰賢고 對曰 季孟은 其長處魯乎인저 叔孫東門은 其亡乎인저 若家不亡이면 身必不免하리이다 王曰 何故오 對曰 臣聞之호니 爲臣必臣이요 爲君必君이라하니 寬肅宣惠는 君也오 敬恪恭儉은 臣也니이다 寬은 所以保本也오 肅은 所以濟時也요 宣은 所以敎施也요 惠는 所以和民也니이다 本有保則必固하고 時動而濟則無敗功하고 敎施而宣則徧하고 惠以和民則阜니이다 若本固而功成하고 施徧而民阜면 乃可以長保民矣리니 其何事不徹이릿까 敬은 所以承命也오 恪은 所以守業也오 恭은 所以給事也오 儉은 所以足用也니이다 以敬承命則不違요 以恪守業則不懈요 以恭給事則寬於死요 以儉足用則遠於憂니이다 若承命不違하고 守業不懈하며 寬於死而遠於憂면 則可以上下無隙矣리니 其何任不堪이릿까 上任①事而徹하며 下能堪其任이 所以爲令聞長世也니이다 今夫二子者儉하니 則〔其〕②能足用矣오 用足則族可以庇니이다 二子者侈하니 侈則不恤匱라 匱而不恤하면 憂必及之하리니 若是則必廣其身하나니이다 且夫人臣而侈면 國家弗堪하니 亡之道也니이다 王曰 幾何오 對曰 東門之位는 不若叔孫[102]이어늘 而泰侈焉하니 不可以事二君이오 叔孫之位는 不若季孟이어늘 而亦泰侈焉하니 不可以事三君하리이다 若皆蚤世면 猶可어니와 若登年以載其毒이면 必亡하리이다

---

102) 東門之位 不若叔孫 : 東門의 지위는 叔孫만 못함. 東門子家는 大夫이고 叔孫宣子는 下卿이므로 이른 말이다.

十六年에 魯宣公卒하니 赴者未及하야서 東門氏來告亂하고 子家奔齊하다 簡王十一年에 魯叔孫宣伯이 亦奔齊하니 成公未沒[③]二年이러라

〔校勘〕① 任 : 四部備要本에는 '作'으로 되어 있는데, '任'이 옳다.
② 則〔其〕: 四部備要本에 의거하여 고쳤다.
③ 沒 : 四部備要本에는 '歿'로 되어 있는데 同字이다.

周定王 8년에, 劉康公을 시켜 魯나라를 聘問하여 魯나라 大夫들에게 幣帛을 나누어 주었다. 季文子(魯나라 上卿)와 孟獻子(魯나라 上卿)는 모두 검소하고 叔孫宣子(魯나라 下卿)와 東門子家(魯나라 大夫)는 모두 사치하였다.

劉康公이 돌아오자 定王이 묻기를 "魯나라 大夫 중에 누가 현명하던가?" 하니, 대답하기를 "季文子와 孟獻子는 魯나라에서 오랫동안 지위를 유지할 것이고, 叔孫宣子와 東門子家는 망할 것입니다. 만일 집안이 망하지 않으면 본인이 반드시 재앙을 면하지 못할 것입니다."라 하였다. 定王이 말하기를 "무슨 까닭으로 그런가?" 하니, 대답하였다. "제가 들으니, 신하가 되어서는 반드시 신하의 도리를 해야 하고, 임금이 되어서는 반드시 임금의 도리를 해야 한다고 합니다. 寬厚와 嚴肅과 普遍과 仁愛는 임금의 도리이고, 공경과 정성과 공손과 검소는 신하의 도리입니다. 寬厚는 基業을 보호하고, 嚴肅은 時代의 정치를 완성하고, 普遍은 教化를 베풀고, 仁愛는 백성을 화목하게 하는 것입니다. 基業을 보존함이 있으면 반드시 견고하고, 때에 맞게 움직여 완성하면 실패함이 없고, 教化를 베풀면 普遍해지고, 仁愛로 백성을 화목하게 하면 생활이 풍요롭게 됩니다. 만일 基業이 공고하고 功業이 이루어지며, 教化가 두루 미쳐 백성의 생활이 풍요로워지면 백성을 오래도록 보존하게 될 것입니다. 무슨 일인들 통하여 이루지 못하겠습니까? 공경은 임금의 命을 받들고, 정성은 基業을 지키고, 공손은 일을 처리하고, 검소는 財用을 풍족하게 하는 것입니다. 공경한 마음으로 임금의 命을 받들면 禮를 위배하지 않으며, 정성스런 마음으로 基業을 지키면 게을러지지 않으며, 공손한 마음으로 일을 처리하면 죽을 죄에서 멀어지게 되며, 검소함으로 財用을 풍족하게 하면 근심에서 멀어지게 됩니다. 만일 임금의 命을 받들되 禮를 위배하지 않고, 基業을 지키되 게으르지 않으며, 죽을 죄에서 멀어지고 근심에서 멀어지게 되면 임금과 신하 사이에 틈이 없게 될 텐데 무슨 임무인들 감당하지 못하겠습니까? 임금은 政事를 맡아 통달하여 막힘이 없으며, 신하는 능히 그 임무를 감당하면 아름다운 명성을 얻어 세상

에 오래 전하게 되는 것입니다. 지금 저 두 사람은 검소하니 능히 財用을 충족할 수 있고, 財用이 충족하면 宗族이 비호받을 수 있습니다. 두 사람은 사치하니, 사치하면 곤궁한 사람을 구휼하지 않고, 곤궁한 사람을 구휼하지 않으면 반드시 憂患이 미칠 것이니, 이와 같은 사람은 반드시 임금은 돌보지 않고 자신만을 肥大하게 할 것입니다. 또 신하로서 사치하면 국가가 감당하지 못하게 되니, 이는 滅亡하는 길입니다." 定王이 말하기를 "얼마나 유지하겠는가?" 하니, 대답하기를 "東門子家의 지위는 叔孫宣子만 못한데, 그보다 더 사치하니 兩代의 임금을 섬길 수 없을 것이고, 叔孫宣子의 지위는 季文子와 孟獻子만 못한데, 역시 그들보다 더 사치하니 三代의 임금을 섬길 수 없을 것입니다. 만일 이들이 모두 일찍 죽는다면 그래도 좋겠지만, 만일 수명이 연장되어 害를 받을 짓을 더 행하면 반드시 滅亡할 것입니다."라 하였다.

定王 16년에 魯宣公이 죽었는데, 그 訃告가 아직 도착하지 않았을 때 東門氏가 사람을 보내와서 魯나라에 內亂이 일어났음을 알렸고, 東門子家는 齊나라로 달아났다. 周簡王 11년에 魯나라 叔孫宣伯(宣子)도 齊나라로 달아나니, 魯成公이 죽기 2년 전의 일이었다.

23. 王孫說請勿賜叔孫僑如 王孫 說이 叔孫僑如에게 賞을 주지 말도록 요청하다

【大義】 賞은 功勳이 있고 德行이 있는 이에게 주어야 하며, 罰은 어질지 못하고 義롭지 못한 이에게 주어야 함을 말하다.

簡王八年에 魯成公來朝할새 使叔孫僑如로 先聘且告하니 見王孫說(열)하고 與之語하다 說 言於王曰 魯叔孫之來也는 必有異焉하니이다 其享覲[103]之幣薄而言諂〔諂〕①하니 殆請之也오 若請之면 必欲賜也리이다 魯執政[104]唯强이라 故不歡焉而後遣之리이다 且其狀方上而銳下하니 宜觸冒人이라 王其勿賜하소서 若貪陵之人來에 而盈其願이면 是不賞善也오 且財不給이라 故 聖人之施舍也에 議之하고 其喜怒取予也②에 亦議之라 是以不主寬惠하며 亦不主猛毅요 主德義[105]而已니이다 王曰

103) 享覲 : 祭祀를 돕는 禮物을 드리고 天子를 뵙는 일.

104) 魯執政 : 당시 魯나라의 上卿 季孫行父를 이른다.

105) 德義 : 賞은 줄 만한 사람에게 주고, 罰은 죄에 맞게 주는 것이 바로 德義이다.

諾다하고 使私問諸魯하니 請之也러라

王遂不賜하고 禮如行人[106]하다 及魯侯至하야 仲孫蔑爲介[107]러니 王孫說與之語에 說(열)讓이어늘 說以語王한대 王厚賄之하다

〔校勘〕 ① 諂〔謟〕: 四部備要本에 의거하여 고쳤다.
② 予也 : 四部備要本에는 '予'가 '與'로 되어 있고, '也'자가 없다.

周簡王 8년에 魯成公이 朝會를 오려고 할 적에 叔孫僑如에게 먼저 聘問하고 또 成公이 장차 朝會 오는 일을 고하게 하니, 王孫 說을 만나 그와 함께 말을 나눴다. 王孫 說이 簡王에게 말하였다. "魯나라 叔孫僑如가 이번에 온 것에는 반드시 다른 의도가 있습니다. 그가 바친 禮物은 적은데 말은 아첨하니, 아마 요청할 일이 있어서 왔을 테고, 만일 요청한다면 필시 賞賜를 원할 것입니다. 魯나라 執政大臣은 그가 횡포하기 때문에 마음이 즐겁지 않으면서도 어쩔 수 없이 뒤에 파견하였을 것입니다. 또 그의 얼굴 모양이 위는 모나고 아래는 뾰족하여 이리같이 생겼으니, 당연히 남을 침범할 것입니다. 王께서는 賞을 주지 마십시오. 만일 탐욕스럽고 남을 능멸하는 사람이 왔을 때 그의 소원을 채워 주면 이는 착하지 않은 사람에게 상을 주는 것이요, 재물도 그의 탐욕을 만족스럽게 해주지 못할 것입니다. 그러므로 聖人은 주고 주지 않는 문제를 의논하였으며, 기뻐하고 노하며 取하고 주는 문제도 의논하였습니다. 이 때문에 주는 것에 후하거나 은혜를 주장하지 않고, 罰을 주는 데에 사납거나 과감함을 주장하지 않으며, 德과 義를 주장했을 뿐입니다." 簡王이 말하기를 "그렇다." 하고는 비공식적으로 魯나라에 물어보니, 叔孫僑如가 가기를 요청한 것이었다.

簡王은 마침내 賞을 하사하지 않고 일반 使節의 禮로써 대우하였다. 魯成公이 직접 왔을 적에, 仲孫蔑이 介가 되었는데 王孫 說이 그와 함께 말해 보니 그가 겸양을 좋아하였다. 王孫 說이 簡王에게 이를 말하자 簡王이 仲孫蔑에게 厚한 재물을 하사하였다.

---

106) 行人 : 朝覲과 聘問을 담당하는 벼슬. 현재의 외교사절과 같다. ≪周禮 秋官 行人·訝士≫

107) 仲孫蔑爲介 : 仲孫蔑은 魯나라의 賢大夫 孟獻子의 姓名. 介는 朝覲 朝聘 등의 의식에서 賓主의 말을 전달하는 보좌역. 주인은 擯相을 두어 손님을 영접하고, 손님은 介를 두어 말을 전한다. ≪儀禮 聘禮≫

24. 單襄公論郤至佻天之功 單襄公이 郤至가 하늘의 功을 훔친 것을 論하다

【大義】 신하된 道理는 예절과 겸양을 지켜야지, 功을 믿고 오만해서는 안 되며 또 하늘의 공을 탐내어 자기 것으로 삼는 것은 옳지 않다고 말하다.

晉旣克楚於鄢[108]하고 使郤至로 告慶於周한대 未將事에 王叔簡公이 飮之酒할새 交酬好貨皆厚하고 飮酒宴語相說也하다

明日王叔子譽諸朝러니 郤至見召桓公하고 與之語하다 召公以告單襄公曰 王叔子譽溫季하야 以爲必相晉國이요 相晉國이면 必大得諸侯하리이다 勸二三君子하노니 必先導焉하야 可以樹하라하더니 今夫子見我하야 以晉國之克也로 爲己實謀之라하야 曰 微我면 晉不戰矣로다 楚有五敗로대 晉不知乘이어늘 我則强之하니 背宋之盟[109]이 一也오 薄德①而以地賂諸侯[110] 二也오 棄壯之良而用幼弱[111]이 三也오 建立卿士而不用其言[112]이 四也오 夷鄭[113]從之하야 三陳[114]而不整이 五也니라 辠不由晉하니 晉得其

---

108) 晉旣克楚於鄢 : 周簡王 11년(서기전 575년)에 晉厲公이 鄭나라를 치자 楚共王이 鄭나라를 구원하려고 출병하여 鄢陵에서 격전을 벌여 晉나라 군대가 크게 승리한 일. 鄢陵은 지금의 河南省 鄢陵 북쪽 지역이다.

109) 背宋之盟 : 楚나라가 宋나라와 체결한 盟約을 위배한 일. 周簡王 7년(서기전 579년)에 宋나라 上卿 華元이 晉나라와 楚나라의 友好를 위하여 盟約을 체결하게 하였는데, 簡王 11년에 楚나라가 鄭나라와 연합하여 盟約을 위배하고 宋나라를 쳤다.

110) 薄德而以地賂諸侯 : 楚王이 薄德하여 베푼 은혜가 적어 鄭나라 사람들이 그를 따르지 않으니, 楚王은 汝陽의 토지를 鄭나라에 주었다. 이에 鄭나라가 晉나라를 배신하고 楚나라를 따른 일.

111) 棄壯之良而用幼弱 : 壯年의 우수한 사람을 버리고 幼弱한 사람을 등용함. 곧 大夫 申叔時를 버리고 司馬 子反을 重用한 일을 이른다.

112) 不用其言 : 楚共王이, 卿士 子囊이 晉나라와의 盟約을 위배하면 안 된다고 諫한 말을 듣지 않은 일.

113) 夷鄭 : 楚나라 동쪽의 소수 민족인 夷와, 晉나라를 배신하고 楚나라와 연합한 鄭나라.

114) 三陳 : 楚나라·鄭나라·夷의 세 軍陣. 陳은 陣과 통용한다.

民하며 四軍之帥[115])는 旅力方剛하고 卒伍治整하야 諸侯與之하니 是有五勝也니라 有辭一也오 得民二也오 軍帥彊禦三也 行列治整四也오 諸侯輯睦五也라 有一勝이라도 猶足用也니 有五勝以伐五敗어늘 而避之者는 非人也니 不可以不戰이니라 欒范不欲이어늘 我則强之하니 戰而勝은 是吾力也니라 且夫戰也에 微謀어늘 吾有三伐[116])하니 勇而有禮하며 反之以仁[117])이라 吾三逐楚君②之卒은 勇也오 見其君이면 必下而趨는 禮也오 能獲鄭伯而赦之[118])는 仁也니 若是而知晉國之政이면 楚越必朝하리라

吾曰 子則賢矣나 抑晉國之擧也는 不失其次하리니 吾懼政之未及子也하노라 謂我曰 夫何次之有리오 昔先大夫荀伯은 自下軍之佐以政[119])하고 趙宣子는 未有軍行(항)[120])而以政하고 今欒伯은 自下軍往하니 是三子也에 吾又過於四之[121])오 無不及하니 若佐新軍而升爲政이면 不亦可乎아 將必求之호리라하니 是其言也라 君以爲

115) 四軍之帥 : 諸侯의 군대는 원래 三軍인데, 당시 晉나라는 中軍·上軍·下軍의 三軍 외에 新軍을 더 두어 四軍이 됨. 각 軍에는 將과 佐를 두어 八卿이 이를 統轄하였다. 韋昭는 그 八卿을 "中軍은 欒書와 士燮이 帥·佐를, 上軍은 郤錡와 荀偃이 帥·佐를, 下軍은 韓厥과 知(智)罃이 帥·佐를, 新軍은 趙旃과 郤至가 帥·佐를 맡았다." 하였다.

116) 三伐 : 세 가지 功. 곧 다음에서 말하는 勇·禮·仁을 이른다.

117) 反之以仁 : 勇猛과 禮節이 있는데다가 거듭 仁愛로 적군을 대함. 反은 '거듭', 또는 '게다가'의 뜻이다.

118) 能獲鄭伯而赦之 : 鄢陵의 전투에서 郤至가 鄭成公을 추격하여 잡지 않은 일. 郤至가 鄭伯을 쫓는데 그의 車右(勇士) 茀翰胡가 鄭伯의 수레에 올라가서 잡아 끌어내리겠다고 하자, 郤至가 "國君을 상하게 하면 刑罰이 있게 된다." 하고는 중지시켰다. ≪左傳 成公16年≫

119) 下軍之佐以政 : 晉景公이 鄭나라를 구원할 때 正卿 郤缺이 죽자, 下軍의 補佐였던 荀林父(荀伯)가 六卿으로서 正卿에 올라 中軍을 統領한 일. 荀林父는 郤至의 先人이다. ≪左傳 宣公20年≫

120) 趙宣子未有軍行 : 趙宣子는 趙盾. 軍行은 軍職. 晉襄公 7년에 趙盾이 第二卿인 中軍의 佐로서 正卿에 올라 狐射(역)姑를 대신해 中軍을 統領하였다. ≪左傳 文公3年≫

121) 吾又過於四之 : 公序本에는 '四'를 '三'으로 썼고, 위의 '三者'로 보아 '三'의 오자로 보는 견해도 있으나 韋昭의 注에 의거하여 '三者'에 郤至를 더한 四로 해석하였다.

奚若고

襄公曰 人有言曰 兵在其頸이라하니 其郤至之謂乎인저 君子不自稱也는 非以讓也오 惡其蓋人也니라 夫人性은 陵上者也라 不可蓋也니 求蓋人이면 其抑下滋甚이라 故聖人貴讓이니라 且諺曰 獸惡其網하고 民惡其上이라하며 書曰 民可近也언정 而不可上③也[122]라하며 詩曰 愷悌君子여 求福不回[123]라하며 在禮에 敵必三讓하니 是則聖人이 知民之不可加也니라 故王天下者는 必先諸民하고 然後庇焉이면 則能長利니라 今郤至在七人之下어늘 而欲上之하니 是求蓋七人也라 其亦有七怨이니 怨在小醜라도 猶不可堪이어든 而況在侈卿乎아 其何以待之리오

晉之克也는 天有惡於楚也라 故儆之以晉이어늘 而郤至佻天〈之功〉④하야 以爲己力하니 不亦難乎아 佻天이면 不祥이오 乘人이면 不義니 不祥則天棄之하고 不義則民畔⑤之니라 且郤至何三伐之有리오 夫仁禮勇은 皆民〔義〕⑥之爲也니 以義死用을 謂之勇이요 奉義順則을 謂之禮오 畜義豐功을 謂之仁이며 姦仁爲佻요 姦禮爲羞요 姦勇爲賊이니라 夫戰은 盡敵爲上이나 守龢同順義爲上이라 故制戎以果毅요 制朝以序成이어늘 畔戰而擅舍鄭君은 賊也오 棄毅行容[124]은 羞也오 畔國即讎[125]는 佻也라 有三姦以求替其上하니 遠於得政矣니라 以吾觀之컨대 兵在其頸하니 不可久也라 雖吾王叔이라도 未能違難하리라 在大誓하니 曰 民之所欲을 天必從之라하니 王叔欲郤至하니 能勿從乎아 郤至歸하야 明年死難[126]하고 及伯輿之獄[127]에 王叔陳生이 奔晉하다

---

122) 書曰……上也 : ≪書經≫ 〈夏書 五子之歌〉에 보인다. 단 '上'자가 ≪書經≫에는 '下'자로 되어 있다.

123) 詩曰……不回 : ≪詩經≫ 〈大雅 旱麓〉篇에 보인다.

124) 棄毅行容 : 果敢하고 굳센 용기를 버리고 禮儀를 이행함. 곧 郤至가 楚나라 임금을 만나면 수레에서 내려 급히 종종걸음으로 피해 간 일을 이른다.

125) 畔國即讎 : 鄭成公을 사로잡을 수 있었으나 놓아주어서 仁愛를 가장한 일.

126) 明年死難 : 周簡王 12년(서기전 574년)에 晉厲公이 郤錡·郤犨·郤至의 삼 형제를 살해한 일.

127) 伯輿之獄 : 伯輿는 周나라 大夫. 周靈王 9년(서기전 563년)에 王叔 簡公이 伯輿와 政權을 다투는 訟事를 벌였는데, 靈王이 伯輿의 편을 들자, 王叔 簡公이 敗訴하여 晉나라로 달아난 사건.

〔校勘〕 ① 薄德 : 四部備要本에는 '德薄'으로 되어 있으나, 注를 참고하면 '薄德'이 옳다.
② 君 : 四部備要本에는 '軍'으로 되어 있다.
③ 上 : ≪書經≫ 〈夏書 五子之歌〉에는 '下'로 되어 있는데, 文勢로 보아 '上'을 따랐다.
④ 〈之功〉 : 四部備要本에 의거하여 보충하였다.
⑤ 畔 : 四部備要本에는 '叛'으로 되어 있는데 통용한다.
⑥ 民〔義〕 : 兪樾의 ≪群書評議≫에 의거하여 고쳤다.

晉나라가 楚나라를 鄢陵의 전투에서 이기고는 郤至(晉나라 卿士)를 시켜 周나라에 승리한 사실을 告하도록 하였다. 아직 慶事를 告하는 예식을 거행하기 전에, 王叔 簡公(周나라 大夫)이 郤至에게 술자리를 열어 대접할 적에, 좋은 禮物을 후하게 주고받으며 술을 마시고 잔치하는 한편 즐겁게 대화를 나누었다.

이튿날 王叔 簡公이 朝廷에서 그를 칭찬하였다. 郤至가 召桓公(周나라 卿士)을 만나 그와 이야기를 나누었는데, 召桓公이 單襄公에게 말하였다. "王叔 簡公이 溫季(郤至의 字)를 칭찬하여 말하기를 '그는 반드시 晉나라의 재상이 될 것이고, 晉나라에서 재상 노릇을 하면 반드시 諸侯들의 마음을 크게 얻을 것입니다. 朝廷의 두세 분 公卿들께 권유하오니 기필코 郤至가 上卿이 되도록 먼저 晉侯를 인도하여, 우리를 돕는 黨을 晉나라에 심는 게 좋겠습니다.'라고 하였습니다. 지금 郤至가 나를 만나서 晉나라가 승리한 것은 사실 자기가 낸 계책 때문이라고 하면서 '내가 없었으면 晉나라는 싸우지 않았을 것입니다. 楚나라에는 다섯 가지 敗亡할 결점이 있었으나, 晉나라는 이를 이용할 줄을 알지 못하기에 내가 싸우자고 강요하였습니다. 〈다섯 가지 결점은〉 楚나라가 宋나라와의 盟約을 저버린 것이 그 첫 번째이고, 楚나라 임금은 恩德을 베푼 일이 적어 토지를 諸侯에게 뇌물로 준 것이 두 번째이고, 壯年의 우수한 大夫를 버리고 幼弱한 장수를 등용한 것이 세 번째이고, 卿士를 임명해 놓고 그의 諫하는 말을 듣지 않은 것이 네 번째이고, 東夷와 鄭나라가 楚나라를 따라 세 나라가 陣을 쳤으나 嚴整하지 못한 것이 다섯 번째 결점이었습니다. 盟約을 위배하고 전쟁을 일으킨 죄는 晉나라 때문에 일어난 게 아니라서 晉나라는 民心을 얻었고, 晉나라 四軍의 장수와 군사의 힘은 한창 강성하였고, 병사들의 軍紀는 엄정하며 諸侯들이 지지를 보냈습니다. 이것이 晉나라가 승리할 수 있는 다섯 가지 요인이었으니, 전쟁에 대하여 설명할 名分이 있는 것이 첫째요, 民心을 얻은 것이 둘째요, 장수가 강하고 힘 있는 것이 셋째요, 隊

伍가 嚴整한 것이 넷째요, 諸侯가 서로 화목하여 도운 것이 다섯째입니다. 승리할 요인이 한 가지만 있어도 오히려 이용할 수가 있는 것입니다. 다섯 가지 승리할 요인을 가지고 다섯 가지 패배할 요인을 가진 나라를 정벌할 기회인데도 회피하여 싸우지 않는 자는 일을 할 만한 사람이 아니니, 싸우지 않을 수 없었습니다. 欒書와 范燮이 싸우려 하지 않기에 내가 싸우기를 강력히 주장하였으니, 전쟁하여 승리한 것은 바로 나의 공로입니다. 또 전투할 때 작전계획이 없었는데, 나에게 세 가지 功이 있으니, 용맹스러우면서도 예절이 있고, 게다가 仁愛로 적군을 대하였습니다. 내가 세 번이나 楚나라 임금의 군사를 추격한 것은 勇猛스러움이고, 楚나라 임금을 만나면 반드시 수레에서 내려 종종걸음으로 급히 간 것은 禮이고, 능히 鄭伯을 사로잡을 수 있었으나 놓아 준 것은 仁愛입니다. 이와 같이 勇猛·禮節·仁愛를 갖춘 내가 晉나라의 정치를 맡게 되면 楚나라와 越나라는 반드시 조회 올 것입니다.'라고 하였습니다.

내(召桓公)가 말하기를 '그대의 능력은 훌륭합니다. 그러나 晉나라가 재상을 천거하는 일은 승진할 순서를 위배하지 않을 것이니, 나는 晉나라의 政務가 그대에게 미치지 못할까 두렵습니다.'라고 하니, 郤至가 나에게 말하기를 '어찌 次序가 있겠습니까? 옛날 先大夫 荀伯은 下軍의 佐로서 國政을 관장하였고, 趙宣子는 軍職을 역임한 적이 없는데 國政을 담당하였고, 지금 欒伯(欒書)은 第五卿인 下軍將에서 正卿이 되어 갔습니다. 이 세 사람에 나까지 네 명인데 내가 그들에게 미치지 못할 것이 없습니다. 내가 新軍의 佐로서 승진하여 執政하는 일도 있을 수 있지 않겠습니까? 앞으로 반드시 正卿이 되기를 추구할 것입니다.'라고 하였습니다. 이것이 그가 한 말인데, 그대는 이 말을 어떻다고 생각하십니까?"

單襄公이 말하였다. "사람들이 하는 말에 '칼이 그 목에 있다.'라고 하는데, 郤至를 이르는 말일 것입니다. 君子가 자신을 추켜세우지 않는 것은 겸양해서가 아니라, 그런 행위로 남의 장점을 덮어 가리는 것을 싫어하기 때문입니다. 사람의 本性은, 남의 위에 있을 만한 사람을 능가하려 하지만 그 사람의 장점은 덮어 가릴 수가 없는 것입니다. 남의 장점을 덮어 가리기를 구하면, 그를 억제하여 깎아 내리려는 일이 더욱 심하게 일어납니다. 그 때문에 聖人은 겸양을 귀하게 여겼습니다. 또 속담에 이르기를 '짐승은 그물을 싫어하고, 백성은 윗사람을 싫어한다.'고 했고, ≪書經≫에 이르기를 '백성은 가까이할 수는 있어도 그들의 위에 君臨할 수는 없다.'고 했으며, ≪詩經≫에 이르기를 '和樂한 君子여, 나쁜 수단으로 福을 구하지 않는다.'라고 하였습니다. 禮法에 지위가 대등한 사람 사이에는 반드시 세 번 사양하게 되어 있으니, 이는 聖人께서 사람은 남의 위에 능가할 수 없음을 안 것입니다. 그러므로 天下에 왕 노릇 하는 사람은 백성의 마음을 먼저 구한 뒤에 자신의 재능을 비호받게 되니, 그렇게 하면 福祿을 오래 누릴 수 있습니다. 지금 郤至는 일곱 사람의 아래에 있으면서 그들 위에 능가하려고 하니, 이는 일곱 사람의 장점을 덮어 가리기를 추구하는 것이고, 역시 일곱 사람의 원망을 초래하게 될 것입니다. 하찮은 인물에 있어서도 오히려 감당할 수 없는데, 더구나 지위가 높은 卿에 있어서이겠습니까? 郤至가 앞으로 무슨 수로 그들을 대하겠습니까?

晉나라가 승리한 것은, 하늘이 楚나라를 미워함이 있기 때문입니다. 그러므로 晉나라의 손을 빌려 楚나라를 경계시킨 것인데, 郤至가 하늘의 공을 훔쳐서 자기의 공로로 삼으니, 역시 災難을 면하기 어렵지 않겠습니까? 하늘의 공을 훔치는 것은 상서롭지 못하고, 남을 능가하는 것은 義롭지 못하니, 상서롭지 못하면 하늘이 버리게 되고, 義롭지 못하면 백성들이 배반하는 것입니다. 또 郤至에게 무슨 세 가지 功이 있겠습니까? 仁과 禮와 勇은 모두 道義로 하는 것입니다. 正義를 위해 몸을 써서 죽는 것을 勇이라 이르고, 道義를 받들어 原則을 따르는 것을 禮라 이르고, 道義를 쌓아 큰 功을 세우는 것을 仁이라고 합니다. 간사한 마음으로 행하는 仁은 〈仁을〉 훔치는 것이고, 간사한 행동으로 행하는 禮는 수치이고, 간사한 수단으로 부리는 勇은 나라를 해치는 일이 됩니다. 전쟁은 적군을 섬멸하는 것을 최상의 목적으로 삼으나, 武力을 쓰지 않고 함께 평화를 지키고 正義를 따르는 것이 최상입니다. 그러므로 군대는 과감하고 굳셈으로 통제하고, 조정은 次序에 따라 이루는 도리로 다스리는 것입니다. 전쟁하는 목적을 위배하고 제멋대로 鄭나라 임금을 놓아 준 것은 나라를 해치는 일이고, 과감하고 굳센 자세를 버리고 禮容을 행한 것은 수치이고, 나라의 이익을 저버리고 원수에게 친근히 한 것은 功을 훔친 것입니다. 郤至는 이런 세 가지 간사한 행위를 지니고 있으면서 자기 위의 正卿을 교체하려고 하니, 정권을 잡기에는 거리가 아주 먼 것입니다. 나의 관점에서는 칼이 그의 목에 있으니, 오래 갈 수 없습니다. 우리 王叔 簡公도 災難을 피할 수 없을 것입니다. ≪書經≫ 〈泰誓〉에 이르기를 '백성들이 원하는 일을 하늘은 반드시 따른다.'고 했는데, 王叔 簡公은 郤至와 結交하기를 바라고 있으니, 災難이 따르지 않겠습니까?"

郤至는 晉나라에 돌아가서 이듬해 난리에 죽었고, 伯輿와의 獄事에서 王叔 陳生(王叔 簡公)은 晉나라로 달아났다.

國語 제3권

周語 下

25. 單襄公論晉將有亂 單襄公이 앞으로 晉나라에 난리가 있을 것을 論하다

【大義】 爲政者가 수양한, 個人의 言行과 擧止 등의 人品이 국가 흥망을 결정한다고 주장하다.

柯陵之會[1]에 單襄公이 見晉厲公視遠步高하다 晉卿〔郤〕①錡見單子②에 其語犯하고 郤犨見에 其語迂하며 郤至見에 其語伐하다 齊國佐見에 其語盡하고 魯成公見에 言及晉難及郤犨之譖[2]하다 單子曰君은 何患焉이닛가 晉將有亂하리니 其君與三郤이 其當之乎인저 魯侯曰 寡人懼不免於晉이어늘 今君曰將有亂이라하니 敢問天道乎아 抑人故也아 對曰吾非瞽史[3]어니 焉知天道리잇가 吾見晉君之容하고 而聽三郤之語矣

---

1) 柯陵之會 : 魯成公 17년(서기전 574년)에 魯侯・尹子・單子・晉侯・齊侯・宋公・衛侯・曹伯・邾人이 연합하여 鄭나라를 정벌하고, 6월 26일에 柯陵에서 會盟한 일. 柯陵은 당시 鄭나라 땅으로, 지금의 河南省 新鄭縣 서쪽이다.

2) 言及晉難及郤犨之譖 : 鄢陵의 전투(周語 中의 注 108) 참고)가 있기 전에 晉나라는 欒黶을 魯나라에 보내어 鄭나라를 정벌하는 전쟁에 군대를 출병하여 도와달라고 요청하였다. 魯成公은 어머니 穆姜과 情을 통하는 叔孫僑如가 자기가 없는 틈을 이용하여 亂을 일으킬까 염려하여 壞隤에 방비를 만들어 놓은 뒤에 出師하느라 參戰하지 못하니, 이 때문에 晉厲公은 魯나라에 罪를 물으려고 하였다. 魯成公이 미처 參戰하지 못하자, 叔孫僑如의 뇌물을 받은 郤犨는 晉厲公에게 魯成公이 參戰하지 않은 것은, 戰勢를 관망하여 승리하는 쪽을 편들려 했기 때문이라고 참소하였다. 이에 크게 怒한 厲公이 成公을 만나 주지 않으므로 이를 單襄公에게 말한 것이다.

3) 瞽史 : 樂師와 太史. 樂師는 음악과 風氣를 맡았는데, 주로 소경이 악사가 되기 때문에 瞽라고 한다. 太史는 天時를 관장하여 고대의 정치 변동을 알기 때문에 하늘의 뜻을 미리 예측할 수 있었다 한다.

로니 殆必禍者也니이다 夫君子는 目以定體요 足以從之라 是以觀其容하고 而知其心矣니이다 目以處義하며 足以步目이어늘 今晉侯 視遠而足高하니 目不在體요 而足不步目이라 其心必異矣니이다 目體不相從하니 何以能久리잇가 夫合諸侯는 國③之大事也니 於是乎 觀存亡이라 故國將無咎인댄 其君在會에 步言視聽이 必皆無謫이라야 則可以知德矣니이다 視遠이면 日絶其義요 足高면 日棄其德이요 言爽이면 日反其信이요 聽淫이면 日離其名이니이다 夫目以處義하며 足以踐德하며 口以庇信하며 耳以聽名者也라 故不可不愼也니이다 偏喪有咎요 旣喪則國從之하나니 晉侯爽〔喪〕④二라 吾是以云이로소이다

夫郤氏는 晉之寵人也라 三卿而五大夫4)니 可以戒懼矣니이다 高位는 寔疾僨〔顚〕⑤하고 厚味는 寔腊毒이니이다 今郤伯之語犯하고 叔迂하며 季伐하니 犯則陵人하고 迂則誣人하고 伐則揜⑥人하나니이다 有是寵也하고 而益之以三怨5)하니 其誰能忍之리잇가 雖齊國子6)라도 亦將與焉이리이다 立於淫亂之國하야 而好盡言하야 以招人過하니 怨之本也니이다 唯善人이라야 能受盡言이니 齊其有乎잇가 吾聞之호니 國德而鄰於不修면 必受其福이라하니 今君偪於晉하고 而鄰於齊하니 齊晉有禍면 可以取伯(패)리이다 無德之患이어니 何憂於晉이릿가 且夫長翟之人7)은 利而不義하니 其利淫矣라 流之若何오

魯侯歸하야 乃逐叔孫僑如하다 簡王十一年에 諸侯會於柯陵하고 十二年에 晉殺三郤하고 十三年에 晉侯殺⑦8)하야 於翼東門葬할새 以車一乘하다 齊人殺國武子9)하다

---

4) 三卿而五大夫 : 三卿은 郤錡·郤犨·郤至 세 사람. 五大夫는 郤氏 집안에서 大夫가 된 다섯 사람. 이 三卿과 五大夫를 합하여 八郤이라는 호칭이 있게 되었다.

5) 三怨 : 陵人·誣人·揜人의 세 가지 행위로 남의 원한을 사는 일.

6) 齊國子 : 춘추시대 齊나라의 卿士인 國佐. 謚號는 武子. 慶克을 죽이고 穀에 웅거하여 항거하다가 齊靈公에게 피살되었다.

7) 長翟之人 : 叔孫僑如를 이른 말. 叔孫僑如의 아버지 得臣이 鹹 땅에서 翟의 군대를 격파하고 翟의 추장 長翟僑如를 사로잡았는데, 이를 자기의 공적으로 삼기 위하여 아들 이름을 僑如라고 하였다.

8) 晉侯殺 : 晉厲公이 세 郤氏를 살해하자, 欒書와 中行偃이 자기들도 죽임을 당할까 두려

〔校勘〕 ① 卿〔郤〕 : 四部備要本에 의거하여 고쳤다.
② 單子 : 四部備要本에는 '單子' 두 자가 없다.
③ 國 : 四部備要本과 ≪漢書≫ 〈五行志 中之上〉에는 '民'으로 되어 있다.
④ 爽〔喪〕 : 韋昭의 注에 의거하여 고쳤다.
⑤ 僨〔顚〕 : 四部備要本과 ≪國語明道本攷異≫에 의거하여 고쳤다.
⑥ 揜 : 四部備要本에는 '掩'으로 되어 있는데 통용한다.
⑦ 殺 : 四部備要本에는 '弑'로 되어 있는데 통용한다.

柯陵의 會盟에서 單襄公은, 晉厲公이 길을 갈 적에 시선은 먼 곳을 바라보고 발은 높게 드는 것을 보았다. 晉나라 郤錡는 單襄公을 만났을 때 하는 말이 윗사람을 침범하였고, 郤犫는 單襄公을 만났을 때 하는 말이 우회적이었으며, 郤至는 單襄公을 만났을 때 하는 말이 자신의 功을 늘어놓는 것이었다. 齊나라 國佐는 單襄公을 만났을 때 할 말을 남김없이 다하고, 魯成公은 單襄公을 만났을 때 晉나라가 魯나라에 죄를 주려는 患難과 郤犫가 자기를 誣陷한 일을 언급하였다.

單襄公이 말하기를 "임금께서는 무엇을 근심하십니까? 晉나라에는 장차 內亂이 일어날 텐데, 晉厲公과 三郤(郤錡·郤犫·郤至)이 그 災難을 당할 것입니다." 하였다. 魯成公이 말하기를 "나는 晉나라가 주는 죄에서 벗어나지 못할까봐 두려워하고 있는데, 지금 그대는 晉나라에 앞으로 內亂이 있을 것이라고 하니, 감히 묻겠습니다. 이는 天道로 아는 것입니까? 아니면 人事의 연고로 아는 것입니까?" 하니 單襄公이 대답하였다. "나는 瞽와 史가 아닌데, 어떻게 天道로 알겠습니까? 내가 晉厲公의 儀容을 보고 三郤의 말을 들어본 결과 아마 틀림없이 災難이 있을 거라고 짐작하는 것입니다. 君子는 시선으로 四肢의 동작을 안정시키고, 발은 시선을 따라 걸으니, 이 때문에 그의 용모를 살펴보면 그의 마음을 알게 됩니다. 시선은 적절한 데에 두고 발은 눈길 둔 곳을 밟아야 하는데, 지금 晉厲公은 시선은 먼 곳을 바라보고 발을 높이 들어 걸었습니다. 눈은 몸이 동작하는 데에 두지 않고 발은 눈길 둔 곳을 밟지 않으니, 그의 마음에는 필시 다른 뜻이 있는 것입니다. 눈과 사지가 서로 따르지 않으니, 어찌 오래 갈

위하여 厲公을 匠麗氏 집에서 잡아 시해한 일.

9) 齊人殺國武子 : 齊人은 齊靈公을 폄하하여 이른 말. 齊나라 慶克이 齊靈公의 어머니 聲孟子와 간통하였는데, 國武子가 慶克을 불러 나무라니 慶克이 聲孟子에게 이를 말하였고, 聲孟子는 또 아들 靈公에게 참소하자 靈公이 國武子를 살해하였다.

수 있겠습니까? 諸侯들과 會合하는 것은 나라의 큰 일이니, 여기에서 국가의 存亡盛衰를 관찰할 수 있습니다. 그 때문에 나라에 앞으로 災難이 없게 될 경우엔, 그 나라의 임금이 會盟에서 걷고 말하고 보고 듣는 것이 모두 節度에 맞아 나무랄 만한 결점이 없으면 임금이 지닐 德行이 있음을 알 수 있습니다. 시선을 멀리 두면 날마다 알맞은 도리를 끊게 되고, 걸을 때 발을 높이 들면 날마다 德을 버리게 되며, 말을 信義에 어긋나게 하면 날마다 신용을 어기게 되고, 僭濫한 말을 들으면 날마다 명성을 잃게 됩니다. 시선은 알맞은 도리를 처리하고, 발은 道德을 실천하며, 입은 믿음을 감싸 지키고, 귀는 만물의 이름을 듣고 구별하는 것입니다. 그 때문에 삼가지 않을 수 없습니다. 이 중에서 일부분(두 가지)을 잃으면 몸에 災難이 있게 되고, 다 잃으면 나라가 따라서 망하게 되는데, 晉厲公은 두 가지(시선과 발걸음)를 잃었기 때문에 내가 이를 근거로 말한 것입니다.

郤氏는 晉나라의 총애를 받는 사람들이라, 세 사람은 卿이 되고 다섯 사람은 大夫가 되었으니, 경계하고 두려워해야 합니다. 지위가 높으면 빨리 넘어지고, 맛있는 음식은 독성이 극심합니다. 지금 맏이인 郤錡의 말은 윗사람을 침범하고, 둘째인 郤犨의 말은 우회적이고, 막내인 郤至의 말은 자랑을 늘어놓았습니다. 윗사람을 침범하면 남을 능멸하게 되고, 말을 우회적으로 하면 남을 속이게 되며, 자기 자랑을 늘어놓으면 남의 아름다운 일을 덮어 가리게 됩니다. 郤氏는 이런 총애가 있는 데다가 이 세 가지 원한을 살 수 있는 행위를 더했으니, 누가 능히 容忍하겠습니까? 齊나라 國子도 장차 災難에 연루될 것입니다. 음란한 齊나라의 卿이 되어 거리낌 없이 다 말하기를 좋아하여 남의 過失을 열거하였으니, 이는 원한을 사는 근본입니다. 오직 善한 사람이라야 남의 거리낌 없이 다하는 말을 받아들이는 것인데 齊나라에 그런 사람이 있습니까? 나는 들으니, 내 나라에는 德行이 있는데 德行을 닦지 않는 나라와 이웃하고 있으면 반드시 그 복을 받는다고 합니다. 지금 임금께서는 晉나라에게 핍박을 받고 齊나라와 이웃하고 있으니, 齊나라와 晉나라에 患亂이 있으면 임금께서 저들을 대신하여 霸者의 지위를 취하게 될 것입니다. 나에게 德行이 없음을 걱정해야지, 어찌 晉나라에 대해서 걱정하십니까? 또 저 長翟之人(叔孫僑如)은 이익을 탐내고 仁義를 행하지 않으니, 그가 탐내는 것은 음란한 일입니다. 그를 放逐하는 것이 어떻겠습니까?"

魯成公이 귀국하여 叔孫僑如를 放逐하였다. 周簡王 11년에 諸侯들이 柯陵에서 會盟하였고, 12년에 晉나라는 세 郤氏를 살해하였고, 13년에 晉厲公이 弑害당하여 옛 도읍인 翼城의 東門 밖에 장사 지냈는데, 葬禮에 수레 한 대만 사용하였다. 이 해에 齊靈公이 國武子를 죽였다.

26. 單襄公論晉周將得晉國 單襄公이 晉나라 公子 周가 장차 진나라를 얻게 될 것이라고 論하다

【大義】 君位를 얻는 사람은 반드시 天命에 부응하는 美德이 있는데, 이 美德은 평소의 言行에서 나타난다고 말하다.

晉孫談之子周適周[10)]하야 事單襄公할새 立無跛하며 視無還(선)하며 聽無聳하며 言無遠하고 言敬에 必及天하며 言忠에 必及意하며 言信에 必及身하며 言仁에 必及人하며 言義에 必及利하며 言知①에 必及事하며 言勇에 必及制하며 言教에 必及辯하며 言孝에 必及神하며 言惠에 必及龢하며 言讓에 必及敵하고 晉國에 有憂면 未嘗不戚하며 有慶이면 未嘗不怡하다

襄公有疾에 召頃公而告之하야 曰 必善晉周하라 將得晉國하리라 其行也文하니 能文則得天地요 天地所胙②는 小而後國이니라 夫敬은 文[11)]之恭也오 忠은 文之實也오 信은 文之孚也오 仁은 文之愛也오 義는 文之制也오 知는 文之輿也오 勇은 文之帥也오 教는 文之施也오 孝는 文之本也오 惠는 文之慈也오 讓은 文之材也라 象天이 能敬이요 帥意 能忠이요 思身이 能信이요 愛人이 能仁이요 利制 能義요 事建이 能知요 帥義 能勇이요 施辯이 能教요 昭神이 能孝요 慈和 能惠요 推敵이 能讓이니 此十一者를 夫子皆有焉하니라

天六地五[12)]는 數之常也라 經之以天하며 緯之以地하야 經緯不爽이 文之象也니 文

---

10) 適周 : 周나라 王室에 가서 지냄. 晉獻公이 驪姬의 참소를 믿은 이후로 여러 公子를 국내에 머물러 있지 못하게 하자, 公子 周는 周나라로 가서 單襄公을 섬겼는데 이 사람이 뒤에 晉悼公이 되었다.

11) 文 : 文德. 韋昭는 '經天緯地를 文'이라 한다 하였다. '經天緯地'는 '經緯天地'라고도 하는데, 본래는 '天地로 법도를 삼는다.'는 뜻이었으나, 뒤에는 '천하를 경영하고, 나라를 다스린다.'는 뜻으로 쓴다.

王은 質文이라 故天胙之以天下러니 夫子被之③矣요 其昭穆13)이 又近하니 可以得國이니라 且夫立無跛는 正也오 視無還은 端也오 聽無聳은 成也오 言無遠은 愼也라 夫正은 德之道也오 端은 德之信也오 成은 德之終也오 愼은 德之守也니 守終純固하며 道正事信은 明令德矣니라 愼成端正은 德之相也오 爲晉休戚은 不背本也라 被文相德하니 非國何取리오

成公之歸也14)에 吾聞晉之筮之也한대 遇乾之否하니 曰 配而不終하야 君三出焉15)이라하니 一旣往矣요 後之不知어니와 其次는 必此니라 且吾聞之④호니 成公之生也에 其母夢에 神規其臀以墨하야 曰 使有晉國케하리니 三而畀驩之孫16)이라하니라 故名之曰黑臀이러니 於今再矣오 襄⑤公曰驩이라하니 此其孫也오 而令德孝恭하니 非此其誰오 且其夢에 曰 必驩之孫이 實有晉國이라하고 其卦에 曰 必三取君於周라하며 其德이 又可以君國하니 三襲焉이로다 吾聞之大誓17)호니 故曰 朕夢協于⑥朕卜하야 襲于休祥하니 戎商必克이라하니 以三襲也라 晉仍無道而鮮冑하니 其將失之矣라 必蚤⑦善晉

12) 天六地五 : 하늘이 가지고 있는 陰·陽·風·雨·晦·明의 六氣와 땅이 소유한 金·木·水·火·土의 五行을 이른다.

13) 昭穆 : 고대 宗廟의 位牌를 배열하는 次序를 이르는 말. 始祖廟를 중심으로 왼쪽은 昭가 되고 오른쪽은 穆이 되어 아버지가 昭가 되면 아들은 穆이 된다. 손자는 다시 昭가 되어 祖孫이 한 열에 위치하게 되며, 一昭一穆으로 차례대로 내려가서 血緣의 親疎를 구별하게 된다.

14) 成公之歸也 : 成公은 晉文公의 庶子. 이름은 黑臀. 黑臀이 驪姬의 참소 때문에 周나라에 있었는데, 趙穿이 靈公을 시해하자 正卿 趙盾이 黑臀을 영입하여 임금으로 삼으니, 이가 바로 晉成公으로 6년간 재위하였다.

15) 遇乾之否……君三出焉 : 乾卦가 변하여 否卦가 된 占卦가 나옴. 乾卦는 하늘·임금을 상징하므로, 成公이 임금이 될 것을 표시한다. 乾卦의 아래 세 爻가 陰爻(坤)로 변한 卦가 否卦이니, 땅·臣下를 상징하므로, 그의 자손이 일정하게 임금 자리를 계승하지 못함을 나타낸다. 또 乾卦의 아래 세 爻가 陽爻에서 세 번 변하여 否卦가 되었으므로, 세 차례 밖에서 임금을 영입하는 뜻을 표시한다.

16) 驩之孫 : 驩은 晉襄公의 이름. 손자는 바로 公子 周. 公子 周는 晉襄公의 曾孫이지만 손자 이하의 후손은 모두 孫이라 한다.

17) 大誓 : ≪書經≫ 〈周書〉의 편명. 곧 泰誓의 다른 표기. 武王이 紂를 정벌하면서 군사들에게 한 誓詞를 기록한 내용이다.

子하라 其當之也리라 頃公이 許諾하다

及厲公之亂에 召周子而立之하니 是爲悼公이라

〔校勘〕① 知 : 四部備要本에는 '智'로 되어 있는데 통용한다.
② 胙 : 四部備要本에는 '祚'로 되어 있는데 뜻은 통한다. 아래도 같다.
③ 之 : 四部備要本에는 '文'으로 되어 있는데, '之'가 옳다.
④ 之 : 四部備要本에는 '之'자가 없다.
⑤ 襄 : 四部備要本에는 '襄'자 앞에 '單'자가 있으나 衍文이다.
⑥ 于 : 四部備要本에는 '于'자가 없다.
⑦ 蚤 : 四部備要本에는 '早'로 되어 있는데 통용한다.

晉襄公의 손자 談의 아들 周가 周나라에 가서 單襄公을 섬겼다. 그는 한쪽으로 기우뚱하게 서지 않으며, 두리번거리며 보지 않고, 귀를 쫑긋이 하여 듣지 않으며, 보고 듣지 않은 일을 떠벌려 말하지 않았다. 敬을 말하면 반드시 하늘의 敬虔함에 미쳤으며, 忠을 말하면 반드시 內心에 미쳐서 나왔고, 信을 말하면 반드시 자신의 몸에 연계되었으며, 仁을 말하면 반드시 남에게 사랑이 미쳤고, 義를 말하면 반드시 남을 이롭게 하는데 미쳤고, 智를 말하면 반드시 일을 잘 처리하는 데 미쳤으며, 勇을 말하면 반드시 義로 제재함에 미쳤고, 教를 말하면 반드시 是非를 변별함에 미쳤으며, 孝를 말하면 반드시 귀신에게까지 미쳤고, 은혜를 말하면 반드시 화목함에 미쳤으며, 謙讓을 말하면 반드시 대등한 사람에게까지 미쳤다. 晉나라에 걱정거리가 있을 때는 근심하지 않은 적이 없었으며, 慶事가 있을 적에는 기뻐하지 않은 적이 없었다.

單襄公은 병이 들자 아들 頃公을 불러 말하였다. "반드시 晉나라 公子 周와 잘 사귀어라. 장차 晉나라를 얻어 임금이 될 것이다. 그의 행실은 文德이 있으니, 文德을 능히 행하면 天地의 福을 얻게 되는데, 天地가 주는 복은 작으면 諸侯國이다. 敬은 文德의 공손함이고, 忠은 文德의 성실함이고, 信은 文德의 誠信함이고, 仁은 文德의 慈愛이고, 義는 文德의 節制이고, 智는 文德을 실어 행하는 수레이고, 勇은 文德을 이끌어 가는 것이고, 教는 文德을 시행하는 것이고, 孝는 文德의 근본이고, 은혜는 文德의 慈愛로움이고, 謙讓은 文德의 운용 자재이다. 하늘을 본받으면 능히 공경하게 되고, 內心을 따르면 능히 忠恕하게 되고, 자신이 성실하기를 생각하면 능히 信義를 세우게 되고, 남을 사랑하면 능히 仁하게 되고, 財利을 節制하면 능히 義롭게 되고, 일을 잘 처리하면 능히 지혜롭게 되고, 義를 따라 행하면 능히 勇이 되고, 是非를 변별하여 教化

를 시행하면 능히 教가 되고, 神靈을 밝게 받들면 능히 孝가 되고, 慈愛하고 화목하면 능히 은혜로움이 되고, 지위가 동등한 사람에게 미루어 주면 謙讓이 되는데 이 열한 가지를 저 公子 周는 모두 가지고 있다.

하늘에 여섯 가지 기운과 땅에 다섯 가지 물질이 있는 것은, 天地의 변하지 않는 떳떳한 數이다. 하늘의 여섯 기운으로 經(날줄)을 삼고 땅의 五行으로 緯(씨줄)를 삼아 經緯가 어긋나지 않는 것이 文德이 구비된 표상이다. 文王은 본바탕에 文德을 구비했기 때문에 하늘이 천하를 福으로 주었는데, 저 公子 周는 文德을 구비하였고, 昭穆이 또 가까우니 晉나라를 얻을 수 있을 것이다. 또 그가 기우뚱하게 서지 않는 것은 바른 것이요, 두리번거리며 보지 않는 것은 단정한 것이요, 귀를 쫑긋하여 듣지 않는 것은 안정된 것이요, 보고 듣지 않은 일을 말하지 않는 것은 신중한 것이다. 바름은 文德을 이루는 길이요, 단정함은 文德을 이루는 믿음이요, 안정은 文德을 이루는 귀결이요, 삼감은 文德을 지키는 것이다. 지키는 일과 귀결함이 순수하고 견고하며, 이루는 길이 바르고, 행한 일이 믿을 만한 것은 아름다운 德에 밝은 것이다. 愼重・安定・端嚴・正直은 德을 돕는 것이요, 晉나라를 위하여 慶事와 걱정을 함께 기뻐하고 슬퍼한 것은 근본을 저버리지 않은 것이다. 文德을 갖추고 美德으로 도우니 나라를 얻지 않고 무엇을 취하겠는가?

晉成公이 〈周王室에 있다가〉 歸國하여 君位를 계승할 때, 내가 들으니 晉나라에서 점을 쳤는데 乾卦가 변하여 否卦로 되는 占卦를 만났다. 그 卦辭에 이르기를 '德은 先君에 짝하나 子孫이 끝까지 임금이 되지 못하여 세 임금이 나온다.'라 하였다. 한 사람(成公)은 이미 지나갔고, 그 뒤를 이을 사람은 누구인지 알지 못하겠으나, 그 다음은 필시 이 사람(公子 周)일 것이다. 또 나는 들으니, 成公이 태어날 때 그의 어머니 꿈에 神이 그의 엉덩이에 먹으로 획을 그어 쓰기를 '晉나라를 소유하도록 하되, 三代 뒤 驩(襄公)의 후손에게 주겠다.'라 하였으므로 이름을 黑臀이라고 하였다. 그는 현재 두 代를 傳하였고, 襄公의 이름이 驩이니 이 사람은 그의 曾孫이다. 그러고 孝誠스럽고 공경하는 아름다운 德을 갖췄으니, 이 사람이 아니면 그 누구이겠는가? 또 그 꿈에서 말하기를 '반드시 驩의 子孫이 晉나라를 소유할 것이다.'라고 하였고, 또 ≪周易≫ 卦辭에서 말하기를 '반드시 세 차례 周나라에서 임금을 맞이해 올 것이다.' 하였으며, 그의 德行이 또 나라의 임금 노릇을 할 만하니, 꿈과 점과 德行의 세 가지가 모두 부합한다. 나는 ≪書經≫ 〈泰誓〉의 말을 들으니, 그러므로 말하기를 '나의 꿈이 나의 점괘와 부합하여 좋은 吉祥의 조짐과 합치하니 商나라를 쳐서 반드시 이길 것이다.' 하였으니, 꿈과 점과 吉祥의 조짐인 세 가지가 합치되었다. 晉厲公은 연이어 無道한 정치를 하면서 후손이 적으니 장차 나라를 잃을 것이다. 일찌감치 반드시 晉의 公子 周를 잘 대우하거라. 그가 예언에 맞아서 임금이 될 것이다."

單頃公이 그렇게 하겠다고 응낙하였다. 晉厲公이 시해당하는 內亂이 일어나자, 公子 周를 돌아오게 하여 임금으로 세우니, 이 사람이 悼公이다.

27. 太子晉諫靈王壅谷水 태자 晉이 靈王에게 谷水 막는 일을 諫하다

【大義】 爲政者는 天地自然의 이로움을 따르고, 백성과 神明의 뜻에 순응해야 하니, 물길을 막아 자연의 規律을 어기면 나라가 멸망하게 됨을 말하다.

靈王二十二年에 穀洛鬭18)하야 將毁王宮하니 王欲壅之하다 大子晉諫曰 不可하니이다 晉聞古之長民者는 不墮山하며 不崇藪하며 不防川하며 不竇澤이라하니이다 夫山은 土之聚也오 藪는 物之歸也오 川은 氣之導也오 澤은 水之鍾也니이다 夫天地成而聚於高하고 歸物於下하며 疏爲川谷하야 以導其氣하고 陂唐①汙庳하야 以鍾其美하니이다 是故로 聚不阤崩하며 而物有所歸하고 氣不沈滯하며 而亦不散越이라 是以民生有財用하고 而死有所葬하니이다 然則無夭昏札瘥之憂하며 而無饑寒乏匱之患이라 故上下能相固하야 以待不虞하나니 古之聖王은 唯此之愼하니이다 昔共工棄此道也하고 虞於湛(탐)樂하고 淫失其身하야 欲壅防百川하며 墮高堙庳하야 以害天下하니 皇天弗福하고 庶民弗助하며 禍亂並興하야 共工用滅하니이다

其在有虞에 有崇伯鯀②하야 播其淫心하야 稱遂共工之過어늘 堯用殛之於羽山하니이다 其後에 伯禹念前之非度하야 釐改制量하야 象物天地하고 比類百則하야 儀之于民하고 而度之於羣生하니이다 共之從孫四岳③佐之하야 高高下下하며 疏川道滯하며 鍾水豐

---

18) 穀洛鬭 : 穀水와 洛水의 두 물이 서로 많이 흘러 각기 물길을 차지하려는 것이 마치 싸우는 것처럼 보임을 이른 말. 穀水는 河南의 澠池·新安을 경유하는 本流이고, 洛水는 河南의 宜陽을 경유하여 동북쪽으로 흐른다. 일설에는, '洛'은 '雒'으로 써야 된다고 한다.

物하며 封崇九山하며 決汨九川하며 陂障九澤하며 豐殖九藪하며 汨越九原하며 宅居九隩하며 合通四海하니이다 故天無伏陰[19])하며 地無散陽[20])하며 水無沈氣하며 火無災〔炎〕④燀하며 神無間行하며 民無淫心하며 時無逆數하며 物害無〔無害〕⑤生하니이다

帥象禹之功하고 度之于軌儀하니 莫非嘉績하야 克厭帝心일새 皇天嘉之하사 胙以天下하야 賜姓曰姒하고 氏曰有夏하니 謂其能以嘉祉殷富生物也오 胙四岳國하야 命爲⑥侯伯하야 賜姓曰姜하고 氏曰有呂하니 謂其能爲禹股肱心膂하야 以養物豐民人也니이다 此一王四伯이 豈緊多寵이리오 皆亡王之後⑦로대 唯能釐擧嘉義하야 以有胤在下하야 守祀不替其典하니이다 有夏雖衰나 杞鄫猶在하고 申呂雖衰나 齊許猶在하니이다 唯有嘉功하야 以命姓受祀〔氏〕⑧하야 迄於天下러니 及其失之也엔 必有慆淫之心間之라 故亡其氏姓하야 踣斃⑨不振하고 絶後無主하야 堙⑩替隸圉하니이다 夫亡者는 豈緊無寵이리오 皆黃炎之後也로대 唯不帥天地之度하며 不順四時之序하며 不度民神之義하며 不儀生物之則하야 以殄滅無胤하야 至於今不祀하니이다

及其得之也엔 必有忠信之心間之라 度於天地하야 而順於時動하며 龢於民神하야 而儀於物則이라 故高朗令終하며 顯融昭明[21])하며 命姓受氏하고 而附之以令名하니이다 若啓先王之遺訓하며 省其典圖刑法하고 而觀其廢興者는 皆可知也니 其興者는 必有夏呂之功焉이요 其廢者는 必有共鯀之敗焉이니이다 今吾執政이 無乃實有所避〔辟〕⑪하야 而滑夫二川之神하야 使至於爭明하야 以妨王宮이닛가 王而飾之하시면 無乃不可乎잇가

人有言曰 無過亂人之門이라하고 又曰佐雝〔饔〕⑫者는 嘗焉하고 佐鬭者는 傷焉이라하며 又曰 禍不好면 不能爲禍라하고 詩曰 四牡騤騤하니 旟旐有翩이로다 亂生不夷하야

---

19) 天無伏陰 : 陰陽이 조화를 이루지 못하여 여름에 추위가 나타나 서리나 우박이 내리는 기후를 이른 말.

20) 地無散陽 : 추운 겨울에 기온이 따뜻하여 복숭아나 오얏나무에 꽃이 피는 현상을 이른 말.

21) 高朗令終 顯融昭明 : ≪詩經≫ 〈大雅 旣醉〉篇에 나오는 말로, 고명해서 끝을 잘 마치고 소명해서 매우 밝다는 뜻.

靡國不泯[22)]이라하고 又曰 民之貪亂이여 寧爲荼毒[23)]이라하니 夫見亂而不惕이면 所殘必多요 其飾彌章하리이다 民有怨亂도 猶不可遏이온 而況神乎잇가 王將防鬭川以飾宮하시니 是飾亂而佐鬭也니 其無乃章禍且遇傷乎잇가 自我先王厲宣幽平으로 而貪天禍하야 至於今未弭어늘 我又章之면 懼長及子孫하야 王室其愈卑乎인저 其若之何잇가

自后稷以來寧亂으로 及文武成康하야 而僅克安民하니 自后稷之始基靖民으로 十五王而文始平之하시고 十八王而康克安之하니 其難也如是하니이다 厲始革典하야 十四王矣니 基德十五而始平이어늘 基禍十五에 其不濟乎잇가 吾朝夕儆懼하야 曰 其何德之修라야 而少光王室하야 以逆天休오커늘 王又章輔禍亂하시니 將何以堪之리잇가 王無亦鑒於黎苗之王과 下及夏商之季[24)]잇가 上不象天하고 而下不儀地하며 中不龢民하고 而方不順時하며 不共神祇하야 而蔑棄五則[25)]이라 是以人夷其宗廟하고 而火焚其彝器하며 子孫爲隸하야 下⑬夷於民하니 而亦未觀夫前哲令德之則이니이다 則此五者하면 而受天之豐福하고 饗民之勳力하며 子孫豐厚하고 令聞不忘하나니 是皆天子之所知也니이다 天所崇之子孫이 或在畎畝는 由欲亂民也오 畎畝之人이 或在社稷은 由欲靖民也니 無有異焉하니이다 詩云 殷鑒不遠하야 {近}⑭在夏后之世[26)]라하니 將焉用飾宮하야 以⑮儌亂也리오

---

22) 詩曰……靡國不泯 : ≪詩經≫ 〈大雅 桑柔〉篇 제2장에 보인다. 周厲王이 정벌을 그치지 않아 환난의 근본이 됨을 풍자한 시이다. '騤騤'는 쉬지 않고 달려가는 모양이고, '旟'는 새매를, '旐'는 거북이와 뱀을 그린 軍旗이다.

23) 又曰……荼毒 : ≪詩經≫ 〈大雅 桑柔〉篇 第11章에 보인다.

24) 黎苗之王 下及夏商之季 : 黎는 九黎. 苗는 三苗. 모두 전설상의 亂政을 행한 諸侯. 少皞氏가 쇠퇴하자 九黎가 政事를 어지럽히니 顓頊이 멸망시켰고, 高辛氏가 쇠퇴하자 三苗가 또 政事를 어지럽히니 帝堯가 멸망시켰다. 夏商의 季는 夏나라의 末王 桀과 商나라의 末王 紂를 이른다.

25) 五則 : 앞에서 말한 象天·儀地·龢民·順時·共神을 이른다.

26) 詩云……在夏后之世 : ≪詩經≫ 〈大雅 蕩〉篇에 보인다. 殷나라 紂王이 멸망의 교훈으로 삼아야 할 것은 바로 前代에 暴政을 행하다가 멸망한 夏나라 桀王에게 있고, 周나라가 거울로 삼아야 할 것은 앞의 殷나라에 있음을 말한 것이다.

度之天神이면 則非祥也오 比之地物이면 則非義也오 類之民則이면 則非仁也오 方之時動이면 則非順也오 咨之前訓이면 則非正也오 觀之詩書와 與民之憲言이면 〈則〉[16] 皆亡王之爲也니이다 上下儀[17]之호대 無所比度하니 王其圖之하소서 夫事大不從象하고 小不從文하며 上非天刑하고 下非地德하며 中非民則하고 方非時動而作之者는 必不節矣니 作又不節이면 害之道也니이다

王卒壅之하다 及景王하야 多寵人하니 亂於是乎始生하야 景王崩에 王室大亂하고 及定王하야 王室遂卑하다

〔校勘〕 ① 唐 : 四部備要本에는 '塘'으로 되어 있는데 통용한다.

② 鯀 : 四部備要本에는 '鮌'으로 되어 있는데 同字이다.

③ 岳 : 四部備要本에는 '嶽'으로 되어 있는데 同字이다.

④ 災〔炎〕: 汪遠孫의 ≪國語明道本攷異≫에 "≪文選≫ 〈景福殿賦〉의 李善 注에 ≪國語≫의 이 부분을 인용하면서 '炎'으로 썼는데, '炎'자가 옳다." 하였으므로 따라 고쳤다.

⑤ 害無〔無害〕: 四部備要本에 의거하여 바로잡았다.

⑥ 爲 : 四部備要本에는 '以'로 되어 있는데 '爲'가 옳다.

⑦ 後 : 四部備要本에는 '後'자 아래에 '也'자가 더 있는데, 없는 것이 옳다.

⑧ 祀〔氏〕: 韋昭 注에 "혹은 '氏'자로 썼다" 하였고, 王引之의 ≪經義述聞≫에 "氏자로 쓰는 것이 옳다." 하였으므로, 따라 고쳤다.

⑨ 弊 : 四部備要本에는 '斃'로 되어 있는데, '弊'는 '獘'와 같고 '斃'의 古字이다.

⑩ 堙 : 四部備要本에는 '湮'으로 되어 있는데 뜻은 같다.

⑪ 避〔辟〕: 四部備要本에도 '避'로 되어 있으나 ≪文選≫ 〈西征賦〉의 李善 注에 ≪國語≫의 이 부분을 인용하면서 '辟'자로 썼다. 또 ≪漢書≫ 〈五行志〉에도 '辟'자로 되어 있는데, 服虔의 音注에 "邪辟의 辟이다." 하였으므로 따라 고쳤다.

⑫ 雝〔饔〕: 四部備要本에 '饔'으로 되어 있는데, 宋庠의 補音本에는 "혹은 '饔'자로 썼다." 하였으니, '饔'은 '饔'과 같으므로 따라 고쳤다.

⑬ 下 : 四部備要本에는 '不'로 되어 있는데, '下'가 옳다.

⑭ {近} : 四部備要本과 ≪詩經≫ 〈大雅 蕩〉篇에 의거하여 衍文으로 처리하였다.

⑮ 以 : 四部備要本에는 '以'자 앞에 '其'자가 더 있다.

⑯ 〈則〉: 四部備要本에 의거하여 보충하였다.

⑰ 儀 : 四部備要本에는 '議'로 되어 있는데 통용한다.

周靈王 22년에 穀水와 洛水가 물길을 다투어 장차 王宮을 침식하여 무너뜨리려 하자 靈王이 물길을 막으려고 하였다. 太子 晉이 諫하였다. “안 됩니다. 저는 들으니 옛날 백성을 다스리는 임금은 山을 무너뜨리지 않았고, 늪을 메워 돋우지 않았고, 내를 막지 않았고, 못의 둑을 터 물을 흘리지 않았다고 합니다. 山은 흙이 쌓인 것이고, 늪은 만물이 모여 사는 곳이고, 내는 天地의 기운이 통하도록 열어 주는 곳이고, 못은 물이 모이는 곳입니다. 天地가 형성될 때 흙이 모여 높은 산이 되며, 만물은 낮은 늪으로 돌아가 살며, 소통시키는 내와 협곡을 만들어 기운을 열어 주며, 저수지와 웅덩이를 만들어 大地를 촉촉하게 적셔 주는 물이 모이게 하였습니다. 이 때문에 흙이 모여 된 높은 山을 무너뜨리지 않으며, 만물이 돌아가 살 곳이 있게 하고, 大地의 기운이 침체되지 않게 하며 또 멀리 흩어지게 하지 않았습니다. 이러므로 백성이 살아서는 생활할 財用이 있고, 죽어서는 묻힐 곳이 있게 됩니다. 그렇기에 일찍 죽고 狂亂하여 미혹되고 전염병으로 죽고 질병에 시달리는 근심이 없으며, 굶주리고 춥고 재물이 다하고 양식이 떨어지는 걱정이 없게 됩니다. 그 때문에 윗사람과 아랫사람이 서로 단결하여 뜻밖의 우환에 대비할 수 있었으니, 옛날의 聖王은 오직 이를 신중히 하셨습니다.

옛날 共工이 자연에 순응해야 하는 이 도리를 버리고 편안한 즐거움에 빠져 지나치게 음란한 생활을 하면서 모든 하천을 막고 산을 무너뜨리며 웅덩이를 메워 천하를 해롭게 하려고 하였습니다. 하늘이 복을 내려 주지 않고 뭇 백성이 돕지 않으며, 天災와 兵亂이 일제히 일어나 共工이 멸망하였습니다. 有虞氏(舜임금) 때에는 崇伯 鯀(禹임금의 아버지)이 있었는데, 음란한 마음을 마구 행하여 共工의 잘못을 그대로 답습하자 堯임금이 羽山에서 죽여버렸습니다. 그 뒤에 伯禹(夏禹)가 과거의 잘못된 法을 생각하고 法度를 수정해 고쳐서 天地의 物象을 본뜨고, 여러 사물의 법칙을 비교하여 본받아 백성의 준칙이 되게 하였으며, 모든 萬物이 상해를 입지 않고 생활하게 하였습니다. 共工의 從孫 四岳이 보좌하여 높은 산은 높아지게 하고 낮은 못은 둑을 쌓으며, 내를 소통시키고 막힌 곳에 물길을 터 주며, 물을 모이게 하여 萬物을 풍성하게 자라게 하며, 九州의 山을 다스려 높아지게 하고, 九州의 하천을 터서 소통시키며, 九州의 못을 막아 제방을 쌓고, 九州의 호수에 생물이 풍성하게 자라게 하며, 九州의 토지를 평탄하게 넓히고, 九州의 안에서 집을 짓고 편안히 살게 하며, 온 천하가 하나로 합하여 통하게 하였습니다. 그 때문에 하늘에는 잠복한 陰氣가 없고, 땅에는 발산하는 陽

氣가 없으며, 흐르는 물은 침체된 더러운 기운이 없고, 활활 타는 불은 이글거리는 불꽃이 없으며, 神은 사악한 행위가 없고, 백성은 본분에 벗어나는 과도한 마음이 없으며, 四時는 기후가 뒤바뀌는 현상이 없고, 작물을 망치는 병충해가 없었습니다.

〈四岳이〉 禹王의 공적을 따라 본받고, 자연의 법도와 규율을 헤아려 행하니, 훌륭한 공적을 거두지 않은 일이 없어 上帝의 마음을 흡족하게 하였습니다. 하늘이 그의 공적을 아름답게 여기어 福으로 천하를 주면서 姒라는 姓을 주고, 有夏라는 氏를 주었으니, 이는 그가 아름다운 福으로 백성을 부유하게 하고, 萬物을 生育시킨 것을 이르는 것입니다. 四岳에게 福으로 나라를 주어 諸侯의 長인 侯伯으로 임명하면서 姜이라는 姓을 주고, 有呂라는 氏를 주었으니, 이는 그가 禹의 手足과 心腹이 되어 萬物을 잘 生長하게 하고 백성의 생활을 풍족하게 한 것을 이르는 것입니다.

이 한 王(禹王)과 四伯(四岳)이 어찌 이렇게 많은 은총을 하늘에서 받아 된 것이겠습니까? 이들은 모두 멸망한 王의 후손들이었지만, 훌륭한 도리를 사용해 다스렸고 후대를 계승하는 자손이 있어 祭祀를 지켜 보존하고, 떳떳한 法을 폐기하지 않았습니다. 夏나라가 衰亡하였으나 그 후대인 杞나라와 鄫나라가 아직 존재하고, 申氏와 呂氏가 衰亡하였으나 齊나라와 許나라가 아직 존재하고 있습니다. 다만 훌륭한 功이 있어서 姓과 氏를 하사받아 天下를 소유하기에 이른 것입니다. 그들이 天下를 잃을 때에 이르러서는 반드시 태만하고 지나치게 방종한 마음이 있어서 어렵게 세운 훌륭한 공을 대신하였습니다. 그 때문에 그 氏와 姓을 잃고, 쓰러져 죽어서 떨치지 못하고, 후손이 끊어져 祭祀를 주관할 사람이 없어서 노예나 마부로 埋沒되어 폐기되었습니다. 衰亡한 사람이라고 어찌 이렇게 은총이 없었겠습니까? 그들도 모두 黃帝와 炎帝의 후손들이지만 단지 天地의 法度를 따르지 않고, 춘하추동 四時의 次序를 순응하지 않고, 백성과 神의 바람을 적절히 헤아리지 않고, 生物의 성장하는 規律을 법으로 삼지 않아서 멸망하고 後孫이 없게 되어 지금에 이르기까지 祭祀를 지내지 못하고 있는 것입니다. 그들이 나라를 얻을 때에는 반드시 충성스럽고 誠信한 마음이, 방종하고 향락에 빠진 행위를 대신함이 있어서, 天地의 法度를 헤아려 따르고 四時의 次序에 순응하여 움직이며, 백성과 神에게 화합하고 萬物의 生長 規律을 준칙으로 삼습니다. 그러므로 高貴하고 밝은 德을 잘 이루고, 빛나는 功業이 오랫동안 드러나며, 姓과 氏를 하사받고, 아름다운 명예가 따르게 되었습니다. 만일 先王의 遺訓을 啓發하고, 典禮·圖象·刑律·法則을 살피며, 역대의 興亡盛衰를 관찰하게 되면 모두가 알 수 있습니다. 興盛

하는 경우는 반드시 夏禹와 四岳인 呂 같은 功이 있고, 衰廢하는 경우는 반드시 共工과 鯀같이 政事를 그르친 일이 있습니다. 지금 우리가 시행하는 政事에 진실로 先王의 法度에 어긋난 일이 있어서 저 穀水와 洛水, 두 하천의 神을 어지럽히자 두 하천의 정기가 물길을 다투어 王宮을 방해하는 게 아니겠습니까? 王께서 물길을 막고 잘못을 꾸며 감추려고 하시니, 옳지 않은 일이 아닙니까!

사람들이 말하기를 '정신이 혼란한 사람의 집 앞을 지나가지 말라.' 하였고, 또 말하기를 '음식 만드는 사람을 돕는 자는 음식을 맛보게 되고, 싸움하는 사람을 돕는 자는 다친다.' 하였고, 또 말하기를 '재앙이 일어날 원인(재물과 女色)을 좋아하지 않으면 재앙이 일어나지 않는다.'라고 하였습니다. ≪詩經≫에 이르기를 '네 마리 수말이 쉬지 않고 달리니, 깃발이 펄럭거린다. 난리가 일어나 태평하지 못하니, 멸망하지 않는 나라가 없구나!'라 하였고, 또 말하기를 '백성들이 禍亂을 일으키려 함이여, 殘惡한 행위를 편안한 마음으로 한다.'라 하였습니다. 난리를 당하고도 두려워하지 않으면 傷害를 당하는 일이 반드시 많게 되고, 잘못을 감추려고 꾸미면 더욱 드러나게 됩니다. 백성에게 원한이 있어 禍亂을 일으키려는 일도 오히려 막을 수 없을 텐데 더구나 神이겠습니까? 王께서 장차 물길을 다투는 하천을 막아 王宮을 꾸며 보호하려고 하시니, 이는 禍亂을 은폐하고 사람들을 도와 싸우게 하는 것입니다. 禍亂의 일어남을 더욱 분명히 하고 또 傷害를 당하지 않겠습니까? 우리 先王인 厲王·宣王·幽王·平王으로부터 하늘의 禍亂을 야기하여 지금까지 災難이 그치지 않고 있는데, 우리가 또 禍亂을 부르는 일을 드러내면 길이 자손에게 미쳐서 王室이 더욱 낮아질까 두렵습니다. 어찌 해야 좋겠습니까?

后稷이 혼란함을 안정시킨 이후로 文王·武王·成王·康王에 이르러 겨우 백성을 평안하게 하였습니다. 后稷이 기반을 닦아 백성을 편안히 살게 하면서부터 열다섯 王의 노력을 거쳐서 文王에 이르러 비로소 平定하였고, 열여덟 王을 거쳐서 康王에 이르러 편안한 생활을 하게 하였으니, 그 어려움이 이와 같습니다. 厲王에 이르러 처음으로 先王이 제정한 法度를 고쳐서 지금 열네 王을 거쳤습니다. 德의 기반을 다진 지 열다섯 王 만에 비로소 천하를 平定하였는데, 禍亂의 기반을 연 지 열다섯 王을 지난 지금에 그 禍亂이 이루어지지 않겠습니까? 저는 아침저녁으로 경계하고 두려워하면서 '어떻게 德을 닦아야 王室을 조금 빛내어 하늘이 주는 아름다운 福을 맞을까?' 하고 생각하는데, 王께서는 또 禍亂을 당할 행위를 드러내어 도우려 하시니 장차 어떻게 감당하시렵니까? 王께서는 어찌 九黎·三苗의 王과 후대의 夏나라와 商나라의 末王이 멸망한 역사를 거울로 삼지 않으십니까? 위로는 하늘을 法으로 삼지 않고, 아래로는 땅을 준칙으로 삼지 않으며, 가운데로는 백성과 화합하지 않고, 사방은 四時에 순응하지 않으며, 天地의 神을 받들지 않아서 다섯 가지 法度를 멸시하였습니다. 이러므로 백성들이 그들의 宗廟를 허물고, 그들의 祭器를 불태웠으며, 자손은 노예가 되어 지위가 떨어져서 平民과 동등하게 되었으니, 이 또한 前代의 聖哲이 행한 아름다운 德을 準則으로 보지 않았기 때문입니다. 이 다섯 가지를 準則으로 삼으면 하늘이 주는 풍성한 福을 받고, 백성이 힘써 이룩한 功을 누리며, 많은 자손이 태어나 계승되고, 훌륭한 명예를 잊지 않을 것이니, 이는 모두 天子가 알아야 할 것들입니다.

하늘이 尊崇하는 사람의 자손이 혹 영락하여 논밭에서 농사를 짓는 것은 저들이 백성을 어지럽게 하려는 데에 연유한 것이고, 논밭에서 농사짓던 사람이 혹 社稷(朝廷)의 官員이 되어 있는 것은 백성들을 편안히 하려는 데에 연유한 것이니, 이것은 다른 까닭이 있는 게 아닙니다. ≪詩經≫에 이르기를 '殷나라가 비춰 볼 거울은 멀리 있지 아니하여, 夏后의 시대에 있다.'고 했으니, 어찌 장차 하천을 막아 우리 王宮을 보호함으로써 禍亂을 불러들여야 되겠습니까? 天神의 처지에서 헤아려보면 상서롭지 못하며, 땅의 사물이 生長하는 規律로 견주어보면 적절하지 못하며, 백성이 필요로 하는 準則으로 유추해 보면 仁德이 아니며, 농사철에 백성을 동원하는 것으로 참고하면 時令에 순응하는 것이 아니며, 先王의 遺訓으로 따져보면 바른 일이 아니며, ≪詩經≫·≪書經≫과 백성의 格言 등으로 살펴보면 〈하천을 막는 일은〉 모두 나라를 멸망시킨 王들의 행위였습니다. 上下古今의 일로 따져보아도 先例를 견주어 헤아릴 곳이 없으니, 王께서는 그것을 고려하십시오. 큰일은 하늘의 法則을 따르지 않고, 작은 일은 ≪詩經≫·≪書經≫의 가르침을 따르지 않으며, 위로는 하늘의 法度에 부합하지 않고, 아래로는 땅의 規律에 합치하지 않으며, 가운데로는 백성이 필요로 하는 것이 아니고, 사방으로는 四時에 순응하지 않고 함부로 백성을 동원하는 사람은 반드시 節度에 부합하지 않습니다. 처리하는 일이 또 節度에 부합하지 않으면 災害를 초래하는 행위입니다."

王이 끝내 물길을 막았다. 周景王에 이르러 총애하는 신하가 많았는데, 禍亂이 여기에서 시작해 일어났다. 景王이 죽자, 王室이 크게 어지러워졌고, 定王에 이르러 王室이 마침내 衰微해졌다.

28. 晉羊舌肹聘周論單靖公敬儉讓咨 晉나라 羊舌肹이 周나라에 聘問하여 單靖公의 공경·검소·사양·자문하는 美德을 論하다

【大義】 卿大夫가 恭敬과 儉素 등의 美德으로 修身齊家를 잘하면 治國平天下하여 王室을 일으킬 수 있다고 주장하다.

晉羊舌肹이 聘於周하야 發幣於大夫及單(선)靖公하다 靖公享之할새 儉而敬하야 賓禮贈餞을 視其上而從之하며 燕無私하며 送不過郊하며 語說昊天有成命27)이러라

單之老送叔向할새 叔向告之曰 異哉로다 吾聞之호니 曰 一姓不再興이라커늘 今周其興乎인저 其有單子也로다 昔史佚28)有言曰 動莫若敬이오 居莫若儉이오 德莫若讓이오 事莫若咨라하니 單子之況①我禮也에 皆有焉이로다 夫宮室不崇하며 器無彤鏤는 儉也오 身聳除潔하며 外內齊給은 敬也오 宴好享賜에 不踰其上은 讓也오 賓之禮事에 放上而動은 咨也며 如是而加之以無私하고 重之以不殺하니 能辟②怨矣라 居儉動敬하며 德讓事咨하고 而能辟怨하야 以爲卿佐하니 其有不興乎아 且其語說昊天有成命은 頌之盛德也니 其詩曰 昊天有成命이어시늘 二后受之하시니라 成王不敢康하사 夙夜基命宥密하사 〈於〉③緝熙亶④厥心하시니 肆其靖之29)라하니 是道成王之德也니 成王能明文昭하고 能定武烈者也라 夫道成命者而稱昊天은 翼其上也오 二后受之는 讓於德也오 成王不敢康은 敬百姓30)也오 夙夜는 恭也오 基는 始也오 命은 信也오 宥는 寬也오 密은 寧也오 緝은 明也오 熙는 廣也오 亶은 厚也오 肆는 固也오 靖은 龢也라 其

---

27) 昊天有成命 : ≪詩經≫ 〈周頌 昊天有成命〉篇을 이른다. 成王 때 天地에 郊祀를 지내면서 부르는 樂歌라고도 하고, 成王을 제사 지낼 때 부르는 樂歌라고도 한다. 成王의 德을 칭송한 내용이 많다.

28) 史佚 : 周武王 때의 太史. 姓은 尹, 이름은 佚인데, 太史였으므로 史佚이라고 한다.

29) 其詩曰……肆其靖之 : 이 篇의 해석은 古注(毛氏·鄭玄)와 朱熹 〈集傳〉의 주석이 다른데 여기서는 〈集傳〉의 주석을 따랐다.

30) 百姓 : 百官을 이르던 말. 古代에는 公卿 이하 方伯·師長·百執事(온갖 官吏와 百工)를 두루 百姓이라 하였다.

始也에 翼上德讓而敬百姓하고 其中也에 恭儉信寬하야 帥歸於寧하고 其終也에 廣厚其心하야 以固龢之라 始於德讓하고 中於信寬하고 終於固龢라 故曰成이니라 單子儉敬讓咨하야 以應成德하니 單若不興이면 子孫必蕃하야 後世不忘하리라 詩曰 其類維何오 室家之壼에 君子萬年을 永錫祚胤[31]이라하니 類也者는 不忝前哲之謂也오 壼也者는 廣裕民人之謂也오 萬年也者는 令聞不忘之謂也오 祚⑤胤也者는 子孫蕃育之謂也라 單子朝夕不忘成王之德하니 可謂不忝前哲矣오 膺保明德하야 以佐王室하니 可謂廣裕民人矣라 若能類善物하야 以混厚民人者는 必有章譽蕃育之祚니 則單子必當之矣라 單若有闕이면 必茲君之子孫이 實續之하야 不出於它矣리라

〔校勘〕 ① 况 : 四部備要本에는 '貺'으로 되어 있는데 통용한다.
② 辟 : 四部備要本에는 '避'로 되어 있는데 통용한다. 아래도 같다.
③ 〈於〉 : ≪詩經≫과 四部備要本에 의거하여 보충하였다.
④ 亶 : ≪詩經≫에는 '單'으로 써서 '殫'과 통용으로 읽는다.
⑤ 祚 : 四部備要本에는 '祚'자가 없다.

晉나라 羊舌肹이 周나라에 聘問하러 가서 大夫들과 單靖公에게 예물을 나누어 주었다. 單靖公이 잔치를 베풀어 줄 적에 잔치 준비는 검소하면서도 태도를 공경히 하여 손님을 접대하는 예절과 선사하는 禮物과 餞別하는 잔치를, 자기의 지위보다 높은 데 비추어 집행하되 禮를 넘지 않았으며, 연회 중에 개인적으로 교제함이 없었고, 전송할 적에는 교외를 지나가지 않았으며, 宴席에서 나눈 말은 '昊天有成命'의 詩였다.

單靖公의 家臣이 叔向(羊舌肹)을 전송하자, 叔向이 그 家臣에게 말하였다. "이상도 하다! 나는 들으니 '한 姓의 王朝는 두 번 興盛하지 않는다.'고 했다. 그런데 지금 周나라는 재차 興盛할 것인데 그것은 單子가 있기 때문이다. 옛날 史佚이 말하기를 '행동은 恭敬보다 나은 것이 없고, 집안을 꾸리는 데는 儉素보다 나은 것이 없으며, 德行은 겸양보다 나은 것이 없고, 일 처리는 자문을 구하여 하는 것보다 나은 것이 없다.'라고 했다. 單子가 나에게 禮를 베풀어 줄 적에, 이 네 가지가 있었다. 집이 높지 않고, 붉은 칠을 하거나 황금으로 장식한 器物이 없는 것은 검소함이요, 몸가짐을 삼가고 깨끗이 다스리며, 밖의 朝廷과 안의 집안 다스리기를 가지런히 하고 완비한 것은 공경함이

---

31) 詩曰……永錫祚胤 : ≪詩經≫ 〈大雅 旣醉〉篇 제6장에 보인다.

요, 연회로 우호를 맺고 손님을 접대하고 禮物을 줄 적에, 자기보다 높은 사람을 뛰어넘지 않은 것은 겸양이요, 빈객을 접대하는 禮를 윗사람에 견주어 행동한 것은 諮問에 해당한다. 이처럼 하고서도 더하여 개인적으로 교제하는 일이 없고, 겸하여 뭇 사람과 섞여 교외를 지나서 전송하지 않았으니, 능히 원망을 면할 것이다. 집안을 儉素하게 꾸리고 행동을 공경히 하며, 덕행은 겸양하고 일은 물어서 처리하며, 능히 원망을 면하면서 卿이 되어 國政을 보좌하니, 그러고도 興盛하지 않을 수 있겠는가!

또 그가 '昊天有成命'을 이야기한 것은 周나라 先王의 훌륭한 덕을 칭송한 것이다. 그 詩에 말하기를 '하늘이 이미 정한 天命이 있기에, 두 文王과 武王이 받아 나라를 열었다. 成王이 감히 편안히 지내지 못하여, 밤낮으로 天命을 크고 정밀히 다져, 아, 계승해 밝혀서 그 마음을 후하게 하시니, 이러므로 천하를 안정시켰다.'라고 하였다. 이는 成王의 德을 말한 것이니, 成王이 文王의 빛나는 德을 밝히고, 武王의 武功을 이룬 것이다. 이미 정해진 天命을 말하면서 昊天이라고 일컬은 것은 上天을 존경함이요, 文王과 武王이 받았다는 것은 德이 있는 분에게 겸양함이요, 成王이 감히 편안히 지내지 못했다는 것은 百官을 恭敬함이요, 밤낮으로 애썼다는 것은 공손함이다. 基는 開始라는 뜻이요, 命은 誠信이라는 뜻이요, 宥는 너그럽다는 뜻이요, 密은 편안하다는 뜻이요, 緝은 밝다는 뜻이요, 熙는 넓다는 뜻이요, 亶은 厚하다는 뜻이요, 肆는 공고하다는 뜻이요, 靖은 和協하다는 뜻이다. 詩의 첫머리에서는 上天을 존경하고 德이 있는 이에게 겸양하며 百官을 공경했음을 말하고, 중간에서는 공손하고 검소하며 誠信하고 관대하여 백성을 편안한 삶으로 이끌어 안착시킨 것을 말하고, 마지막에는 마음을 넓고 厚하게 가져서 화협함을 공고히 한 일을 말하였다. 첫머리에는 德이 있는 이에게 겸양하고 중간에는 誠信하고 관대하며 마지막에는 화협함을 공고히 하였다고 노래하였다. 그러므로 天命을 이루었다고 말한 것이다. 單子가 검소하고 공경하며 겸양하고 물어 행하여 先王이 이룬 德에 합당하니, 單子가 만일 당대에 興盛하지 않으면 子孫이 반드시 번성하여 후세 사람들이 이를 잊지 않을 것이다.

≪詩經≫에 '그 族類는 어떠한가? 집안을 미루어 천하로 넓혀간다. 君子의 德은 영원토록 흘러, 길이 福과 後孫을 받을 것이다.'라고 했다. 類란 明哲한 先人을 욕되게 하지 않음을 말하고, 壼은 백성을 널리 관대하게 대함을 말하고, 萬年이란 아름다운 명예를 영원히 잊지 않음을 말하고, 祚胤이란 자손이 번성함을 말한다. 單子는 아침저녁으로 王業을 이룬 先王의 德을 잊지 않았으니, 과거의 明哲한 先人을 욕되지 않게

했다고 말할 만하고, 先王의 밝은 德을 굳게 지녀서 王室을 보좌하였으니, 백성에게 널리 은덕이 미쳤다고 말할 만하다. 만일 先人과 같은 좋은 일을 하여 백성들을 모두 敦厚하게 하는 자는 반드시 빛나는 명예와 子孫이 번성하는 福이 있게 되니, 單子는 반드시 그 福에 해당할 것이다. 만일 單子가 받지 못하는 일이 있으면 반드시 單子의 後孫이 그 福을 계승할 것이고, 다른 사람에게 가지 않을 것이다."

29. 單穆公諫王鑄大錢 單穆公이 왕이 大錢을 만드는 것에 대해 諫言하다

【大義】 백성들의 재물을 고갈시켜 王의 창고를 채우면 끝내 재원이 없어지게 된다.

景王[32]二十一年에 將鑄大錢[33]하니 單(선)穆公[34]曰 不可하니이다 古者에 天災[35]降戾하면 於是乎量資幣하며 權輕重하야 以振救民하니이다 民患輕하면 則爲之①作重幣以行之[36]하니 於是乎有母權子[37]而行하야 民皆得焉[38]하니이다 若不堪重하면 則多作輕而行之하되 亦不廢重하니 於是乎有子權母而行하야 小大利之하니이다

今王이 廢輕而作重하시면 民失其資하리니 能無匱乎잇가 若匱면 王用이 將有所乏하고 乏則將厚取於民이요 民不給이면 將有遠志하리니 是離民也니이다 且夫備는 有未至而設之니 有至而後救之면 是不相入也니이다 可先而不備를 謂之怠라하고 可後而先之를 謂之召災라하니이다 周固羸國也요 天未厭禍焉이어늘 而又離民以佐

---

32) 景王 : 周나라 24代 王. 靈王의 아들. 이름은 貴.

33) 大錢 : 고액권. 韋昭는 賈逵의 말을 인용하여 "大錢은 옛것보다 커서 그 가치가 소중하다."라 하고, 唐固의 말을 인용하여 "대전은 무게가 12銖인데, 글자를 '大泉五十'이라고 썼다."라고 하였다.

34) 單穆公 : 王의 卿士. 單靖公의 曾孫.

35) 災 : 災는 홍수와 가뭄, 메뚜기 따위를 말한다.

36) 行之 : '之'는 '輕幣'를 가리킨다. 韋昭는 "백성이 화폐가 가벼워서 물건이 귀해짐을 근심하면 重幣를 만들어서 그 가벼운 것을 통용하게 한다."라 하였다.

37) 母權子 : '母'는 重幣 즉 고액권, '子'는 輕幣 즉 소액권.

38) 民皆得焉 : '焉'은 '백성들의 욕구'를 말한다. 韋昭는 "백성이 모두 그 욕구를 얻었다."라고 하였다.

災하시면 無乃不可乎잇가 將民之與處而離之하며 將災是備禦而召之면 則何以經國이며 國無經하면 何以出令이리오 令之不從은 上之患也라 故로 聖王②은 樹德於民하야 以除之하니이다

夏書有之曰 關石龢均하면 王府則有라하고 詩39)亦有之曰 瞻彼旱鹿③한대 榛楛濟濟로다 愷悌君子여 干祿愷悌로다하니 夫旱鹿之榛楛殖이라 故로 君子得以易(이)樂干祿焉하니이다 若夫山林匱竭하며 林鹿散亡40)하며 藪澤肆旣하며 民力彫盡하며 田疇荒蕪하며 資用乏匱하면 君子將險哀之不暇어늘 而何易樂之有焉이리오

且絶民用하야 以實王府는 猶塞川原하고 而爲潢汚也니 其竭也는 無日矣니이다 若民離而財匱하며 災至而備亡(무)하면 王其若之何잇가 吾周官之於災備也에 其所怠棄者多矣어늘 而又奪之資하야 以益其災면 是去其藏하고 而翳41)其人也니 王其圖之하소서하다 王弗聽하고 卒鑄大錢하다

〔校勘〕① 之 : 四部備要本에는 '之' 자가 없다.
② 王 : 四部備要本에는 '人'으로 되어 있다.
③ 鹿 : 四部備要本에는 '麓'으로 되어 있는데 통용한다. 아래도 같다.

景王 21년에 大錢을 鑄造하려 하니, 單穆公이 말하였다.

"안 됩니다. 옛날에 자연 재해가 이르면 이에 물자와 화폐를 헤아리며 가볍고 무거운 균형을 맞추어 백성을 구제하였습니다. 백성들이 가벼움을 근심하면 重幣를 만들어 輕幣와 함께 유통시켰으니, 이에 중폐로 경폐를 균형 맞추어 유통시켜서, 백성들이 모두 요구하는 바를 얻었습니다. 만약 중폐를 감당하지 못하면 경폐를 많이 만들어 유통시키되 또한 중폐를 폐기시키지 않았습니다. 이에 경폐로 중폐를 균형 맞추어 유통시켜서, 小錢과 大錢으로 백성을 편리하게 하였습니다.

지금 왕께서 경폐를 폐기하고 중폐를 만드시면 백성들은 그 자산을 잃게 되니, 백성의 資産이 고갈되지 않을 수 있겠습니까?42) 만약 고갈되면 왕의 용도가 장차 결핍되

---

39) 詩 : 《詩經》〈大雅 旱麓〉篇.
40) 散亡 : 散亡은 山林 衡虞의 행정이 없음을 말한다.
41) 翳 : '屛(물리치다)'의 뜻이다. 일설에 '滅(멸하다)'의 뜻이라고도 한다.
42) 고갈되지……있겠습니까? : 고갈되는 이유에 대하여 《國語讀本》(易中天 注釋, 三民

는 바가 있을 것이고, 결핍되면 장차 백성들에게 많이 거두게 될 것이고, 백성들이 공급하지 못하면 장차 도피하려는 뜻이 있게 될 것이니, 이것은 백성을 離反하게 하는 것입니다. 또한 대비하는 일은 아직 이르기 전에 마련해야 하는 것이니, 이른 뒤에 구제하려 한다면 이는 상호적으로 쓰이지 못하는 것입니다. 미리 해야 하는데 대비하지 못한 것을 怠(게으름)라고 하고, 뒤에 해야 하는데 미리 하는 것을 일러 召災(재앙을 부름)라고 합니다. 周나라는 진실로 허약한 나라입니다. 하늘이 아직 재앙 주는 데에 만족해 하지 않으시거늘, 또 백성을 떠나가게 해서 재앙을 도우시면 불가하지 않겠습니까? 장차 백성과 함께 거처해야 하는데 떠나가게 하며, 장차 재앙을 대비해야 하는데 불러들인다면, 무엇으로 나라를 다스리겠습니까? 나라에 다스림이 없다면 무엇으로 명령을 내시겠습니까? 명령을 따르지 않는 것은 임금의 근심거리입니다. 그러므로 성스러운 임금은 덕을 백성에게 심어서 근심거리를 제거합니다.

〈夏書〉에 말하기를 '關稅가 고르면 왕의 창고는 가득 차게 된다.'[43] 고 하였고, ≪詩經≫에 또 이르기를 '저 旱山 기슭을 보건대, 개암나무와 싸리나무가 무성하도다. 즐겁고 편안한 君子여! 祿을 구함이 즐겁고 편안하도다.'라고 하였는데, 저 한산 기슭의 개암나무와 싸리나무가 무성한지라, 그러므로 군자가 편안히 즐겁게 祿을 구할 수 있습니다. 그런데 산림이 고갈되고 숲 기슭에 대한 행정이 산만하게 되며 늪이 고갈되어 다하며 백성의 힘이 상하여 다하며 농지가 황폐해지며 재물이 고갈되면, 君子가 장차 위태로워하고 서글퍼하는 데도 겨를이 없거늘 어찌 편안히 즐거워함이 있겠습니까?

또 백성의 財用을 끊어서 왕의 창고를 채우는 것은 마치 샘의 근원을 막아버리고 저수지를 만드는 것과 같으니, 그 마르는 데에는 시일이 걸리지 않습니다. 만약 백성이

書局, 臺北市. 中華民國 84年.)에서는 "輕錢을 폐기하고 重錢을 만들면 백성들의 수중에 있는 경전은 모두 폐기물이 되고, 조정에서는 또 중전으로 교부하여 납세하도록 요구하니, 백성은 파산하게 된다."라고 하였다.

43) 〈夏書〉에……차게 된다 : 여기의 〈夏書〉는 ≪書經≫의 〈五子之歌〉를 말한다. 번역은 韋昭 注의 "關은 關門의 세금이고, 石은 지금의 斛이니, 征賦가 고르면 王의 창고는 항상 차 있다."에 의거하였다. 그러나 ≪書經≫의 蔡沈 集傳本에 의하면, 石은 120근의 무게 단위이고 鈞은 30근의 무게 단위로, 본문은 "통용되는 石과 화평한 鈞이 王府에 있다."라고 풀이되는 바, 무게 단위의 통일을 말한 것이다.

떠나가서 재물이 고갈되고 재앙이 이르렀는데도 대비함이 없으면, 왕은 어떻게 하시겠습니까? 우리 周나라 관원이 재앙을 대비하는 데에 나태하여 폐기한 것이 많거늘, 또 재물을 빼앗아서 그 재앙을 늘리게 되면 이는 그 저장한 것을 버리고, 그 백성을 물리치는 것이니, 왕은 이를 생각하십시오."

왕은 듣지 않고 마침내 大錢을 주조하였다.

30. 單穆公諫王鑄大鐘 單穆公이 왕이 大鐘을 만드는 것에 대해 諫言하다

【大義】 음악은 政教와 통하므로 백성과 和合해야 음악이 調和된다.

二十三年에 王將鑄無射(역)44)하고 而爲之大林45)하니 單穆公曰 不可하니이다 作重幣하야 以絶民資하시고 又鑄大鐘하야 以鮮其繼46)하시니 若積聚既喪47)하고 又鮮其繼면 生48)何以殖이리오 且夫鐘은 不過以動聲이니 若無射有林이면 耳不①及也리이다 夫鐘聲은 以爲耳也어늘 耳所不及은 非鐘聲也니 猶目所不見은 不可以爲目也니이다 夫目之察度也는 不過步武尺寸之間이요 其察色也는 不過墨丈尋常之間이니이다 耳之察龢也는 在清濁49)之間이요 其察清濁也는 不過一人之所勝50)이니이다 是故로 先王之制鐘也는 大不出鈞하며 重不過石하니 律度量衡51)이 於是乎生하고 小大器

---

44) 無射 : 12律 중의 無射 음률을 내는 종 이름.

45) 爲之大林 : 韋昭는 "無射을 만들고 大林을 만들어서 그것을 덮었다."라 하였고, ≪國語讀本≫에서는 "無射은 陽聲 중의 가는 것이고 林鐘은 陰聲 중의 큰 것이다. 한 개 무역의 종을 주조하고 임종의 덮개로 더하면 陰陽이 相克하며 大小가 고르지 않아서, 내는 소리는 근본적으로 들을 수 없다."라고 설명하였다. 大林은 12律 중의 林鐘 음률을 내는 無射의 덮개.

46) 繼 : 앞의 '絶民資'의 '絶'을 받는 바, '끊어진 자산을 이음'을 말한다.

47) 積聚既喪 : 小錢을 폐기함을 말한다.

48) 生 : 生은 財이다.

49) 清濁 : 律呂의 變이니, 黃鐘이 宮이 되면 濁하고 大呂가 角이 되면 清하다.

50) 勝 : 韋昭는 "勝은 擧이다."라고 하였으나 분명하지 않고, ≪國語讀本≫에서는 "聽力의 범위 안"으로 해석하였다.

51) 律度量衡 : 律은 音律, 度는 尺寸, 量은 斗斛, 衡은 斤兩이다. 즉 高低, 長短, 大小, 輕

用이 於是乎出이라 故로 聖人이 愼之하니이다 今②王이 作鐘也에 聽之弗及[52)]하며 比之不度[53)]하야 鐘聲은 不可以知龢하며 制度는 不可以出節[54)]하야 無益於樂하고 而鮮民財하리니 將焉用之리오

夫樂은 不過以聽耳하며 而美는 不過以觀目이니 若聽樂而震하며 觀美而眩이면 患莫甚焉하니이다 夫耳目은 心之樞機[55)]也라 故로 必聽龢而視正이니이다 聽龢則聰하며 視正則明하니 聰則言聽하며 明則德昭하니이다 聽言昭德이면 則能思慮純固하며 以言德於民하고 民歆[56)]而德之면 則歸心焉하리이다 上得民心하야 以殖義方[57)]이라 是以로 作無不濟하며 求無不獲하리니 然則能樂(락)하리이다 夫耳는 內(납)[58)]龢聲하며 而口는 出美言하야 以爲憲令하고 而布諸民하야 正之以度量하면 民以心力으로 從之不倦하나니 成事不貳는 樂之至也니이다 口內味而耳內聲[59)]하야 聲味生氣라 氣在口爲言하고 在目爲明이라 言以信名[60)]하고 明以時動[61)]하며 名以成政하고 動以殖生[62)]하나니 政成生殖은 樂之至也니이다 若視聽不龢하야 而有震眩이면 則味入不精하니 不精則氣佚하고 氣佚則不龢[63)]하니이다 於是乎有狂悖之言하며 有眩惑之明하며 有轉易之名하

重의 측량 표준을 말한다. 韋昭는 "黃鐘의 管에는 秬黍(기장) 1,200알이 들어가는데, 100알이 銖가 되니, 이것이 1龠이다. 龠의 2배가 合이 되고, 合의 무게는 1兩이다. 그러므로 律度量衡이 여기에서 생긴다고 한다."라고 하였다.

52) 聽之弗及 : 귀가 그 淸濁을 미처 알지 못한다.

53) 不度 : 鈞·石의 수에 맞지 않는 것.

54) 節 : 度·量·衡을 본받는 절도를 말한다.

55) 樞機 : 樞機는 發動이니, 마음에 하려는 것이 있으면 귀와 눈이 그것을 위하여 발동한다.

56) 歆 : 기뻐함과 같으니, 承服하는 것이다.

57) 以殖義方 : 殖은 세움이고, 方은 道이다.

58) 內 : 納과 같다. 아래도 같다.

59) 口內味而耳內聲 : 입이 五味를 받아들이면 귀가 五聲을 즐기고, 귀가 오성을 즐기면 志氣가 생긴다.

60) 信名 : 信은 審이고, 名은 號令이다.

61) 明以時動 : 보는 것이 밝으면 움직임이 그 때를 얻는다.

62) 動以殖生 : 殖은 長이니, 움직임이 그 때를 얻는 것은 재물이 늘어나게 되는 것이다.

며 有過慝之度[64]하야 出令不信이면 刑政放紛하고 動不順時하면 民無據依하니 不知所力하야 各有離心하리이다 上失其民하야 作則不濟하고 求則不獲하리니 其何以能樂하리잇고 三年之中에 而有離民之器二[65]焉하니 國其危哉인저하다

王弗聽하고 問之伶州鳩하니 對曰 臣之守官弗及也[66]니이다 臣聞之하니 琴瑟은 尙宮하며 鐘은 尙羽하며 石은 尙角하며 匏竹은 利制[67]하되 大不踰宮하며 細不過羽라하니이다 夫宮은 音之主也[68]요 第以及羽하니이다 聖人은 保樂(악)而愛財하사 財以備器하고 樂以殖財[69]라 故로 樂器重者는 從細하고 輕者는 從大[70]하니 是以로 金尙羽하며 石尙角하며 瓦絲尙宮하며 匏竹尙議하며 革木一聲이니이다

夫政象樂하고 樂從和하고 和從平하니 聲以龢樂하고 律以平聲하되 金石以動之하며 絲竹以行之하며 詩以道之하며 歌以詠之하며 匏以宣[71]之하며 瓦以贊之하며 革木以節之하니 物得其常曰樂極[72]이요 極之所集曰聲[73]이요 聲應相保曰龢요 細大不踰曰平[74]이니 如是而鑄之金하며 磨之石하며 繫之絲木하며 越之匏竹하며 節之

---

63) 若視聽不龢……氣佚則不龢 : 不和는 無射·大林이다. 만일 음악을 듣고 놀라며 색깔을 보고 현혹되면 五味가 들어가는 것이 정미하지 않게 되니, 오미가 들어가서 정미하지 않으면 기운이 방탕해져서 몸에 행해지지 않는다.

64) 有轉易之名 有過慝之度 : 慝은 惡이다. 轉易과 過惡은 첩의 아들을 適子에 짝하며, 장차 대신을 죽이려 함이다.

65) 二 : 大錢을 만들고 大鐘을 주조함을 말한다.

66) 守官弗及也 : 守官은 지키는 관직이다. 弗及은 미처 알지 못함이다.

67) 利制 : 利制는 聲音의 조화로 법을 삼으니, 존중하는 바가 없다.

68) 夫宮 音之主也 : 宮은 소리가 크므로 주장이 된다.

69) 保樂而愛財……樂以殖財 : 保는 安이고, 備는 具이고, 殖은 長이다. 옛날에 음악으로 풍토를 살펴서 농사를 다스렸으므로, 樂以殖財라고 하였다.

70) 樂器重者……從大 : 重은 금석을 말하고, 從細는 가는 소리를 존중함이니, 鐘이 羽를 존중하며 石이 角을 존중함을 말한다. 輕은 瓦·絲이니, 從大는 瓦·絲가 宮을 존중함을 말한다.

71) 宣 : 宣은 發揚함이다.

72) 物得其常曰樂極 : 物은 事이고, 極은 中이다.

73) 聲 : 中和가 모인 것을 말하여 正聲이라 한다.

74) 平 : 지금 無射에 大林이 있으면 이것은 不平이다.

皷而行之하야 以遂八風하니이다 於是乎氣無滯陰하며 亦無散陽[75]하고 陰陽序次하야 風雨時至하고 嘉生繁祉하야 人民龢利하고 物備而樂成하야 上下不罷(피)[76]라 故로 曰樂正이라하니이다 今細過其主[77]妨於正하며 用物過度妨於財하며 正害財匱妨於樂하니 細抑大陵하야 不容於耳는 非龢也[78]요 聽聲越遠은 非平也요 妨正匱財하야 聲不龢平은 非宗官之所司也니이다

夫有龢平之聲하면 則有蕃殖之財하니이다 於是乎道之以中德하며 詠之以中音커든 德音不愆하야 以合神人하니 神是以寧하며 民是以聽하니이다 若夫匱財用하며 罷民力하야 以逞淫心하고 聽之不龢하며 比之不度하야 無益於教하야 而離民怒神은 非臣之所聞也니이다하다

王不聽하고 卒鑄大鐘하야 二十四年에 鐘成한대 伶人告龢하다 王謂伶州鳩曰 鐘果龢矣라 對曰 未可知也니이다 王曰 何故오 對曰 上作器에 民備樂之면 則爲龢이니이다 今財亡民罷하야 莫不怨恨하니 臣不知其龢也니이다 且民所曹好는 鮮其不濟也요 其所曹惡는 鮮其不廢也라 故로 諺曰 衆心成城하고 衆口鑠金이라하니이다 今三年之中에 而害金[79]再興焉하니 懼一之廢也일까하노이다 王曰 爾老耄矣라 何知리오 二十五年에 王崩하고 鐘不龢[80]하다

〔校勘〕 ① 不 : 四部備要本에는 '弗'로 되어 있다. 아래도 같다.
② 今 : 四部備要本에는 '今'자가 없다.

---

75) 於是乎……散陽 : 적체되는 음이 발산하면 여름에 서리와 우박이 있다. 散陽은 陽이 잠복되지 않음이니, 겨울에 얼음이 없고 오얏나무와 매화나무가 열매를 맺는 따위이다.
76) 罷 : 勞(피로함)의 뜻.
77) 主 : 正(바르다)의 뜻.
78) 細抑大陵……非龢也 : 大聲이 능멸하고 細聲이 억눌려 듣지 못함을 말한다. 不容於耳는 귀로 들어 구별할 수 없음이다.
79) 害金 : 害金은 백성을 해치는 쇠이니, 錢・鐘을 말한다.
80) 王崩 鐘不龢 : 왕이 죽고 종이 조화되지 않음을 말한 것은 樂工이 아첨했음을 밝힌 것이다.

23년에 왕이 장차 無射 음률의 종을 주조하고, 大林 음률의 덮개를 만들려 하니, 單穆公이 말하였다.

"안 됩니다. 重幣를 만들어서 백성의 자산을 끊으셨고, 또 큰 종을 주조해서 그 끊어진 자산의 이어짐을 적게 하시니, 만일 쌓은 小錢을 이미 잃게 하고서 또 그 끊어진 자산의 이어짐을 적게 한다면, 자산이 어찌 증식되겠습니까? 또 종은 소리를 처음 일으키는 것[81]에 불과하니, 만약 無射에 大林이 있게 되면 귀가 미처 듣지 못할 것입니다. 무릇 종소리는 귀를 위한 것이거늘, 귀가 미처 듣지 못하는 것은 종소리가 아니니, 마치 눈이 보지 못하는 것은 눈을 위할 수 없는 것과 같습니다. 무릇 눈이 길이를 살피는 것은 步(6자), 武(3자), 尺(1자), 寸(1/10자)의 사이에 불과하고, 빛깔을 살피는 것은 墨(5자), 丈(10자), 尋(8자), 常(16자)의 사이에 불과합니다. 귀가 화합을 살피는 것은 淸濁의 사이에 있고, 그 청탁을 살피는 것은 한 사람이 듣는 데에 불과합니다. 그러므로 先王이 종을 만들 때에는 크기가 鈞[82]을 넘지 않고, 무게가 石(120근)을 지나치지 않은 것입니다. 음률과 길이 단위와 부피 단위와 무게 단위가 여기 〈12律에 의한 종〉에서 생기고, 크고 작은 기물이 여기에서 나옵니다. 그러므로 성인이 신중히 하셨습니다. 지금 왕께서 종을 만드시는데, 들어도 미처 듣지 못하고 비교하여도 법도에 맞지 않아서, 종소리는 화합하는지를 알 수 없으며 제도는 절도를 낼 수가 없어서, 음악에 도움이 없고 백성의 재물을 적게 하리니, 장차 어디에 쓰겠습니까?

음악은 귀로 듣는 것에 지나지 않으며 아름다움은 눈으로 보는 것에 지나지 않으니, 만일 음악을 듣고서 놀라며 아름다움을 보고서 현혹케 된다면, 근심이 이보다 심한 것이 없습니다. 귀와 눈은 마음의 樞機입니다. 그러므로 반드시 화합하는 소리를 들어야 하고 바른 것을 보아야 합니다. 화합하는 것을 듣게 되면 귀가 밝아지고, 바른 것을 보게 되면 눈이 밝아지니, 귀가 밝아지면 말이 들리며 눈이 밝아지면 덕이 밝아집니다. 말이 들리고 덕이 밝아지게 되면, 능히 생각이 純一해지고 굳게 되며, 말로 덕을 백성에게 베풀게 되고, 백성이 承服하여 덕스럽게 여기면 마음으로 歸附하게 될 것입니다. 임금이 민심을 얻어서 의로운 방도를 세우게 되는지라, 그러므로 하는 일마다 이루어지지 않음이 없으며 구하는 것마다 얻지 못함이 없으니, 그러하면 즐길 수 있습

---

81) 종은 소리를 처음 일으키는 것 : 八音(金・石・絲・竹・匏・土・革・木의 8가지 악기)을 연주할 때 금속 악기인 종으로 시작하여 연주함을 말한다.

82) 鈞 : 鈞音法. 7자 길이의 나무에 실을 매어 鈞法으로 한다.

니다. 귀는 조화로운 소리를 받아들이며 입은 아름다운 말을 내어서 法令이 되고 백성에게 반포하여 度量衡으로 바로잡으면 백성이 마음과 노력으로 따르기를 게을리 하지 않으니, 일을 이루는데 변하지 않는 것은 즐거움의 극치입니다. 입으로는 다섯 가지 맛을 받아들이고 귀로는 다섯 가지 소리를 받아들여 맛과 소리가 기운을 냅니다. 기운이 입에 있어서는 말이 되며 눈에 있어서는 눈 밝음이 됩니다. 말은 號令을 세심히 하게 되고 눈 밝음은 행동을 때에 맞게 하게 되며 호령은 정치를 이루게 되고 행동은 재물을 늘리게 되니, 정치를 이루고 재물을 늘림은 즐거움의 극치입니다. 만일 보거나 듣는 것이 화합되지 아니하여 놀라고 현혹됨이 있으면 다섯 가지 맛이 들어가는 것이 精美하지 아니하니, 정미하지 않으면 기운이 방탕해지고 기운이 방탕해지면 和合되지 않습니다. 이에 미치광스럽고 어긋나는 말이 있게 되며 현혹되는 안목이 있게 되며 바꿔치우는 호령이 있게 되며 잘못된 제도가 있게 되어서, 호령을 내어도 믿지 않으면 刑罰과 政務가 어지러워지고, 행동을 때에 따르지 않으면 백성이 의거할 바가 없게 되니, 힘쓸 바를 알지 못하여 각각 離反하는 마음이 있게 될 것입니다. 임금이 그 백성을 잃고서, 일을 하면 이루어지지 아니하고 구하면 얻지 못하게 될 것이니, 그 무엇으로 즐길 수 있겠습니까? 3년 중에 백성을 이반시키는 기물이 두 가지가 있으니, 국가가 위태로워질 것입니다."

왕이 듣지 아니하고 악관인 州鳩에게 물으니, 대답하였다.

"臣의 관직 소관으로는 미처 알 만한 것이 아닙니다. 臣이 듣건대, '琴과 瑟은 宮을 존중하며[83] 鐘은 羽를 존중하며 石은 角을 존중하며 匏와 竹은 조화로이 하는 법을 쓰는데, 큰 소리는 宮을 넘어가지 않으며 가는 소리는 羽를 지나치지 않아야 한다.'라고 합니다. 宮은 음의 주장이고, 차례로 羽에 미쳐 갑니다. 성인은 음악을 편하게 여기며 재물을 아껴서 재물로 악기를 마련하고 음악으로 재물을 생식시킵니다. 그러므로 악기가 무거운 것은 가는 소리를 따르고 가벼운 것은 큰 음을 따르니, 그러므로 金은 羽를 존중하며 石은 角을 존중하며 瓦(缶)와 絲는 宮을 존중하며 匏와 竹은 조화로운 것을 존중하며 革과 木은 한 가지 소리[84]입니다.

---

83) 琴과 瑟은 宮을 존중하며…… : 이 이하는 五音에 八音을 적용하여 설명한 것이다. 五音은 宮(도)·商(레)·角(미)·徵(솔)·羽(라)의 음계이고, 八音은 金(鐘)·石(磬)·絲(絃)·竹(管)·匏(笙)·土(壎)·革(鼓)·木(柷敔)의 8가지 재료로 만든 악기이다.

정치는 음악을 본뜨고 음악은 調和를 따르고 조화는 고르게 함을 따르니, 五聲으로 음악을 조화로이 하고 12율로 소리를 고르게 하되, 金과 石으로 발동하며 絲와 竹으로 이어 연주하며 詩로 말을 하며 노래로 읊으며 匏로 발양하며 瓦로 도우며 革과 木으로 節度를 맞춥니다. 사물이 정상을 얻는 것을 음악의 極이라 하고 極이 모이는 것을 聲이라 하고 소리가 응해서 서로 안정되는 것을 和라 하고 작거나 큰 것이 넘치지 않는 것을 平이라 하니, 이와 같은 데에는 金(종)을 주조하며 石(경쇠)을 갈아 만들며 絲(줄)를 木(나무)에 달아 琴・瑟을 만들며 匏(바가지)에 구멍을 뚫어 竹(대나무)을 끼워넣어 笙을 만들며 鼓(북)의 대소를 조절하여 사용해서 八風[85]에 순응합니다. 이에 기운은 적체되는 陰이 없으며 또한 흩어지는 陽이 없고 음양이 차례 지어서 비와 바람이 때로 이르게 되고 아름다움이 생기며 복이 많게 되어서 백성들이 화합하며 이롭게 되고 물건이 비축되고 음악이 이루어져서 위와 아래가 피곤하지 않게 됩니다. 그러므로 말하기를 음악이 바르다고 하는 것입니다. 지금 細聲[86]이 그 바름을 지나쳐서 正聲을 해치고 물건을 사용하는 것이 도에 지나쳐서 재물을 해치며 바른 소리가 해를 받으며 자재가 고갈되어서 음악에 해롭게 되니, 細聲은 억눌리고 大聲[87]은 능멸하여 귀로 들어서 변별하지 못하는 것은 조화가 아니고, 〈가는 무역의〉 소리를 들음이 멀리까지 들리는 것은 平正이 아닙니다. 正聲이 해롭게 되고 재물이 고갈되어서 소리가 조화・평정되지 않는 것은 宗官[88]이 맡는 일이 아닙니다.

화평한 소리가 있게 되면 많은 재물이 있게 됩니다. 이에 中庸의 덕을 말하며 中和의 음을 읊게 되면, 덕스런 소리가 그릇되지 않아서 신과 사람에게 합치되니, 신은 이것으로 인해서 편안하게 되며 백성은 이것으로 인해서 따르게 됩니다. 재물과 용도를 고갈시키며 백성의 노력을 피로케 해서 탐욕의 마음을 시원히 달성하고, 들어도 화합

---

84) 한 가지 소리 : 淸濁의 변화가 없이 한 가지 소리를 냄.

85) 八風 : 八音에 대응되는 여덟 가지 바람. 正西는 兌라 하니 金이 되고 閶闔風이 된다. 西北은 乾이라 하니 石이 되고 不周風이 된다. 正北은 坎이라 하니 革이 되고 廣莫風이 된다. 東北은 艮이라 하니 匏가 되고 融風이 된다. 正東은 震이라 하니 竹이 되고 明庶風이 된다. 東南은 巽이라 하니 木이 되고 淸明風이 된다. 正南은 離라 하니 絲가 되고 景風이 된다. 西南은 坤이라 하니 瓦가 되고 凉風이 된다.

86) 細聲 : 無射을 말한다.

87) 大聲 : 大林을 말한다.

88) 宗官 : 宗伯. 악관의 소속이다.

되지 않으며 비교해도 법도에 맞지 않아 교화에 이익이 없어서 백성을 이반시키며 신을 노하게 하는 것과 같은 것은 臣이 들은 바가 아닙니다."

왕은 듣지 아니하고, 마침내 大鐘을 주조해서 24년에 종이 완성되었는데, 樂官이 조화로운 소리가 난다고 고하였다. 왕이 악관인 주구에게 말하기를 "종이 과연 조화로운 소리가 났다!" 하니 州鳩가 대답하였다. "아직 알 수 없습니다." 왕이 말하기를 "무슨 까닭인가?" 하니, 대답하였다. "임금께서 기물을 만드심에 백성이 모두 즐거워하면 조화가 됩니다. 지금 재물이 망실되고 백성이 피로해서 원망하지 않는 사람이 없으니, 臣은 그것이 조화로운 것인지 알지 못하겠습니다. 또 백성들이 좋아하는 것은 이루어지지 않는 것이 적고, 백성들이 싫어하는 것은 폐기되지 않는 것이 적습니다. 그러므로 속담에 말하기를 '여러 사람의 合心은 城도 이루게 할 수 있고, 여러 사람의 비방은 쇠도 녹일 수 있다.'라고 합니다. 지금 3년 동안 해롭게 하는 쇠붙이 사건이 두 번이나 일어났으니, 한 가지가 폐기될까 저어합니다." 왕이 말하였다. "너는 늙어 혼미하다. 어찌 알겠느냐?"

25년에 왕이 죽고, 종은 조화되지 않았다.

31. 景王問鐘律於伶州鳩 景王이 鐘의 律을 악공인 州鳩에게 묻다

【大義】 사람〔人〕·신(神)·수(數)·성(聲)은 서로 호응한다.

王將鑄無射할새 問律於伶州鳩하니 對曰 律[89]은 所以立均[90]出度(도)也니이다 古之神瞽[91]가 考中聲而量之以制[92]하고 度(탁)律均鐘하야 百官軌儀[93]호대 紀之以

---

89) 律 : 12律. 六律과 六呂. 陽은 律이 되고, 陰은 呂가 된다. 六律은 黃鐘·大蔟·姑洗·蕤賓·夷則·無射이고, 六呂는 林鐘·中呂·夾鐘·大呂·應鐘·南呂이다.

90) 均 : 종에 운을 고르게 하는 나무. 調律器. 韋昭는 "均은 종에 운을 고르게 하는 나무이다. 길이가 7척이고, 줄을 매달아서 鐘을 고르게 하는 것인데, 종의 大小와 淸濁을 헤아리는 것이다. 漢나라의 大予 악관이 가지고 있었다."라고 하였다. 이에 대하여 均을 '音階'로 풀이한 견해도 있다.(≪國語讀本≫)

91) 神瞽 : 옛날의 樂正. 天道를 아는 사람이었다.

92) 考中聲而量之以制 : 考는 '合'의 뜻이고, 制는 制樂이다. 韋昭는 "考는 合이니, 中和의 聲을 합하여 헤아려서 음악을 제정한다."라고 하였다.

三[94]하며 平之以六[95]하야 成於十二[96]하니 天之道也[97]니이다 夫六은 中之色也[98]라 故로 名之曰黃鐘[99]이라하니 所以宣養六氣九德也[100]니이다 由是第之면 二曰大蔟(주)니 所以金奏贊陽出滯也요 三曰姑洗이니 所以脩潔百物하야 考神納賓也요 四曰蕤賓이니 所以安靖神人하야 獻酬交酢也요 五曰夷則이니 所以詠歌九則하야 平民無貳①也요 六曰無射이니 所以宣布哲人之令德하야 示民軌儀也니이다 爲之六閒[101]하야 以揚沈伏하고 而黜散越也하니 元閒은 大呂니 助宣物也요 二閒은 夾鐘이니 出四隙[102]之細也요 三閒은 中②呂니 宣中氣也[103]요 四閒은 林鐘이니 和展百事하야 俾莫不任肅純恪也[104]요 五閒은 南呂니 贊陽秀[105]也③요 六閒은 應鐘이니 均利器用하야 俾應復也[106]니이다

---

93) 百官軌儀 : 軌는 道이고, 儀는 法이다.……그것으로 百事의 道法을 확립한다.

94) 三 : 天·地·人을 말한다.

95) 六 : 6律을 말한다.

96) 十二 : 12律呂를 말한다.

97) 天之道也 : 하늘의 大數는 12를 넘지 않는다.

98) 夫六 中之色也 : 11월을 황종이라 한다.……11로 天地를 다하여서, 六이 가운데가 된다.

99) 黃鐘 : 黃은 중앙 색이다. 鐘은 陽氣가 아래에 모이는 것을 말한다.

100) 宣養六氣九德也 : 宣은 徧이다. 六氣는 陰·陽·風·雨·晦·明이다. 九德은 水·火·金·木·土·穀·正德·利用·厚生이다.

101) 六閒 : 閒은 중간에 끼인 것으로 呂를 말한다. 韋昭는 "六呂가 陽律의 사이에 있는 것이다."라고 하였다.

102) 四隙 : 四時의 閒氣가 微細한 것이다.

103) 宣中氣也 : 陽氣가 속에서 발로되어 4월에 이르러 밖으로 펼쳐진다.

104) 和展百事 俾莫不任肅純恪也 : 展은 살핌이다. 肅은 빠름이다. 純은 큼이다. 恪은 공경함이다. 말하기를, 時務를 살펴 百事에 거짓된 일이 없어서, 그로 하여금 그 직책의 일을 담당하여 그 공을 빠르게 하며 그 직책을 매우 경건히 하지 않는 것이 없게 한다.

105) 秀 : 꽃이 피고 이삭이 패지 않은 것을 秀라 한다.

106) 均利器用 俾應復也 : 百器가 구비되며 時務가 고르게 이로워서, 百官의 기물의 쓰임과 알맞은 여러 물품이 모두 그 예에 응하며 그 평상을 회복하게 한다.

律呂不易하면 無姦物也[107]니이다 細鈞[108]에 有鐘無鎛은 昭其大也[109]요 大鈞[110]에 有鎛無鐘[111]과 甚大無鎛은 鳴其細也[112]니 大昭小鳴은 和之道也니이다 龢平則久하고 久固則純[113]하고 純明則終[114]하고 終復則樂하니 所以成政也라 故로 先王이 貴之[115]하니이다

王曰 七律[116]者는 何오 對曰 昔武王伐殷에 歲在鶉火[117]하고 月在天駟[118]하고 日在析木之津[119]하고 辰(신)在斗柄[120]하고 星在天黿[121]하야 星與日辰之位가 皆在北維[122]하니 顓頊之所建也요 帝嚳受之[123]니이다 我姬氏는 出自

---

107) 無姦物也 : 神은 간사한 행위가 없고 사물은 해로움이 생기지 않는다.

108) 細鈞 : 細는 작은 소리로 角·徵(치)·羽를 말한다. 鈞은 조화이다.

109) 有鐘無鎛 昭其大也 : 鐘은 大鐘이고, 鎛은 小鐘이고, 昭는 밝힘이다. 有鐘無鎛은 둘 다 가는 소리이면 서로 화합하지 않으므로 鐘으로 절도를 맞추는 것을 말한다. 그 큰 소리를 밝게 하는 것은 큰 소리로 가는 소리를 화평케 함이다.

110) 大鈞 : 大는 宮·商을 말한다.

111) 有鎛無鐘 : 宮·商을 연주하여 단지 鎛만 있고 鐘이 없으면 두 가지 큰 소리가 서로 화합하지 않으므로 鐘을 버리고 鎛을 써서 작은 소리로 큰 소리를 화평케 한다.

112) 甚大無鎛 鳴其細也 : 甚大는 큰 소리를 같이 숭상함을 말하니, 또한 鎛을 버리고 다만 그 가는 소리만 울리는 것이다. 細는 絲·竹·革·木을 말한다.

113) 久固則純 : 韋昭는 "固는 편안함이다.……음악 소리를 방출함에 화합하였다."라고 하였다. '從之 純如也'는 ≪論語≫ 〈八佾〉篇의 글로 〈集注〉에 "純은 화합함이다."라고 하였다.

114) 終 : 음악의 一章을 이룸을 말한다.

115) 貴之 : 그 화평을 귀중하게 여겼다.

116) 七律 : 5律인 宮·象·角·徵·羽와 變宮·變徵를 합해서 7律이 된다.

117) 歲在鶉火 : 歲는 歲星(木星)이다. 鶉火는 별자리 이름이니, 周나라 分野이다.……이 때에 張宿(장수)의 13도에 있었다. 張은 鶉火이다.

118) 天駟 : 房星이다.

119) 日在析木之津 : 津은 天漢(은하수)이다. 析木은 별자리 이름이니, 尾 10度에서 斗 11度까지가 析木이다. 그 사이가 漢津(은하수)이 된다.

120) 辰在斗柄 : 辰은 日月의 모임이다.……이 날에 月이 북두칠성 자루쪽 1도에서 합쳐 모였다.

121) 星在天黿 : 星은 별 이름으로, 辰星을 말한다. 天黿은 별자리 이름으로, 일명 玄枵이다.

天黿124)하야 及析木者히 有建星及牽牛焉125)하니 則我皇妣大姜之姪伯陵之後逢公之所馮④神也126)니이다 歲之所在는 則我有周之分野也127)요 月之所在는 辰馬農祥也128)니 我太祖后稷之所經緯也니이다 王欲合是五位三所而用之129)하시니 自鶉及駟히 七列也130)요 南北之揆七同也131)니이다 凡神人⑤은 以數合之하며 以聲昭之하니 數合聲龢然後에 可同也라 故로 以七로 同其數하며 而以律로 龢其聲하니 於是乎有七律하니이다

---

122) 星與日辰之位 皆在北維 : 星은 辰星이니, 須女에 있다. 해가 析木의 津에 있고 辰이 斗柄에 있으므로, 모두 北維에 있게 된다. 北維는 北方의 水位이다.

123) 顓頊之所建也 帝嚳受之 : 韋昭의 注를 요약 설명하면, 顓頊이 水德으로 북방에서 임금 노릇을 하였고 이 수덕을 이어 周나라 선조인 帝嚳이 木德으로 임금 노릇을 하였는데, 지금 주나라의 목덕이 殷나라의 수덕을 이은 것은 帝嚳이 顓頊을 이은 것과 같은 것이라고 하였다. 五行相生에 의하면 水가 木을 낳으므로, 王朝의 차례도 이 상생법을 따라 이어받았다는 말이다.

124) 我姬氏 出自天黿 : 姬氏는 周나라 姓이다. 天黿은 즉 玄枵니 齊나라의 分野이다. 주나라의 皇妣이면서 王季의 어머니인 太姜은 逢伯陵의 후손으로 齊나라 여인이므로, 天黿에서 나왔다고 하였다.

125) 及析木者 有建星及牽牛焉 : 析木·建星·牽牛는 모두 水宿(수수)로서 水類에 속한다.

126) 逢公之所馮神也 : 逢公이 죽어 제나라가 속한 天黿의 별에 짝하여 神主가 됨을 말한 것이다.

127) 有周之分野也 : 有周의 有는 국가 앞에 붙이는 助詞. 分野는 분할된 해당 성좌가 지배하는 地上의 범위이다.

128) 月之所在 辰馬農祥也 : 辰馬는 房·心星을 말한다. 心星이 소재한 大辰의 별자리가 天駟가 된다. 駟는 馬이므로, 辰馬라고 한다. 달이 房에 있어서 農祥의 상서로움에 알맞음을 말한다. 祥은 象과 같다. 房星은 農正이고 農事가 일어나므로, 農祥이라고 말하였다.

129) 王欲合是五位三所而用之 : 王은 武王이다. 五位는 歲·月·日·星·辰이다. 三所는 逢公이 神을 의지한 곳, 周나라 分野가 있는 곳, 后稷이 經緯한 곳이다.

130) 自鶉及駟 七列也 : 張·翼·軫·角·亢·氐·房을 말한다.

131) 南北之揆七同也 : 남방 午에서 未·申·酉·戌·亥와 북방 子까지 12支에서 7곳에 걸침을 말한다. 揆는 度이고, 七同은 七律에 합치됨을 말한다.

王以二月癸亥夜에 陳호대 未畢而雨하니 以夷則之上宮[132]으로 畢之⑥하시니이다 當辰[133]에 辰[134]在戌上이라 故로 長[135]夷則之上宮하고 名之曰羽라하니 所以藩屛民則也[136]니이다 王以黃鐘之下宮[137]으로 布戎于牧之野라 故로 謂之厲라하니 所以厲六師也요 以大蔟之下宮으로 布令於商하사 昭顯文德하시며 底紂之多辠⑦라 故로 謂之宣이라하니 所以宣三王[138]之德也니이다 反及嬴⑧內(예)하사 以無射之上宮으로 布憲施舍[139]於百姓이라 故로 謂之嬴⑨亂[140]이라하니 所以優柔容民也니이다

〔校勘〕 ① 貳 : 汪遠孫의 ≪國語明道本攷異≫에는 '貳'가 '貸'(특)의 오자이고, '貸'·'忒'·'貣'은 통용된다고 하였다. 이에 의하면 '백성을 이루어 주어 잘못됨이 없게 하는 것이고'로 번역된다.

② 中 : 四部備要本에는 '仲'으로 되어 있다.

③ 也 : 汪遠孫의 ≪國語明道本攷異≫에는 '物也'로 되어 있어 '物'자를 보충해야 한다고 하였다.

④ 馮 : 四部備要本에는 '憑'으로 되어 있는데 통용한다.

⑤ 凡神人 : 四部備要本에는 '凡人神'으로 되어 있다.

⑥ 之 : 四部備要本에는 '之'자가 없다.

⑦ 辠 : 四部備要本에는 '罪'로 되어 있는데, 辠는 '罪'의 古字이다.

⑧ 嬴 : 汪遠孫의 ≪國語明道本攷異≫에는 '羸'로 해야 한다고 하였는데, '羸'(리)는 '嫣'와 음이 같고, '嬴'(영)은 음이 어울리지 않기 때문이라고 하였다.

⑨ 嬴 : 四部備要本에는 '羸'로 되어 있다. 黃丕烈의 札記에는 '嬴'으로 해야 한다고 하였다.

---

132) 上宮 : 上宮은 夷則으로 宮聲을 내는 것이다.
133) 當辰 : 辰은 時이다.
134) 辰 : 辰은 日月의 만나는 곳이니, 斗柄이다.
135) 長 : 長은 먼저 사용함을 말한다.
136) 所以藩屛民則也 : 羽의 뜻은 능히 백성을 보호하여 법칙에 맞게 함이다.
137) 下宮 : 黃鍾이 아래에 있으므로 下宮이라 한다.
138) 三王 : 太王·王季·文王을 말한다.
139) 舍 : 죄를 용서함이다.
140) 嬴亂 : 嬴內에서 다스렸다는 뜻이다. 亂은 治로 풀이한다.

왕이 장차 無射 음률의 종을 주조하려 할 때에 악공인 州鳩에게 종의 律을 물으니, 대답하였다.

"律은 均을 확립하고 度量衡을 나오게 하는 것입니다. 옛날에 神瞽라는 사람이 中和의 소리를 조합해서 이를 헤아려 음악을 제정하고 12律을 헤아려 종을 고르게 하여 온갖 일에 기준이 되게 하였는데, 셋으로 기강을 삼고 여섯으로 소리를 고르게 하고 열둘에서 이루었으니, 하늘의 道입니다. 여섯은 가운데 色입니다. 그러므로 이름하기를 黃鐘이라 하니, 두루 六氣와 九德을 기르게 되는 것입니다. 이로 말미암아서 그것을 차례로 하면, 두 번째는 太蔟니 金을 나오게 하여[141] 陽을 도와서 막힌 것을 뚫고 나오게 하는 것이고, 세 번째는 姑洗이니 온갖 만물이 깨끗해져서 神과 합하고 손님을 맞이하는 것이고, 네 번째는 蕤賓이니 귀신과 사람을 편안하게 해서 술을 권하고 따르게 하는 것이고, 다섯 번째는 夷則이니 九德의 법칙을 노래하여 백성을 이루어 주어 의심이 없게 하는 것이고, 여섯 번째는 無射이니 훌륭한 임금들의 아름다운 덕을 두루 펴서 백성에게 도의를 보이는 것입니다. 六間을 만들어서 침체된 것을 발양하고 흩어지는 것을 제거하는 것입니다. 첫 번째 介在되어 있는 음률은 大呂니 陽을 도와서 만물을 발산시키고, 두 번째 개재되어 있는 음률은 夾鐘이니 사시사철의 중간 기운이 작은 것을 발생하는 것이고, 세 번째 개재되어 있는 음률은 中呂니 속에 있는 기운을 발산시키는 것이고, 네 번째 개재되어 있는 음률은 林鐘이니 온갖 일을 조화로이 살펴 직책을 맡아서 功을 재빨리 이루게 하며 크게 敬虔토록 하지 않는 것이 없게 하고, 다섯 번째 개재되어 있는 음률은 南呂니 陽의 이삭이 패게 함을 도와주고, 여섯 번째 개재되어 있는 음률은 應鐘이니 時務가 고르게 이로우며 기물이 쓰여서 그 예에 응하며 평상을 회복하게 하는 것입니다.

六律과 六呂가 바뀌지 않으면 神의 간사함과 사물의 해로움이 없습니다. 가는 소리의 조화에 큰 鐘만 있고 작은 鎛이 없는 것은 그 큰 소리를 밝게 하는 것입니다. 큰 소리의 조화에 작은 鎛만 있고 큰 鐘이 없는 것과 큰 소리를 숭상하는 데에 작은 鎛이 없는 것은 그 가는 소리를 울리는 것이니, 큰 소리가 밝고 작은 소리가 울림은 화평의

141) 太蔟니 金을 나오게 하여 : 太蔟는 商에 해당하고 金의 象이다. 奏는 蔟와 音이 통하고 '나아가다'로 풀이하였다.

도입니다. 〈소리가〉 화평하게 되면 오래가고, 오래가며 편안하면 화합하고, 화합하며 밝으면 1章을 이루고, 1장을 이루어 반복하면 즐거우니, 정치를 이루게 되는 것입니다. 그러므로 선왕이 화평을 귀중하게 여겼습니다."

왕이 묻기를 "7律이란 무엇인가?" 하니, 대답하였다. "옛날 武王께서 殷나라를 칠 적에 歲星이 鶉火에 있었고, 달은 天駟에 있었고, 해는 析木의 津에 있었고, 辰은 斗柄(북두칠성 자루별)에 있었고, 星은 天黿에 있어서 辰星과 해와 달이 만나는 위치가 모두 北維에 있었으니, 顓頊께서 그 분야에서 나라를 세우셨고 帝嚳께서 그를 이어받았습니다. 우리 姬氏는 天黿의 太姜으로부터 나와서 析木에 이르기까지 建星과 牽牛가 있으니, 우리 皇妣 太姜의 조카이며 伯陵의 후예인 逄公이 의지한 神입니다. 歲星이 있는 곳은 우리 周나라의 分野이고 달이 있는 곳은 房星과 心星의 농사짓는 상서로움이 있으니, 우리 太祖 后稷께서 다스렸던 곳입니다.

武王께서 이 다섯 곳의 위치와 세 가지를 합하여 쓰려 하셨으니 鶉火로부터 天駟에 이르기까지 일곱 별이 나열되어 있고, 남과 북의 度數는 7개가 합치되었습니다. 무릇 神과 사람을 결합하는 음악은 數로 합하고 소리로 밝히니, 수로 합하고 소리로 화합한 연후에 합치될 수 있습니다. 그러므로 7로 그 수를 합치하며 율로 그 소리를 화합시키니, 이에 7률이 있게 되었습니다.

武王께서 2월 癸亥日 밤에 陣을 치시는데 아직 마치지 못했을 때 비가 내리니, 夷則의 上宮 음조를 써서 진 치기를 마쳤습니다. 당시에 辰이 戌자리의 위에 있었기 때문에 이칙의 상궁을 우선 사용하고 이름하기를 '羽'라 하니, 백성을 보호하여 법칙에 맞게 하기 위한 것이었습니다.

무왕이 黃鐘의 下宮으로 牧野에서 군사를 포진했기 때문에 그것을 말하여 '厲'라 하니 六師를 격려하기 위한 것이고, 太蔟의 하궁으로 명령을 商나라에 발포하사 문왕의 덕을 밝게 빛내셨으며 紂의 많은 죄를 극도로 다스렸기 때문에 그것을 말하기를 '宣'이라 하니, 三王의 덕을 펴기 위한 것이었습니다. 돌아와 嬴內에 이르러 無射의 上宮으로 법을 발포하시고 백성에게 은혜를 베풀며 죄를 용서해 주셨기 때문에 그것을 말하여 嬴內의 다스림이라 하였으니 너그럽고 편안하게 백성을 포용하기 위한 것이었습니다."

32. 賓孟見雄鷄自斷其尾 賓孟이 수탉이 자기 꼬리를 스스로 자르는 것을 보다

【大義】 야심가들의 정권 쟁취 노력.

景王이 旣殺下門子142)에 賓孟143)適郊라가 見雄雞自斷其尾하고 問之하니 侍者曰 憚144)其犧也니이다하다 遽歸告(곡)王145)曰 吾見雄雞自斷其尾한대 而人曰 憚其犧也라하니 吾以爲信畜矣라하노이다 人犧實難146)이나 己犧何害147)리잇가 抑其惡(오)爲人用也乎인댄 則可也어니와 人異於是148)하니 犧者는 實用人也149)니이다하되 王弗應하다 田于鞏할새 使公卿으로 皆從하고 將殺單子150)라가 未克而崩151)하다

景王이 下門子를 죽이고 난 후에 賓孟이 교외에 나갔다가 수탉이 자기의 꼬리를 스스로 자르는 것을 보고 물으니, 시중드는 사람이 말하기를 "희생이 될까 겁

142) 下門子 : 周나라 大夫. 王子 猛의 傅. 下門子를 죽인 이유를 韋昭는 "景王은 適子가 없었고 왕자 猛을 세웠으나 또 왕자 朝를 세우려 하였으므로, 우선 猛의 傅인 하문자를 죽였다."라고 하였다.

143) 賓孟 : 周나라 大夫. 王子 朝의 傅 賓起.

144) 憚 : 憚은 懼이다.

145) 遽歸告王 : 賓孟이 경왕의 뜻을 알았다. 희생의 아름다움을 느끼고 왕자 朝에 생각이 미쳐 얼른 돌아와 왕에게 말해 朝를 세우도록 권하였다.

146) 人犧實難 : 人犧는 雞를 말한다. 사람에게 犧牲이 되는 것은 실로 어려우니, 살해당하게 될 것을 말한다.

147) 己犧何害 : 己는 왕자 朝를 말한다.……임금의 면류관 복장은 犧牲(닭 벼슬)과 비슷하므로, 그것으로 비유하였다.

148) 人異於是 : 닭과 다르니, 사람의 아름다움은 마땅히 임금이 되어야 하고 宗廟를 섬겨야 한다.

149) 犧者 實用人也 : 스스로 희생이 되는 자는 사람을 다스릴 수 있다. '用'은 '治'의 뜻이다.

150) 單子 : 單穆公을 말한다.

151) 未克而崩 : 克은 能이다. 景王이 왕자 猛을 폐하고 왕자 朝로 갈아세우려 하였는데 따르지 않을까 우려하여 선자를 죽이려 하였다. 心疾을 만나서 죽었으므로 未能이라고 하였다.

내서입니다." 하였다. 바로 돌아와 왕께 고하기를 "제가 수탉이 스스로 그 꼬리를 자르는 것을 보았는데 사람들이 '그 희생이 될까 두려워함이다.'라 하니, 저는 생각건대 진실로 짐승답습니다. 닭이 사람에게 희생이 되는 것은 실로 어려운 일이지만, 왕자 朝가 희생처럼 임금이 되는 게 어찌 해롭겠습니까. 닭이 사람에게 쓰임을 싫어해서 제 꼬리를 자르는 것일진댄 괜찮지만 사람은 닭과 다릅니다. 희생이 되는 것은 실로 사람을 다스리게 되는 것입니다." 하였으나, 왕은 응하지 않았다.[152] 鞏[153] 땅에서 사냥할 때에 공경들로 하여금 다 따르게 하고, 單子를 죽이려 하다가 죽이지 못하고 왕이 죽었다.

33. 劉文公與萇弘欲城成周 劉文公이 萇弘과 成周에 城을 쌓으려 하다

【大義】 衰運에 당한 王朝를 유지시키려 하면 함께 멸망한다.

敬王[154]十年에 劉文公[155]이 與萇弘으로 欲城成①周[156]하야 爲之告(곡)晉하다 魏獻子[157]爲政한대 說(열)萇弘而與之하고 將合諸侯하다 衛彪傒가 適周라가 聞之하고 見單穆公曰 萇劉②는 其不沒③乎인저 周詩有之曰 天之所支는 不可壞也요 其所壞는 亦不可支也라하니이다 昔武王이 克殷하시고 而作此詩也하사 以爲飫(어)歌[158]하시고 名之曰支라하시고 以遺後之人하사 使永監焉하시이니다 夫禮之立成[159]者爲飫니 昭明大節而已요 少曲④與焉[160]이라 是以로 爲之日惕은 其欲

---

152) 응하지 않았다 : 韋昭는 "그 뜻을 깨우치고 대신(單穆公)을 두려워하였다."라고 하였다.

153) 鞏 : 河南縣.

154) 敬王 : 周나라 26代 王. 悼王의 아우. 이름은 丐(개).

155) 劉文公 : 敬王 때의 卿士. 이름은 卷.

156) 欲城成周 : 성을 쌓으려는 이유는, 景王의 군대가 왕자 朝의 군대와 싸워 패배하자 晉나라의 구원으로 成周에 들어갔고, 왕자 朝는 楚나라로 망명하였으나 그의 잔당이 王城인 洛邑에 많았으므로, 경왕은 두려워하여 晉나라에 청하여 성을 쌓아 호위하려 했기 때문이다.

157) 魏獻子 : 晉나라의 正卿. 이름은 舒.

158) 飫歌 : 서서 행하는 宴禮 때에 부르는 노래.

教民戒也니이다 然則夫支之所道者는 必盡知天地之爲[161])也요 不然이면 不足以遺後之人하니이다 今萇劉欲支天之所壞하니 不亦難乎잇가 自幽王而天奪之明하사 使迷亂棄德하고 而卽慆⑤淫하야 以亡其百姓하니 其壞之也久矣어늘 而又將補之면 殆不可矣니이다 水火之所犯도 猶不可救온 而況天乎잇가 諺曰 從善如登이요 從惡如崩이라하니이다 昔孔甲[162])亂夏에 四世而殞[163])하고 玄王[164])勤商에 十有四世而興[165])이러니 帝甲[166])亂之에 七世而殞[167])하고 后稷勤周에 十有五世而興[168])이러니 幽王亂之에 十有四世〈矣〉⑥[169])니이다 守府之謂多어늘 胡可興也[170])잇가 夫周는 高山廣川大藪也라 故로 能生之良材하되 而幽王蕩하야 以爲魁陵糞土溝瀆하니 其有悛乎[171])잇가

單子曰 其咎孰多오 曰萇叔[172])必速及하리니 夫將⑦以道補者[173])也니이다 夫天道는

---

159) 立成 : 立成은 서서 예를 행함이니, 앉지 않는다.

160) 昭明大節而已 少曲與焉 : 節은 體이고, 曲은 章曲이고, 與는 類이니, 飫禮는 백성에게 경계함을 가르치기 위하여 대체를 밝힐 뿐이므로, 그 시와 음악에 章曲・威儀가 적고 부류가 적음을 말한다.

161) 天地之爲 : 유지하거나 파괴하는 것을 말한다.

162) 孔甲 : 禹의 14世孫.

163) 四世而殞 : 孔甲에서 桀에 이르러 4世 만에 망하였다.

164) 玄王 : 契을 말한다.

165) 十有四世而興 : 契에서 湯에 이르러 14世 만에 천하를 소유하였다.

166) 帝甲 : 湯의 25세손.

167) 七世而殞 : 紂에 이르러 7世 만에 망하였다.

168) 十有五世而興 : 后稷에서 文王에 이르기까지 15世이다.

169) 幽王亂之 十有四世〈矣〉 : 韋昭는 "유왕에서 지금 敬王에 이르기까지 14世이다."라고 하였다. 유왕은 주나라 12대 왕이고, 경왕은 26대 왕이다.

170) 守府之謂多 胡可興也 : 夏・殷의 어지러움은 혹 4세 혹 7세에 망했는데 지금 周나라는 14세인데 德이 없이 구원하려 하니, 비록 망하지는 않았으나 창고 보관물을 지키는 것만도 天祿이 이미 많으니, 또 어찌 일어날 수 있겠는가!

171) 而幽王蕩 以爲魁陵糞土溝瀆 其有悛乎 : 蕩은 壞이다. 작은 언덕을 魁라 한다. 悛은 止이다. 幽王이 주나라의 법도를 敗亂하고 오히려 높은 산을 무너뜨려 언덕과 더러운 땅을 만들고 내와 늪을 끊어 도랑을 만들어서 그칠 때가 없었음을 말한 것이다.

道可而省不(부)⑧174)로되 萇叔은 反是하야 以誑劉子라 必有三殃하리니 違天이 一也요 反道二也요 誑人三也니이다 周若無咎인댄 萇叔이 必爲戮하리이다 雖晉魏子175)라도 亦將及焉하리니 若得天福이면 其當身乎176)인저 若劉氏는 則必子孫實有禍하리이다 夫子而棄常法하야 以從其私欲177)하고 用巧變하야 以崇天災하고 勤百姓하야 以爲己名하니 其殃大矣하리이다

是歲也에 魏獻子合諸侯之大夫於翟泉하고 遂田178)於大陸179)이라가 焚而死하다 及范中行(항)之難에 萇弘與之하니 晉人以爲討하야 二十八年에 殺萇弘하다 及定⑨王하야 劉氏亡하다

〔校勘〕 ① 成 : 四部備要本에는 '成'자가 없다.
② 劉 : 四部備要本에는 '弘'으로 되어 있는데 '劉'가 옳다.
③ 沒 : 四部備要本에는 '歿'로 되어 있는데 통용한다.
④ 曲 : 四部備要本에는 '典'으로 되어 있는데 '曲'이 옳다.
⑤ 慆 : 四部備要本에는 '慆'으로 되어 있는데, 汪遠孫의 ≪國語明道本攷異≫에 '慆'가 옳다고 하였다.
⑥ 〈矣〉 : 四部備要本에 의거하여 보충하였다.
⑦ 夫將 : 四部備要本에는 '將天', 汪遠孫의 ≪國語明道本攷異≫에는 '天將'으로 되어 있다.
⑧ 道可而省不 : 四部備要本에는 '導可而省否'로 되어 있는데, '道'는 '導'와 통용하고 '不'는 '否'와 통용한다.
⑨ 定 : 韋昭는 "貞으로 해야 한다."라고 하였다. 貞王은 周나라 28대 왕이고, 定王은 21대 왕이다.

---

172) 萇叔 : 萇弘이다. 叔은 字이다.
173) 以道補者 : 天道로 人事를 보충하려 하였다.
174) 道可而省不 : 道는 達이다. 省은 去이다.
175) 魏子 : 魏獻子.
176) 若得天福 其當身乎 : 자신의 몸에 당하면 재앙이 오히려 적고, 후손이 이어짐이 있으므로, 天福이 된다.
177) 從其私欲 : 成周에 성을 쌓으려 함이다.
178) 田 : 불을 놓아 사냥하는 것을 말한다.
179) 大陸 : 晉나라 늪지.

敬王 10년에 劉文公이 萇弘과 함께 成周에 성을 쌓으려 하여 그 때문에 晉나라에 고하였다. 魏獻子가 진나라의 정권을 잡고 있었는데, 萇弘을 좋아하여 그 일을 許與하고 제후를 모으려 했다. 衛나라 彪傒가 周나라에 갔다가 이 말을 듣고 單穆公을 만나서 말하였다.

"萇弘과 劉文公은 제대로 죽지 못할 것입니다. 〈周詩〉에 '하늘이 유지하는 것은 파괴할 수 없고, 하늘이 파괴하는 것은 유지할 수 없다.'라고 했습니다. 옛날에 武王께서 殷나라를 이기고 이 詩를 지어서 飫歌로 삼으시고, 이름하기를 '支'라고 하여 후세 사람들에게 남겨서 길이 살펴보게 하셨습니다. 禮를 서서 이루는 것이 '飫'니, 大體를 밝힐 뿐이고 章曲과 部類가 적습니다. 그러므로 날마다 삼가는 것은 백성에게 경계함을 가르치려는 것입니다. 그렇다면 '支'에서 말한 것은 반드시 천지가 하는 일을 다 알아야 할 것이고, 그렇지 아니하면 뒷사람에게 물려주기에 부족합니다. 지금 萇弘과 劉文公은 하늘이 파괴하는 것을 유지하려 하니, 또한 어렵지 않겠습니까! 幽王으로부터 하늘이 총명을 빼앗아서 어지럽게 하며 덕을 버리게 하고 음탕한 데에 나아가게 해서 그 백성들을 잃게 하였으니, 그 파괴시킨 것이 오래되었거늘, 또한 그것을 구원하려 한다면 옳지 않은 데에 가까울 것입니다. 물과 불이 침해하는 것도 오히려 구제할 수 없거늘, 하물며 하늘이겠습니까. 속담에 말하기를 '善을 따르기는 올라가는 것과 같이 어렵고 惡을 따르기는 무너지는 것과 같이 쉽다.'고 했습니다. 옛날 孔甲이 夏나라를 어지럽히자 4世 만에 망했고, 玄王이 商나라에서 열심히 일하자 14세 만에 일어났습니다. 帝甲이 어지럽히자 7세 만에 망했고, 后稷이 周에서 애쓰시자 15세 만에 일어났고, 幽王이 어지럽힌 것이 14세가 되었습니다. 지금 창고 물품을 지키는 것만도 多福한 일이라 말할 수 있거늘 어찌 일어날 수 있겠습니까? 대저 周나라는 높은 산과 넓은 내와 큰 늪이 있으므로 능히 훌륭한 인재를 내었는데, 유왕이 파괴하여 언덕과 더러운 땅과 도랑으로 만들었으니, 그 그침이 있겠습니까?"

單子가 말하기를 "그 죄는 누가 많겠소?" 하니, 답하였다. "萇叔이 반드시 속히 죄에 미칠 것이니, 그는 장차 天道로 人事를 보충하려 하는 자이기 때문입니다. 저 天道는 옳음을 달성하고 옳지 않음을 제거하는데, 萇叔은 이와 반대로 劉子를 미혹케 하였는지라 반드시 세 가지 재앙이 있으리니, 하늘을 거슬림이 첫째요 도를 반대로 한 것이 둘째요 사람을 미혹케 한 것이 셋째입니다. 周나라가 만일 망하지 않게 되면 萇叔은 반드시 죽임을 당할 것입니다. 晉나라 魏子도 또한 재앙에 미치게 될 것이니, 만약 天福을 얻는다면 재앙이 그 몸에만 미칠 것입니다. 劉氏와 같은 이는 반드시 자손에게 실로 재앙이 있을 것입니다. 저 사람들이 常法을 버리고서 사사로운 욕심을 따르고, 교묘한 변법을 써서 하늘의 재앙을 늘리고 백성을 고생시켜서 자신들의 명예를 삼으니, 그 재앙이 클 것입니다."

이 해에 魏獻子가 제후의 大夫를 翟泉에 모으고 大陸에서 불을 놓아 사냥하다가 불에 타 죽었다. 范氏·中行氏의 난리에 이르러 萇弘이 관여하였으니, 진나라 사람들이 토벌해서 28년에 장홍을 죽였다. 定王 때에 이르러 劉氏도 망하였다.

國語 제4권

魯語 上

魯나라는 姬姓의 나라이다. 武王은 周나라 건국에 공이 큰 周公 旦(기원전 ?~기원전 1104)을 曲阜(山東省 曲阜縣 曲阜)에 봉하여 魯公으로 삼았다. 그러나 주공은 封地로 가지 않고 남아서 무왕을 보좌하였다. 무왕이 죽자 아들 成王은 襁褓에 쌓여 있었다. 주공이 攝政을 하여 성왕을 돕게 되었고, 周公의 아들 伯禽을 曲阜에 봉하여 魯公으로 삼고 노나라로 가게 하였다. 이때 주공이 백금에게 훈계하기를 "나는 한 번 목욕하는 데에 머리털을 세 번 움켜쥐었고 한 번 식사하는 데에 세 번 뱉어내면서 나아가 선비를 맞이하면서도 천하의 현인을 잃을까 걱정하였다. 너는 노나라로 가거든 나라를 가졌다고 남에게 교만하지 말라." 하였다. 백금이 즉위한 후 管叔·蔡叔 등이 반란을 일으켰고, 淮夷와 徐戎도 반란을 일으켰다. 백금은 군대를 거느리고 가서 서융을 평정하여 노나라를 안정시켰다. 노나라의 계급은 侯爵이었다.

백금은 재위 46년 만에 죽고, 아들 考公 酋가 계승하였고, 이후 아우와 아들로 계승되다가 惠公 46년에 혜공이 죽자 그의 長庶子 息이 섭정하면서 군주의 직권을 행사하였는데, 이 사람이 隱公이고, 은공 원년으로부터 春秋時代에 편입되었다.

특히 노나라는 孔子의 출신 지역이고, 편년사 春秋가 저술됨으로 해서 더욱 유명해졌다. ≪國語≫는 春秋外傳으로, 춘추시대의 일을 기록한 것이다. 은공은 公子 揮에게 살해당하고, 異腹 아우 允이 즉위하게 되었는데, 이 사람이 桓公이다. 환공이 夫人과 齊나라에 갔는데, 제나라 襄公이 환공의 부인과 간통하였고, 환공은 제나라에서 죽었다. 태자 同이 즉위하니, 이 사람이 莊公이다. 장공 이후 湣公, 釐公, 文公, 宣公, 成公, 襄公, 昭公, 定公, 哀公으로 계승되었다. 孔子는 양공 22년에 태어나서 애공 16년에 죽었다.

애공의 뒤에 悼公이 즉위하였으나 三桓이 강대해져 노나라 군주는 작은 제후와 같았고, 삼환의 가세보다 나약해졌다. 이후 아들로 계승되었는데 頃公 19년에 楚나라가 노나라를 정벌하여 徐州를 빼앗았고, 24년(기원전 249년)에 초나라 考烈王이 노나라를 정벌하여 멸망시켰다. 경공은 도망하여 卞邑으로 가서 평민이 되었고, 이로써 노나라는 종묘사직이 단절되었다.

노나라는 주공에서 경공까지 모두 34世였다.

34. 曹劌問戰 曹劌가 전쟁에 대해 묻다

【大義】 백성을 아낌이 나라를 다스리는 근본이다.

長勺之役에 曹劌問所以戰於嚴①公하니 公曰 余不愛衣食於民하고 不愛牲玉於神[1)]하리라 對曰 夫惠本[2)]而後에 民歸之志하고 民和而後에 神降之福하니이다 若布德於民하고 而平均其政事하며 君子務治하고 而小人務力하며 動不違時하며 器②不過用하면 財用不匱하야 莫不〈能使〉③共祀하리니 是以로 用民無不聽하고 求福無不豐하리이다 今將惠以小賜[3)]하고 祀以獨恭[4)]하니 小賜는 不咸하고 獨恭은 不優라 不咸이면 民弗歸也하고 不優면 神弗福也니 將何以戰하리잇고 夫民은 求不匱於財하고 而神은 求優裕於享者也라 故로 不可以不本[5)]이니이다 公曰 余聽獄을 雖不能察이나 必以情斷之하리라 對曰 是則可矣니이다 夫④苟中心圖民하시면 知雖不及이라도 必將至焉[6)]하리이다

〔校勘〕 ① 嚴 : 四部備要本에는 '莊'으로 되어 있다. '莊'은 後漢 明帝의 이름이므로 의미가 비슷한 '嚴'으로 바꾼 것이다. 아래도 같다.

② 器 : 四部備要本에는 '財'로 되어 있는데 '器'가 옳다. 汪遠孫의 ≪國語明道本攷異≫에는 '財'는 아래 글귀에 간섭되어 잘못된 것이라고 하였다.

③ 〈能使〉 : 四部備要本에 의거하여 보충하였다.

④ 夫 : 四部備要本에는 '夫'자 앞에 '知'자가 더 있는데, 汪遠孫의 ≪國語明道本攷異≫에 衍文이라고 하였다.

長勺의 전쟁에서 曹劌가 魯莊公에게 어떻게 싸울 것인지를 여쭈었다. 莊公이 말하기를 "나는 의복과 식량을 백성에게 아끼지 아니하고 犧牲과 玉을 神에게 아끼지 않겠다." 하니, 曹劌가 대답하였다. "근본을 은혜로이 베푼 뒤에 백성이 마음을 임금에게

---

1) 不愛牲玉於神 : 牲은 犧牲이고 玉은 圭璧이니, 祭祀 지내는 것이다.
2) 惠本 : 德을 확립하고 이익을 베품을 말한다.
3) 小賜 : 전쟁에 임할 때의 下賜함이다.
4) 獨恭 : 한 사람의 공손함이다.
5) 本 : 우선 백성을 이롭게 하고 제사를 이바지하지 않음이 없는 것이다.
6) 必將至焉 : 반드시 장차 道에 이를 것이다.

돌리고, 백성이 화합한 뒤에 신이 복을 내려줍니다. 만일 덕을 백성에게 베풀고 그 정사를 고르게 하며, 군자가 잘 다스리기에 힘쓰고 소인이 작업에 힘쓰며, 동원하는 데 때를 어기지 않고 기물을 지나치게 쓰지 아니하면, 財用이 고갈되지 아니하여 제사에 이바지하게 하지 못할 일이 없을 것입니다. 그러므로 백성을 쓰면 듣지 않음이 없고, 福을 구하면 풍성하지 않음이 없습니다. 지금 작게 하사함으로 은혜를 베풀고, 홀로 공손함으로 제사 드리려 하니, 작게 하사함은 넓지 못하고, 홀로 공손함은 넉넉하지 못합니다. 널리 하지 않으면 백성이 依歸하지 않고, 넉넉하지 않으면 신이 복을 내리지 않으니, 무엇으로 싸우겠습니까? 백성은 재물이 고갈되지 않음을 요구하고, 신은 祭享이 넉넉함을 요구합니다. 그러므로 근본을 힘쓰지 않으면 안 됩니다." 공이 말하기를 "내가 獄事를 다스리는 것을 비록 잘 살피지 못할지라도 반드시 實情으로 판결하리라." 하니, 대답하였다. "그것은 옳습니다. 진실로 마음이 백성을 생각하시면 지혜가 비록 미치지 못할지라도 반드시 장차 道에 이를 것입니다."

35. 曹劌諫如齊觀社 曹劌가, 莊公이 齊나라에 가서 社祭를 구경하려는 것에 대해 간언하다

【大義】 禮法을 어기지 말 것.

嚴公이 如齊觀社[7]할새 曹劌諫曰 不可하니이다 夫禮는 所以正民也라 是故로 先王이 制諸侯하되 使五年四王一相朝[8]也①하고 終則講於會하야 以正班②爵之義[9]하며 帥長幼之序하며 訓上下之則하며 制財用之節[10]하니 其間③[11]에 無由荒怠하니이다 夫齊棄大公之法하고 而觀民於社하되 君爲是擧而往觀之는 非故業也니 何以訓民하리

7) 社 : 社神에게 올리는 제사. 봄과 초겨울에 지낸다.

8) 四王一相朝 : 韋昭는 ≪禮記≫를 인용하여 "제후가 천자에게 해마다 한 번 小聘하고 3년에 한 번 大聘하고 5년에 한 번 조회한다는 것이 이를 말한다."라고 하였다.

9) 終則……之義 : 조회를 마치면 모임에서 예를 익혀 爵位 차서의 尊卑의 도리를 바로잡음을 말한다.

10) 制財用之節 : 牧伯이 나라의 大小를 차등 지어 貢物을 받게 함을 말한다.

11) 其間 : 其間은 조회하는 사이이다.

잇가 土發12)而社는 助時也오 收攟13)而烝④14)은 納要15)也어늘 今齊社而往觀旅는 非先王之訓也니이다 天子祀上帝에 諸侯會之受命焉하고 諸侯祀先王先公에 卿大夫佐之受事焉하니 臣不聞諸侯{之}⑤相會祀也니이다 祀又不法16)이라 君擧必書17)니 書而不法이면 後嗣何觀이리잇가 公不聽하고 遂如齊하다

〔校勘〕 ① 也 : 四部備要本에는 '也'자가 없다.
② 班 : 四部備要本에는 '斑'으로 되어 있는데 통용한다.
③ 閒 : 四部備要本에는 '間'으로 되어 있는데 통용한다.
④ 烝 : 四部備要本에는 '蒸'으로 되어 있는데 통용한다. 아래도 같다.
⑤ {之} : 四部備要本에 의거하여 衍文으로 처리하였다.

嚴公이 齊나라에 가서 社祭를 구경하려 하는데 曹劌가 간언하여 말했다.

"안 됩니다. 禮는 백성을 바로잡기 위한 것입니다. 그러므로 先王께서 제후의 예를 제정하시되, 5년에 네 번 王께 聘問하며 한 번 諸侯가 朝會하고, 조회를 마치면 모임에서 예를 익혀서 爵位 차서의 도리를 바로잡으며, 장유의 순서를 따르며, 상하의 법칙을 가르치며, 財用의 절도를 제정하니, 그 사이에 나태할 수 없습니다. 齊나라는 太公의 법을 버리고 社祭에 백성을 관람케 하거늘, 임금께서 거동하사 가서 관람하는 것은 前例가 없으니, 무엇으로 백성을 가르치겠습니까? 春分이 된 뒤에 社祭를 지내는 것은 農時를 돕는 것이고, 수확하고서 烝祭를 지내는 것은 회계문서를 받아들이는 것이거늘, 지금 齊나라가 社祭를 지내는데 가서 대중과 함께 구경하시는 것은 先王의 가르침이 아닙니다. 천자께서 上帝에게 제사 지낼 때에 제후들이 모여서 命을 받고, 제후가 先王과 先公에게 제사 지낼 때에 卿大夫가 보좌하여 직무를 받으니, 臣은 제후가 서로 모여 제사한다는 말은 듣지 못했습니다. 또 제사가 불법인지라, 임금께서 거동하시면 반드시 기록하니, 기록한 것이 불법

---

12) 土發 : 春分. 〈周語 上〉에 "땅이 결이 일어난다.〔土乃脉發〕"라고 하였다.
13) 收攟 : 收穫하다의 뜻.
14) 烝 : 冬祭(겨울 제사).
15) 納要 : 社祭를 지냄으로 인하여 五穀의 회계문서를 거두는 것은 농부를 휴식케 하는 것이다. 要는 會計簿書.
16) 不法 : 不法은 백성을 구경함을 말한다.
17) 君擧必書 : 거동하면 左史가 쓰고, 말하면 右史가 쓴다.

이면 계승자가 무엇을 보겠습니까?"

공은 듣지 않고, 드디어 제나라에 갔다.

36. 匠師慶諫莊公丹楹刻桷 匠師慶이, 莊公이 기둥을 붉게 칠하고 서까래를 조각하는 일에 대해 諫言하다

【大義】 검소해야 하고 사치하지 않아야 한다.

嚴公이 丹桓宮之楹하고 而刻其桷[18]할새 匠師慶[19]이 言於公曰 臣은 聞聖王公之先封者[20]는 遺後之人法하사 使無陷於惡이라하니 其爲後世하야 昭前之令聞也요 使長監於世라 故로 能攝固不解以久하니이다 今先君儉하되 而君侈之①하시니 令德替矣리이다 公曰 吾屬[21]欲美之라 對曰 無益於君이요 而替前之令德이라 臣故曰庶可以已[22]乎②인저 公弗聽하다

〔校勘〕 ① 之 : 四部備要本에는 '之'자가 없다.
② 以已乎 : 四部備要本에는 '已矣'로 되어 있다.

莊公이 桓公 祠堂의 기둥을 붉게 칠하고 그 서까래 끝을 조각하려고 하였다. 匠師慶이 장공에게 말하였다. "저는 듣건대 성스런 王과 公으로서 過去에 封해진 이들은 뒷사람에게 법을 남겨 놓아서, 악에 빠지지 않게 하였다고 하니, 그들이 후세를 위하여 과거의 아름다운 명예를 밝혀, 길이 후세에 살펴보게 하신 것입니다. 그러므로 유지하여 굳건하고 게으르지 않아 장구하였습니다. 이제 先君께서는 검소하였으되 임금께서는 사치하시니, 아름다운 덕이 멸할 것입니다." 공이 말하기를 "나는 다만 아름답게 하

---

18) 丹桓宮之楹 而刻其桷 : 장공이 齊나라에 장가드니, 哀姜이라 한다. 애강이 도착하게 되면 마땅히 사당에 알현해야 하기 때문에, 기둥을 붉게 칠하고 서까래 끝을 조각하여 과시하려고 한 것이다. 桓宮은 桓公의 사당이다.

19) 匠師慶 : 匠師는 목수를 관장하는 大夫. 慶은 이름. 《左傳》 莊公24년에는 御孫이라고 하였다.

20) 聖王公之先封者 : 湯王・武王・周公・太公과 같은 이를 말한다.

21) 屬 : 適(다만)의 뜻.

22) 已 : 止(그치다)의 뜻.

려 할 뿐이다." 하니, 대답하기를 "임금께 이익이 없고, 과거의 아름다운 덕이 멸할 것입니다. 저는 그러므로 '그만두는 것이 좋을 듯합니다.'라고 말씀드리는 것입니다." 하였으나, 公은 듣지 않았다.

37. 夏父展諫宗婦覿哀姜用幣 夏父展이, 宗婦들이 哀姜을 뵐 때에 폐백을 사용하는 것을 諫言하다

【大義】 禮에는 남녀의 구별이 있다.

哀姜至하니 公이 使大夫宗婦[23]로 覿用幣[24]한대 宗人[25]夏父展[26]曰 非故也니이다 公曰 君作故니라 對曰 君作而順하면 則故之[27]로되 逆則亦書其逆也니이다 臣從有司하니 懼逆之書於後也라 故로 不敢不告니이다 夫婦贄不過棗㮚①[28]은 以告虔也요 男則玉帛禽鳥[29]는 以章物[30]也니이다 今婦執幣면 是男女無別也니이다 男女之別은 國之大節也니 不可無也니이다 公弗聽하다

〔校勘〕 ① 㮚 : 四部備要本에는 '栗'로 되어 있는데, '㮚'은 '栗'의 古字이다.

哀姜이 이르니, 公은 大夫와 宗婦로 하여금 알현하는 데에 〈구별 없이〉 幣帛을 쓰게 하였다. 宗人 夏父展이 말하기를 "前例가 없습니다." 하니, 공이 말하기를 "임금이 하는 것이 전례가 된다."라고 하니, 대답하였다. "임금이 하는 것이 禮에 順하면 전례가 되지만, 예에 거스르면 그 거스름을 기록하게 됩니다. 저는 담당관으로 있으니, '거스

---

23) 宗婦 : 同宗 大夫의 아내.

24) 覿用幣 : 覿은 알현함이니, 夫人을 알현함이다. 用幣는 대부와 폐백이 같음을 말한다.

25) 宗人 : 宗伯. 禮儀를 담당하는 長官.

26) 夏父展 : 夏父는 姓. 展은 이름.

27) 順則故之 : 禮에 "順하면 기록하여 故事로 삼는다."라고 하였다.

28) 棗㮚 : 棗는 일찍 일어남을 취하고 㮚은 경건함을 취한다. ≪禮記≫ 〈曲禮〉에 말하기를 '부녀자의 예물은 脯·脩·棗·㮚이다.'하였다.

29) 男則玉帛禽鳥 : 公·侯·伯·子·男은 圭·璧을 가져 가고, 孤는 皮帛을 가져 가고, 卿은 염소를 가져 가고, 大夫는 기러기를 가져 가고, 士는 꿩을 가져 가고, 庶人은 오리를 가져 가고, 工人·商人은 닭을 가져 간다.

30) 章物 : 尊卑에 따라 물건이 다름을 밝힌다.

름'이라고 뒤에 기록될까 두려우므로 감히 고하지 않을 수 없습니다. 대저 부녀자의 예물이 대추와 밤에 지나지 않는 것은 경건함을 고하는 것이고, 남자가 구슬・비단・짐승・새를 사용하는 것은 그것으로 尊卑의 물건을 밝힌 것입니다. 지금 부녀자가 幣帛을 가지고 가면, 이는 남녀의 구별이 없어지는 것입니다. 남녀의 구별은 국가의 큰 절도이니, 없어서는 안 될 것입니다."

공은 듣지 않았다.

38. 臧文仲如齊告糴 臧文仲이 齊나라에 가서 쌀을 사들이다

【大義】 외교로 국가 民生의 환난을 타개하다.

魯饑하니 臧文仲31)이 言於嚴公曰 夫爲四隣之援하며 結諸侯之信하고 重之以婚姻하며 申之以盟誓는 固國之艱急是爲요 鑄名器32)하며 藏寶財는 固民之殄病33)是待니이다 今國病矣어늘 君盍以名器로 請糴於齊잇가 公曰 誰使오 對曰 國有饑饉이면 卿出告34)糴은 古之制也니이다 辰也備卿하니 辰請如齊하노이다

公使往한대 從者曰 君不命吾子어늘 吾子請之는 其爲選事35)乎잇가 文仲曰 賢者는 急病而讓夷하고 居官者는 當事不避難하고 在位者는 恤民之患이라 是以로 國家無違라 今我不如齊면 非急病也요 在上不恤①下하며 居官而惰면 非事君也라하다

文仲이 以鬯圭36)與玉磬37)으로 如齊告糴曰 天災流行하야 戾於敝②邑하고 饑饉荐降하야 民羸幾卒하니 大懼殄③周公太公之命祀38)하고 職貢業事之不共而獲戾하야

---

31) 臧文仲 : 魯나라의 卿. 臧孫辰.

32) 名器 : 鐘・鼎 등을 말한다.

33) 殄病 : 殄은 굶음이고, 病은 굶주림이다.

34) 告 : 請하다.

35) 選事 : 스스로 그 職事를 선택함이다.

36) 鬯圭 : 鬯圭는 鬯酒를 땅에 부어 降神하는 圭이다. 길이가 1자 2치이고 구슬자루가 있는데 그것으로 사당에 제사한다.

37) 玉磬 : 옥으로 만든 磬. 악기 이름.

38) 周公太公之命祀 : 周公은 太宰가 되고 太公은 太師가 되어, 모든 제후 나라에 마땅히

不腆先君之敝④器로 敢告滯積(자)39)하야 以紓執事하며 以救敝邑하야 使能共職케하시면 豈唯寡君與二三臣이 實受君賜리오 其周公大公及百辟神祇(기)가 實永饗而賴之하리이다 齊人이 歸其玉而予之糴하다

〔校勘〕 ① 恤 : 四部備要本에는 '卹'로 되어 있는데 통용한다. 아래도 같다.
② 敝 : 四部備要本에는 '弊'로 되어 있는데 통용한다. 아래도 같다.
③ 殄 : 四部備要本에는 '乏'으로 되어 있다.
④ 敝 : 四部備要本에는 '幣'로 되어 있는데, 汪遠孫의 ≪國語明道本攷異≫에 '敝'의 잘못이라고 하였다.

魯나라에 饑饉이 드니, 臧文仲이 莊公에게 말하기를 "사방 이웃이 원조하며 제후끼리 신의를 맺으며 혼인으로 두터이 하며 맹세를 거듭하는 것은 진실로 국가의 위급을 위해서이고, 좋은 기물을 鑄造하며 보배로운 보물을 보관하는 것은 진실로 백성의 斷切과 기근을 대비하기 위해서입니다. 지금 나라에 기근이 들었거늘 임금께서는 어찌 좋은 기물로 齊나라에서 쌀을 사들이지 않으십니까?" 하였다. 공이 말하기를 "누구를 시켜야 하는가?" 하니, 대답하였다. "나라에 기근이 있으면, 卿이 나가서 쌀을 사들이기를 요청하는 것은 옛날의 제도입니다. 辰 제가 卿의 자리에 있으니, 제가 齊나라에 가겠습니다."

장공이 그를 가게 하였는데, 추종자가 말하기를 "임금께서는 우리 님께 명령하지 않으셨거늘, 우리 님께서 요청한 것은 일을 택한 것입니까?" 하니, 장문중이 말하였다. "어진 사람은 기근에 시급히 나서며 평이한 것에 양보하고, 관직에 있는 사람은 일에 당하여 어려운 것을 피하지 아니하고, 지위에 있는 사람은 백성의 환난을 근심한다. 그러므로 국가가 잘못되지 않는다. 지금 내가 齊나라에 가지 않으면 기근에 시급히 나서지 않는 것이고, 위에 있으면서 백성을 걱정하지 않으며 관직에 있으면서 게으르면 임금을 섬기는 것이 아니다."

장문중이 鬯圭와 玉磬을 가지고 제나라에 가서 쌀을 사들이겠다고 청하였다. "天災가 유행해서 우리나라에 이르고, 기근이 거듭 내려서 백성이 병들어 거의 다하였습니다. 周公과 太公께서 제사를 지내도록 명하신 것을 끊게 되고 〈우리나라

제사해야 할 것을 명하는 일을 관장하였다.

39) 滯積 : 남아서 묵은 곡식. 滯는 久의 뜻이다.

임금이〉 직책의 공물과 사업에 이바지하지 못해 죄를 얻을까 두려워해서, 넉넉지 않은 先代 임금의 저희 기물로 감히 묵은 곡식을 요청합니다. 貴國 담당관의 근심을 누그러뜨리고 우리나라를 구제해서 능히 직책에 이바지할 수 있게 해 주시면, 어찌 다만 우리 임금과 저희 신하들만 실로 임금의 하사를 받을 뿐이겠습니까? 周公과 太公 및 여러 제후와 天神・地祇가 진실로 길이 제향을 받아 의지하게 될 것입니다."

제나라 사람들이 그 玉을 돌려보내고 쌀을 사들이게 해 주었다.

39. 展禽使乙喜以膏沐犒師 展禽이 乙喜를 보내어 머릿기름으로 제나라 군사를 위로하다

【大義】 외국의 침략은 말이나 보물보다, 정의가 저지시킨다.

齊孝公40)이 來伐〈魯〉①할새 臧文仲이 欲以辭告로되 病焉41)하야 問於展禽42)하니 對曰 獲聞之하니 處大教小하며 處小事大는 所以禦亂也요 不聞以辭니이다 若爲小而祟43)하야 以怒大國하야 使加己亂44)이면 亂在前矣리니 辭其何益하리잇가 文仲曰 國急矣라 百物唯其可者45)는 將無不趣也라 願以子之辭로 行賂焉이면 其可②乎인저 展禽이 使乙喜46)로 以膏沐47)犒師曰 寡君不佞하야 不能事疆埸(역)之司하야 使君盛怒하야 以暴露於敝邑之野할새 敢犒輿師48)하노이다 齊侯見使者曰 魯國恐乎아 對曰 小人恐矣나 君子則不③니이다 公曰 室如縣④磬하고 野無青草49)어늘 何恃而不恐

40) 孝公 : 齊桓公의 아들. 이름은 昭. 魯僖公이 齊나라를 배반하고 衛・莒나라와 洮에서 맹약하고 또 向(상)에서 맹약하자, 孝公이 魯나라를 쳤다.
41) 病焉 : 외교문을 만들 수 없음을 괴로워함이다.
42) 展禽 : 魯나라 大夫, 柳下惠. 성은 展, 이름은 獲, 字는 季禽.
43) 祟 : 祟은 높임이니, 스스로 높이며 큰 체하여 大國을 섬기지 않음을 말한다.
44) 亂 : 惡의 뜻.
45) 百物唯其可者 : 百物 중에 뇌물로 쓸 수 있는 것.
46) 乙喜 : 魯나라 大夫. 성은 展, 이름은 喜, 자는 乙이다.
47) 膏沐 : 머릿기름.〔潤髮用的油膏〕
48) 輿師 : 무리.

가 對曰 恃二先君之所職業이니이다 昔者에 成王이 命我先君周文公⑤及齊先君大公曰 女股肱周室하야 以夾輔先王이라 賜女土地하고 質(지)[50]之以犧牲케하노니 世世子孫이 無相害也어다하시니 今君⑥來討敝邑之罪는 其亦使聽從而釋之요 必不泯其社稷이니이다 豈其貪壤地하야 而棄先王之命하리잇가 其何以鎭撫諸侯리잇가 恃此以不恐하노이다 齊侯乃許爲平而還하다

〔校勘〕 ① 〈魯〉: 四部備要本에 의거하여 보충하였다.

② 可 : 四部備要本에는 다음에 '賂'자가 더 있는데, 汪遠孫의 ≪國語明道本攷異≫에 衍文이라고 하였다.

③ 不 : 四部備要本에는 '否'로 되어 있는데 통용한다.

④ 縣 : 四部備要本에는 '懸'으로 되어 있는데 통용한다.

⑤ 周文公 : 四部備要本에는 '周公'으로 되어 있다.

⑥ 今君 : 四部備要本에는 '君今'으로 되어 있다.

齊나라 孝公이 와서 노나라를 공격할 때에 臧文仲이 外交文으로 告하려 하되, 외교문에 곤궁하여 展禽에게 물으니, 대답하기를 "내가 들으니 큰 것에 처해서는 작은 것을 가르치고 작은 것에 처해서는 큰 것을 섬기는 것은 어지러움을 막는 것이라고 합니다. 말로 한다는 것은 듣지 못했습니다. 만일 작은데도 큰 체하여 큰 나라를 성나게 하여서 자기에게 惡을 더하게 하면, 악이 앞에 있게 될 것이니, 外交文이 무슨 도움이 되겠습니까?" 하니, 臧文仲이 말하였다. "나라가 위태롭습니다. 온갖 물건에 그 줄 수 있는 것은 장차 보내지 않음이 없게 할 것입니다. 원컨대 그대의 외교문으로 뇌물을 쓰면, 될 수 있을 것입니다."

展禽이 乙喜를 시켜서 머릿기름으로 군대를 위로하고 말하게 하였다. "우리 임금이 재주가 없어 貴國 국경의 관리를 섬기지 못해 귀국 임금께서 매우 성내시어 우리나라의 들에서 별에 그을리고 이슬을 맞게 되셨으므로, 감히 군대를 위로합니다." 齊侯가 使者를 보고 말하기를 "노나라는 겁내는가?" 하니, 대답하기를 "소

49) 室如縣磬 野無靑草 : 韋昭는 "縣磬은 魯나라 창고가 비어 다만 서까래와 들보만 있어서 매달린 경쇠와 같음을 말한다. 野無靑草는 매우 가문 상태이다."라고 하였다. 縣磬은 ∧의 모양을 말한 것으로, 창고에 채운 물건이 없이 서까래와 들보만 있어 이 모양을 이룬 것을 나타낸 것이다.

50) 質 : 質는 信이니, 그들로 하여금 맹약하여 그 약속을 믿게 함을 말한다.

인들은 겁내지만, 군자는 겁내지 않습니다." 하니, 公[51]은 말하기를 "너희 나라 창고는 매달린 경쇠와 같고 들에는 푸른 풀도 없거늘, 무엇을 믿고 겁내지 않느냐?" 하니, 대답하였다. "두 분 先君께서 맡았던 일을 믿습니다. 옛날에 成王이 우리 先君 주문공과 제나라 先君 太公에게 명령하여 말하기를 '너희들이 周나라 왕실의 팔 다리 역할을 잘 해서 武王을 보좌하였는지라, 너희들에게 토지를 내려 주고 犧牲으로서 맹약을 신의롭게 하노니, 대대로 자손이 서로 해치지 말지어다.'라고 하셨습니다. 지금 임금께서 오셔서 우리나라의 죄를 토벌하심은 그 또한 복종케 하고 풀어 주려는 것이지, 반드시 사직을 멸망케 하려는 것은 아닙니다. 어찌 토지를 탐내서 先王의 명을 버리시겠습니까? 그 무엇으로 제후들을 무마하여 진정시키겠습니까? 이것을 믿고 겁내지 않는 것입니다."

齊侯가 마침내 화평하기를 허락하고 돌아갔다.

40. 臧文仲說僖公請免衛成公 臧文仲이 僖公에게 衛成公을 赦免하라고 요청하다

【大義】 刑罰은 공정하면서 공개해야 하고 諸侯끼리는 서로 도와야 한다.

溫之會[52]에 晉人이 執衛成公[53]하야 歸之於周하고 使醫①鴆之하되 不死[54]요 醫亦不誅하다 臧文仲이 言於僖公曰 夫衛君은 殆無罪矣리이다 刑五而已라 無有隱者니 隱乃諱也니이다 大刑은 用甲兵하고 其次는 用斧鉞하고 中刑은 用刀鋸하고 其次는 用鑽笮②[55]하고 薄刑은 用鞭扑하야 以威民也라 故로 大者는 陳之原野하고 小者는 致之市朝[56]하니 五刑三次[57]는 是無隱也니이다 今晉人이 鴆衛侯不死한대 亦不討③其使

---

51) 公 : 齊侯를 말한다.

52) 溫之會 : 晉文公이 복종하지 않는 자를 토벌하였다.

53) 晉人 執衛成公 : 衛成公이 楚나라를 믿어 晉나라를 섬기지 않고 또 아우 叔武를 죽이자, 그 신하 元咺이 晉나라에 호소하였으므로 文公이 잡게 하였다.

54) 使醫鴆之 不死 : 晉侯가 의원 衍을 시켜서 衛侯에게 鴆毒을 먹이게 하였으나 甯兪가 의원에게 뇌물을 주어 그 짐독을 엷게 하여 죽지 않았다.

55) 鑽笮 : 鑽은 다리 자르는 형벌, 笮은 먹물을 들여 文身하는 형벌.

56) 小者 致之市朝 : 大夫 이상은 조정에 시체를 펼쳐 놓고, 士 이하는 시장에 시체를 펼쳐 놓는다.

者[58]는 諱而惡殺之也[59]니 有諸侯之請이면 必免之하리이다 臣聞之컨대 班相恤也[60]라 故로 能有親이라하니 夫諸侯之患을 諸侯恤之는 所以訓民也[61]니 君盍請衛君하야 以示親於諸侯하고 且以動晉[62]하니잇가 夫晉은 新得諸侯[63]하니 使亦曰 魯는 不棄其親하니 其亦不可以惡하소서하다 公說하야 行玉二十④瑴[64]하야 乃免衛侯하다 自是로 晉聘於魯에 加於諸侯一等하고 爵同則⑤厚其好貨[65]하다 衛侯聞其臧文仲之爲也하고 使納賂焉한대 辭曰 外臣[66]之言은 不越境하니 不敢及君[67]하노이다하다

〔校勘〕 ① 醫 : 四部備要本에는 '毉'로 되어 있는데 통용한다. 아래도 같다.

② 笮 : 黃丕烈의 札記에는 賈逵가 '鑿'으로 썼는데, 李善은 音義가 같다고 하였다.

③ 討 : 汪遠孫의 ≪國語明道本攷異≫에는 ≪太平御覽≫ 〈地部〉 22에 '誅'로 썼다고 하였는데, 의미가 유사한 자로 대치된 것이다.

④ 二十 : 黃丕烈의 札記에는 ≪舊音≫에 '廿'으로 썼다고 하였는데, '二十'이 옳다.

⑤ 則 : 四部備要本에는 '則'자가 없다.

溫의 회맹에서 晉나라 군인들이 衛나라 成公을 잡아서 周나라로 보내고, 醫員을 시켜서 鴆毒을 먹였으나 죽지 않았고, 의원 역시 처벌받지 않았다.

臧文仲이 僖公에게 말하였다. "衛나라 임금은 아마 죄가 없는 듯합니다. 형벌은

---

57) 五刑三次 : 五刑은 甲兵・斧鉞・刀鋸・鑽笮・鞭扑이다. 次는 장소이니, 三處는 野・朝・市이다.

58) 使者 : 醫員 衍을 말한다.

59) 諱而惡殺之也 : 衛侯를 죽였다는 惡을 피한 것이다.

60) 班相恤也 : 位次가 같은 자는 마땅히 서로 근심해야 함을 말한 것이다. 魯・衛・晉은 모두 侯爵으로 계급이 같고, 姬姓으로 성이 같다.

61) 所以訓民也 : 서로 救恤함을 가르친다.

62) 動晉 : 晉侯의 뜻을 움직여 일으킨다.

63) 夫晉 新得諸侯 : 晉文公이 霸者가 됨을 말한다.

64) 瑴 : 雙玉.

65) 爵同則厚其好貨 : 작위가 魯나라와 같으면 특히 그 좋아하는 재화를 많게 하였다.

66) 外臣 : 諸侯의 신하가 다른 나라 제후에 대한 自稱.

67) 不敢及君 : 신하는 감히 외국과 교제하지 못함을 말한다.

다섯 가지뿐입니다. 은밀히 하는 것이 있지 않으니, 숨긴 것은 꺼린 것입니다. 큰 형벌은 처형에 甲士를 사용하고, 그 다음은 도끼를 사용하고, 중간 형벌은 칼과 톱을 쓰고, 그 다음은 송곳과 끌을 쓰고, 작은 형벌은 회초리를 써서 백성에게 겁을 줍니다. 그러므로 큰 형벌은 들에 시체를 펼쳐 놓고, 작은 형벌은 시장이나 조정에 이르니, 다섯 가지 형벌을 세 곳에서 처벌하는 것은 숨김이 없는 것입니다. 지금 晉나라 군인들이 衛나라 諸侯에게 鴆毒을 먹였으나 죽지 않았는데, 또한 짐독을 먹인 醫員을 벌주지 않은 것은 제후를 죽였다는 것을 싫어하여 피한 것이니, 제후의 요청이 있으면 반드시 사면할 것입니다. 신이 듣건대 '같은 반열끼리는 서로 걱정하므로 친함이 있게 된다.'라고 하니, 제후의 근심을 제후가 근심하는 것은 백성을 가르치는 것입니다. 임금께서는 어찌 衛나라 임금의 사면을 요청하여 제후들에게 친함을 보이고, 또 晉나라를 감동시키지 않으십니까? 晉나라는 새로 제후를 얻게 되니, 晉나라가 '역시 魯나라는 그 친분을 버리지 않았으니, 그 나라는 또한 미워해서는 안 된다.'라고 말하게 하십시오." 僖公은 기뻐하여 옥 20짝을 보내어서 衛侯를 사면하게 하였다. 이로부터 晉나라가 魯나라를 聘問할 때에는 諸侯들보다 1등급을 더 높였고, 벼슬이 같은 경우에는 그 좋아하는 재물을 많게 하였다.

衛侯는 장문중이 말했다는 것을 듣고서 뇌물을 들여 넣게 했는데 장문중이 사절하여 말하였다. "外臣의 말은 국경을 넘어가서는 안 되니, 감히 임금께 미치지 못하는 것입니다."

41. 臧文仲請賞重館人 臧文仲이 重館人에게 賞을 주자고 요청하다

【大義】 賞罰은 功過에 의하여 행해야 한다.

晉文公이 解曹地하야 以分諸侯68)할새 僖公이 使臧文仲으로 往하야 宿於重館69)한대

---

68) 解曹地 以分諸侯 : 解는 가름이다. 晉文公이 무례함을 토벌하였는데, 曹나라 사람들이 복종하지 않자, 공격해서 그 임금을 붙잡고 그 땅을 갈라서 제후들에게 나누어 주었다.

69) 重館 : 重은 魯나라 땅 이름. 館은 候館으로, 관망하기 위한 누각.

重館人이 告曰 晉始伯(패)하야 而欲固[70]諸侯라 故로 解有罪之地하야 以分諸侯하니 諸侯莫不望分而欲親晉하야 皆將爭先하리이다 晉은 不以故①班하고 亦必親先者리니 吾子는 不可以不速行하니이다 魯之班이 長而又先[71]인댄 諸侯其誰望之[72]리오 若少安이면 恐無及也리이다하니 從之하야 獲地於諸侯爲多하다 反에 既復命하고 爲之請曰 地之多也는 重館人之力也니이다 臣聞之하니 曰 善有章이면 雖賤이라도 賞也요 惡有釁이면 雖貴라도 罰也라하니 今一言而辟(벽)境하니 其章大矣라 請賞之하소서한대 乃出而爵之[73]하다

〔校勘〕① 故 : 四部備要本에는 '固'로 되어 있는데 통용한다.

晉文公이 曹나라 땅을 갈라서 제후들에게 나누어 줄 때에, 僖公이 臧文仲을 시켜서 가게 하여 重館에 머무르게 되었는데, 重館人이 고하여 말하였다. "晉나라가 처음 霸者가 되어서 제후들을 안심시키려 합니다. 그러므로 죄 있는 땅을 쪼개어서 제후들에게 나누어 주니, 제후들은 나누어 받기를 바라서 晉나라와 친하고자 모두 앞다투지 않을 자가 없을 것입니다. 晉나라는 옛날의 반열로 하지 아니하고, 또한 반드시 먼저 오는 사람을 친하려 할 것이니, 우리 어른께서는 빨리 가지 않으시면 안 됩니다. 魯나라의 반열은 높은데다 또 먼저 간다면 어느 제후가 노나라를 바라겠습니까? 만일 조금 늦으시면 미치지 못할까 우려됩니다."

그 말을 따라서, 땅을 다른 제후보다 얻은 것이 많았다. 돌아와서는 復命하고 나서 요청하기를 "땅이 많은 것은 重館人의 힘이었습니다. 제가 듣건대 '善行에 드러남이 있으면 비록 천할지라도 상을 줘야 하고, 惡行에 조짐이 있으면 비록 귀하더라도 처벌해야 한다.'라고 하였습니다. 지금 한 마디 말로 국경을 개척하였으니, 그 드러난 것이 큽니다. 賞 주기를 청합니다." 하자, 이에 빼내서 벼슬을 주었다.

---

70) 固 : 安(편안함)이다.

71) 長而又先 : 長은 尊과 같다. 先은 먼저 이른 것이다.

72) 其誰望之 : 누가 감히 노나라와 비길 것을 바라겠는가!

73) 乃出而爵之 : 出은 奴隷에서 빼내는 것이다. 爵은 大夫가 됨이다.

42. 展禽論祭爰居非政之宜 展禽이, 爰居에게 제사 지내는 것은 정치의 마땅함이 아님을 論하다

【大義】 祭祀는 功德이 있는 대상에게만 지내고 상관없는 대상에게 지내서는 안 된다.

海鳥曰 爰居니 止於魯東門之外二〔三〕① 日한대 臧文仲이 使國人으로 祭之하다 展禽曰 越哉라 臧孫之爲政也여 夫祀는 國之大節也요 而節은 政之所成也라 故로 愼制祀하야 以爲國典이어늘 今無故而加典은 非政之宜也라 夫聖王之制祀也는 法施於民則祀之하고 以死勤事則祀之하고 以勞定國則祀之하고 能禦大災則祀之하고 能扞大患則祀之하니 非是族也면 不在祀典이라 昔烈山氏[74)]之有天下也에 其子曰柱니 能殖百穀百蔬한대 夏之興也에 周棄繼之라 故로 祀以爲稷[75)]하고 共工氏[76)]之伯[77)]九有[78)]也에 其子曰后土니 能平九土[79)]라 故로 祀以爲社[80)]라 黃帝能成命[81)]百物하야 以明民[82)]共財하니 顓頊能修之하고 帝嚳能序三辰[83)]하야 以固民하고 堯能單[84)]均刑法하야 以儀[85)]民하고 舜勤民事而野死하고 鯀鄣洪水而殛死하고 禹能以德修鯀之功하고 契爲司徒而民輯하고 冥勤其官而水死하고 湯以寬治民而除其邪하고 稷勤百穀而山死하고 文王以文昭하고 武王去民之穢라 故로 有虞氏는 禘黃帝而祖顓頊하

---

74) 烈山氏 : 炎帝의 號로, 神農氏를 말한다. 烈山에서 태어나 烈山氏라 한다.
75) 稷 : 穀神. 農業神.
76) 共工氏 : 伏犧와 神農氏 사이에 있었던 인물. 원래 共工氏는 水官 이름으로, 물을 다스리는 관직이었다.
77) 伯 : 霸·覇와 같다.
78) 九有 : 九域. 九州.
79) 九土 : 九州의 땅.
80) 社 : 땅 神. 土神. 土地의 神.
81) 命 : 名(이름).
82) 明民 : 史官 倉頡이 漢字를 창제하여 백성을 깨우친 일을 말한다.
83) 三辰 : 日·月·星.
84) 單 : 盡(모두, 다)의 뜻.
85) 儀 : 善(착하다)의 뜻.

며 郊堯而宗舜[86]하고 夏后氏는 禘黃帝而祖顓頊하며 郊鯀而宗禹하고 商人은 禘舜② 而祖契하며 郊冥而宗湯하고 周人은 禘嚳而郊稷하며 祖文王而宗武王이라 幕[87]은 能帥顓頊者也니 有虞氏報[88]焉하고 杼[89]는 能帥禹者也니 夏后氏報焉하고 上甲微[90]는 能帥契者也니 商人報焉하고 高圉大王은 能帥稷者也니 周人報焉이라 凡禘郊宗祖③報此五者는 國之典祀也요 加之以社稷山川之神은 皆有功烈於民者也라 及前哲令德之人은 所以爲明質也④[91]요 及天之三辰은 民所以瞻仰也요 及地之五行[92]은 所以生殖也요 及九州名山川澤은 所以出財用也니 非是면 不在祀典이라 今海鳥至에 己不知而祀之하야 以爲國典하니 難以爲仁且知矣라 夫仁者는 講功[93]하고 而知者는 處[94]物하니 無功[95]而祀之는 非仁也요 不知而不⑤問은 非知也라 今茲海其有災乎인저 夫廣川之鳥獸는 恆知而⑥避其災也라하다

是歲也에 海多大風하고 冬煖⑦[96]하다 文仲聞柳下季之言曰 信吾過也로다 季子之

---

86) 有虞氏 禘黃帝而祖顓頊 郊堯而宗舜 : 禘·郊·宗·祖 4가지는 하늘에 제사하여 조상을 配享함을 말한다. 하늘을 圜丘에서 제사함을 禘라 하고, 五帝를 明堂에서 제사함을 祖·宗이라 하고, 上帝를 南郊에서 제사함을 郊라 한다. 有虞氏는 黃帝에게서 나오고 顓頊의 후손이므로, 황제에게 禘祭를 지내고 전욱에게 祖祭를 지낸다. 舜은 堯에게 禪位를 받았으므로, 요에게 郊祭를 지낸다. ≪禮記≫ 〈祭法〉에 "유우씨는 嚳에게 郊祭를 지내고, 堯에게 宗祭를 지낸다."고 하여 이것과 다른 것은 순이 생존했을 때에는 요에게 宗祭를 지냈으나, 순이 崩御하자 자손들이 순에게 宗祭를 지냈으므로, 요에게 郊祭를 지냈다. 有虞氏는 舜의 후손.

87) 幕 : 舜의 後孫 虞思. ≪左傳≫ 昭公8年의 杜注에는 "幕은 舜의 先祖이다."라고 하였는데, 이것이 옳은 듯하다.

88) 報 : 德에 보답하는 제사.

89) 杼 : 夏나라 7代 王.

90) 上甲微 : 湯의 선조. 契의 8대손.

91) 及前哲令德之人 所以爲明質也 : 質은 信이니, 백성에게 덕이 있어서 제사함은 民心이 믿게 하기 위한 것이다.

92) 五行 : 五行은 五祀니, 金·木·水·火·土이다.

93) 仁者 講功 : 講은 論함이다. 仁者는 마음이 공평하므로, 功을 논의할 수 있다.

94) 處 : 名. 이름을 붙이다.

95) 無功 : 새에게 공이 없음을 말한다.

言은 不可不法也라하고 使書以爲三筴[97])하다

〔校勘〕 ① 二〔三〕: 대본에는 '二'로 되어 있는데, 汪遠孫의 ≪國語明道本攷異≫에 ≪莊子≫ 〈至樂〉篇 등을 근거하여 '三'이 옳다고 하였다.
② 舜 : 대본 등 諸本에는 '舜'으로 되어 있는데, 韋昭는 '嚳'의 誤字라고 하였다.
③ 宗祖 : 四部備要本에는 '祖宗'으로 되어 있다.
④ 也 : 四部備要本에는 '也'자가 없다.
⑤ 不 : 四部備要本에는 '不'자 다음에 '能'자가 더 있는데, 汪遠孫의 ≪國語明道本攷異≫에는 衍文이라고 하였다.
⑥ 而 : 四部備要本에는 '而'자가 없다.
⑦ 煗 : 四部備要本에는 '煖'으로 되어 있는데 통용한다.

바닷새인 爰居가 魯나라 東門 밖에 사흘 동안 앉아 있었는데, 臧文仲이 나라 사람을 시켜서 제사 지내게 하였다. 展禽이 말하였다. "어리석구나, 臧孫이 정치를 함이여! 제사는 국가의 큰 제도이고, 제도로써 정치가 이룩되는 것이다. 그러므로 제사를 신중히 해서 국가 典法으로 삼거늘, 지금 까닭 없이 전법을 가하는 것은 정치의 마땅함이 아니다. 성스런 왕께서 제사를 제정함에 백성에게 법을 베풀었으면 제사 지내고, 죽음으로 일을 부지런히 했으면 제사 지내고, 애써서 나라를 안정시켰으면 제사 지내고, 큰 재앙을 잘 막았으면 제사 지내고, 큰 근심을 잘 막았으면 제사 지내니, 이 族類가 아니면 제사 지내는 典法에 들지 못한다.

옛날 烈山氏가 천하를 소유했을 때, 그 아들은 柱라고 하였다. 온갖 곡식과 채소를 잘 번식하게 하였는데, 夏나라가 일어나자 周棄가 그것을 계승했는지라, 그러므로 제사하여 稷으로 삼았다. 共工氏가 九州에서 임금 노릇을 할 때에 그 아들을 后土라고 하였는데, 구주의 땅을 아주 평안히 했으므로 제사하여 社로 삼았다. 黃帝는 온갖 물건의 이름을 잘 지어서 백성을 문명케 하고 재물을 공유하였으니, 顓頊이 능히 그것을 강구하였고, 帝嚳은 三辰의 운행으로 책력을 만들어 백성을 편안하게 하고, 堯는 형법을 모두 고르게 하여 백성을 착하게 하고, 舜은 백성의 일을 힘쓰다가 들에서 죽었고, 鯀은 홍수를 막다가 죽었고, 禹는 능히 덕으로 鯀의

96) 冬煗 : 爰居가 피한 것이다.

97) 三筴 : 筴은 簡書이다. 三筴은 三卿이 卿마다 1通씩이니, 司馬·司徒·司空을 말한 것이다. 筴은 策·冊과 同字이다.

공을 닦았고, 契은 司徒가 되어서 백성이 화목하였고, 冥은 그 관직에 근무하다가 물에서 죽었고, 湯은 관대함으로 백성을 다스려서 그 사악함을 제거하였고, 稷은 모든 곡식을 애써 농사짓다가 산에서 죽었고, 文王은 문명의 덕을 밝혔고, 武王은 백성의 악을 제거하였다. 그러므로 有虞氏는 黃帝에게 禘祭를 지내고 顓頊에게 祖祭를 지내며, 堯임금에게 郊祭를 지내고 舜임금에게 宗祭를 지냈다. 夏后氏는 황제에게 禘祭를 지내고 전욱에게 祖祭를 지내며, 鯀에게 郊祭를 지내고 禹에게 宗祭를 지냈다. 商나라 사람은 帝嚳에게 禘祭를 지내고 契에게 祖祭를 지내며, 冥에게 郊祭를 지내고 湯에게 宗祭를 지냈다.

周나라 사람은 帝嚳에게 禘祭를 지내고 稷에게 郊祭를 지내며, 문왕에게 祖祭를 지내고 무왕에게 宗祭를 지낸다. 幕은 전욱을 잘 따른 자이니 유우씨가 報祭를 지내고, 杼는 禹를 잘 따른 자이니 하후씨가 報祭를 지내고, 上甲微는 契을 잘 따른 사람이니 상나라 사람이 報祭를 지내고, 高圉・太王은 稷을 잘 따른 사람이니 주나라 사람이 報祭를 지낸다. 무릇 禘・郊・宗・祖・報의 다섯 가지 제사는 국가 法典의 제사이고, 社稷과 山川의 신을 더하는 것은 모두 백성에게 공적이 있기 때문이다.

과거 哲人으로서 훌륭한 덕이 있는 사람까지 제사 지내는 것은 믿음을 밝게 하기 위한 것이고, 하늘의 三辰에 제사 지내는 것은 백성들이 우러러보기 때문이고, 땅의 五行에 제사 지내는 것은 生殖하기 때문이고, 九州의 名山・川澤에 제사 지내는 것은 財用이 나오기 때문이니, 이것이 아니면 제사 규정에 들지 않는다. 지금 바닷새가 이르렀는데 자기가 알지 못하고 제사를 지내서 국가 전례로 하였으니, 어질면서 지혜롭다고 하기는 어렵다. 어진 사람은 공을 논의하고 지혜로운 사람은 사물에 이름을 붙이니, 공이 없는데도 제사 지내는 것은 어짐이 아니고, 알지 못하는데도 묻지 않는 것은 지혜가 아니다. 이제 바다에는 재앙이 있을 것이다. 넓은 하천에 사는 새나 짐승은 항상 미리 알고서 그 재앙을 피하는 것이다."

그 해에 바다에는 큰 바람이 많았고, 겨울이 따뜻하였다.

장문중이 柳下季의 말을 듣고 말하기를 "진실로 내 잘못이로다. 季子의 말은 법으로 하지 않을 수 없다." 하고, 써서 세 개의 책을 만들게 했다.

43. 文公欲弛孟文子與郈敬子之宅 文公이 孟文子와 郈敬子의 집을 헐려고 하다

【大義】 임금이 자기 세력을 확보하기 위해 大夫의 집을 이전시킨 일을 비판하다.

文公98)이 欲弛①孟文子之宅99)하야 使謂之曰 吾欲利子於外之寬者100)하노라 對曰 夫位는 政之建也요 署는 位之表也요 車服은 表之章也101)요 宅은 章之次也요 祿은 次之食也니 君議五者하야 以建政은 爲不易之故也니이다 今有司來命易臣之署와 與其車服而曰 將易而102)次하야 爲寬利也②라하니 夫署는 所以朝夕103)虔君命也니 臣은 立先臣之署하야 服其車服하고 爲利故로 而易其次면 是辱君命也104)니 不敢聞命하노이다 若罪也인댄 則請納祿與車服而違署하야 唯里人105)之③所命次하노이다 한대 公弗取하니 臧文仲이 聞之曰 孟孫은 善守矣로다 其可以蓋穆伯하고 而守其後於魯乎106)인저

公이 欲弛郈(구)④敬子107)之宅할새 亦如之108)한대 對曰 先臣惠伯이 以命於司

---

98) 文公 : 魯僖公의 아들. 이름은 興.

99) 欲弛孟文子之宅 : 公은 그것을 헐어 宮을 늘리려고 하였다.

100) 於外之寬者 : 밖에 넓은 땅으로 그대를 이롭게 한다.

101) 車服 表之章也 : 수레와 복장은 貴賤에 따라 등급이 있어서 스스로 드러나 구별되는 것이다.

102) 而 : 汝(너)이다.

103) 朝夕 : 朝夕이라고 말한 것은 마땅히 멀리 가지 않아야 함을 말한다.

104) 是辱君命也 : "제가 우리 조상의 직책을 지키지 못하고 이익을 넓히려 하면 이는 임금의 명령을 욕되게 하는 신하입니다."라고 말함이다.

105) 里人 : 韋昭는 "里人은 里宰이다. 죄가 있어서 지위를 떠나게 되면 마땅히 집을 里宰에게 받아야 한다."라고 하였다. 里人은 마을을 맡아 다스리는 사람으로 집을 관할한다.

106) 其可以蓋穆伯 而守其後於魯乎 : 穆伯은 文子의 아버지 公孫 敖이다. 莒나라에서 음탕하다가 망명하여 齊나라에서 죽었다. 지금 文子가 관직을 지키며 예법을 그르치지 않았으므로, 그 아버지의 악행을 덮고 그 후손을 지킬 수 있다고 한 것이다.

107) 郈敬子 : 노나라 大夫. 郈惠伯의 玄孫인 敬伯 同.

108) 亦如之 : "역시 그대를 외방의 넓은 땅으로 편리하게 해 주려고 한다."라고 말함이다.

里[109]하고 嘗禘烝享[110]之所致君胙者[111]가 有數[112]矣요 出入受事之幣하야 以致君命者도 亦有數矣[113]어늘 今命臣更次於外하시니 爲有司之以班命事也에 無乃違乎[114]잇가 請從司徒하야 以班徙次[115]하노이다한대 公亦弗取하다

〔校勘〕 ① 弛 : 四部備要本에는 '弛'로 되어 있는데 俗字이다. 아래도 같다.
② 也 : 四部備要本에는 '也'자가 없다.
③ 之 : 四部備要本에는 '之'자가 없다.
④ 郈 : 四部備要本에는 '郤'으로 되어 있는데, 黃丕烈의 札記에 '郈'로 해야 한다고 하였다.

文公이 孟文子의 집을 헐려고 할 적에 사자를 시켜서 말하게 하였다. "나는 그대를, 밖의 넓은 곳으로 편하게 해 주려 하노라." 하니, 대답하기를 "무릇 작위는 정치가 확립되는 것이고, 官署는 작위의 표지이고, 수레와 복장은 표지의 드러나는 것이고, 집은 드러나는 것들이 머무는 것이고, 녹봉은 머무는 자가 먹는 것이니, 임금이 이 다섯 가지를 의논해서 정치를 확립하는 것은 바꿀 수 없는 일입니다. 지금 담당관이 와서 저의 관서와 수레와 복장을 바꾸겠다고 하며 명령하기를 '장차 너의 머물 곳을 바꾸어, 너의 이익을 넓게 하려고 한다.'라고 하였습니다. 무릇 관서는 아침저녁으로 임금

109) 先臣惠伯 以命於司里 : 韋昭는 "先臣 惠伯이 司里에게 명령을 받아서 이 집에서 살았다."라고 하였다. 司里는 里人.

110) 嘗禘烝享 : 嘗은 가을 제사, 禘는 여름 제사, 烝은 겨울 제사, 享은 봄 제사.

111) 致君胙者 : 임금이 제사하고 제육을 하사할 때에 신하가 관장하여 이르게 함을 말한다.

112) 有數 : 代數가 있음이다.

113) 出入受事之幣 以致君命者 亦有數矣 : 出入은 使命을 받아 국경을 나가고 국가에 들어옴을 말한다. "幣帛을 받들어 임금의 명령이 이르러 온 것도 이 집에서 數代를 하였다."라는 말이다.

114) 爲有司之以班命事也 無乃違乎 : 違는 멀음이다. "有司가 지위의 차례로 臣에게 직무 일을 명령하실 때에 신이 밖의 처소에 있으면 멀어서 불편하지 않겠습니까?"라는 말이다.

115) 請從司徒 以班徙次 : 韋昭는 "敬子는 스스로 생각하기를 죄가 있어서 임금이 내치려 한다고 생각하였으므로, 司徒를 따라서 마을의 거처를 옮기겠다고 하였다."라고 하였다. 司徒는 里宰의 정무를 관장한다.

의 명령을 경건히 수행하는 곳입니다. 저는 우리 조상이 받았던 관서에 서서 조상의 수레와 복장을 착용하고자 합니다. 이익 때문에 그 머물 곳을 바꾼다면 이는 임금의 명령을 욕되게 하는 것이니, 감히 명령을 듣지 못하겠습니다. 만일 죄가 있다면 녹봉과 수레와 복장을 반납하고 관서를 떠나서 里人이 머물라고 명령하는 곳을 따르겠습니다." 하였으나, 공은 채택하지 않았다.

臧文仲이 이를 듣고 말하기를 "孟孫은 직책을 잘 지키는구나! 穆伯의 결점을 감싸서 덮어주고 그 후손을 魯나라에서 지킬 수 있겠구나!"라고 하였다.

문공이 郈敬子의 집을 헐려고 할 때에도 또한 그와 같이 하였는데, 郈敬子가 대답하기를 "저의 조상 惠伯이 司里에게 명령을 받아서 살고, 嘗·禘·烝·享의 사철 제사에 임금께서 주시는 제사 고기가 우리 집에 이른 것이 數代였고, 외국에 출입할 때에 외교사무의 幣帛을 받아서 임금의 명령이 도달한 것도 또한 數代였거늘, 지금 저에게 명령하시어 바깥으로 처소를 바꾸게 하시니, 有司가 지위의 차례로 일을 명령하실 때에 멀지 않겠습니까? 司徒를 따라서 반열에 따라 처소를 옮기고자 합니다."라고 하였으나, 공은 역시 채택하지 않았다.

44. 夏父弗忌改昭穆之常 夏父弗忌가 昭와 穆의 정상 순서를 바꾸다

【大義】 昭穆의 순서를 그르치면 안 된다.

夏父弗忌爲宗116)하야 烝에 將躋僖公117)할새 宗有司曰 非昭穆也118)니이다 曰 我爲宗伯이라 明者爲昭하고 其次爲穆119)하니 何常之有리오 有司曰 夫宗廟之有昭穆也는 以次世之長幼하고 而等胄之親疏也120)니이다 夫祀는 昭孝也니 各致齊敬於其

116) 宗 : 宗伯. 국가 제사의 예를 관장한다.

117) 將躋僖公 : 僖公은 閔公의 형으로 민공을 이어서 즉위하였다……희공을 위에 놓음은 逆祀이다. 逆祀는 아버지 사당을 위에 놓고 할아버지 사당을 아래에 놓는 것이다.

118) 非昭穆也 : 非昭穆은 昭穆의 차례가 아님을 말한다. 아버지는 昭가 되고 아들은 穆이 되니, 희공은 민공의 신하가 되어서 신하와 아들은 동일한 규례인데 민공의 위에 올렸으므로, 昭穆이 아니라고 하였다.

119) 明者爲昭 其次爲穆 : 明은 僖公이 明德이 있어서 마땅히 昭가 되어야 하고, 민공이 다음이어서 마땅히 穆이 되어야 함을 말한다.

皇祖는 昭孝之至也라 故로 工史書世[121]하고 宗祝書昭穆[122]에 猶恐其踰也니이다 今將先明而後祖[123]하니 自玄王[124]으로 以及主癸[125]히 莫若湯이요 自稷[126]으로 以及王季[127]히 莫若文武라 商周之烝也에 未嘗躋湯與文武는 爲①踰也니 魯未若商周로되 而改其常이면 無乃不可乎잇가 弗聽하고 遂躋之하다

展禽曰 夏父弗忌는 必有殃하리라 夫宗有司之言이 順矣요 僖又未有明焉이라 犯順은 不祥이요 以逆訓民도 亦不祥이요 易神之班도 亦不祥이요 不明而躋之도 亦不祥이라 犯鬼道二[128]요 犯人道二[129]니 能無殃乎아 侍者曰 若有殃이면 焉在아 抑刑戮也아 其夭札也아 曰 未可知也라 若血氣强固면 將壽寵得沒이어니와 雖壽而沒이라도 不爲無殃하리라하다 旣其葬也에 焚하야 煙徹於上[130]하다

〔校勘〕① 爲 : 四部備要本에는 다음에 '不'자가 더 있는데, 汪遠孫의 ≪國語明道本攷異≫에 衍文이라고 하였다.

夏父弗忌가 宗伯이 되어서, 烝祭를 지낼 적에 僖公을 〈앞 임금인 아우 閔公의〉 위에 올리려고 하였다. 이에 宗有司가 말하기를 "소목의 차례가 아닙니다."라고 하니, 하보

---

120) 以次世之長幼 而等胄之親疏也 : 長幼는 先後이다. 等은 가지런함이다. 胄는 후예이다.

121) 工史書世 : 工은 瞽師官(樂工)이고, 史는 太史이고, 世는 世次(代數)의 先後이다. 工은 그 덕을 암송하며, 史는 그 말을 기록한다.

122) 宗祝書昭穆 : 宗은 宗伯이고, 祝은 太祝이다. 宗은 그 예를 관장하고, 祝은 그 位次를 관장한다.

123) 今將先明而後祖 : 僖公을 明德이 있다고 하여 올리면 이는 아버지 사당을 위에 놓고 할아버지 사당을 아래에 놓음이다.

124) 玄王 : 契(설)이다.

125) 主癸 : 湯의 아버지.

126) 稷 : 棄이다.

127) 王季 : 文王의 아버지.

128) 犯鬼道二 : 귀신의 반열을 바꾼 것과 명덕이 없는 자를 올려놓은 것이다.

129) 犯人道二 : 순함을 범한 것과 거스림으로 백성을 가르치는 것이다.

130) 旣其葬也 焚煙徹於上 : 장사를 마치고 나서 불이 그 棺槨을 태웠다. 徹은 도달함이다.

불기가 말하기를 "내가 종백이 되었는지라, 밝은 덕이 있는 이를 昭로 모시고, 그 다음을 穆으로 하는 것이니, 어찌 일정함이 있겠느냐?"라고 하였다. 종유사가 말하기를 "종묘에 昭와 穆이 있는 것은 세대의 선후를 차례 짓고, 후손의 親疏를 가지런히 하는 것입니다. 제사는 효도를 밝히는 것이니, 각각 경건함을 太祖에게 지극히 하는 것은 효를 밝힘이 극진한 것입니다. 그러므로 工과 史는 世次를 기록하고, 宗伯과 太祝이 소와 목을 기록하는 데에 오히려 그 순서를 넘어설까 우려합니다. 지금 명덕이 있는 이를 앞에 놓고, 할아버지 사당을 뒤로 하려 하니, 玄王으로부터 主癸에 이르러서는 湯 만한 이가 없고, 稷으로부터 王季에 이르러서는 문왕・무왕 만한 이가 없습니다. 商나라나 周나라가 烝祭를 지내는 데에 일찍이 탕임금이나 문왕・무왕보다 위에 올린 적이 없는 것은 차서를 넘어설까 해서입니다. 노나라가 아직 商나라나 周나라만큼 된 적이 없는데, 그 정상적인 것을 바꾼다면 바로 옳지 않음이 아니겠습니까?"라고 하니, 듣지 않고 드디어 〈희공을 앞인〉 위에 놓았다.

展禽이 말하기를 "하보불기에게는 반드시 재앙이 있을 것이다. 종유사의 말이 順한 것이었고, 희공은 또한 명덕이 있지 않았다. 순함을 범한 것은 길하지 않고, 이 거스름으로 백성을 가르치는 것도 길하지 않고, 神의 차서를 바꾼 것도 길하지 않으며, 밝은 덕이 없음에도 그 위에 올려놓은 것도 또한 길하지 않은 것이다. 귀신의 도를 범한 것이 두 가지이고, 사람의 도를 범한 것이 두 가지이니, 능히 재앙이 없을 수 있겠는가?"라고 하였다. 모시고 있는 사람이 말하기를 "만약 재앙이 있다면 언제 있겠습니까? 또한 刑罰로 죽을까요, 아니면 夭折이나 병으로 죽을까요?"라고 하니, 대답하기를 "아직 알 수 없다. 만약 血氣가 강하고 굳으면 장차 장수하고 총애받다가 죽을 것이지만, 비록 장수하여 죽더라도 재앙이 없지는 않을 것이다."라고 하였다. 그 장례를 마치자 불이 나서 연기가 하늘에 이르렀다.

45. 里革更書逐莒太子僕 里革이 임금의 명령서를 고쳐서 莒太子 僕을 축출하다

【大義】 죽음을 무릅쓰고 임금의 명령서를 고친 의로운 행위.

莒大子僕殺紀公131)하고 以其寶로 來奔132)에 宣公이 使僕人하야 以書로 命季文

131) 莒大子僕殺紀公 : 紀公이 僕 및 季佗를 낳았는데 僕을 세우고 나서 季佗를 사랑하여

子[133])曰 夫莒大子不憚[134])以吾故殺其君하고 而以〈其〉①寶來하니 其愛我甚矣로다 爲我予之邑하되 今日必授하야 無逆命矣어다 里革이 遇之[135])하야 而更其書曰 夫莒大子가 殺其君하고 而竊其寶來하니 不識窮固[136])하고 又求自邇로다 爲我流之於夷하되 今日必通하야 無逆命矣어다 明日에 有司復命하니 公詰之한대 僕人이 以里革으로 對[137])하다 公執之曰 違君命者는 女亦聞之乎인저 對曰 臣以死奮筆하니 奚啻其聞之也잇가 臣聞之曰 毁則者는 爲賊이요 掩賊者는 爲臧②이요 竊寶者는 爲軌③요 用軌之財者는 爲姦이라하니 使君으로 爲臧姦者는 不可不去也요 臣違君命者도 亦不可不殺也니이다 公曰 寡人實貪이라 非子之罪也④라하고 乃舍之하다

〔校勘〕 ① 〈其〉: 四部備要本에 의거하여 보충하였다.
② 臧 : 四部備要本에는 '藏'으로 되어 있는데 통용한다. 아래도 같다.
③ 軌 : 四部備要本에는 '宄'로 되어 있는데 통용한다. 아래도 같다.
④ 也 : 四部備要本에는 '也'자가 없다.

莒太子 僕이 紀公을 弑害하고서, 그 보물을 가지고 〈노나라로〉 망명을 오자, 宣公이 僕人을 시켜서 글을 써 주어 季文子에게 고하게 하였다. "莒太子가 나의 연고로 해서 그 임금 죽이는 일을 어려워하지 않고 그 보배를 가지고 오니, 그가 나를 아끼는 것이 극심하다. 나를 위하여 그에게 邑을 주되, 오늘 반드시 주어서 명령을 거스르지 말지어다." 里革이 명령서를 가지고 가는 사람을 만나서 그 문서를 고쳐 말하기를 "莒太子가 그 임금을 시해하고서 그 보물을 훔쳐서 왔으니, 궁극에는 폐기될지 알지 못하겠고, 또 스스로 친근하기를 요구하였다. 나를 위하여 그를 東夷 지역으로 내치되, 오늘

복을 축출하였다. 복은 그 까닭으로 기공을 弑害하였다.

132) 來奔 : 來奔은 노나라에 망명함이다. 혹은 '魯'자를 쓰기도 하나 잘못이다. 이것은 魯語이므로 '魯'자를 말하는 것은 마땅하지 않다.

133) 宣公 使僕人 以書 命季文子 : 宣公은 文公의 아들 倭이다. 命은 告함이다. 僕人은 官名이다. 文子는 魯나라 正卿 季孫行父이다.

134) 憚 : 難(어려워하다)이다.

135) 里革遇之 : 里革은 魯나라 太史 克이다. 僕人을 만나 公의 편지를 보고서 태자가 아버지를 시해한 것을 大逆이라고 고쳤다.

136) 固 : 廢(폐기되다)의 뜻.

137) 以里革對 : 里革이 고친 것으로 대답했다.

반드시 도달시켜 명령을 거스르지 말지어다."라고 하였다.

다음 날에 담당관이 復命하니, 宣公이 詰問하였는데, 僕人이 里革의 고친 것으로 대답했다. 공이 里革을 구금시키고 말하기를 "임금의 명령을 어긴 자는 〈무슨 죄에 해당하는지〉 너 또한 들었겠지?" 하니, 대답하기를 "제가 죽음으로써 붓을 들었으니, 어찌 그것을 들었을 뿐이겠습니까? 저는 듣기를 '법칙을 파괴하는 자는 賊이고, 賊을 숨긴 자는 감춘 자이고, 보물을 훔친 자는 내란을 일으킨 자이고, 내란을 일으킨 자의 재물을 사용하는 자는 간사한 자가 된다.'고 하니, 우리 임금으로 하여금 감춘 자와 간사한 자가 되게 한 자는 제거하지 않을 수 없고, 신하로서 임금의 명령을 거스른 자 또한 죽이지 않을 수 없습니다."라고 하였다. 宣公이 말하기를 "내가 실로 탐욕스러웠다. 너의 죄가 아니다."라 하고 풀어주었다.

46. 里革斷宣公罟而棄之 里革이 宣公의 그물을 잘라서 버리다

【大義】 自然資源의 보호를 주장하여 임금을 일깨우다.

宣公이 夏濫於泗淵138)한대 里革이 斷其罟而棄之曰 古者에 大寒降139)하고 土蟄發140)하면 水虞141)於是乎講罛罶하야 取名魚142)하며 登川禽143)하야 而嘗之寢①廟하고 行諸國人②은 助宣氣也요 鳥獸孕하고 水蟲成하면 獸虞144)가 於是乎禁罝羅하고 猎(착)魚鼈하야 以爲夏槁③는 助生阜也145)요 鳥獸成하며 水蟲孕하면 水虞가 於是

138) 夏濫於泗淵 : 濫은 담금이다. 그물을 泗水의 연못에 담가서 고기를 잡았다.

139) 大寒降 : 韋昭는 "降은 내려감이니, 추운 기운이 처음 내려감은 季冬 建丑의 달인 섣달에 大寒의 뒤를 말한다."라고 하였다. 建丑은 초저녁에 북두칠성 자루가 1시 방향을 가리킴을 말함.

140) 土蟄發 : 孟春 建寅의 달인 1월에 잠자던 벌레가 비로소 작동함을 말한다. 建寅은 초저녁에 북두칠성 자루가 2시 방향을 가리킴을 말함.

141) 水虞 : 水官. 川澤의 禁令을 관장한다.

142) 名魚 : 大魚(큰 물고기).

143) 川禽 : 하천 동물이라는 뜻으로, 자라·조개 등속을 말한다.

144) 獸虞 : 동물을 관리하는 관원. 새와 짐승의 禁令을 관장한다.

145) 助生阜也 : 阜는 자람이다. 새와 짐승이 한창 잉태하므로 물고기와 자라를 잡아서

乎[④]禁罝〈罜〉[⑤]麗(록)146)하고 設穽鄂[⑥]하야 以實廟庖는 畜功用也147)요 且夫山不槎櫱[⑦]148)하며 澤不伐夭하며 魚禁鯤鮞149)하며 獸長麑麌150)하며 鳥翼鷇卵하며 蟲舍蚳蝝151)은 蕃庶物也니 古之訓也라 今魚方別152)孕에 不敎魚長하고 又行網[⑧]罟하니 貪無藝[⑨]153)也라

公聞之曰 吾過而里革匡我하니 不亦善乎아 是良罟也니 爲我得法이로다 使有司로 藏之하야 使吾로 無忘諗154)케하라 師存155)侍曰 藏罟는 不如寘里革於側之不忘也니이다

〔校勘〕 ① 寢 : 汪遠孫의 ≪國語明道本攷異≫에는 '嘗之廟 行諸國'이 대구이므로, 衍文이라고 하였다.

② 人 : 汪遠孫의 ≪國語明道本攷異≫에는 衍文이라고 하였다.

③ 槁 : 四部備要本에는 '犒'로 되어 있는데, 黃丕烈의 札記에는 '槁'로 해야 한다고 하였다.

④ 乎 : 四部備要本에는 '乎'자가 없다.

⑤ 〈罜〉 : 四部備要本에 의거하여 보충하였다.

⑥ 鄂 : 汪遠孫의 ≪國語明道本攷異≫에는 오른쪽이 '卩'을 따라야 하고, '阝'을 따름은 잘못이라고 하였다.

⑦ 櫱 : 四部備要本에는 '蘖'로 되어 있는데 同字이다.

⑧ 網 : 四部備要本에는 '罡'로 되어 있는데, 黃丕烈의 札記에는 '罜'의 誤字라고 하였다. '網'과 '罜'는 異音同義字이다.

태어나는 동물을 돕는다.

146) 罜麗 : 작은 그물.

147) 以實廟庖 畜功用也 : 짐승으로 宗廟의 주방을 채우고 물고기와 자라를 기르고, 사철의 功效를 비축하며 국가의 財用을 충족시킨다.

148) 槎櫱 : 槎는 찍음이다. 그루터기에서 나온 것을 櫱이라 한다.

149) 鯤鮞 : 물고기 알과 성숙하지 않은 물고기.

150) 麑麌 : 새끼 사슴과 새끼 四不像.

151) 蚳蝝 : 蚳는 개미 알로, 젓을 담는다. 蝝은 날개가 나지 않은 메뚜기 새끼.

152) 別 : 수컷과 떨어져서 알을 품음이다.

153) 藝 : 極(끝)의 뜻.

154) 藏之 使吾無忘諗 : 이 그물을 보면 里革의 말을 잊지 않음을 말한다. 諗은 고함이다.

155) 師存 : 師는 樂師. 存은 이름이다.

⑨ 藪 : 四部備要本에는 '藪'로 되어 있는데, '藪'는 '藪'의 俗字이다.

宣公이 여름에 泗水의 연못에 그물을 담가 두었는데, 里革이 그 그물을 끊어 버리고 말하였다. "옛날에 大寒이 지나고 흙 속의 벌레가 움직이면, 水虞가 이에 그물과 통발 사용을 익혀서 큰 고기를 잡으며, 하천의 자라와 조개를 올려서 祠堂에 제사 지내고, 나라 사람들에게 잡게 하는 것은 〈봄의〉 펴는 기운을 돕는 것입니다. 새와 짐승이 알을 품고, 물고기들이 성장하면 獸虞가 이에 그물질을 금지시키고, 물고기나 자라를 작살로 잡아서 여름철에 말린 고기로 장만하는 것은 생장을 돕는 것입니다. 새나 짐승이 성장하고 물고기가 잉태하게 되면 水虞가 이에 그물과 작은 어망을 금지시키고, 함정과 덫을 설치해서 종묘의 주방을 채우는 것은 사철의 功效와 국가 財用을 쌓는 것입니다. 또 산에서는 새로 나오는 싹을 찍어내지 않으며, 못에서는 여린 초목을 베지 않으며, 물고기는 알이나 穉魚를 못 잡게 하며, 짐승은 새끼 사슴과 새끼 四不像을 성장시켜 주며, 새는 새끼와 알을 육성시켜 주며, 벌레는 개미알과 메뚜기 새끼를 놓아두어서 여러 사물을 번성케 하는 것은 옛날의 가르침이었습니다. 지금 물고기가 바야흐로 수컷과 떨어져서 알을 품는데, 물고기를 기르도록 가르치지 않고 또 그물을 치고 있으니, 탐욕이 끝이 없는 것입니다."

公이 듣고 말하기를 "내가 잘못했는데, 里革이 나를 바로잡아 주니, 또한 훌륭하지 않은가? 이것은 그물질하는 좋은 방법이니, 나에게 법이 될 만하다. 담당자에게 보관케 하여 나로 하여금 충고를 잊지 말게 하라."라고 하니, 樂士 存이 모시고 있다가 말하였다. "그물을 보관하는 것은 里革을 곁에 두고 잊지 않는 것만 못합니다."

47. 子叔聲伯辭邑 子叔聲伯이 邑을 사양하다

【大義】 不健全한 사람이 주는 것은 받지 않아야 한다.

子叔聲伯156)이 如晉하야 謝季文子157)한대 郤犨①158)欲與②之邑하되 弗受也하다

---

156) 子叔聲伯 : 公孫嬰齊. 魯나라 大夫. 宣公의 아우이며, 叔肹의 아들이다.

157) 謝季文子 : 韋昭는 "魯나라의 叔孫僑如가 季氏를 제거하려고 季文子를 晉나라에 참소하자, 晉나라 사람이 그를 잡아갔다. 郤犨의 처는 子叔聲伯의 外妹이므로, 노나라 成公이 성백을 시켜서 진나라에 가서 사례하고 또 季文子를 풀어달라고 요청하게

歸에 鮑國이 謂之曰 子何辭苦成叔之邑가 欲信讓邪아 抑知其不可乎아 對曰 吾聞之하니 不厚其棟이면 不能任重이라하니 重莫如國이요 棟莫如德[159]이라 夫苦成叔家는 欲任兩國[160]하되 而無大德하니 其不存也라 亡無日矣라 譬之如疾하니 余恐易[161]焉이라 苦成氏는 有三亡하니 少德而多寵하고 位下而欲上政[162]하고 無大功而欲大祿하니 皆怨府也라 其君은 驕而多私[163]하고 勝敵[164]而歸하니 必立新家[165]하리라 立新家에 不因民이면 不能去舊[166]요 因民에 非多怨이면 民無所始[167]나 爲怨三[168]府하니 可謂多矣라 其身之不能定이어늘 焉能予人〈之〉③邑가 鮑國曰 我信不若子로다 若鮑氏有釁이라도 吾不圖矣[169]리라 今子圖遠以讓邑하니 必常立矣리라하다

〔校勘〕 ① 犨 : 四部備要本에는 '犫'로 되어 있는데 同字이다.
② 與 : 四部備要本에는 '予'로 되어 있는데 통용한다.
③ 〈之〉 : 四部備要本에 의거하여 보충하였다.

하였다."라고 하였다. 外妹는 어머니는 같고 아버지가 다른 여자 아우.

158) 郤犨 : 晉나라의 卿 苦成叔이다. 아내 때문에 성백과 친하여 읍을 청해서 성백에게 주려고 하였다.

159) 重莫如國 棟莫如德 : 나라는 지극히 무거워서 도덕이 아니면 나라의 기둥을 감당하지 못함을 말한다.

160) 兩國 : 晉나라와 魯나라.

161) 易 : 옮겨가다. 傳染되다.

162) 位下而欲上政 : 지위는 下卿이면서 국가 정무를 전담하려고 하였다.

163) 其君驕而多私 : 其君은 厲公을 말한다. 多私는 총애하는 신하가 많음이다.

164) 勝敵 : 楚나라를 무찌른 일을 말한다.

165) 家 : 大夫를 말한다.

166) 立新家 不因民 不能去舊 : 백성이 미워하는 바를 따르지 않으면 오래된 卿을 제거할 수 없다.

167) 非多怨 民無所始 : 郤氏에게 원망이 많아서 백성이 비로소 칠 것임을 말한다.

168) 三 : 도덕은 적으면서 총애는 많고, 지위는 낮으면서 윗사람의 정무를 하고자 하고, 큰 공은 없으면서 큰 녹봉을 원함을 말한다.

169) 若鮑氏有釁 吾不圖矣 : 釁은 조짐이다. 鮑氏에게 만약 禍의 조짐이 있더라도 나는 미리 헤아릴 수 없을 것이라는 말이다.

子叔聲伯이 晉나라에 가서 季文子를 〈풀어 달라고〉 사례하고 청원하였다. 郤犨가 子叔聲伯에게 邑을 주려고 하였으나 받지 않았다.

돌아올 적에 鮑國이 그에게 말하였다. "그대는 어찌 苦成叔의 邑을 사양하였습니까! 진실로 사양하고자 한 것입니까, 아니면 그 옳지 않음을 알아서입니까?" 〈자숙성백이〉 대답하였다. "내가 들으니 '그 기둥이 두텁지 않으면 무게를 감당할 수 없다.' 하는데, 무게는 나라만 한 것이 없고 기둥은 도덕만 한 것이 없습니다. 고성숙의 가문이 〈魯와 晉〉 두 나라를 떠맡으려 하나 큰 도덕이 없으니, 보존하기 어려운지라 망할 날이 멀지 않습니다. 비유하면 전염병과 같으니, 내가 그에게 전염될까 두렵습니다. 苦成氏는 세 가지 망조가 있습니다. 도덕은 적으면서 총애는 많고 지위는 낮으면서 윗사람의 정무를 하려 하고 큰 공은 없으면서 큰 녹봉을 원하니, 모두 원망이 쌓이는 창고입니다. 그 임금은 교만하면서 총애하는 신하가 많고 적을 이기고 돌아왔으니, 반드시 새로운 大夫를 세울 것입니다. 새로운 대부를 세울 적에 백성에게 의거하지 않는다면 과거의 관리를 제거하지 못하고, 백성에게 의거하는 데에 원망을 많이 받는 자가 아니면 백성이 〈토벌을〉 시작할 바가 없으나, 원망이 세 개의 창고나 만들었으니 많다고 말할 수 있습니다. 제 몸도 안정시킬 수 없거늘 어찌 남에게 邑을 줄 수 있겠습니까?"

포국이 말하였다. "나는 진실로 그대만 같지 못합니다. 만약 우리 鮑氏에게 禍의 조짐이 있더라도 나는 미리 헤아리지 못할 것입니다. 이제 그대가 먼 일까지 미리 헤아려서 읍을 양보하니, 반드시 항상 지위를 확립할 것입니다."

48. 里革論君之過 里革이 임금의 과실을 논하다

【大義】 불행을 당한 임금은 그 잘못이 本人에게 있다.

晉人[170]이 殺厲公이어늘 邊人이 以告한대 成公이 在朝라가 公曰 臣殺其君은 誰之過也아 大夫莫對어늘 里革曰 君之過也니이다 夫君人者는 其威大矣니 失威而至於殺는 其過多矣니이다 且夫君也者는 將牧民而正其邪者也니이다 若君이 縱私回[171]而棄民事면 民旁有慝하되 無由省之하야 益邪多矣요 若以邪臨民하야 陷而不振[172]하고

170) 晉人 : 晉나라의 欒書와 中行偃을 말한다.

171) 回 : 邪(간사함)의 뜻.

用善不肯專하면 則不能使하야 至於殄滅하여도 而莫之恤也니 將安用之리잇가 桀奔南巢하고 紂踣於京[173]하고 厲泝①於彘[174]하고 幽滅於戲는 皆是術[175]也니이다 夫君也者는 民之川澤也라 行而從之에 美惡皆君之由[176]니 民何能爲焉가하다

〔校勘〕 ① 泝 : 四部備要本에는 '流'로 되어 있는데, '泝'는 '流'의 古字이다.

晉나라 사람들이 厲公을 弑害하자 〈노나라〉 국경 수비자가 보고했는데, 成公이 조정에 있다가 말하였다. "신하가 그 임금을 시해함은 누구의 잘못인가?" 대부들이 대답하는 사람이 없거늘 里革이 대답하였다. "임금의 잘못입니다. 임금은 그 위엄이 크니, 위엄을 잃어서 시해에 이르게 됨은 그 과실이 많은 것입니다. 임금은 장차 백성을 길러서 그 사악함을 바로잡으려고 하는 사람입니다. 만약 임금이 개인적인 사악함을 마음대로 하여 백성의 일을 버리면 백성이 널리 간악해지되 살필 길이 없어서 사악함을 늘리는 일이 많아질 것입니다. 만약 사악함으로 백성에게 임해서 타락해도 구원하지 않고 善人을 임용해도 기꺼이 전담시키지 않으면 부릴 수가 없어서 멸망함에 이르러도 구원할 자가 없을 것이니, 장차 어찌 임금이 쓰이겠습니까? 桀王이 南巢로 도망가고 紂王이 서울에서 죽고 厲王이 彘로 귀양가고 幽王이 戲에서 죽은 것은 모두 이 방법이었습니다. 임금은 백성의 내와 못입니다. 〈백성이〉 행하여 따르는 데에 美와 惡이 모두 임금에게서 말미암는 것이니, 백성이 무엇을 할 수 있겠습니까?"

49. 季文子論妾馬 季文子가 첩과 말〔馬〕에 대해 論하다

【大義】 爲政者는 청렴해야 하고 過失을 고쳐야 한다.

季文子가 相宣成에 無衣帛之妾하며 無食粟之馬하니 仲孫它[177]諫曰 子爲魯上卿하

---

172) 振 : 救(구원함)의 뜻.

173) 紂踣於京 : 踣는 죽음이다. 京은 殷나라 서울이다.

174) 厲泝於彘 : 厲는 周나라 여왕이다. 彘는 晉나라 땅이다.

175) 術 : 術은 방도이다. 모두 위엄을 잃고 과실이 많은 방도로 하였다는 말이다.

176) 民之川澤也 行而從之 美惡皆君之由 : 임금으로 川澤을 비유하고, 백성으로 물고기를 비유하였다. 從之는 물고기가 내의 美와 惡을 따라서 肥와 瘠이 되는 것을 말한다.

177) 仲孫它 : 魯나라 孟獻子의 아들 子服它.

야 相二君矣에 妾不衣帛하며 馬不食粟하니 人其以子爲愛요 且不華國乎인저 文子曰 吾亦願之[178]나 然吾觀國人컨대 其父兄之食麤而衣惡者가 猶多矣라 吾是以不敢이로다 人之父兄이 食麤衣惡호대 而我美妾與馬면 無乃非相人者①乎아 且吾聞以德榮爲國華요 不聞以妾與馬라하노라 文子以告孟獻子한대 獻子囚之七日하다 自是로 子服[179]之妾衣는 不過七升[180]之布하고 馬餼不過稂莠하다 文子聞之曰 過而能改者는 民之上也라하고 使爲上大夫하다

〔校勘〕 ① 者 : 四部備要本에는 '者'자가 없다.

季文子가 宣公과 成公의 재위시 재상 노릇을 할 적에 비단을 입은 첩이 없었으며 곡식을 먹는 말이 없으니, 仲孫它가 간언하였다. "귀하께서 노나라 上卿으로 계시면서 두 임금에게 재상 노릇을 하시는데 첩은 비단을 입지 않고 말은 곡식을 먹지 않으니, 사람들은 그대가 아낀다고 여기고, 또 나라를 영화롭게 하지도 못한다고 합니다." 계문자가 말하였다. "나도 또한 화려함을 원하나, 내가 나라 사람들을 살펴보건대 그 父兄이 거친 밥을 먹고 나쁜 옷을 입는 자가 아직도 많다. 내가 이 때문에 감히 하지 못한다. 사람의 부형이 거친 밥을 먹고 나쁜 옷을 입는데 내가 첩과 말을 아름답게 한다면 백성을 돕는 자가 아니지 않겠는가? 또 나는 덕의 영화로 나라의 광채를 삼는다는 말은 들었고, 첩과 말로써 〈나라를 빛낸다는 말은〉 듣지 못하였다." 文子가 孟獻子에게 고하였는데, 맹헌자가 仲孫它를 7일 동안 가두었다. 이로부터 子服의 첩은 옷이 7升의 베를 넘지 않았고, 말은 먹이가 강아지풀에 지나지 않았다. 문자가 이것을 듣고 말하기를 "잘못을 능히 고치는 자는 백성의 우두머리이다."라고 하고는 子服을 上大夫로 삼게 하였다.

178) 願之 : 화려함과 사치함을 원하는 것이다.

179) 子服 : 子服它를 말한다.

180) 升 : 피륙의 올을 세는 단위. 2.2尺의 폭에 80올이 들어간 것이 1升이다. 升 숫자가 많을수록 고급의 고운 베이다. 보통 朝服은 15升이고, 斬衰는 3升이다. 7승은 粗布(거친 베)이다.

國語 제5권

魯語 下

50. 叔孫穆子聘於晉 叔孫穆子가 晉나라에 聘問하다

【大義】 음악은 禮에 맞추어 연주해야 한다.

叔孫穆子가 聘於晉하니 晉悼公이 饗之할새 樂及鹿鳴之三而後에 拜樂三[1]하다 晉侯使行人[2]으로 問焉曰 子以君命으로 鎭撫敝邑에 不腆先君之禮로 以辱從者[3]하고 不腆之樂으로 以節之한대 吾子舍其大하고 而加禮於其細[4]하니 敢問何禮也아

對曰 寡君이 使豹[5]로 來繼先君之好에 君以諸侯之故로 況使臣以大禮하시니이다 夫先樂金奏肆夏繁①遏渠는 天子所以饗元侯也[6]요 夫歌文王大明緜은 則兩君相見之樂也[7]니 皆昭令德하야 以合好也요 皆非使臣之所敢聞也니이다 臣은 以爲肆業及

---

1) 樂及鹿鳴之三而後 拜樂三 : 悼公이 먼저 穆子를 위하여 〈肆夏〉·〈文王〉을 각각 세 편 연주하였으나 절하지 않았고, 〈鹿鳴〉의 세 편을 연주함에 이른 이후에야 음악에 세 번 절을 하였다.

2) 行人 : 外交官. 賓客의 예를 관장한다.

3) 從者 : 從者라고 일컬은 것은 謙辭이다.

4) 吾子舍其大 而加禮於其細 : '大'는 〈肆夏〉·〈文王〉을 말하고 '細'는 〈鹿鳴〉을 말한다.

5) 豹 : 叔孫穆子의 이름.

6) 夫先樂金奏肆夏繁遏渠 天子所以饗元侯也 : 金奏는 鐘으로 음악을 연주하는 것이다. 肆夏는 일명 樊이요, 韶夏는 일명 遏이요, 納夏는 일명 渠니, 이는 三夏曲이다. 禮에 九夏가 있는데, ≪周禮≫에 "鐘師가 종과 북을 관장하여 九夏를 연주한다."고 하였다. 元侯는 牧伯이다.

7) 夫歌文王大明緜 則兩君相見之樂也 : 〈文王〉·〈大明〉·〈緜〉은 ≪詩經≫ 〈大雅〉의 첫째 篇이요, 〈文王之什〉의 세 편이다. 이 세 편은 모두 文王과 武王이 聖德이 있음을 찬미

之라 故로 不敢拜8)니이다 今伶②簫咏③歌하야 及鹿鳴之三9)은 君之所以况使臣이니 臣敢不拜況이리잇가 夫鹿鳴은 君之所以嘉先君之好也니 敢不拜嘉10)리잇가 四牡는 君之所以章使臣之勤也니 敢不拜章11)하리잇가 皇皇者華는 君敎使臣曰 每懷靡及12)하고 諏謀度詢을 必咨於周13)라하니 敢不拜敎리잇가 臣聞之曰 懷和④爲每懷요 咨才〔事〕⑤爲諏요 咨事〔難〕⑥爲謀요 咨義爲度(탁)14)이요 咨親爲詢15)이요 忠信爲周라하니 君况使臣以大禮하시고 重之以六德16)이어시늘 敢不重拜리잇가하다

한 것이다. 하늘이 도와주심에 그 징조와 응함과 符節 같은 징험이 하늘에 드러나니 바로 天命이요, 인력이 아니다. 周公이 先王의 덕을 천하에 밝히려 하였으므로, 두 임금이 서로 만날 때에 음악으로 사용했던 것이다.

8) 以爲肄業及之 故不敢拜 : 肄는 익힘이다. 생각하기를 樂師가 스스로 그 일을 익혀서 미쳤으므로, 감히 절하지 않았다.

9) 今伶簫咏歌 及鹿鳴之三 : 韋昭는 "악사가 簫로 이 3편의 소리를 내어 노래 부르는 사람과 서로 호응함을 말한다."라고 하였다. '鹿鳴之三'은 〈小雅〉의 〈鹿鳴〉·〈四牡〉·〈皇皇者華〉의 3편이다.

10) 夫鹿鳴……敢不拜嘉 : 〈鹿鳴〉에 이르기를 "나에게 아름다운 손님이 있어 덕스런 말씀이 매우 밝다."라고 하니, 이것이 선군의 우호를 아름다워함이다.

11) 四牡……敢不拜章 : 〈四牡〉는 임금이 사신을 위로하는 시이다. 章은 드러냄이다. 신하가 명령을 받들어 밖에서 勤勞함에 그 情을 서술하여 노래하고 연주하니 그 근로를 드러내는 것임을 말한다.

12) 皇皇者華……每懷靡及 : 〈皇皇者華〉는 임금이 사신을 파견하는 음악이다. 皇皇은 빛남과 같다. 사사로움을 품는 것이 每懷이다. 靡는 없음이다. 신하가 使命을 받들어 그 임금을 빛나게 하는 것은 꽃의 빛이 빛남과 같으니, 이미 명령을 받았으면 마땅히 공무에 있음을 생각해야 하고, 사람마다 그 사사로움을 생각하면 일에 장차 이르는 바가 없음을 말한다.

13) 每懷靡及……必咨於周 : 韋昭는 "이 6가지는 모두 임금이 신하에게 말하는 것이다. 善人에게 묻는 것을 咨라 하고 忠信이 周이니, 諏·謀·度·詢을 반드시 忠信스러운 사람에게 물어야 함을 말한다."라고 하였다. 每懷靡及은 〈皇皇者華〉篇 1章의 가사이고, 諏·謀·度·詢은 2~5장의 가사 "周爰咨諏, 周爰咨謀, 周爰咨度, 周爰咨詢"의 마지막 글자인 '諏·謀·度·詢'을 말한다.

14) 咨義爲度 : 禮義를 묻는 것이 度이다. 度은 역시 謀이다.

15) 咨親爲詢 : 親戚의 꾀함을 묻는다.

16) 六德 : 諏·謀·度·詢·咨·周.

〔校勘〕 ① 繁 : 四部備要本에는 '樊'으로 되어 있는데 통용한다.
② 伶 : 汪遠孫의 ≪國語明道本攷異≫에는 '伶'은 譌字이고 '泠'이 옳다고 하였으나, 두 글자는 同字이다.
③ 咏 : 四部備要本에는 '詠'으로 되어 있는데 통용한다.
④ 懷和 : 四部備要本에는 '懷'자가 없는데, 汪遠孫의 ≪國語明道本攷異≫에는 탈락된 것이라고 하였다. '和'에 대해 韋昭는 鄭後司農 鄭玄은 '和'는 마땅히 '私'가 되어야 한다고 했다.
⑤ 才〔事〕 : 韋昭는 ≪左傳≫ 襄公4년의 '咨事爲諏'를 들어 '才'는 마땅히 '事'가 되어야 한다고 했다.
⑥ 事〔難〕 : 韋昭는 ≪左傳≫ 襄公4년의 '咨難爲謀'를 들어 '事'는 마땅히 '難'이 되어야 한다고 했다.

叔孫穆子가 晉나라에 사신으로 갔는데, 진나라 悼公이 宴享해 줄 때에 음악이 〈鹿鳴〉의 3편에 이른 후에야 음악에 세 번 절하였다. 晉侯가 외교관을 시켜서 묻게 하였다. "그대가 임금의 명령으로 우리나라를 안정시켜 주어 넉넉하지 않은 先君의 예법으로 그대를 대접했고 넉넉지 않은 음악으로 절도 있게 하였는데, 그대는 그 큰 것을 버리고 그 작은 것에 예를 차리니 감히 묻건대 무슨 예법인가?"

숙손목자가 대답하였다. "우리 임금께서 저를 시켜 先君의 우호를 와서 잇게 하는데에, 임금께서는 제후의 연고로 해서 사신에게 큰 예를 내려 주셨습니다. 앞에 연주한 음악에서 〈肆夏繁〉·〈遏〉·〈渠〉를 종으로 연주한 것은 천자가 元侯에게 宴享해 줄 때 사용하는 것이요, 〈文王〉·〈大明〉·〈緜〉을 노래한 것은 두 나라 임금이 서로 만날 때의 음악이니, 모두 아름다운 덕을 밝혀서 우호를 합한 것이고 모두 사신이 감히 들을 것이 아닙니다. 신은 음악을 연습하여 연주한다고 생각하였으므로 감히 절하지 않았습니다. 지금 음악 관원이 피리 불고 읊조리고 노래하여서 鹿鳴의 세 편에 미친 것은 임금께서 사신에게 주신 것이니, 제가 감히 하사하심에 절하지 않겠습니까? 〈鹿鳴〉은 임금께서 선군의 우호를 아름다워한 것이니, 감히 아름다움에 절하지 않겠습니까? 〈四牡〉는 임금이 사신의 애씀을 드러내 준 것이니, 감히 드러내 주심에 절하지 않겠습니까? 〈皇皇者華〉는 임금께서 사신에게 말씀하시기를 '사사로움을 품는 자마다 미침이 없으며, 묻고 꾀하고 생각하고 헤아리기를 반드시 미더운 사람에게 자문하라.' 하시니, 감히 말씀에 절하지 않겠습니까? 신이 듣기를 '사사로움을 생각함이 每懷가 되고, 일을 물어봄이 諏가 되고, 어려움을 묻는 것이 謀가 되고, 禮義를 묻는 것이 度

이 되고, 친척을 묻는 것이 詢이 되고, 忠信이 周가 된다.' 하니, 임금께서 사신에게 큰 禮를 주시고, 六德으로 거듭하시거늘 감히 정중히 절하지 않겠습니까!"

51. 叔孫穆子諫季武子爲三軍 叔孫穆子가 季武子의 三軍 편성에 대해 諫言하다

【大義】 國力보다 과도한 군대를 가지면 안 된다.

季武子爲三軍[17)]에 叔孫穆子曰 不可하니이다 天子作師에 公帥之하야 以征不德[18)]하고 元侯作師에 卿帥之하야 以承天子[19)]하고 諸侯有卿無軍하니 帥教衛하야 以贊元侯[20)]하고 自伯子男으로 有大夫無卿[21)]하니 帥賦以從諸侯[22)]하니이다 是以로 上能征下하고 下無姦慝하니이다 今我는 小侯也라 處大國[23)]之間하니 繕貢賦以共從者하여도 猶懼有討어늘 若爲元侯之所[24)]하야 以怒大國하면 無乃不可乎니잇가 弗從하고 遂作中軍하다 自是로 齊楚代討於魯하니 襄昭皆如楚[25)]하다

---

17) 季武子爲三軍 : ≪周禮≫에 "天子는 六軍이고, 諸侯로서 大國은 三軍이다."하였다. 魯나라는 伯禽의 封國으로, 과거에 三軍이 있었으나 그 뒤에 削弱하여 二軍뿐이었다. 계무자가 公室을 독단하려 하였으므로, 中軍을 늘려 三軍으로 하고, 세 大夫의 집안이 각각 그 하나씩을 징세하였다.

18) 天子作師……以征不德 : 師는 六軍의 무리이다. 公은 諸侯로서 王의 卿士가 된 자를 말한다.

19) 元侯作師……以承天子 : 元侯는 大國의 君이다. 師는 三軍의 무리이다. 대국은 3卿이 모두 천자에게 임명받아 천자를 받드니, 王師를 따라 不義한 자를 정벌함을 말한다.

20) 諸侯有卿無軍……以贊元侯 : 諸侯는 次國의 君을 말한다. 有卿은 命卿이 있는 것이다. 2卿은 천자에게 임명받고 1卿은 그의 君에게 임명받는다. 無軍은 삼군이 없음이다. 만약 元侯에게 사변이 있으면 卿이 그 교육시킨 武衛의 군사를 인솔하여 원후를 돕는다.

21) 無卿 : 無卿은 命卿이 없음을 말한다. 〈王制〉에 말하기를 "小國은 2경인데 모두 그의 임금에게 임명받는다."하였다.

22) 帥賦以從諸侯 : 賦는 國中에서 나오는 兵車와 甲士이니, 그것으로 대국의 제후를 따른다.

23) 大國 : 齊나라와 楚나라를 말한다.

24) 之所 : 之所는 3軍을 만드는 것을 말하니, 원후가 하는 바이다.

季武子가 三軍을 편성할 때 叔孫穆子가 말하였다. “안 됩니다. 天子가 六軍을 편성하는 데에는 公이 지휘해서 부도덕한 자들을 정벌하고, 元侯가 三軍을 편성하는 데에는 卿이 지휘해서 天子를 받듭니다. 제후는 卿은 있으되 삼군이 없으니 교육시킨 武士를 인솔하여 원후를 돕고, 伯·子·男부터는 大夫만 있고 경은 없으니 자국 병력을 인솔해서 제후를 따릅니다. 그러므로 위에서는 능히 아래를 征伐하고 아래에서는 姦慝함이 없게 됩니다. 지금 우리는 작은 侯國입니다. 大國의 사이에 처하였으니, 바칠 군대 세금을 마련해서 從軍하는 자에게 공급할지라도 오히려 토벌이 있을까 두렵거늘, 만일 우리가 元侯들이 하는 일을 해서 대국을 노하게 한다면 옳지 않은 일이 아니겠습니까?” 〈계무자가〉 따르지 아니하고 드디어 中軍을 만들었다. 이로부터 齊나라 楚나라가 번갈아 노나라에 토벌을 오니, 魯나라의 襄公·昭公이 모두 楚나라에 朝會 가게 되었다.

52. 諸侯伐秦魯人以莒人先濟 諸侯가 秦나라를 칠 때 魯나라 군인들이 莒 사람들을 시켜 먼저 건너가게 하다

【大義】 詩로 뜻을 전하여 行軍을 성공시켰다.

諸侯伐秦에 及涇莫濟어늘 晉叔嚮①이 見叔孫穆子曰 諸侯謂秦不恭而討之할새 及涇而止하니 於秦에 何益[26)]가 穆子曰 豹之業은 及匏有苦葉矣요 不知其它[27)]로다 叔嚮退하야 召舟虞[28)]與司馬[29)]曰 夫苦匏[30)]는 不材於人이요 共濟而已[31)]라 魯叔孫

---

25) 襄昭皆如楚 : 襄은 襄公이고 昭는 昭公이다. 如楚는 초나라에 조회하여 섬김이다.

26) 於秦 何益 : 秦나라를 치는 일에 무슨 이익이 있는가?

27) 及匏有苦葉矣 不知其它 : 반드시 건너감을 말한다. 韋昭는 “〈匏有苦葉〉은 ≪詩經≫ 〈邶風〉의 편 이름이다. 그 시에 말하기를 ‘박에 쓴 잎이 있는데 나루에는 깊은 건널 곳이 있도다. 깊으면 옷 입은 채 건너고 얕으면 옷을 걷고 건넌다.’라고 하였으니, 반드시 건널 것이고 그 이외는 알지 못함을 말한다.”라고 하였다.

28) 舟虞 : 배를 담당하는 관리.

29) 司馬 : 군사를 담당하는 관리.

30) 苦匏 : 쓴 맛의 박. 匏는 甘과 苦 2종류가 있는데, 苦匏는 먹지 않고 물을 건너는 데에 사용한다.

이 賦匏有苦葉하니 必將涉矣[32]리니 具舟除隧[33]하라 不共有法하리라 是行也에 魯人이 以莒人先濟하니 諸侯[34]從之하다

〔校勘〕① 嚮 : 四部備要本에는 '向'으로 되어 있는데 통용한다. 아래도 같다.

제후들이 秦나라를 칠 때 涇水에 도달해서 건너려는 자가 없자 晉나라의 叔嚮이 〈魯나라의〉 叔孫穆子를 보고 말하기를 "諸侯들이 秦나라가 공손하지 않다고 여겨서 토벌하고자 하면서 경수에 이르러 그치니, 秦나라를 치는 데에 무슨 이익이 있겠습니까?" 하니, 숙손목자가 말하였다. "저의 일은 〈匏有苦葉〉에 미치는 것이요, 그 이외에는 알지 못하겠습니다." 숙향이 물러나 〈晉나라의〉 舟虞와 司馬를 불러 말하기를 "苦匏는 사람에게 잘려 먹히지 않고 물을 건너는 데에만 이바지할 뿐이다. 노나라 叔孫이 〈匏有苦葉〉을 읊었으니, 반드시 건너겠다는 것이다. 배를 갖추고 길을 소제하라. 준비하지 않으면 형법을 쓰겠다." 하였다. 이 행군에 노나라 군인들이 莒 사람들을 써서 먼저 건너게 하니, 제후의 대부들이 따랐다.

53. 襄公如楚 襄公이 楚나라에 가다

【大義】 임금이 나약하고 昏懜할 때, 어진 신하가 外交를 잘하고 內亂을 수습하다.

襄公이 如楚[35]라가 及漢하야 聞康王[36]卒하고 欲還이러니 叔仲昭伯曰 君之來也는 非爲一人[37]也오 爲其名與其衆也[38]니이다 今王死라도 其名未改하고 其衆未敗어늘

31) 不材於人 共濟而已 : 材는 읽기를 裁와 같이 하니, 不材於人은 먹을 수 없음을 말한다. 共濟而已는 바가지를 차고 물을 건널 수 있음이다.
32) 必將涉矣 : 詩로 뜻을 말하다.
33) 隧 : 道(길)의 뜻.
34) 諸侯 : 제후의 대부이다.
35) 如楚 : 宋나라와의 盟約 때문에 초나라에 朝會 가는 것이다.
36) 康王 : 이름은 昭. 초나라 恭王의 아들.
37) 一人 : 康王을 말한다.
38) 爲其名與其衆也 : 名은 大國에 盟主라는 명분이 있게 됨을 말한다. 衆은 땅을 經略함이 많으며 兵力이 많음이다.

何爲還이니잇가 諸大夫皆欲還이어늘 子服惠伯曰 不知所爲하니 姑從君乎인저 叔仲曰 子之來也는 非欲安身也요 爲國家之利也라 故로 不憚39)勤遠而聽於楚니 非義楚也요 畏其名與衆也니이다 夫義人者는 固慶其喜而吊①其憂어늘 況畏而服焉가 聞畏而往이라가 聞喪而還이니 苟羋(미)40)姓實嗣니 其誰代之任喪41)가 王大子又長矣요 執政未改에 予爲先君來라가 死而去之면 其誰曰 不如先君42)가 將爲喪擧어늘 聞喪而還하면 其誰曰非侮也43)아 事其君而任其政이면 其誰由己貳44)며 求說(탈)其侮하야 而亟於前之人이면 其讎不滋大乎45)아 說侮不懦하고 執政不貳하야 帥大讎하야 以憚小國이면 其誰云待②之46)아 若從君而走患으론 則不如違君以避難이라 且夫君子는 計成而後行하나니 二三子計乎아 有禦楚之術하고 而有守國之備乎③인댄 則可也어

---

39) 憚 : 환난으로 여기다. 難.

40) 羋 : 楚나라 姓이다.

41) 其誰代之任喪 : 任은 당함이니, 누가 마땅히 대신하여 喪을 당해 주인이 되겠는가 하니, 반드시 스스로 당하므로 조문하러 가지 않을 수 없음을 말한다.

42) 予爲先君來……不如先君 : 우리가 초나라 先君을 위하였으므로 오다가 죽었다는 말을 듣고 간다면, 後嗣 臣子가 누가 기꺼이 스스로 말하기를 '덕이 초나라 先君만 못해서' 라고 할 자가 있겠는가라고 말함이다.

43) 將爲喪擧……非侮也 : 만일 나라에 있다가 楚나라에 초상이 났다는 말을 들으면 장차 그를 위하여 거둥하여 가야 하거늘, 하물며 이미 漢水에 이르렀다가 초상 났다는 말을 듣고 돌아간다면 그 누가 말하기를 '魯나라가 경멸하지 않는다.'고 하겠는가.

44) 事其君而任其政 其誰由己貳 : 초나라 신하가 장차 그 임금을 섬기고 그 정무를 담당한다면 그 누가 기꺼이 자기를 따를 때에 제후로 하여금 두 마음 가진 자를 있게 하겠는가.

45) 求說其侮……其讎不滋大乎 : 說은 제거함과 같다. 滋는 더욱이다. 亟은 빠름이다. 초나라 임금이 자기를 경멸한 자를 제거하기를 구하여 장차 옛날 사람들보다 빨리 하려 하면 그 원한이 더욱 크지 않겠는가라고 말함이다.

46) 說侮不懦……其誰云待之 : 懦는 연약함이다. 憚은 환난을 맺음이다. 초나라 사람이 그 모욕하여 뒤로 한 치욕을 없애려고 하기를 나약하게 하지 않아서 그 執政하는 신하가 두 마음을 두지 아니하고 초나라의 큰 원한으로 노나라와 환난을 맺으면 그 누가 그것을 막을 수 있겠는가라고 말함이다. 待는 막음과 같다.

니와 若未有인댄 不如往也라하니 乃遂行하다

反이라가 及方城하야 聞季武子襲卞[47]하다 公欲還하야 出楚師하야 以伐魯[48]러니 榮成伯曰 不可하니이다 君之於臣에 其威大矣로되 不能令於國하고 而恃諸侯면 諸侯其誰暱之리잇가 若得楚師하야 以伐魯면 魯旣不違夙之取卞也하니 必用命焉하야 守必固矣[49]리이다 若楚之克魯면 諸姬不獲闚焉이온 而況君乎잇가 彼無亦置其同類하야 以服東夷하고 而大攘諸夏하야 將天下是王하리니 而何德於君하야 其予君也[50]리잇가 若不克魯면 君以蠻夷로 伐之요 而又求入焉하여도 必不獲矣리니 不如予之[51]니이다 夙之事君也는 不敢不悛하리이다 醉而怒하시고 醒而喜하시면 庸何傷[52]하리잇고 君其入也하소서하니 乃歸하다

〔校勘〕 ① 吊 : 四部備要本에는 '弔'로 되어 있는데, '吊'는 '弔'의 俗字이다.
② 待 : 汪遠孫의 ≪國語明道本攷異≫에는 ≪說苑≫에 '止'로 되어 있다고 하였다.
③ 乎 : 四部備要本에는 '乎'자가 없다.

襄公이 楚나라에 가다가 漢水에 이르러 〈초나라〉 康王이 죽었다는 말을 듣고 되돌아오려고 하자, 叔仲昭伯이 말하기를 "임금께서 오신 것은 〈康王〉 한 사람을 위한 것이 아니고, 그 名分과 그 많은 무리 때문입니다. 지금 楚王이 죽었어도 그 명분은 아직 바뀌지 않았고 그 무리가 아직 패배하지도 않았거늘, 어찌하여 돌아가려 하십니

---

47) 及方城 聞季武子襲卞 : 方城은 초나라 北山이다. 卞은 노나라 읍이다. 季武子는 그것을 습격하여 자신이 가지려 하였다.

48) 伐魯 : 季氏를 정벌함이다. 魯라고 말한 것은 계씨가 노나라를 전담해서이다.

49) 魯旣不違夙之取卞也……守必固矣 : 夙은 季武子의 이름이다. 夙이 卞을 차지할 때에 魯나라 사람들은 어기지 않고 그를 따랐으니, 이는 그 명령을 따른 것이어서 반드시 마음을 함께하여 지킬 것이므로, '견고하다'라고 말하였음을 말한다.

50) 彼無亦置其同類……其予君也 : 無亦은 亦(또한)이다. 同類는 同姓이다. 攘은 물리침이다. 초나라는 장차 스스로 그 동성을 魯나라에 두어서 천하를 차지하고, 魯나라 임금에게 주지 않을 것을 말한다.

51) 予之 : 卞을 季武子에게 주는 것이다.

52) 醉而怒……庸何傷 : 임금께서 노나라를 치려고 하는 것을, 사람이 술에 취하여 노한 듯이 하고 지금 그쳐서 깨어 기쁜 듯이 하면 무엇이 해롭겠습니까라고 말한 것이다.

까?" 하였다. 여러 大夫들도 모두 돌아가려고 하자, 子服惠伯이 말하기를 "어찌 할 바를 알지 못하겠으니, 우선 임금을 따를 것입니다."라고 하였다. 叔仲昭伯이 말하기를 "그대가 온 것은 몸을 편안케 하기 위함이 아니고 국가의 이익을 위해서입니다. 그러므로 멀리 애쓰는 것을 환난으로 여기지 않고 楚나라를 따르니, 초나라를 의롭게 여겨서가 아니고, 그 명분과 병력이 많은 것을 겁내서입니다. 의로운 사람에게는 진실로 그 기쁨을 경사로 알고 그 근심을 위로해야 하거늘, 하물며 겁내면서 복종하는 데이겠습니까? 두려운 일을 듣고서 가다가 초상이 났다는 말을 듣고 돌아가도 진실로 羋姓이 실로 계승할 터이지, 그 누가 대신하여 喪을 맡겠습니까? 王太子가 또한 장성하였고 執政者도 아직 바뀌지 않았는데 우리가 先君을 위하여 오다가 〈그 선군이〉 죽자 돌아간다면, 그들 누가 말하기를 〈우리가 초나라〉 선군만 못해서라고 하겠습니까? 장차 그를 위하여 초상이 나더라도 거둥해야 하거늘 초상났다는 말을 듣고서 돌아간다면 그 누가 말하기를 모욕이 아니라고 하겠습니까? 〈초나라 신하가〉 그 임금을 섬기고 그 政務를 담당한다면 그 누가 〈집정관〉 자신을 따를 때에 두 마음 가진 제후를 둘 것이며, 그 모욕을 제거하기를 구하여 옛날 사람들보다 빨리 하려 하면 그 원한이 더욱 크지 않겠습니까? 모욕 없애기를 나약하게 하지 않아서 집정관이 두 마음을 두지 아니하고 큰 원한을 따라서 작은 나라와 환난을 맺으면 그 누가 그것을 막겠습니까? 임금을 따라 〈귀국하여〉 환난으로 가는 것은 임금을 어겨서 〈초나라로 가서〉 환난을 피하는 것만 못합니다. 또 군자는 계획을 이룬 뒤에 시행을 하는데, 그대들은 계획을 세웠습니까? 초나라를 막을 방도가 있고 나라를 수비할 계책이 있다면 돌아갈 수 있지만, 만약 있지 않다면 弔問하는 것만 못합니다."라고 하니, 드디어 조문을 갔다.

돌아오다가 方城에 이르러 季武子가 卞을 습격했다는 말을 들었다. 公이 되돌아가서 초나라 군대를 출동시켜 魯나라를 치게 하려 하니, 榮成伯이 말하기를 "안 됩니다. 임금은 신하에 비해 그 위엄이 큰 것인데 자기 나라에 명령을 내리지 못하고 제후에게 의지하면 제후들이 그 누가 친하겠습니까? 만약 초나라 군대를 얻어서 노나라를 치면, 노나라 사람들은 이미 夙(계무자)이 卞을 차지했던 것을 어기지 않았으니, 반드시 계무자의 명령을 따라서 수비가 반드시 견고할 것입니다. 만일 초나라가 노나라를 이기게 되면 여러 姬氏들이 초나라를 넘볼 수 없을 것이거늘, 하물며 임금께서 넘볼 수 있겠습니까? 저들은 그 同族을 두어서 東夷를 굴복시키고 중국을 크게 물리쳐서 장차 천하에 왕 노릇 하려 하리니, 어찌 임금에게 덕을 베풀어 그것을 임금에게 주겠습니까? 만일 노나라를 이기지 못하면 임금께서는 오랑캐로써 친 것이고, 또 들어가기를 요구해도 반드시 불가능할 것이니 계무자에게 주는 것만 못합니다. 계무자가 임금 섬기는 태도를 감히 고치지 않을 수 없을 것입니다. 〈魯나라를 치려는 것은〉 술 취하여 화난 것처럼 생각하시고 그만두려는 것은 술 깨어 기뻐하는 듯이 하시면 어찌 해롭겠습니까? 임금께서는 入國하십시오."라고 하자, 귀국하였다.

54. 季冶致祿 季冶가 녹봉을 반납하다

【大義】 권한이 주어진 자는 그 권한을 발휘하여 內亂을 막아야 한다.

襄公在楚에 季武子取卞하고 使季冶逆하고 追而予之璽書[53]하야 以告曰 卞人將叛①할새 臣討之하야 旣得之矣니이다하다 公未言에 榮成子曰[54] 子[55]股肱魯國하야 社稷之事를 子實制之하니 唯子所利에 何必卞가 卞有罪而子征之는 子之隷[56]也니 又何謁[57]焉가하다 子冶[58]歸하야 致祿[59]而不出曰 使予欺[60]君은 謂予能也로다 能而欺其君이어늘 敢享其祿而立其朝乎아

〔校勘〕 ① 叛 : 四部備要本에는 '畔'으로 되어 있는데 통용한다.

襄公이 楚나라에 있을 때 季武子가 卞을 차지하고 季冶를 시켜 〈임금을〉 맞이하러 가게 하면서 璽書를 주어서 고하게 하기를 "卞 사람들이 반란을 꾀하여 臣이 토벌하여 이미 그 땅을 획득하였습니다."라고 하였다. 공이 아직 말을 꺼내기도 전에 榮成子가 말하기를 "그대는 노나라의 股肱 노릇을 하여 社稷의 일을 그대가 실로 다스리니, 오

53) 璽書 : 韋昭는 "옛날에 大夫의 印章도 璽書라고 하였다. 璽書는 도장을 찍어 봉한 글이다."라고 하였다. 여기서는 季武子의 璽書를 말한다.
54) 公未言 榮成子曰 : 公이 노할까 우려하였으므로 먼저 말하였다.
55) 子 : 季武子를 가리키는 말이다.
56) 隷 : 役(일, 역할)의 뜻.
57) 謁 : 告(고하다)의 뜻.
58) 子冶 : 冶逆이다.
59) 致祿 : 致는 되돌림이니, 歸祿은 采邑을 반납함이다.
60) 欺 : 欺는 璽書에 말하기를 "卞 사람들이 반란하려 한다."라고 함을 말한다.

직 그대가 편의한 대로 함에 어찌 꼭 卞뿐인가? 卞에 죄가 있으면 그대가 정벌하는 것은 그대의 일이니, 또 어찌 고하는가?"라고 하였다. 子冶가 돌아가서 祿을 되돌리고 외출하지 아니하고 말하기를 "〈계무자가〉 나로 하여금 임금을 속이게 한 것은 내가 재능이 있다고 생각해서이다. 능력이 있으면서 그 능력으로 그 임금을 속였거늘 감히 그 녹을 먹으면서 그 조정에 서겠는가?"라고 하였다.

55. 叔孫穆子知楚公子圍有簒國之心 叔孫穆子는 楚公子 圍가 나라를 찬탈할 마음이 있음을 알아차리다

【大義】 服飾과 儀仗의 등급을 보고 당사자의 행위를 살핀다.

虢之會에 楚公子圍가 二人執戈先[61]焉하다 蔡公孫歸生이 與鄭罕虎로 見叔孫穆子하니 穆子曰 楚公子甚美[62]하니 不大夫矣요 抑君也니이다 鄭子皮[63]曰 有執戈之前하니 吾도 惑之니이다 蔡子家[64]曰 楚는 大國也요 公子圍는 其令尹也니 有執戈之前이 不亦可乎잇가 穆子曰 不然하다 天子有虎賁[65]은 習武訓也요 諸侯有旅賁[66]은 禦災害也요 大夫有貳車[67]는 備承事也요 士有陪乘[68]은 告奔走[69]也라 今大夫而設諸侯之服은 有其心[70]矣라 若無其心이면 而敢設服하야 以見諸侯之大夫乎아 將不入矣[71]리라 夫服은 心之文也[72]니 如龜焉하야 灼其中하면 必文於外라 若楚公子

61) 先 : 先은 두 사람에게 창을 잡고 앞에 있으면서 인도하게 함을 말한다.
62) 美 : 美는 服飾이 성대함을 말한다.
63) 子皮 : 罕虎.
64) 子家 : 歸生.
65) 虎賁 : 천자를 앞뒤에서 호위하고 따르는 군사.
66) 旅賁 : 周官의 이름. 창과 창을 들고 諸侯를 호위하는 군사.
67) 貳車 : 副車.
68) 陪乘 : 수레 오른쪽에 타는 호위 무사. 車右.
69) 奔走 : 使令이다.
70) 有其心 : 나라를 찬탈하려는 마음이 있음이다.
71) 將不入矣 : 만일 토벌당하지 않으면 반드시 찬탈하리니, 다시 들어가서 대부가 되지 않는다.

不爲君이면 必死하야 不合諸侯矣[73]리라하다 公子圍反하야 殺郟(겹)敖[74]而代之하다

虢에서의 會盟에 楚나라 公子 圍가 두 사람에게 창을 잡고 先導하게 하였다. 蔡나라 公孫 歸生이 鄭나라 罕虎와 〈노나라〉 叔孫穆子를 만났다. 穆子가 말하기를 "초나라 공자가 매우 아름다우니, 大夫 같지 않고 도리어 임금답습니다."라고 하고, 鄭나라 子皮가 말하기를 "창을 들고 앞서 가는 자가 있으니, 나도 이상스럽게 여깁니다."라고 하고, 蔡나라 子家가 말하기를 "楚는 큰 나라이고, 公子 圍는 그 나라의 令尹이니, 창을 잡고 앞서 가는 자가 있는 것이 또한 옳지 않겠습니까?"라고 하였다. 穆子가 말하기를 "그렇지 않습니다. 천자가 虎賁을 두는 것은 무예의 교육을 익힘이고, 제후가 旅賁을 두는 것은 재해를 막는 것이고, 대부가 副車를 두는 것은 일을 받드는 데에 대비하는 것이고, 士가 陪乘을 두는 것은 심부름에 고하기 위한 것입니다. 지금 대부로서 제후의 복장을 갖추고 있는 것은 簒奪하려는 마음이 있는 것입니다. 만일 그런 마음이 없다면 감히 복식을 베풀어서 제후의 대부를 만나겠습니까? 장차 〈그가 大夫로는〉 들어가지 않을 것입니다. 무릇 복식은 마음의 文飾이니, 마치 점치는 거북 같아서 그 가운데를 지지면 반드시 문식이 밖에 드러나게 됩니다. 만일 초나라 공자가 임금이 되지 않는다면 반드시 죽어서 제후들과 회합하지 못할 것입니다."라고 하였다. 공자 위는 돌아가서 郟敖를 시해하고 그를 대신하였다.

56. 叔孫穆子不以貨私免 叔孫穆子가 사사로이 뇌물을 써서 재앙에서 벗어나는 일을 하지 않다

【大義】 국가의 일은 개인의 安危에 앞서서 공정히 처리해야 한다.

虢之會에 諸侯之大夫가 尋盟未退에 季武子伐莒取鄆하니 莒人이 告于會하다 楚人이 將以叔孫穆子로 爲戮할새 晉樂王鮒가 求貨於穆子하니 曰吾爲子하야 請於楚하리라하

72) 夫服心之文也 : 마음에 좋아하는 바를 몸에 반드시 복식으로 한다.

73) 不合諸侯矣 : 다시 대부로서 제후들과 회합하지 못한다.

74) 郟敖 : 楚康王의 아들 麇. 麇이 병이 있자, 圍가 목을 졸라 시해하고, 그를 郟에 묻었기 때문에 그를 郟敖라고 하고 諡號가 없다. 敖는 초나라에서 시호가 없는 귀족을 일컫는 말이다.

되 穆子不予하다 梁其踁이 謂穆子曰 有貨는 以衛身也니이다 出貨而可以免이어늘 子何愛焉이니잇고 穆子曰 非汝所知也라 承君命하야 以會大事75)어늘 而國有罪에 我以貨로 私免하면 是我會吾私也라 苟如是면 則又可以出貨而成私欲乎아 雖可以免이라도 吾其若諸侯之事何오 夫必將或循之曰 諸侯之卿에 有然者故也라하리니 則我求安身을 而爲諸侯法76)矣라 君子是以患作하나니 作而不衷하면 將或導①之하니 是昭其不衷也라 余非愛貨요 惡不衷也라 且罪非我之由77)하니 爲戮何害78)아 楚人이 乃赦之하다

穆子歸에 武子勞之어늘 日中不出79)하니 其人80)曰 可以出矣니이다 穆子曰 吾不難爲戮은 養吾棟也81)라 夫棟折而榱崩이면 吾懼壓焉82)이라 故曰 雖死於外라도 而庇宗於內가 可也라하니 今旣免大恥로되 而不忍小忿이면 可以爲能乎아하고 乃出見之하다

〔校勘〕 ① 導：四部備要本에는 '道'로 되어 있는데 통용한다.

虢에서의 회담에 제후의 대부들이 盟約을 확인하고 아직 흩어지지 않았을 때 季武子가 莒나라를 치고서 鄆이라는 지역을 차지하였다. 거나라 사람이 회담에 호소하니, 楚나라 사람들이 〈노나라의〉 叔孫穆子를 죽이려고 했다. 晉나라 樂王鮒가 목자에게 뇌물을 요구하며 말하기를 "내가 그대를 위하여 초나라에 청해 보겠다."라고 했으나, 목자는 주지 않았다. 梁其踁이 〈상관인〉 叔孫穆子에게 말하기를 "재물을 가지고 있는

75) 大事：盟約.

76) 法：뇌물로 면하는 법이다.

77) 且罪非我之由：武子에게 말미암았다.

78) 何害：어찌 의리에 해로운가?

79) 不出：穆子는 그가 맹약을 배반하고 莒나라를 친 것을 원망하였으므로, 나와서 만나지 않았다.

80) 其人：목자의 家臣.

81) 養吾棟也：무자는 正卿이니, 나라의 기둥이 된다. "자기가 죽임을 당하면 노나라의 주벌을 다하게 되므로, 나의 기둥을 기른다고 말하였다."라고 말한 것이다. 吾棟은 季武子를 말한다.

82) 吾懼壓焉：季氏가 망하면 叔孫氏 역시 반드시 망함을 말한다.

것은 몸을 보호하기 위한 것입니다. 재물을 내어서 재앙을 벗어날 수 있다면 주인께서 어찌 그것을 아끼실 것입니까?"라고 하자, 목자가 말하기를 "네가 알 만한 일이 아니다. 임금의 명령을 받들어서 盟約에 모였거늘, 나라에 죄가 있는데 내가 뇌물로 사사로이 벗어나면 이것은 내가 나의 개인 일로 회담을 하는 것이다. 진실로 이와 같이 한다면 〈다음에도〉 또 재물을 내어서 개인 욕심을 이룰 수 있을 것인가? 비록 재앙을 벗어날 수 있더라도 내가 제후의 일에 어찌하겠는가? 반드시 장차 혹자는 나를 따라서 '제후의 卿에 그렇게 한 사람이 있기 때문이다.'라고 할 것이니, 내가 〈뇌물로 면하여〉 몸을 편안히 구하는 것을 제후들이 본받게 될 것이다. 군자가 이 까닭으로 재난을 일으키게 될 것이니, 그것이 일어나서 중도에 맞지 않으면 장차 혹은 그 잘못을 인도하게 될 것이니, 이것은 맞지 않음을 밝히는 것이다. 내가 재물을 아끼는 것이 아니라, 맞지 않음을 싫어해서이다. 또 罪는 나에게서 말미암은 것이 아니니, 죽음을 당한들 〈義에〉 무슨 해로움이 있겠는가?" 하니, 楚나라 사람들이 마침내 그를 사면하였다.

穆子가 귀국하자 武子가 위로하는데, 대낮이 되어도 〈穆子가〉 나오지 않았다. 목자의 부하가 말하기를 "나가 보셔야 되겠습니다."라고 하자, 목자가 말하기를 "내가 죽음을 당하는 것을 어려움으로 여기지 않은 것은 나의 기둥 계무자를 기르기 위한 것이었다. 기둥이 부러지고 서까래가 부서지면 나는 그것에 눌릴까 겁난다. 그러므로 말하기를 '비록 밖에서 죽더라도 안쪽으로 宗子를 비호하는 것이 옳다.'라고 하니, 지금 이미 큰 수치를 벗어났는데 작은 분함을 참지 못한다면 현능함이 될 수 있겠는가?"라고 하고, 드디어 나와서 계무자를 만났다.

57. 子服惠伯從季平子如晉 子服惠伯이 季平子를 따라 晉나라에 가다

【大義】 사신의 能辯으로 國難을 수습하다.

平丘之會에 晉昭公이 使叔嚮으로 辭昭公하야 弗與盟[83)]하니 子服惠伯曰 晉信蠻夷

83) 辭昭公 弗與盟 : 魯昭公 10년에 季平子가 莒나라를 쳐서 郠을 차지하자, 莒나라 사람들이 晉나라에 하소연하였다. 소공 13년에 진나라가 노나라를 토벌하려고 平丘에서 회담하고, 숙향으로 하여금 노나라 소공을 사절하게 하여 맹약에 참여하지 못하게 하였다.

하고 而棄兄弟[84])하니 其執政이 貳也[85])니이다 貳①必失諸侯리니 豈唯魯然[86])이리오 夫失其政者는 必毒於人하니 魯懼及焉하노이다 不可以不恭하니 必使上卿으로 從[87])之하소서 季平子曰 然則意如[88])乎인저 若我往이면 晉必患[89])我리니 誰爲之貳아 子服惠伯曰 椒[90])旣言之矣하니 敢逃難乎리오 椒請從하노이다

晉人이 執平子하니 子服惠伯이 見韓宣子[91])曰 夫盟은 信之要也니이다 晉爲盟主는 是主信也니이다 若盟而棄魯侯면 信抑闕矣하리이다 昔欒氏之亂에 齊人이 閒晉之禍하야 伐取朝歌[92])하니 我先君襄公이 不敢寧處하사 使叔孫豹로 悉②帥弊③賦[93])하야 踦跂畢行하야 無有處人이요 以從軍吏하야 次於雝兪④하고 與邯鄲勝[94])으로 擊齊之左[95])하야 掎止晏萊焉[96])하니이다 齊師退而後에 敢還하니 非以求遠也[97])요 以魯之密邇於齊하고 而又小國也니이다 齊朝駕면 則夕極於魯國이어늘 不敢憚其患하고 而與晉으로 共其憂는 亦曰 庶幾有益[98])於魯國乎인저하되 今信蠻夷而棄之면 夫諸侯之

---

84) 晉信蠻夷 而棄兄弟 : 韋昭는 "蠻夷는 莒나라이고, 兄弟는 노나라이다."라고 하였다. 晉나라와 魯나라는 같은 姬姓이므로 형제라고 하였다.
85) 其執政 貳也 : 그 집정하는 신하가 莒나라에 두 마음을 가져서 돕는다.
86) 豈唯魯然 : 魯나라만 잃을 뿐만이 아님을 말한다.
87) 從 : 진나라에 가서 사죄함이다.
88) 意如 : 季平子. 당시 上卿이었다.
89) 患 : 잡히게 된 것을 말한다.
90) 椒 : 子服惠伯의 이름.
91) 韓宣子 : 晉나라의 正卿.
92) 昔欒氏之亂……伐取朝歌 : 閒은 엿봄이다. 欒氏는 晉나라 大夫 欒盈인데, 죄를 얻어 楚나라로 망명했다가 초나라에서 齊나라로 망명하였다. 魯襄公 23년에 齊莊公이 난영을 들여 넣으려고 하다가 이기지 못하고, 가을에 晉나라를 쳐서 朝歌 땅을 빼앗았다. 조가는 晉나라 읍이다.
93) 賦 : 兵(군대)의 뜻.
94) 邯鄲勝 : 晉나라 사람. 趙旃의 아들. 邯鄲을 采邑으로 하였다.
95) 左 : 左軍.
96) 掎止晏萊焉 : 뒤로부터 하는 것을 掎라 한다. 止는 잡음이다. 晏萊는 齊나라 대부이다.
97) 非以求遠也 : 멀리 功을 구함이 아니다.

勉於君者를 將安勸矣리오 若棄魯而苟固諸侯면 羣臣敢憚戮乎리오 諸侯之事晉者에 魯爲勉矣니이다 若以蠻夷之故棄之면 其無乃得蠻夷하고 而失諸侯之信乎리오 子計其利者소서 小國共命하리이다 宣子說하야 乃歸平子하다

〔校勘〕 ① 貳 : 四部備要本에는 뒤에 '心'자가 더 있는데, 汪遠孫의 ≪國語明道本攷異≫에는 衍文이라고 하였다.
② 悉 : 四部備要本에는 '發'로 되어 있다.
③ 弊 : 四部備要本에는 '敝'로 되어 있는데 통용한다. 아래도 같다.
④ 雝兪 : 四部備要本에는 '雍渝'로 되어 있는데 '兪'에 대해 韋昭는 ≪左傳≫ 襄公23년에 '楡'로 썼다고 하였다.

平丘의 회담에 晉나라 昭公이 叔嚮을 사신으로 보내어 〈魯나라〉 昭公을 사절하게 하여 맹약에 나오지 못하게 하니, 子服惠伯이 말하기를 "晉나라가 蠻夷들을 믿고 형제들을 버리니, 그 집정관이 두 마음을 가졌습니다. 두 마음을 갖게 되면 반드시 제후를 잃게 되리니, 어찌 魯나라만 그렇게 될 뿐이겠습니까? 그 정무를 그르치는 사람은 반드시 남에게 해를 끼치니, 노나라도 해독에 미치게 될까 두렵습니다. 공손하지 않을 수 없으니, 반드시 上卿으로 하여금 종사하여 사과하게 하십시오."라고 하였다. 季平子가 말하기를 "그렇다면 내가 가야겠지요? 만약 내가 가면 진나라는 반드시 나를 체포할 것이니, 누가 副使를 하겠습니까?" 하니, 子服惠伯이 말하기를 "제가 이미 말했으니, 감히 환난을 피하겠습니까? 제가 따르겠습니다."라고 하였다.

晉나라 사람들이 평자를 잡아 가두니, 子服惠伯이 〈진나라〉 韓宣子를 만나 말하기를 "맹약은 신의를 맺는 것입니다. 진나라가 맹주가 된 것은 신의를 주장해서입니다. 만일 맹약을 하고서 노나라 제후를 버리면 신의가 또한 결여되는 것입니다. 옛날 欒氏의 난리에 齊나라 사람이 晉나라의 재난을 엿보아서 朝歌 땅을 쳐서 빼앗으니, 우리 先君인 襄公이 감히 편안히 거처하지 못하시고 叔孫豹를 시켜서 우리의 군대를 다 인솔하되 걸음이 불편한 자도 다 행군하게 하여 집에 처해 있는 사람이 없었으니, 〈당신 나라의〉 軍吏를 따라서 雝兪에 주둔하였고, 邯鄲勝과 제나라의 左軍을 공격해서 晏萊라는 장군을 뒤쪽에서 포로로 잡았습니다. 제나라 군대가 물러난 뒤에 감히 돌아왔으니, 멀리 나와서 공을 세우기를 구함이 아니라, 노나라가 제나라에 가까이 있었고 또

98) 益 : 晉나라의 도움을 얻음을 말한다.

한 작은 나라이기 때문이었습니다. 제나라에서 아침에 수레를 출발시키면 저녁에 노나라에 이를 수 있거늘, 그 환난을 감히 꺼리지 않고 晉나라와 그 근심을 함께 한 것은 또한 말하자면 '거의 우리 노나라에 이익이 있을 것이다.'라고 해서인데, 지금 오랑캐를 믿으시고 우리를 버리시면 제후로서 진나라 임금께 노력을 바치는 자들을 장차 무엇으로 권면하시겠습니까? 만약 노나라를 버리고 진실로 제후들과 공고히 한다면 우리 여러 신하들이 감히 〈귀국과 전쟁하다가〉 죽음을 꺼리겠습니까? 諸侯로서 진나라를 섬기는 자 중에 우리 노나라가 많은 노력을 합니다. 만약 오랑캐의 연고로 해서 우리를 버린다면 바로 오랑캐들을 얻고서 제후들의 신의를 잃는 것이 아니겠습니까? 귀하는 그 이로움을 헤아리소서. 저희 작은 나라가 그 명령을 따르겠습니다." 하니, 선자가 기뻐하여 마침내 平子를 돌려보냈다.

58. 季桓子穿井獲羊 季桓子가 우물을 파다가 羊을 얻다

【大義】 孔子의 博學을 시험하다.

季桓子穿井이라가 獲{如}①土缶한대 其中에 有羊焉하니 使問之仲尼曰 吾穿井而獲狗하니 何也잇가 對曰 以丘之所聞으로 羊也라 丘聞之하니 木石之怪曰 夔蛧蜽99)이요 水之怪曰 龍罔象이요 土之怪曰 墳②羊100)이라하니라

〔校勘〕 ① {如} : 汪遠孫의 ≪國語明道本攷異≫에 의거하여 衍文으로 처리하였다.
② 墳 : 四部備要本에는 '羵'으로 되어 있는데, '墳'이 옳다. 汪遠孫의 ≪國語明道本攷異≫에는 ≪說文≫에 '羵'자가 없다고 하였다. 韋昭는 '墳'을 '𡏄'으로도 쓰는데 古字라고 하였다.

---

99) 木石之怪曰 夔蛧蜽 : 木石은 산을 말한다. 혹자는 夔는 다리가 하나다. 越나라 사람들은 山繅라고 말한다. 혹은 '操'로도 쓴다. 富陽 땅에 사람 얼굴에 원숭이 몸뚱이를 하고 능히 말을 하는 동물이 있다고 한다. 혹은 말하기를 다리가 하나라고 한다. 망량은 山精인데 사람의 소리를 잘 흉내내어서 사람을 미혹시킨다.

100) 水之怪曰……墳羊 : 龍은 신기한 짐승이다. 항상 볼 수 있는 것이 아니므로 怪라고 말한다. 혹은 이르기를 罔象은 사람을 잡아먹는데 일명 沐腫이라고 한다. 唐固는 "墳羊은 雌雄이 이룩되지 않은 것이다."하였다.

季桓子가 우물을 파다가 土器 물장군을 얻었는데, 그 중에 羊이 있었다. 사람을 시켜 仲尼에게 묻기를 "내가 우물을 파다가 개를 얻었으니, 어떻게 된 것입니까?" 하니, 대답하였다. "제가 듣기에는 양이라고 하였습니다. 제가 들으니, 나무나 돌의 기이한 것은 夔·蝄蜽이라 하고, 물의 기이한 것은 龍·罔象이라 하고, 흙의 기이한 것은 墳羊이라고 하였습니다."

59. 公父文伯之母對季康子問 公父文伯의 어머니가 季康子의 질문에 대답하다

【大義】 관리는 근면해야 한다.

季康子가 問於公父文伯之母[101]曰 主[102]亦有以語肥也잇가 對曰 吾能老而已니 何以語子리오 康子曰 雖然이나 肥願有聞於主하니이다 對曰 吾聞之先姑하니 曰君子能勞라야 後世有繼라하니라 子夏[103]聞之曰 善哉라 商聞之하니 曰古之嫁者가 不及舅姑를 謂之不幸이라하니 夫婦는 學於舅姑者①也라

〔校勘〕 ① 者 : 四部備要本에는 뒤에 '禮'자가 더 있는데, 汪遠孫의 ≪國語明道本攷異≫에는 衍文이라고 하였다.

季康子가 公父文伯의 어머니에게 여쭈기를 "마님께서 또한 저에게 말씀해 주실 것이 있으십니까?" 하니, 대답하기를 "나는 늙어갈 뿐이니, 무엇을 너에게 말해 주겠느냐?" 하였다. 康子가 말하기를 "비록 그러하나, 저는 마님께 듣기를 원합니다." 하니, 대답하기를 "내가 돌아가신 시어머니께 들으니, 말씀하기를 '군자는 노고해야 後代에 계승됨이 있다.'고 했다." 하였다. 子夏가 그 말을 듣고 말하였다. "훌륭하도다! 나는 듣건대, 옛날에 시집간 이가 시부모를 〈돌아갔기 때문에〉 섬겨 보지 못한 것을 불행이라고 했으니, 대저 부인은 시부모에게 배우는 사람이다."

---

101) 季康子 問於公父文伯之母 : 季康子는 魯나라 正卿으로, 季悼子의 증손이고 季桓子의 아들 季孫 肥이다. 文伯은 노나라 대부로, 계도자의 손자이고, 公父穆伯의 아들 公父歜이다. 어머니는 穆伯의 처 敬姜이다.

102) 主 : 大夫를 主라고 일컫고, 아내도 역시 그와 같이 한다.

103) 子夏 : 孔子의 제자. 이름은 商.

60. 公父文伯飮南宮敬叔酒 公父文伯이 南宮敬叔에게 술을 마시게 하다

【大義】 敬姜이 아들을 엄히 訓育하다.

公父文伯이 飮南宮敬叔酒할새 以露睹①父로 爲客이러니 羞鼈焉에 小어늘 睹父怒러니 相延食鼈104)할새 辭曰 將使鼈로 長而後食之하리라하고 遂出하다 文伯之母聞之하고 怒曰 吾聞之先子105)曰 祭養尸하며 饗養上賓이라하니 鼈於何有완대 而使夫人怒也아하고 遂逐之하다 五日에 魯大夫②가 辭106)而復之하다

〔校勘〕 ① 露睹 : '露'를 '路'로 쓴 경우가 있는데, 黃丕烈의 札記에는 두 글자가 통용이라고 하였다. '睹'는 汪遠孫의 ≪國語明道本攷異≫에 '晵' 또는 '堵'로 쓴 경우도 있다고 하였다.
② 大夫 : 四部備要本에는 '夫人'으로 되어 있는데, 그 풀이는 '魯侯夫人'으로 이해된다.

公父文伯이 南宮敬叔에게 술을 마시게 할 때 露睹父라는 사람으로 上客을 삼았는데, 그에게 올린 자라가 작거늘, 露睹父가 성을 내었다. 서로 나아와서 자라를 먹을 때 사양하여 말하기를 "장차 자라가 자라게 한 뒤에 먹겠소." 하고는 드디어 나가 버렸다. 文伯의 어머니가 이를 듣고는 노하여 말하기를 "내가 先子께 듣건대 '제사에는 尸童을 봉양하며, 연향에는 上賓을 봉양해야 한다.'라고 했는데, 자라에 무슨 어려움이 있기에 저 사람으로 하여금 성을 내게 하였느냐!" 하고는 드디어 文伯을 쫓아냈다. 5일이 지나 魯나라 대부가 요청하여 문백을 歸家시켰다.

61. 公父文伯之母論內朝與外朝 公父文伯의 어머니가 內朝와 外朝를 논하다

【大義】 內朝·外朝 및 남녀의 역할을 밝히다.

公父文伯之母가 如季氏러니 康子在其朝107)라가 與之言이어늘 弗應하니 從之及寢

---

104) 相延食鼈 : 延은 나아감이다. 여러 손님들이 서로 나아와서 자라를 먹었다.
105) 先子 : 돌아간 시아버지 季悼子를 말한다.
106) 辭 : 請(청하다)의 뜻.

門108)하되 弗應而入109)하다 康子辭於朝而入見110)曰 肥111)也가 不得聞命하니 無乃罪乎잇가 曰子弗聞乎아 天子及諸侯는 合112)民事於外朝하고 合神事於內朝113)하며 自卿以下는 合官職於外朝114)하고 合家115)事於內朝하며 寢門之內에 婦人治其業焉하니 上下同之라 夫外朝는 子將業君之官職焉이요 內朝는 子將庀116)季氏之政焉이니 皆非吾所敢言也로다

公父文伯의 어머니가 季氏의 집에 갔는데, 季康子가 外朝에 있다가 말을 올리되 응하지 않으니, 그를 따라서 寢門까지 이르되 응하지 않고 들어갔다. 康子가 外朝에서 〈사유를〉 말하고서 들어가 알현하고 말하기를 "제가 말씀을 듣지 못했으니, 죄가 있는 것이 아닙니까?" 하니, 대답하였다. "너는 듣지 못했느냐? 천자 및 제후는 백성의 일을 外朝에서 살피고 제사를 內朝에서 살피며, 卿으로부터 이하는 관청의 일을 외조에서 살피고 大夫의 일을 내조에서 살피며, 침문의 안에서는 부인이 그 일을 다스리니, 위아래가 같이 한다. 外朝는 네가 바야흐로 임금의 관청 일을 하는 곳이고, 內朝는 네가 바야흐로 季氏의 정무를 다스리는 곳이니, 모두 내가 감히 말할 곳이 아니다."

62. 公父文伯之母論勞逸 公父文伯의 어머니가 근면과 安逸을 논의하다

【大義】 근면은 집안을 유지하고 나라를 일으키는 근본이다.

公父文伯이 退朝하야 朝其母한대 其母方績이어늘 文伯曰 以歜117)之家而主猶績하시

---

107) 朝 : 外朝. 路寢門의 外庭. 고급 관리가 정무를 처리하는 곳. 집무실.
108) 寢門 : 正寢의 남쪽 문.
109) 入 : 강자의 집에 들어갔다.
110) 辭於朝而入見 : 그 家臣들에게 말하고서 들어가 敬姜을 알현하였다는 말이다.
111) 肥 : 季康子의 이름.
112) 合 : 살핌. 考合.
113) 合神事於內朝 : 神事는 제사이다. 內朝는 路門 안에 있다.
114) 外朝 : 外朝는 임금의 公朝이다.
115) 家 : 大夫.
116) 庀 : 治(다스림)의 뜻.
117) 歜 : 公父文伯의 이름.

니 懼干①季孫[118])之怒②也하노이다 其以歜으로 爲不能事主乎인저

其母歎曰 魯其亡乎인저 使僮子로 備官而未之聞邪③[119])오녀 居하라 吾語女하리라 昔에 聖王之處民也에 擇瘠土而處之하고 勞其民而用之라 故로 長王天下[120])하시니라 夫民은 勞則思하나니 思則善心生하고 逸則淫하나니 淫則忘善하고 忘善則惡心生하나니라 沃土之民이 不材는 淫〔逸〕④也요 瘠土之民이 莫不嚮義는 勞也라 是故로 天子는 大采[121])朝日[122])하야 與三公九卿으로 祖[123])識地德하고 日中考政하야 與百官之政事어든 師尹[124])이 惟⑤旅牧相[125])하야 宣[126])序民事하고 少采[127])夕月[128])하야 與太史司載[129])로 糾虔天刑[130])하고 日入監九御[131])하야 使潔奉禘郊之粢盛이라야 而後卽安이라 諸侯는 朝脩⑥天子之業命하고 晝考其國職하고 夕省其典刑하고 夜儆百工[132])하야 使無慆[133])淫이라야 而後卽安이라 卿大夫는 朝考其職하고 晝講其庶政하고 夕序其業하고 夜庀[134])其家事라야 而後卽安이라 士는 朝而⑦受業하고 晝而講

---

118) 季孫 : 季康子.

119) 使僮子 備官而未之聞邪 : 僮은 僮蒙으로 통달하지 못한다는 말이다. 이미 관직에 있게 하고서 아직 도를 듣게 하지 못함을 말한다.

120) 長王天下 : 척박한 땅은 이익이 적고 또 고생시키면서 등용하여 음탕·안일하지 않게 하니, 음탕·안일하지 않으면 의리를 향하므로 오래 천하에 왕 노릇한다.

121) 大采 : 다섯 가지 채색의 복장. 采는 彩와 같다.

122) 朝日 : 천자가 春分 때에 해를 맞이하는 의식.

123) 祖 : 習(익히다)의 뜻.

124) 師尹 : 大夫官. 일설에 公이라고도 한다.

125) 惟旅牧相 : 惟는 陳(베풀다). 旅는 衆士. 牧은 州牧. 相은 國相.

126) 宣 : 遍(두루)의 뜻.

127) 少采 : 세 가지 채색의 복장.

128) 夕月 : 천자가 秋分 때에 달에게 행하는 제사 의식.

129) 太史司載 : 太史는 史官. 司載는 天文官.

130) 糾虔天刑 : 糾는 恭(공손함). 虔은 敬(경건함). 刑은 法.

131) 九御 : 九嬪의 관원.

132) 工 : 官員.

133) 慆 : 慢(게으름)의 뜻.

134) 庀 : 治(다스리다)의 뜻.

貫135)하고 夕而習復하고 夜而計〔討〕⑧過無憾이라야 而後卽安이라 自庶人以下는 明而動하고 晦而休하야 無日以怠라 王后는 親織玄紞하고 公侯之夫人은 加之以紘綖136)하고 卿之內子137)는 爲大帶하고 命婦138)는 成祭服하고 列士之妻는 加之以朝服139)하고 自庶士以下140)는 皆衣其夫하나니라 社而賦事하며 烝而獻功하야 男女效績하야 愆則有辟은 古之制也라 君子勞心하고 小人勞力은 先王之訓也라 自上以下가 誰敢淫心舍力가 今我는 寡也요 爾는 又在下位141)하니 朝夕處事142)하여도 猶恐忘先人之業이온 況有怠惰면 其何以避辟이리오 吾冀而143)朝夕脩我曰 必無廢先人이라하더니 爾今曰 胡不自安가하니 以是承君之官이면 余懼穆伯之絶祀⑨也144)하노라하다 仲尼聞之曰 弟子아 志之하라 季氏之婦145)가 不淫矣로다

〔校勘〕 ① 干 : 四部備要本에는 '忓'으로 되어 있는데, 汪遠孫의 ≪國語明道本攷異≫에 '干'이 옳다고 하였다.
② 怒 : 四部備要本에는 '怨'으로 되어 있는데, 汪遠孫의 ≪國語明道本攷異≫에 '怒'가 옳다고 하였다.
③ 邪 : 四部備要本에는 '耶'로 되어 있는데 통용한다.
④ 淫〔逸〕: 汪遠孫의 ≪國語明道本攷異≫에 의거하여 고쳤다.
⑤ 惟 : 四部備要本에는 '維'로 되어 있는데 통용한다.
⑥ 脩 : 四部備要本에는 '修'로 되어 있는데 통용한다.

---

135) 貫 : 習(익히다)의 뜻.
136) 加之以紘綖 : 紞을 짜고 나서 또 紘·綖을 더한다.
137) 內子 : 卿의 適妻.
138) 命婦 : 大夫의 妻.
139) 列士之妻 加之以朝服 : 列士는 元士이다. 祭服을 만들고 나서 또 朝服을 더한다.
140) 自庶士以下 : 庶士는 下士이다. 下는 庶人에 이름이다.
141) 下位 : 下大夫.
142) 處事 : 處事는 일하는 데에 몸을 처함이다.
143) 而 : 汝(너)의 뜻.
144) 以是承君之官 余懼穆伯之絶祀也 : 承은 받듦이다. 이 나태한 마음으로 임금의 관직을 받들면 형벌을 피하지 못해 장차 誅戮되어 끊김을 당한다.
145) 季氏之婦 : 公父氏는 季氏의 分家이므로, 公父文伯의 어머니를 季氏之婦라고 하였다.

⑦ 而 : 四部備要本에는 '而'자가 없다.
⑧ 計〔討〕 : 汪遠孫의 ≪國語明道本攷異≫에 의거하여 고쳤다.
⑨ 祀 : 四部備要本에는 '嗣'로 되어 있다.

公父文伯이 조정에서 퇴근하여 그 어머니께 인사드리는데, 그 어머니가 한창 실을 잣거늘, 공보문백이 말하였다. "저의 집 주인께서 오히려 실을 자으시니, 계손의 노여움을 촉발할까 두렵습니다. 저더러 주인을 잘 섬기지 못한다고 할 것입니다."

그 어머니가 탄식하여 말하였다. "魯나라가 망하겠구나! 童子를 관직에 있게 하고 아직 道를 듣지 못하게 하였구나. 앉거라. 내가 너에게 말해 주리라. 옛날에 성스러운 왕께서 백성에게 처함에 척박한 땅을 가려서 거처하게 하고, 그 백성들을 고생시키면서 등용하였다. 그러므로 오래도록 천하에서 왕 노릇 하셨다. 백성은 고생하면 생각하게 되니, 생각하면 착한 마음이 생기고 안일하면 음탕해진다. 음탕하면 善을 잊고, 선을 잊으면 나쁜 마음이 생긴다. 기름진 땅에 사는 백성들이 재주가 없게 되는 것은 安逸해서이고, 척박한 땅에 사는 백성들이 義를 향하지 않는 자가 없게 되는 것은 고생해서이다. 그러므로 천자께서는 大采服을 입고 해에게 조회하여 三公·九卿과 함께 땅의 덕을 익혀 알고 한낮에는 정무를 살펴서 百官의 정사를 거행하면 師尹이 군사와 목민관과 재상에게 베풀어서 백성의 일을 두루 차례 있게 다스리고, 少采服을 입고 달을 맞이해서 太史·司載와 天法을 공경하여 살피고 해가 지면 九御를 살펴서 禘祭와 郊祭의 제물을 깨끗이 받들게 한 뒤에 나아가 휴식하였다. 제후는 아침에 천자의 업무 명령을 강구하고 낮에는 그 국가의 직무를 살피고 저녁에는 常法을 살피고 밤에는 모든 관원을 경계시켜서 게으름과 음탕함을 없게 한 뒤에 나아가 휴식하였다. 卿과 大夫는 아침에 그 직책을 살피고 낮에 그 여러 정무를 강구하고 저녁에 그 일을 차례 있게 하고 밤에는 대부 집안의 일을 다스린 뒤에 나아가 휴식하였다. 士는 아침에 일을 받고 낮에 강론하여 익히고 저녁에 복습하고 밤에 과실을 없애서 유감이 없게 한 뒤에 나아가 휴식하였다. 庶人으로부터 이하는 밝으면 일하고 어두우면 쉬어서 어느 날이건 나태함이 없게 한다. 王后는 몸소 검은 면류관 끈을 짜고, 公과 侯의 부인은 갓끈과 면류관의 덮개를 더 짜고, 卿의 內子는 허리띠인 大帶를 만들고, 命婦는 祭服을 만들고, 元士의 아내는 朝服을 더 만들고, 下士로부터 이하는 모두 그 남편의 옷을 만든다. 봄에 社祭를 지내고서 일을 부여해 주며 겨울에 烝祭를 지내고서 일한 결과를 바치게 하니, 남자나 여자나 功績을 바쳐 허물이 있으면 벌이 있는 것은 옛날의 제도였다. 군자는 정신으로 고생하고 소인은 육체로 고생하는 것은 선왕의 훈계였다. 위로부터 아래까지 모든 사람이 어느 누가 감히 마음을 음탕하게 하며 노력하지 않겠는가? 지금 나는 과부이고 너는 下大夫의 자리에 있으니, 아침저녁으로 일에 處身해도 오히려 先人의 일을 잊을까 두려워해야 하거늘, 하물며 게으름이 있다면 그 무엇으로 그 죄를 피할 길이 있겠느냐. 나는 네가 아침저녁으로 나를 수양하게 해서 말하기를 '반드시 先人을 폐하지 말게 하십시오.'라고 하기를 바랐는데, 너는 지금 말하기를 '어찌 스스로 편히 지내지 않으십니까?'하니, 이것으로 임금의 관직을 받든다면, 나는 穆伯의 제사가 끊어질까 두려워한다." 仲尼가 그 말을 듣고 말하였다. "제자들아! 기억하라. 季氏의 부인이 안일하게 지내지 않았다."

63. 公父文伯之母別於男女之禮 公父文伯의 어머니가 남녀의 禮를 구별하다

【大義】 男女有別의 禮를 말하다.

公父文伯之母는 季康子之從祖叔母146)也라 康子往焉이어늘 闔(위)門〈而〉①與之言하고 皆不踰閾하다 祭悼子에 康子與焉이어늘 酢②不受147)하고 徹俎不宴148)하다 宗不具不繹149)하고 繹不盡飫則退150)하다 仲尼聞之하시고 以爲別於男女之禮矣라하니라

〔校勘〕 ① 〈而〉 : 汪遠孫의 ≪國語明道本攷異≫에 의거하여 보충하였다.

---

146) 從祖叔母 : 할아버지 형제의 아내. 從祖母.

147) 不受 : 不受는 敬姜이 직접 받지 않음이다.

148) 徹俎不宴 : 제사를 마쳐 徹床하고 또 강자와 宴飮하지 않았다.

149) 宗不具不繹 : 韋昭는 "宗臣이 갖추어 있지 않으면 경강이 제사에 참여하지 않음을 말한다."라고 하였다. 宗은 宗臣으로, 제사 예식을 주장한다. 繹은 제사 이름으로, 正祭를 지낸 다음 날 또 이어 지내는 제사인데, 위소는 "천자・제후는 繹이라고 하여 제사한 다음 날에 지내고, 卿・大夫는 賓尸라고 하여 제사한 그 날에 지내는데, 여기서 繹이라고 말한 것은 통틀어 말한 것이다."라고 하였다.

150) 繹不盡飫則退 : 宗臣이 갖추어지면 繹祭에 참여하고, 繹祭를 마치고서 술을 마시면 飫禮를 마치기 전에 물러났으니, 취해 배부른 실수가 있을까 우려하여 모두 혐의를 멀리하기 위한 것임을 말한다. 飫는 서서 술 마시는 禮이다.

② 酢 : 四部備要本에는 '胙'로 되어 있는데, 汪遠孫의 ≪國語明道本攷異≫에는 '酢'과 '胙'는 舊音이 같지만 '酢'이 옳다고 하였다.

公父文伯의 어머니는 季康子의 從祖叔母였다. 康子가 그에게 갔는데, 문을 열고서 함께 이야기하되 모두 문지방을 넘지 않았다. 悼子를 제사 지내는데 강자가 거기에 참여하거늘, 잔을 돌리는 데에 〈직접〉 받지 아니하고, 철상하고서 〈강자와〉 宴飮하지 않았다. 宗臣이 갖추어지지 않으면 繹祭에 참여하지 않았고, 繹祭에 나아가면 飫禮가 끝나기 전에 물러났다. 仲尼가 그것을 듣고 말하기를 "남녀의 예를 구별한 것이다."라고 하였다.

64. 公父文伯之母欲室文伯 公父文伯의 어머니가 문백을 婚姻시키려 하다

【大義】 혼인을 禮에 맞게 하다.

公父文伯之母가 欲室文伯하야 饗其宗老[151]할새 而爲賦綠衣[152]之三章하다 老請守龜[153]하야 卜室之族[154]하니 師亥聞之曰 善哉라 男女之饗은 不及宗臣[155]하고 宗室之謀는 不過宗人[156]하니 謀而不犯[157]하고 微而昭矣[158]로다 詩는 所以合意요 歌는 所以詠詩也니 今詩以合[159]室하고 歌以詠之하니 度(탁)於法矣로다

公父文伯의 어머니가 文伯을 장가들이려 하여 그 宗人 家臣에게 宴享해 줄 때, ≪詩經≫ 〈邶風 綠衣〉篇의 3장을 읊어 주었다. 家臣이 점쟁이를 초청해서 아내 될 사람의 성을 점쳤다. 師亥가 그것을 듣고 말하였다. "훌륭하구나! 남녀의 연향은 宗

---

151) 宗老 : 宗은 宗人으로, 예악을 담당하는 사람. 老는 家臣.
152) 綠衣 : 옛날의 賢人이 그 혼인의 도리를 바르게 하여 내 마음에 착해하는 바이다.
153) 守龜 : 점치는 사람. 卜人.
154) 族 : 姓.
155) 不及宗臣 : 바로 윗장에 말한 바 '徹俎不宴'이 이것이다.
156) 宗人 : 宗臣.
157) 不犯 : 禮를 침범하지 않음이다.
158) 微而昭矣 : 微而昭는 詩로 뜻을 밝히는 것이다.
159) 合 : 成(이루다)의 뜻.

臣에게 미치지 않았고, 종족 안에서의 일을 도모하는데 宗人을 벗어나지 않았으니, 도모함에 예를 침범하지 않았고, 은미하게 밝혔도다. 시는 뜻을 이루는 것이고, 노래는 시를 읊조리는 것이다. 지금 시로 아내 맞는 일을 이루고 노래를 읊조리니, 법도를 헤아린 것이로다."

65. 公父文伯卒其母戒其妾 公父文伯이 죽자 그 어머니가 문백의 妾을 경계시키다

【大義】 여자가 장부의 喪에 처하는 행위를 논의하다.

公父文伯卒에 其母戒其妾曰 吾聞之하니 好內면 女死之하고 好外면 士死之160)라하니 今吾子夭死에 吾惡其以好內聞也라 二三婦之辱共先祀者①에 請無瘠色하며 無洵涕161)하며 無掐②膺하며 無憂容하며 有降服이요 無加服162)하야 從禮而靜이면 是昭吾子也라하다 仲尼聞之曰 女知莫如③婦요 男知莫如夫163)니 公父氏之婦知也夫164)인저 欲明其子之令德也④로다

〔校勘〕 ① 先祀者 : 四部備要本에는 '先者祀'로 되어 있는데, 汪遠孫의 ≪國語明道本攷異≫에는 '先祀者'가 옳다고 하였다.
② 掐 : 四部備要本에는 '搯'으로 되어 있는데, 汪遠孫의 ≪國語明道本攷異≫에 '掐'가 옳다고 하였다.
③ 如 : 四部備要本에는 '若'으로 되어 있는데, 同義異音字로 대치된 것이다. 아래도 같다.

---

160) 好內……士死之 : 뒤의 〈晉語 一〉에 "國君好艾(外) 大夫殆 好內 適子殆 社稷危"라고 하였는데, 韋昭는 "好外는 嬖臣이 많음이다. 好內는 嬖妾이 많음이다."라고 하였다.

161) 洵涕 : 소리 없이 눈물이 나옴.

162) 有降服 無加服 : 喪服의 등급을 낮추고 올리지 않음을 말함. 韋昭는 "禮보다 가벼이 하는 것이 降이고, 禮보다 무겁게 하는 것이 加이다."라고 하였다.

163) 女知莫如婦 男知莫如夫 : 처녀의 지혜는 부인만 못하고, 총각의 지혜는 장부만 못하다.

164) 公父氏之婦知也夫 : 韋昭는 "公父氏의 부인은 지혜가 丈夫로다."라고 풀이하였으나, 채택하지 않았다.

④ 也 : 四部備要本에는 '也'자가 없다.

公父文伯이 죽자, 그 어머니가 文伯의 첩에게 경계하여 말하였다. "내가 듣건대 '嬖妾을 좋아하면 여인이 따라 죽고, 嬖臣을 좋아하면 선비가 따라 죽는다.'라고 한다. 지금 내 아들이 요절했는데, 나는 내 아들이 폐첩을 좋아한 것으로 소문나는 것을 싫어한다. 너희들이 애써 먼저 돌아간 사람에게 제사를 바치는 데에 파리한 기색이 없어야 하며, 소리 없이 우는 일이 없어야 하며, 가슴을 두드리는 행위가 없어야 하며, 근심하는 용모가 없어야 하며, 降服이 있고 加服은 없어서 예를 따라서 침착히 하면, 내 아들을 빛내는 것이다." 仲尼가 그 말을 듣고 말하였다. "처녀의 지혜는 부인만 못하고 총각의 지혜는 장부만 못하니, 公父氏의 부인은 지혜롭구나! 그 아들의 아름다운 德을 밝히려고 하였도다."

66. 孔丘謂公父文伯之母知禮 孔子가 公父文伯의 어머니가 禮를 안다고 하다

【大義】 남편 喪에는 아침에 哭하고 아들 喪에는 저녁에 곡한 여인의 哭이 적절하다.

公父文伯之母는 朝哭穆伯하고 而莫①哭文伯[165]하니 仲尼聞之曰 季氏之婦는 可謂知禮矣로다 愛而無私하야 上下有章[166]이로다

〔校勘〕 ① 莫 : 四部備要本에는 '暮'로 되어 있는데 통용한다.

公父文伯의 어머니가 아침에 〈남편인〉 穆伯을 곡하고 저녁에 〈아들인〉 文伯을 곡하였다. 仲尼가 이것을 듣고 말하였다. "季氏의 부인은 禮를 안다고 말할 수 있겠다. 사랑하면서도 사사로운 감정이 없어서 위아래로 法度가 있었도다."

67. 孔丘論大骨 孔子가 大骨을 논하다

【大義】 孔子가 博識하다.

吳伐越하고 墮會稽[167]라가 獲骨焉한대 節專車[168]하다 吳子가 使來好聘하고 且問之

---

165) 朝哭穆伯 而莫哭文伯 : 禮에 과부는 밤에 곡하지 않으니, 정욕을 멀리 해서이다.
166) 上下有章 : 上下有章은, 남편은 아침에 아들은 저녁에 곡한 것이다.

仲尼曰 無以吾命하라 賓發幣於大夫하고 及仲尼하니 仲尼爵之169)하다 旣徹俎而宴에 客이 執骨而問曰 敢問骨何爲大니잇가 仲尼曰 丘聞之하니 昔禹致羣神於會稽之山170)에 防風{氏}①後至어늘 禹殺而戮之한대 其骨節이 專車하니 此爲大矣니이다 客曰 敢問誰守爲神이니잇가 仲尼曰 山川之靈에 足以紀綱天下171)者니 其守爲神이요 社稷之守〈者〉②는 爲公侯니 皆屬於王者니이다 客曰 防風氏③는 何守也잇가 仲尼曰 汪芒172)氏之君也니 守封隅〔嵎〕④之山者也요 爲漆⑤姓173)이라가 在虞夏商에 爲汪芒氏요 於周에 爲長翟이요 今爲大人하니이다 客曰 人長之極은 幾何오 仲尼曰 僬⑥僥氏는 長三尺이니 短之至也요 長者는 不過十之⑦174)니 數之極也니이다

〔校勘〕 ① {氏} : 黃丕烈의 札記에 "韋昭가 '防風은 汪芒氏의 임금 이름이다.'를 들어 衍文이라고 하였다.
② 〈者〉 : 四部備要本에 의거하여 보충하였다.
③ 氏 : 四部備要本에는 '氏'자가 없는데, 黃丕烈의 札記에 "있는 것은 衍文이지만 오직 여기는 오류가 아니다."라고 하였다.
④ 隅〔嵎〕 : 四部備要本에 '嵎'로 되어 있는데, 汪遠孫의 ≪國語明道本攷異≫에 '嵎'가 옳다고 하여 이에 의거하여 고쳤다.
⑤ 漆 : 汪遠孫의 ≪國語明道本攷異≫에는 ≪史記≫·≪說苑≫에 '釐'로 되어 있다고 하였다.

---

167) 吳伐越 墮會稽 : 會稽는 山 이름이고, 墮는 무너뜨림이다. 吳나라 왕 夫差가 越나라를 夫椒에서 패배시켰는데, 越나라 왕 句踐이 會稽에 머물렀다. 吳나라가 포위하여 무너뜨렸다.

168) 節專車 : 뼈 한 마디의 길이가 수레를 독점하였다. 專은 독점함이다.

169) 賓發幣於大夫 及仲尼 仲尼爵之 : 가져간 禮物을 노나라 대부에게 꺼내 주고, 다음에 仲尼에게 미쳤다. 爵之는 술을 마시게 함이다.

170) 昔禹致羣神於會稽之山 : 羣神은 산천을 주장하는 임금을 말하니, 여러 신의 주인이 되므로 神이라고 하였다.

171) 足以紀綱天下 : 名山·大川이 능히 구름을 일으키며 비를 이르게 하여 천하를 이롭게 하는 것을 말한다.

172) 汪芒 : 長翟의 나라 이름.

173) 漆姓 : 汪芒氏의 姓.

174) 十之 : 十之는 3丈(30尺)이니, 防風氏이다.

⑥ 僬 : 汪遠孫의 ≪國語明道本攷異≫에는 '焦'로 써야 된다고 하였다.

⑦ 之 : 四部備要本에는 '之'자가 없는데, 汪遠孫의 ≪國語明道本攷異≫에 있어야 된다고 하였다. '之'가 있어야 '10배가 된다'라는 의미를 충족시킨다.

吳나라가 越나라를 치고 會稽를 무너뜨리다가 뼈를 얻었는데 뼈마디가 수레를 채웠다. 吳子가 사신을 보내 와서 우호의 聘問을 하게 하고 또 仲尼에게 묻게 하되 말하기를 "나의 명령이라고 하지 말라." 하였다. 사신이 예물을 〈魯나라〉 대부에게 나누어 주고 仲尼에게 미치니 仲尼가 술잔을 들었다. 徹床을 마치고 나서 연회를 할 적에 손님이 뼈를 잡고 묻기를 "감히 여쭙건대 뼈는 어느 것이 큽니까?" 하니, 仲尼가 말하기를 "내가 들으니, 옛날 禹임금이 羣神들을 會稽의 산에서 모을 적에 防風이 뒤에 이르거늘 禹임금이 그를 죽여서 시체를 펼쳐 놓았는데 그 뼈마디가 수레를 채웠다고 합니다. 이것이 큰 것입니다."라고 하였다. 손님이 말하기를 "감히 여쭙건대 무엇을 지키는 것이 神이 됩니까?"라고 하니, 仲尼가 말하기를 "산천의 靈은 천하를 기강 잡을 수 있는 것이니 그 지키는 것이 神이 되고, 社稷을 지키는 자는 公侯가 되니 모두 왕에게 속하는 것입니다."라고 하였다. 손님이 말하기를 "防風氏는 무엇을 지켰습니까?"라고 하니, 仲尼가 말하기를 "汪芒氏의 임금이었으니 封山과 嵎山을 지키는 사람이었고, 漆姓이 되었다가 虞·夏·商 때에는 汪芒氏라 했고, 周나라 때에는 長翟이라 했고, 지금은 大人이라고 합니다."라고 하였다. 손님이 말하기를 "사람 키의 극치는 얼마나 됩니까?"라고 하니, 仲尼가 말하기를 "僬僥氏는 키가 3척이니 작은 것의 극치였고, 큰 사람은 10배가 넘지 않으니 〈키의〉 숫자의 극치입니다."라고 하였다.

68. 孔丘論楛矢 孔子가 楛矢를 논하다

【大義】 孔子의 博學多聞을 말하다.

仲尼在陳에 有隼集於陳侯之庭而死어늘 楛矢貫之[175)]한대 石砮其長尺有咫하다 陳惠[①]公이 使人以隼으로 如仲尼之館하야 問之하니 仲尼曰 隼之來也는 遠矣니 此肅愼[176)]氏之矢也니이다 昔武王이 克商하고 通道於[②]九夷百蠻[177)]하사 使各以其方

175) 楛矢貫之 : 韋昭는 "떨어져 죽은 것이다."라고 하였다. '楛矢'는 楛木으로 만든 화살이다.

賄[178]來貢하야 使無忘職業케하니이다 於是에 肅愼氏가 貢楛矢石砮한대 其長尺有咫니이다 先王이 欲昭其令德之致遠也하야 以示後人하야 使永監焉이라 故로 銘其栝[179]曰 肅愼氏之貢矢라하여 以分大姬하고 配虞胡公[180]하야 而封諸陳하니이다 古者에 分同姓以珍玉은 展[181]親也요 分異姓以遠方之職貢은 使無忘服也라 故로 分陳[182]以肅愼氏之貢하니이다 君若使有司로 求諸故府면 其可得也리이다 使求하여 得之金櫝하니 如之[183]하다

〔校勘〕 ① 惠 : 汪遠孫의 ≪國語明道本攷異≫에는 ≪史記≫를 들어 '湣'으로 써야 한다고 하였다.

② 於 : 四部備要本에는 '于'로 되어 있는데 통용한다.

仲尼가 陳나라에 있을 적에 새매가 陳侯의 뜰에 앉아 있다가 죽은 일이 있거늘, 楛木 화살이 새에 꿰어져 있었는데 石砮(돌살촉)에 길이가 한 자 여덟 치였다.

陳惠公이 사람을 시켜서 새매를 가지고 仲尼의 관사에 가서 그것을 묻게 하니, 仲尼가 말하였다. "새매가 오기를 멀리서 왔음을 알 수 있으니, 이것은 肅愼氏의 화살입니다. 옛날에 武王께서 商을 이기시고 길을 九夷와 百蠻에 통하게 하셔서 각각 그 지방의 재물을 가지고 와서 공물로 바치게 해서 職務를 잊지 않게 하였습니다. 이에 肅愼氏가 楛矢와 石砮를 공물로 바쳤는데 그 길이가 한 자 여덟 치였습니다. 先王께서는 그 아름다운 德이 멀리까지 이르렀음을 밝혀 후세 사람에게 보여서 길이 거울삼게 하려 하였습니다. 그러므로 그 화살의 오늬에 새겨 말하기를 '肅愼氏之貢矢(숙신씨가 공물로 바친 화살)'라고 하여 大姬에게 주었고 虞胡公을 배필로 삼아 陳나라에 봉

176) 肅愼 : 肅愼은 北狄의 나라이므로, 새매가 온 것이 멀다.

177) 九夷百蠻 : 九夷는 東夷의 아홉 나라이고, 百蠻은 蠻의 백 邑이 있는 것이다.

178) 方賄 : 각각 거처하는 지방에서 산출되는 재물로 공물을 함이다.

179) 栝 : 화살의 시위를 끼는 부분. 筈과 같다.

180) 以分大姬 配虞胡公 : 分은 予(줌). 太姬는 武王의 맏딸. 胡公은 舜의 후예로, 胡公 滿.

181) 展 : 중시하다의 뜻.

182) 陳 : 嬀姓임.

183) 得之金櫝 如之 : 櫝은 궤짝이다. 金은 金으로 그 외면을 두름이다. 如之는 孔子의 말과 같다는 말이다.

해 주었습니다. 옛날에 同姓에게 구슬을 준 것은 친애를 중시한 것이고, 異姓에게 원방의 職貢을 준 것은 일을 잊지 않게 한 것입니다. 그러므로 〈異姓인〉 陳나라에게 肅愼氏의 공물을 준 것입니다. 임금께서 만약 有司를 시켜서 옛날 창고에서 그 화살을 찾아보시면 얻을 수 있을 것입니다."

이에 찾게 하여 그 화살을 황금 궤짝에서 얻었는데 공자의 말과 같았다.

69. 閔馬父笑子服景伯 閔馬父가 子服景伯을 비웃다

【大義】 恭에 대해 논하다.

齊閭丘來盟184)에 子服景伯185)이 戒宰人186)曰 陷而入於恭187)하라 閔馬父188) 笑어늘 景伯이 問之하니 對曰 笑吾子之大滿也라 昔에 正考父校商之名頌十二篇於周大師에 以那①爲首189)한대 其輯之亂190)에 曰自古在昔에 先民有作하니 溫恭朝夕하야 執事有恪191)하니라하니 先聖王之傳恭을 猶不敢專하야 稱曰自古라하고 古曰

---

184) 齊閭丘來盟 : 閭丘는 齊나라 대부인 閭丘明이다. 처음에 齊나라 悼公이 魯나라에 있을 적에 季康子의 누이에게 장가들었다. 悼公이 齊나라에 가서 즉위하여 그녀를 맞이하려 할 적에 康子의 叔父인 季魴侯가 그녀와 간통하였고 康子의 누이가 그 사실을 말하자 감히 주지 못하였다. 齊侯가 화가 나서 魯나라를 치자 魯나라와 齊나라가 평화조약을 맺었다. 齊나라는 閭丘明을 사신으로 보내 와서 맹약을 하게 하였다.

185) 子服景伯 : 魯나라 대부.

186) 宰人 : 吏人. 禮法을 담당하는 사람.

187) 陷而入於恭 : 陷은 過失이다. 만일 실수가 있더라도 편안히 공경에 가까이 하라.

188) 閔馬父 : 魯나라 大夫.

189) 正考父……以那爲首 : 正考父는 宋나라 대부이니 孔子의 조상이다. 名頌은 頌의 아름다운 것이다. 大師는 樂官의 우두머리이니, 詩와 음악을 가르치는 일을 관장한다. ≪毛詩≫ 叙에 이르기를 微子로부터 戴公에 이르는 사이에 禮樂이 폐하여 무너지게 되었다. 正考父라는 사람이 商頌 12편을 周나라 大師에게 얻었는데, '那' 편을 首篇으로 했다. 鄭司農이 말하기를 "正考父로부터 孔子에 이르기까지 또 7편이 없어져서 5편만 남았다."라고 했다.

190) 其輯之亂 : 輯은 成(이루다). 亂은 詩歌의 끝부분.

191) 自古在昔……執事有恪 : 恪은 공경함이다. 先王을 일컫기를 自古라 하고, '古'는 '在

在昔이라하고 昔曰先民이라커늘 今吾子之戒吏人曰 陷而入於恭이라하니 其滿之甚也로다 周恭王은 能庇昭穆之闕而爲恭192)하고 楚恭王은 能知其過而爲恭193)이어늘 今吾子之敎官寮②曰 陷而後恭이라하니 道將何爲194)오하다

〔校勘〕① 那 : 四部備要本에는 '𨚗'로 되어 있는데 통용한다.
② 寮 : 四部備要本에는 '僚'로 되어 있는데 통용한다.

齊나라 閭丘가 〈魯나라에〉 와서 맹약할 적에 子服景伯이 宰人에게 경계시켜 말하기를 "실수하더라도 공경에 가깝게 하라." 하였다. 閔馬父가 비웃거늘 景伯이 물으니, 〈閔馬父가〉 대답하였다. "그대가 너무 교만하여 비웃은 것입니다. 옛날에 正考父가 商나라의 아름다운 頌 12편을 周나라 大師에게서 교정할 적에 '那' 篇을 首篇으로 하였는데, 그 篇의 완성된 끝가락에 말하기를 '옛날부터 옛날에 있어서 先民께서 시작을 두시니, 아침저녁으로 온화하고 공손히 해서 일을 집행하기를 공손히 했다.'라고 했습니다. 옛날의 聖王께서 공손함을 전하기를 오히려 감히 독점하지 않으셔서 일컫기를 '自古'라고 했고, '古'는 '在昔'이라 했고, '昔'은 '先民'이라 했거늘, 지금 그대가 吏人들을 경계시키는데 말하기를 '실수하더라도 공경에 가깝게 하라.'고 하니, 그 교만함이 심합니다. 周나라의 恭王은 昭王과 穆王의 결함을 잘 비호하여 '恭'이라 하였고, 楚나라 恭王은 자기의 잘못을 잘 알아서 '恭'이라 하였거늘, 지금 그대가 관료들에게 명령

昔'이라 하고, '昔'은 '先民'이라 하였다. 有作은 과거의 聖人이 이 공경의 도를 행함이 오래되어 감히 자기에게서 시작되었다고 말하지 못하고 마침내 말하기를 그것을 옛날에 받았다고 하였다.

192) 周恭王 能庇昭穆之闕而爲恭 : 庇는 덮음이다. 恭王은 周나라 昭王의 손자이고 穆王의 아들이다. 昭王은 남쪽으로 정벌 나가서 돌아오지 않았고, 穆王은 그 마음을 방자히 하고자 하여 모두 결함이 있었다. 恭王이 그들의 허물을 잘 덮었기 때문에 '恭'이 된 것이다.

193) 楚恭王 能知其過而爲恭 : 恭王은 楚나라 莊王의 아들이다. 자기의 잘못을 알았다는 것은 병이 들자 대부들을 불러 말하기를 "내가 德이 없어서 楚나라 군대를 패망시켰다. 만약 내가 죽으면 바라건대 '靈'이나 '厲'字로 이름을 붙여 달라."라고 하였다. 子囊이 말하기를 "임금이 진실로 공손하니, 恭이라 하지 않을 수 있겠는가!"라 하니, 대부들이 이를 따랐다.

194) 道將何爲 : 道에 실수하더라도 오히려 공손하게 한다면 만일 그 도를 얻은 것이라면 장차 어찌 하겠는가!

하여 말하기를 '실수한 다음에 공경하라.'고 하니, 〈실수 없는〉 道로 한다면 장차 무엇으로 하겠습니까."

70. 孔丘非難季康子以田賦 孔子가 季康子의 田賦를 징수하는 것을 비난하다

【大義】 上古의 田賦制度를 따라야 한다.

季康子欲以田賦195)하야 使冉有로 訪諸仲尼196)한대 仲尼不對197)하시고 私於冉有曰 求아 來하라 汝①不聞乎아 先王制土198)하사 藉(자)②田以力하되 而砥其遠邇199)하고 賦里以入하되 而量其有無200)하고 任力以夫하되 而議其老幼201)라 於是乎有鰥寡孤疾이면 有軍旅之出則徵之하고 無則已202)라 其歲에 收田一井하되 出稯禾秉芻缶米203)하야 不是過也로되 先王以爲足이라 若子204)季孫이 欲其法也인댄

---

195) 田賦 : 농지에서 내는 軍稅.

196) 使冉有 訪諸仲尼 : 冉有는 孔子의 제자로, 季氏의 宰였다. 康子가 군세를 추가하려하여 그를 방문하게 하였다.

197) 仲尼不對 : 제도가 아니기 때문이다.

198) 制土 : 그 비옥함과 척박함을 제정하여 차등을 둠이다.

199) 藉田以力 而砥其遠邇 : 藉田은 稅를 말한다. 以力은 30세가 된 자는 농지 100畝를 받고 20세가 된 자는 농지 50畝를 받고 60세가 되면 농지를 반납함을 말한다. 砥는 고르게 함이니, 平遠近은 遠近에 차등이 있는 것이다. ≪周禮≫에 "近郊는 1/10을 받고 遠郊는 3/20을 받고 甸·稍·縣·都라는 지역은 모두 2/10를 넘지 않았다."라고 하였다.

200) 賦里以入 而量其有無 : 里는 점포이니, 장사꾼이 거처하는 구역이다. 以入은 그 이익 수입의 많고 적음을 헤아려서 〈세금을〉 매기되 그 재산의 유무를 헤아려서 차등을 둠을 말한다. ≪周禮≫에 이르기를 "城 안의 택지는 세금이 없고 밭과 점포에는 1/20이고 옻나무 숲은 5/20를 받는다."라고 하였다.

201) 任力以夫 而議其老幼 : 力은 徭役을 말한다. 以夫는 집안의 장정을 수효로 함이다. 議其老幼는 老幼들은 면제해 줌이 있음이다.

202) 有軍旅之出則徵之 無則已 : 徵은 鰥·寡·孤·疾의 부세를 징수함이다. 已는 그침이니, 군대의 출동이 없으면 그쳐 부세하지 않는다.

203) 其歲……秉芻缶米 : 韋昭는 "其歲는 군대 출동이 있는 해이다. 缶는 庾이다. 〈聘

則有周公之藉矣205)요 若欲犯法인댄 則苟而賦니 又何訪焉206)가

〔校勘〕 ① 汝 : 四部備要本에는 '女'로 되어 있는데 통용한다.
② 藉 : 四部備要本에는 '籍'로 되어 있는데 통용한다. 아래도 같다.

季康子가 농지에서 軍稅를 내게 하려고 冉有를 시켜서 仲尼에게 묻게 하였는데, 仲尼가 대답하지 않고 冉有에게 사사로이 말하였다. "求야! 오거라. 너는 듣지 못했느냐? 先王께서 토지를 제정하실 적에 농지에 세금을 매기면서 나이에 따른 힘에 따라서 하되 그 〈지역의〉 멀고 가까움의 차등을 고르게 하고, 점포세를 부과하는데 수입에 따라서 하되 그 〈재산의〉 有無를 헤아려서 하고, 徭役을 맡기는데 장정 數에 따라서 하되 그 老幼를 논의하여 하였다. 이에 홀아비・과부・고아・고질병자가 있으면, 군대의 출동함이 있으면 징수하고 없으면 걷지 않았다. 군대가 출동하는 해에 농지 一井에서 收稅하는데, 稯禾(640斛의 벼)・秉芻(160斗 분량의 馬草)・缶米(16두의 쌀)를 내게 하고 이를 넘지 않았으되 선왕께서는 이것으로 충분해 하였다. 만약 季孫氏가 그 法대로 하고자 한다면 周公의 藉田의 법이 있고, 만약 법을 범하고자 한다면 구차히 賦稅할 것이니, 또 무엇을 물을 것이 있겠느냐!"

禮〉에 이르기를 '16말이 庾요, 10庾가 秉이니, 秉은 160말이다. 4秉이 筥요, 10筥가 稯이요, 稯은 640斛이다.'라고 했다."라고 하였다. 禾는 볏짚이 달린 벼를 말하고 芻는 馬草를 말한다.

204) 子 : 氏 위에 붙이는 존칭.

205) 則有周公之藉矣 : 藉田의 법은 周公이 제정한 것이다.

206) ……又何訪焉 : 당시 康子는 듣지 않고 魯哀公 12년 봄에 마침내 농지에서 軍稅를 받았다.

國語 제6권

齊語

齊나라는 黃帝의 후손이다. 伯尼는 堯의 四岳(제후)이 되어 禹를 도와 물을 다스리자 심복으로 맡겼고 그것으로 하여 姓을 받았다. 혹은 말하기를 申에 봉해졌다고 하고 혹은 말하기를 呂에 봉해졌다고 한다. 呂尙은 그 후손인데, 周나라를 도와서 殷王 紂를 멸망시키고 齊에 봉해졌다. 呂尙은 本姓이 姜이지만 그 封地를 姓으로 하여 여상이라고 하였는데, 字는 子牙이며, 太公望·師尙父라고도 한다. 周나라 文王이 사냥을 나갔다가 渭水 북쪽에서 여상을 만나서 수레에 함께 타고 돌아와 師로 삼았다. 문왕이 죽자 그 아들 武王을 보좌하여 殷王朝를 무너뜨리고 周王朝를 세우게 하였고, 그 공으로 齊의 營丘에 봉해졌던 것이다. 여상은 封國에서 상공업을 장려하고 어업을 편리하게 하여, 큰 나라를 만들었다. 제나라의 계급은 侯爵이었다.

이후로 아들과 아우로 대를 이어 제후가 되고, 釐公 9년에 魯나라 隱公이 즉위하여 春秋時代에 접어들었다. 桓公은 管仲을 등용하여 五霸의 으뜸으로 강대국이 되어 諸侯들을 다스렸다. 환공이 죽은 뒤 다섯 아들들이 서로 공격하여 싸웠고, 그 때문에 강력함을 상실하였다. 환공 이후 孝公, 昭公, 懿公, 惠公이 즉위하였고, 이어 頃公, 靈公, 莊公, 景公, 晏孺子, 悼公, 簡公, 平公, 宣公, 康公이 즉위하였으나, 弑害 및 外侵 사건이 일어나는 등 변란이 계속되었다.

康公 2년(기원전 403년)에 晉나라가 갈라져 韓·魏·趙 세 나라로 되면서 그들이 諸侯의 대열에 들었고 이로부터 戰國時代에 들어갔다. 19년(기원전 386년)에 田和가 제나라를 찬탈하여 齊侯가 되고 강공을 해변으로 보냈다. 26년 강공이 죽자 여씨의 제사가 끊어졌다.

田氏가 제나라를 차지한 이후에도 국호는 바꾸지 않고 그대로 齊라고 하였다. 이를 田齊라고 부르는데, 七雄의 하나로서 강대국을 유지하였다. 말기에는 秦나라가 강성해졌으나 진나라에서 가장 먼 동쪽에 있다고 하여 국방을 소홀히 하다가 기원전 221년에 秦나라에 의해 멸망하였다.

71. 管仲對桓公以霸術 管仲이 桓公에게 霸術에 대해 대답하다

【大義】 治國安民의 계책을 논의하다.

桓公이 自莒로 反於齊[1)]하야 使鮑叔[2)]으로 爲宰어늘 辭曰 臣은 君之庸臣也니이다 君加惠於臣하사 使不凍餒하시니 則是君之賜也니이다 若必治國家者인댄 則非臣之所能也요 若必治國家者인댄 則〈其〉①管夷吾[3)]乎인저 臣之所不若夷吾者五니 寬惠柔[4)]民이 弗若也요 治國家에 不失其柄[5)]이 弗若也요 忠信可結於百姓이 弗若也요 制禮義하야 可法於四方이 弗若也요 執枹鼓하야 立於軍門하야 使百姓으로 〈皆〉②加勇焉이 弗若也니다하다 桓公曰 夫管夷吾는 射(석)寡人하야 中鉤라 是以濱於死[6)]라 鮑叔對曰 夫爲其君하야 動〔勤〕③也니 君若宥而反之하시면 夫猶是也리이다 桓公曰 若何[7)]오 鮑子對曰 請諸魯하소서 桓公曰 施伯[8)]은 魯君之謀臣也라 夫知吾將用之하면 必不予我矣리니 若之何오 鮑子對曰 使人으로 請諸魯曰 寡君이 有不令之臣하야 在君之

---

1) 桓公自莒 反於齊 : 환공이 외국에서 귀국하여 제후가 됨을 말한다. 韋昭는 그 전말을 "환공은 齊나라 太公의 후손이고 僖公의 아들이고 襄公의 아우인 환공 小白이다. 과거에 양공이 즉위하여 그 정무가 일정함이 없자, 鮑叔牙가 말하기를 '난리가 장차 일어날 것이다.'라 하고, 公子 小白을 모시고 莒나라로 망명하였다. 公孫無知가 양공을 시해하고 즉위하자, 管夷吾와 召忽은 公子 糾를 모시고 魯나라로 망명하였다. 제나라 사람이 무지를 죽이고 子糾를 노나라에서 맞이하자, 노나라 莊公은 즉시 돌려보내지 않고 맹약을 맺자고 하였다. 제나라 대부가 돌아가서 소백을 거나라에서 맞이하자, 장공이 제나라를 치고 子糾를 들여보냈으나 환공이 거나라에서 먼저 들어갔다."라고 하였다.
2) 鮑叔 : 齊나라 大夫. 姒姓의 후손으로서, 鮑敬叔의 아들 叔牙.
3) 管夷吾 : 齊나라 卿. 姬姓의 후손으로서, 管嚴仲의 아들 敬仲.
4) 柔 : 安(편안하다)의 뜻.
5) 柄 : 本(근본)의 뜻.
6) 夫管夷吾……是以濱於死 : 韋昭는 三君의 말을 빌어 "濱은 가까움이다. 관중이 자규의 신하가 되어 乾時의 전쟁에서 환공을 직접 겨냥하여 허리띠 쇠를 맞혔다."라고 하였다.
7) 若何 : 어찌하면 돌아오게 할 수 있는가?
8) 施伯 : 魯나라 대부.

國하니 欲以戮〈之〉④於羣臣이라 故請之하노이다하면 則予我矣리이다하다 桓公이 使請諸魯하되 如鮑叔之言하다

嚴公이 以問施伯한대 施伯이 對曰 此非欲戮之也요 欲用其政也니이다 夫管子는 天下之才也니 所在之國에 則必得志於天下리니 令彼在齊면 則必長爲魯國憂矣리이다 嚴公曰 若何오 施伯이 對曰 殺而以其屍로 授之하소서 嚴公이 將殺管仲할새 齊使者請曰 寡君이 欲親以⑤爲戮하니이다 若不生得以戮於羣臣이면 猶未得請也니 請生之하소서 於是에 嚴公이 使束縛하야 以予齊使하니 齊使受而以〔之而〕⑥退하다

比至에 三釁⑦9)三浴之하다 桓公이 親逆之于郊하고 而與之坐하야 問⑧焉 曰 昔에 吾先君襄公이 築臺以爲高位10)하시고 田狩畢⑨弋11)하사 不聽國政하시고 卑聖侮士하시고 而唯女是崇하야 九妃六嬪12)이라 陳妾數百이 食必粱肉하고 衣必文繡라 戎士凍餒하고 戎車待游⑩車之裂⑪하며 戎士待陳妾之餘하고 優笑13)在前하며 賢材在後라 是以로 國家不日引14)하고 不月長15)하니 恐宗廟之不埽除하며 社稷之不血食일까하노니 敢問爲16)此若何오 管子對曰 昔에 吾先王昭王穆王이 世法文武遠績하사 以成名17)하시니 合羣叟하야 比校民之有道者18)하시고 設象19)하야 以爲民紀하시고 式權

9) 釁 : 향을 몸에 바르다.

10) 高位 : 높은 대를 만들어 스스로 높였다.

11) 田狩畢弋 : 田은 사냥하다, 狩는 에워싸 지키면서 새를 잡다, 畢은 꿩이나 토끼를 그물로 덮치다, 弋은 주살로 겨냥해 맞추다.

12) 九妃六嬪 : 正適을 妃라 일컫는다. 九라고 말한 것은 높이기를 한결같이 함이니, 그가 음란하고 사치하여 예법이 아님을 밝힌 것이다. 禮에 姪娣의 부류는 모두 妾이라고 일컫는다. 嬪은 婦官이다라고 하였다.

13) 優笑 : 倡俳(광대).

14) 引 : 申(펴이다)의 뜻.

15) 長 : 益(늘어나다)의 뜻.

16) 爲 : 治(다스리다)의 뜻.

17) 吾先王昭王穆王 世法文武遠績 以成名 : 周는 관자의 조상이다. 績은 공로이다. 昭王과 穆王이 비록 결함된 바가 있으나 오히려 능히 대대로 문왕과 무왕의 법을 본받아 그 功名을 이룬 것을 말한다.

18) 合羣叟 比校民之有道者 : 合은 모음이고, 叟는 늙음이고, 校는 고찰함이다. 그 덕행과

以相應[20]하시고 比綴以度[21]하며 竱本肇末[22]하시고 勸之以賞賜하시며 糾之以刑罰하시고 班序顚毛하야 以爲民紀統[23]하시니이다 桓公曰 爲之若何오 管子對曰 昔者에 聖王之治天下也에 參其國而伍其鄙[24]하며 定民之居하고 成民之事하며 陵爲之終[25]하며 而愼用其六柄[26]焉하니이다

桓公曰 成民之事는 若何오 管子對曰 四民[27]者는 勿使雜處니 雜處則其言哤(망)[28]하고 其事易하니이다 公曰 處士農工商은 若何오 管子對曰 昔聖王之處士也에 使就閒燕하고 處工에 就官府하고 處商에 就市井하고 處農에 就田野하니이다 令夫士로 羣萃而州[29]處면 閒燕則父與父言義하고 子與子言孝하고 其事君者는 言敬하고 其幼者는 言悌⑫하니 少而習焉하야 其心安焉하니 不見異物[30]而遷焉이라 是故로 其父

道藝를 고찰하여 현인을 일으킴을 말한다.

19) 象 : 象魏의 생략으로, 도성의 성문. 象은 法象으로 법률을 말한다. 魏는 높음, 법률을 높은 성문에 게시하였으므로 象魏라 한다.

20) 式權以相應 : 式은 씀이고, 權은 공평함이니, 정무를 다스리며 백성을 씀에 균평히 하여 서로 응하게 하였다는 말.

21) 比綴以度 : 比는 그 衆寡를 비교함이다. 綴은 이음이니, 그 壯丁의 집을 연합함이다. 度는 법이다.

22) 竱本肇末 : 竱은 균등함이고, 肇는 바름이니, 먼저 그 근본을 균등히 하여 그 끝을 바르게 함을 말한다.

23) 班序顚毛 以爲民紀統 : 班은 차례이고, 序는 서열을 짓는 것이고, 顚은 이마이고, 毛는 머리털이고, 統은 기강과 같으니, 이마 머리털의 희고 검음을 가지고 차례를 지어 長幼로 하여금 차등이 있게 함으로써 백성을 다스리는 기강으로 삼음을 말한다.

24) 參其國而伍其鄙 : 參은 셋이고, 國은 郊 이내이고, 伍는 다섯이고, 鄙는 교 이외이니, 국도를 셋으로 나누어 三軍을 만들고 그 鄙를 다섯으로 나누어 五屬을 만드는 것이다.

25) 陵爲之終 : 그것으로 매장함이다.

26) 六柄 : 柄은 근본이니, 六柄은 生·殺·貧·富·貴·賤이다.

27) 四民 : 士·農·工·商.

28) 哤 : 亂貌(어지러운 모양).

29) 州 : 聚(모이다)의 뜻.

30) 物 : 事(일)의 뜻.

兄之教가 不肅[31]而成하고 其子弟之學이 不勞而能이라 夫是故로 士之子가 恆爲士하니이다 令夫工으로 羣萃而州處하면 審其四時[32]하고 辨其功苦[33]하며 權節其用[34]하고 論比協材[35]하니이다 旦莫從事하고 施於四方[36]하야 以飭[37]其子弟하되 相語以事하며 相示以巧하며 相陳以功[38]하야 少而習焉하고 其心安焉하니 不見異物而遷焉이라 是故로 其父兄之教가 不肅而成하고 其子弟之學이 不勞而能이라 夫是故로 工之子가 恆爲工하니이다 令夫商으로 羣萃而州處하면 察其四時[39]하고 而監其鄕之資[40]하야 以知其市之賈하고 負任儋何⑬[41]와 服牛軺馬[42]로 以周[43]四方하며 以其所有로 易其所無하고 市賤鬻貴[44]라 旦莫從事於此하야 以飭其子弟하되 相語以利하며 相示以賴[45]하며 相陳以知賈하야 少而習焉하고 其心安焉하니 不見異物而遷焉이라 是故로 其父兄之教가 不肅而成하고 其子弟之學이 不勞而能이라 夫是故로 商之子가 恆爲商하니이다 令夫農으로 羣萃而州處하면 察其四時[46]하고 權節其用[47]하니 耒耜

---

31) 肅 : 疾(빠르다)의 뜻.

32) 審其四時 : 四時에 각각 마땅함이 있음을 말하니, 〈재료가〉 죽고 살고 얼고 풀리는 때를 말한다.

33) 辨其功苦 : 辨은 구별함이고, 功은 견고함이고, 苦는 연약함이다.

34) 權節其用 : 權은 고름이니, 그 평등하게 가라앉음이 고른지를 살핌이다. 節은 그 大小·輕重을 조절함이다.

35) 論比協材 : 論은 고름이고, 比는 그 선악을 견줌이고, 協은 화합함이니 그 剛柔를 조화로이 함이다.

36) 施於四方 : 그 물건의 쓰임을 사방에 베푸는 것이다.

37) 飭 : 教(가르치다)의 뜻.

38) 相陳以功 : 陳은 역시 '보인다'는 示이다. 功은 성공함이다.

39) 察其四時 : 사시에 소용되는 것을 미리 재료로 한다.

40) 監其鄕之資 : 監은 살핌이고, 資는 재물이니, 그 귀천과 有無를 살핌이다.

41) 負任儋何 : 〈짐이〉 배에 있는 것을 負라 하고, 어깨에 있는 것을 儋이라 하고, 任은 안는 것이고, 何는 드는 것이다.

42) 服牛軺馬 : 服牛는 소에 수레를 메는 것. 軺馬는 말에 수레를 메는 것.

43) 周 : 徧(두루하다)의 뜻.

44) 市賤鬻貴 : 市는 取(사들이다), 鬻은 賣(팔다)의 뜻.

45) 賴 : 贏(이윤)의 뜻.

枷⑭芟이니이다 及寒하야 擊菒(고)[48]除田하야 以待時耕[49]하고 及耕하야 深耕而疾耰之하야 以待時雨[50]하고 時雨既至에 挾其槍刈耨鎛하야 以旦莫從事於田野하되 脫衣就功하고 首戴茅⑮蒲[51]하고 身衣襏襫[52]하고 霑體塗足하고 暴其髮膚하야 盡其四支之敏[53]하야 以從事於田野하야 少而習焉하고 其心安焉하니 不見異物而遷焉이라〈夫〉⑯是故로 其父兄之教가 不肅而成하고 其子弟之學이 不勞而能하니이다 夫是故로 農之子가 恆爲農하야 野處而不暱[54]하니이다 其秀民之能爲士者는 必足賴也로되 有司見而不以告면 其罪五[55]요 有司已[56]於事而竣[57]하니이다

桓公曰 定民⑰之居는 若何오 管子對曰 制國[58]以爲二十一鄉하니이다 桓公曰 善타하다 管子於是에 制國以爲二十一鄉[59]하니 工商之鄉六[60]이오 士鄉十五[61]라 公帥五鄉焉[62]하고 國子帥五鄉焉하고 高子帥五鄉焉[63]하다 參國起案하야 以爲三官[64]

---

46) 察其四時 : 사시에 심는 것은 각각 마땅함이 있다.
47) 權節其用 : 權은 고름이니, 그 기물이 사용되는 크기와 길이를 조절한다.
48) 菒 : 마른 짚. 槀와 통한다.
49) 時耕 : 立春 이후를 말한다.
50) 時雨 : 때에 맞는 비가 이르면 마땅히 씨를 뿌린다.
51) 茅蒲 : 簦笠(삿갓).
52) 襏襫 : 蓑薜衣(도롱이).
53) 敏 : 材(재주)의 뜻.
54) 暱 : 慝(사악하다)의 뜻.
55) 其罪五 : 5가지 죄는 5刑에 드는 것이다.
56) 已 : 畢(마치다)의 뜻.
57) 竣 : 伏退(물러나다).
58) 國 : 國은 國都 城郭 지역이니, 오직 士・工・商뿐이고 農은 거기에 들지 않는다.
59) 二十一鄉 : 韋昭는 "2천 家가 1鄉이 된다. 21향은 모두 4만 2천 家이다. 이는 管子가 제정한 것이지 周나라 법이 아니다."라고 하였다. 주나라 법에 1鄉은 1만 2천 5백 家이다.
60) 工商之鄉六 : 工과 商이 각각 3향이다. 두 부류는 군역에 따르지 않았다.
61) 士鄉十五 : 여기의 士는 軍士이다. 15鄉은 도합 3만 명이니, 이것이 三軍이 된다.
62) 公帥五鄉焉 : 5鄉은 1만 명이다. 이를 中軍이라 하는데, 公이 인솔하는 것이다.
63) 國子帥五鄉焉 高子帥五鄉焉 : 國子와 高子는 모두 齊나라의 上卿이다. 각각 5鄉을 인솔하여 左軍과 右軍이 된다.

하니 臣立三宰[65]하고 工立三族[66]하고 市立三鄕[67]하고 澤立三虞[68]하고 山立三衡[69]하다

桓公曰 吾欲從事於諸侯하노니 其可乎[70]아 管子對曰 未可하니 國未安일새니이다 桓公曰 安國若何오 管子對曰 修舊法[71]하야 擇其善者而業[72]用之하고 遂滋民하야 與無財[73]하야 而敬百姓하면 則國安矣하리이다 桓公曰 諾다하고 遂修舊法하야 擇其善者而業用之하고 遂滋民하야 與無財하고 而敬百姓하니 國旣安矣하다 桓公曰 國安矣하니 其可乎아 管子對曰 未可하니 君若正卒伍[74]하고 修甲兵하면 則大國도 亦將正卒伍하고 修甲兵하리니 則難以速得志矣요 君有攻伐之器면 小國諸侯는 有守禦之備하리니 則難以速得志矣리이다 君若欲速得志於天下諸侯인댄 則事可以隱하며 令可以寄政[75]이니이다 桓公曰 爲之若何오 管子對曰 作內政而寄軍令焉[76]하소서 桓公曰 善타하다

管子於是에 制國하야 五家爲軌하니 軌爲之長[77]하고 十軌爲里하니 里有司하고 四里

---

64) 參國起案 以爲三官 : 參은 셋이고, 案은 경계이니, 國事를 나누어 셋으로 하였다.

65) 臣立三宰 : 三宰는 3卿이니, 여러 신하를 관장하게 하였다.

66) 工立三族 : 族은 부류이다. 위에서 工·商의 향이 6이라고 하였으니, 각각 3이다.

67) 市立三鄕 : 市는 商이다. 상인은 市井에 거처하므로, 市라고 말하였다.

68) 澤立三虞 : ≪周禮≫에 "澤虞 관원이 있다. 虞는 헤아림이다. 川澤의 大小 生育하는 것을 헤아려 다스림을 관장한다."라고 하였다.

69) 山立三衡 : ≪周禮≫에 "山虞·林衡의 관원이 있다. 衡은 공평함이니, 그 정무를 공평히 함을 관장한다."라고 하였다.

70) 吾欲從事於諸侯 其可乎 : 伯道(패도)를 시행하여 의롭지 않은 자를 토벌하려 함이다.

71) 舊法 : 伯王(패왕)의 법.

72) 業 : 創(시작하다)의 뜻.

73) 遂滋民 與無財 : 遂는 육성함이고, 滋는 자람이다. 가난하여 재물이 없는 자를 떨쳐 시작하게 함이다.

74) 卒伍 : ≪周禮≫에 "5인이 伍가 되고 1백 人이 卒이 되었는데, 지금 관자는 역시 5인으로 伍를 삼았으나 2백 인으로 卒을 삼았다."라고 하였다.

75) 則事可以隱 令可以寄政 : 事는 戎事이고, 隱은 숨김이고, 寄는 의탁함이다. 군대 명령을 숨기고 국가 정무에 의탁하다가 만약 정벌이 있게 되면 이웃 나라가 알지 못한다.

76) 作內政而寄軍令焉 : 內政은 국정이다. 정무를 다스림에 인하여 군대 명령을 기탁한다.

爲連하니 連爲之長하고 十連爲鄕하니 鄕有良人焉이라 以爲軍令하니 五家爲軌라 故로 五人爲伍하니 軌長이 帥之[78]하고 十軌爲里라 故로 五十人爲小戎[79]하니 里有司가 帥之하고 四里爲連이라 故로 二百人이 爲卒하니 連長이 帥之하고 十連爲鄕이라 故로 二千人爲旅하니 鄕良人이 帥之하고 五鄕이 一帥(수)라 故로 萬人爲一軍하니 五鄕之帥가 帥之[80]하고 三軍이라 故로 有中軍之鼓[81]하고 有國子之鼓하고 有高子之鼓라 春以蒐⑱[82]振旅하고 秋以獮(선)[83]으로 治兵하다 是故로 卒伍整於里하고 軍旅整於郊하야 內教旣成에 令勿使遷徙하니 伍之人이 祭祀同福하고 死喪同恤[84]하고 禍災共之하니 人與人相疇[85]하며 家與家相疇하고 世同居하고 少同游라 故로 夜戰에 聲相聞하야 足以不乖하고 晝戰에 目相視⑲하야 足以相識하고 其歡欣에 足以相死[86]하니 居同樂하고 行同和하고 死同哀하다 是故로 守則同固하고 戰則同彊하다 君有此士也三萬人하야 以方[87]行於天下하야 以誅無道하고 以屛[88]周室하니 天下大國之君이라도 莫之能禦也⑳하다

---

77) 軌爲之長 : 軌 안의 1人을 長으로 삼는다.

78) 五家爲軌 故五人爲伍 軌長帥之 : 거처함에는 軌가 되고, 출동함에는 伍가 되니, 이른바 정무에 기탁함이다.

79) 小戎 : 小戎은 兵車이다. 이는 有司가 타는 것이므로, 小戎이라고 하였다. ≪詩經≫에 "소융은 앞뒤의 나무 턱이 낮다."라고 하였는데, 옛날에 戎車는 1乘에 步卒이 72人이었으나, 지금 齊나라는 50人이다.

80) 五鄕一帥……五鄕之帥 帥之 : 五鄕에 매 1軍이어서 五鄕이 된다. 鄕帥는 卿이다. 1만 人이 軍이 되는 것은 齊나라 제도이다. 周나라는 1만 2천 5백 人으로 軍을 삼았다. 帥는 우두머리이다.

81) 鼓 : 전쟁에서 공격 명령을 내리는 데에 사용하는 북. 지휘권을 의미한다.

82) 蒐 : 봄 사냥.

83) 獮 : 가을 사냥.

84) 恤 : 憂(근심하다)의 뜻.

85) 疇 : 匹(짝하다)의 뜻.

86) 足以相死 : 죽음을 바쳐 서로 구제한다.

87) 方 : 橫(횡행하다)의 뜻.

88) 屛 : 蕃(울타리)의 뜻.

〔校勘〕 ① 〈其〉: 四部備要本에 의거하여 보충하였다.
② 〈皆〉: 四部備要本에 의거하여 보충하였다.
③ 動〔勤〕: 汪遠孫의 ≪國語明道本攷異≫에 의거하여 고쳤다.
④ 〈之〉: 四部備要本에 의거하여 보충하였다.
⑤ 親以 : 四部備要本에는 '以親'으로 되어 있는데, 汪遠孫의 ≪國語明道本攷異≫에 '親以'가 옳다고 하였다.
⑥ 而以〔之而〕: 汪遠孫의 ≪國語明道本攷異≫에 의거하여 고쳤다.
⑦ 釁 : 汪遠孫의 ≪國語明道本攷異≫에는 補音에 '衅'로 쓰였는데, '衅'는 俗字라 하였다.
⑧ 問 : 四部備要本에는 '問'자 앞에 '而'자가 더 있다.
⑨ 畢 : 四部備要本에는 '畢'로 되어 있는데, '畢'은 俗字이다.
⑩ 游 : 四部備要本에는 '遊'로 되어 있는데 통용한다.
⑪ 裂 : 四部備要本에는 '衣前'으로 되어 있는데, 汪遠孫의 ≪國語明道本攷異≫에는 '裂'이 옳다고 하였다.
⑫ 悌 : 四部備要本에는 '弟'로 되어 있는데 통용한다.
⑬ 儋何 : 四部備要本에는 '擔荷'로 되어 있는데, '儋何'가 正字이다.
⑭ 枷 : 四部備要本에는 '耞'로 되어 있는데, '耞'는 俗字이다.
⑮ 茅 : 韋昭는 "혹은 萌으로도 쓴다. 萌은 대나무 싹의 껍질로 삿갓을 만드는 것이다."라고 하였다.
⑯ 〈夫〉: 四部備要本에는 '夫'자가 없는데, 汪遠孫의 ≪國語明道本攷異≫에 '夫'가 있는 것이 옳다고 하였다.
⑰ 民 : 四部備要本에는 '人'으로 되어 있다.
⑱ 狻 : 四部備要本에는 '蒐'로 되어 있다.
⑲ 視 : 四部備要本에 '見'으로 되어 있는데, 異字同義이다.
⑳ 也 : 四部備要本에는 '也'자가 없다.

桓公이 莒나라에서 齊나라로 돌아와 鮑叔에게 재상을 시키려 하니, 鮑叔이 사양하여 말하였다. "저는 임금의 보통 신하입니다. 임금께서 저에게 은혜를 베풀어 춥거나 굶주리지 않게 해 주시니, 이는 임금의 하사함이었습니다. 만약 반드시 국가를 다스릴 자라고 한다면 제가 할 수 있는 것이 아니옵고, 만약 반드시 국가를 다스릴 자라고 한다면 管仲일 것입니다. 제가 관중만 못한 것이 다섯 가지니, 관대하며 은혜를 베풀어 백성을 편안히 하는 것이 관중만 못하고, 국가를 다스리는 데 그 근본을 그르치지 않는 것이 관중만 못하고, 충성과 신의를 백성에게 능히 결성하게 하는 것이 관중만 못하고, 禮義를 제정하여 사방에 본받게 할 수 있는 것이 관중만 못하고, 북채와 북을 잡고서 軍門에 서서 백성으로 하여금 모두 용맹을 더하게 하는 것이 관중만 못합니다." 환공이 말하였다. "저 관중은 활로 나를 겨냥해서 내 허리띠 쇠를 맞혔소. 그래서 죽을 뻔하였소." 포숙이 대답하였다. "그가 그 임금을 위하여 애쓴 것이니, 임금께서 만일 용서하셔서 그를 귀국시키면, 그가 또한 이와 같이 할 것입니다." 환공이 말하였다. "어찌하면 되겠소?" 포숙이 대답하였다. "노나라에 요청하십시오." 환공이 말하였다. "〈魯나라의〉 施伯이라는 대부는 노나라 임금의 智謀가 있는 신하요. 그는 우리가 장차 관중을 등용할 것을 안다면 반드시 우리에게 주지 않을 것이니, 어찌해야 되겠소?" 포숙이 대답하였다. "사람을 시켜서 노나라에 요청하여 말하기를 '우리 임금에게 착하지 않은 신하가 있는데 임금님의 나라에 있으니, 그를 여러 신하들 앞에서 죽이려고 합니다. 그러므로 그를 요청합니다.'라고 하면 우리에게 줄 것입니다." 桓公이 사신을 보내 노나라에 요청하되, 포숙의 말대로 하게 하였다.

魯莊公이 그것을 施伯에게 묻자, 시백이 대답하였다. "이는 그를 죽이려 함이 아니고, 그의 정치력을 사용하려고 하는 것입니다. 管仲은 천하의 인재입니다. 관중이 있는 나라는 반드시 천하에서 뜻을 얻게 될 것이니, 그로 하여금 齊나라에 있게 한다면, 반드시 길이 노나라의 근심이 될 것입니다." 莊公이 말하기를 "어찌하면 되겠소?" 하니, 시백이 대답하였다. "죽여서 그 시체를 주십시오." 장공이 관중을 죽이려고 할 때, 제나라 사자가 요청하여 말하였다. "우리 임금께서 직접 죽이려고 하십니다. 만일 산 채로 잡아서 여러 신하들 앞에서 죽이게 하지 않는다면 오히려 요청하지 않았을 것입니다. 산 채로 주시기를 청합니다." 이에 장공이 결박해서 제나라 사신에게 주니, 제나라 사신이 그를 받아서 물러났다.

도착하게 되자, 그에게 세 번 香料를 몸에 발라 주고 세 번 목욕시켰다. 환공이 친히 郊에 나와 맞이하고, 그와 함께 앉아서 물었다. "옛날에 우리 선군이신 襄公께서 臺를 쌓아 높은 자리를 만들고 사냥을 하면서 국가 정무를 다스리지 않으시고, 성인을 비하하며 선비를 무시하고 오직 여인들만 높이시어, 九妃·六嬪과 늘어선 妾 수백 명이 먹는 것은 膏粱珍味였고 옷은 반드시 비단이었소. 군사는 떨며 굶주렸고, 군대 수레는 사냥에서 부서진 수레를 기다려 쓰고, 군사들은 늘어선 첩들이 남은 음식을 기다려 먹고, 광대가 앞장서며 어진 인재는 뒤에 있었소. 그러므로 국가가 날로 펴지지 못하고 달로 신장되지 못했으니, 宗廟를 소제하지 못하게 되고 社稷이 희생을 올리는 제사를 지내지 못하게 될까 우려되오. 감히 묻건대 이를 다스리는 데에는 어찌해야 하겠소?" 관중이 대답하였다. "옛날에 우리 선왕 昭王과 穆王께서 대대로 文王과 武王의 큰 공적을 본받으시어 功名을 이루셨습니다. 여러 원로들을 모아서 백성으로서 도가 있는 사람을 살피시고, 象魏를 설치해서 백성의 기강을 삼으셨고, 균평함을 써서 〈백성을〉 서로 응하게 하셨고, 많고 적은 것을 견주어 집들을 연합함으로 법도를 삼으셨으며, 근본을 고르게 함으로써 끝을 바르게 하셨고, 賞을 내림으로 권장하시며, 형벌로 糾察하시고, 머리털 색으로 〈長幼를〉 차례 지어서 백성을 다스리는 기강으로 하셨습니다." 환공이 말하기를 "시행을 어떻게 해야 하겠소?" 하니, 관중이 대답하였다. "옛날에 聖王께서 천하를 다스릴 때 그 國都를 셋으로 나누고 그 교외를 다섯으로 나누어, 백성의 거처를 정해 주고 백성의 일을 이루어 주며 무덤을 종착지로 삼고, 그 여섯 가지 근본을 신중히 사용하였습니다."

환공이 말하기를 "백성의 일을 이루는 것은 어떻게 해야 하겠소?" 하니, 관중이 대답하였다. "네 부류의 백성은 섞어 살게 하지 말아야 합니다. 섞어 살게 되면 그 말이 어지럽고 그 일이 뒤바뀌게 됩니다." 환공이 말하기를 "士・農・工・商을 거처하게 하는 것은 어떻게 해야 하겠소?" 하니, 관중이 대답하였다. "옛날 성왕께서 士를 거처하게 함에는 한가하며 조용한 곳에 나아가게 하고, 장인들을 거처하게 함에는 관청에 나아가게 하고, 상인들을 거처하게 함에는 시장에 나아가게 하고, 농민들을 거처하게 함에는 농토에 나아가게 하였습니다. 저 士들로 하여금 무리로 모여 함께 살게 하면, 조용한 곳에서는 아버지와 아버지는 義를 말하고, 자식과 자식은 孝를 말하고, 그 임금을 섬기는 자들은 敬을 말하고, 그 어린 사람들은 悌를 말하게 되어, 젊어서 익혀서 그 마음에 편안하게 여기니, 다른 일을 보고 그것으로 옮겨 가지 않습니다. 그러므로 그 부형의 가르침이 빠르게 하지 않아도 이루어지고, 그 자제들의 학문이 애쓰지 않아도 능하게 됩니다. 그러므로 士의 아들은 항상 士가 됩니다. 대저 저 匠人으로 하여금 무리로 모여 함께 살게 하면, 〈재료가 생산되는〉 그 四時를 살피고, 그 강약을 변별하며, 그 용도를 고르게 조절하고, 골라서 비교하며 재료를 조화시킵니다. 아침저녁으로 일에 종사하고 사방에 베풀어 그 자제들을 가르치되, 서로 일을 말하게 하며 서로 솜씨 있음으로 보이며 서로 성공함을 보여서, 젊어서 익히고 그 마음에 편안하게 여기니, 다른 일을 보고 그것으로 옮겨 가지 않습니다. 그러므로 그 부형의 가르침이 빠르게 하지 않아도 이루어지고, 그 자제들의 학문이 애쓰지 않아도 능하게 됩니다. 그러므로 匠人의 아들은 항상 장인이 됩니다. 저 상인으로 하여금 시장에서 무리로 모여 함께 살게 하면, 〈미리 재료로 할〉 그 四時를 살피고 그 고을의 재물을 살펴서 그 시장의 가격을 알고, 짊어지며 안으며 메며 들고 牛車에 싣고 馬車에 싣고 사방을 두루 돌아다니며, 자기가 가지고 있는 것으로 없는 것을 바꾸고, 싼 것을 사고 비싼 것을 팝니다. 아침저녁으로 여기에 종사해서 그 자제들을 가르치는데 서로 이익으로 말을 하며 이윤으로 보이며 서로 보여서 가격을 알게 되어, 젊어서 익히고 그 마음에 편안하게 여기니, 다른 일을 보고 그것으로 옮겨 가지 않습니다. 그러므로 그 부형의 가르침이 빠르게 하지 않아도 이루어지고, 그 자제들의 학문이 애쓰지 않아도 능하게 됩니다. 그러므로 상인의 아들이 항상 상인이 됩니다. 농민으로 하여금 농토에 무리로 모여 함께 살게 하면, 〈마땅하게 심을〉 그 四時를 살피고 그 기물 사용을 고루 조절하니, 쟁기・보습・도리깨・낫입니다. 추워지면 마른 짚을 쳐내고 밭을 소제해서 경작할 때를 기다리고, 경작함에 이르러서는 깊게 갈고 빨리 씨를 덮어 때에 맞는 비를 기다리며, 때에 맞는 비가 내리고 나서는 그 몽둥이・낫・괭이・호미를 옆에 끼고서 아침저녁으로 농토에서 종사하는데, 옷을 벗고 일하고 머리에 삿갓을 쓰고 몸에는 도롱이를 입고 몸이 젖고 다리에 진흙이 붙고 머리털과 피부를 드러내어, 그 四肢의 재주를 다하여 농토에서 종사하게 됩니다. 젊어서 익히고 그 마음에 편안하게 여기니, 다른 일을 보고 그것으로 옮겨 가지 않습니다. 그러므로 그 부형의 가르침이 빠르게 하지 않아도 이루어지고, 그 자제들의 학문이 애쓰지 않아도 능하게 됩니다. 그러므로 농민의 아들이 항상 농민이 되어서 들에 거처하면서 나쁜 짓을 하지 않습니다. 그 빼어난 백성으로서 선비가 될 수 있는 이들은 반드시 믿을 만한데, 담당관리가 그것을 알고도 보고하지 않으면 그 죄가 五刑에 듭니다. 그리하여 담당관리가 일을 마치고 물러납니다."

桓公이 말하기를 "백성의 생활을 정해 주는 것은 어떻게 해야 하겠소?" 하니, 管子가 대답하였다. "國都의 행정조직을 제정하여 21鄕으로 만듭니다." 환공이 "훌륭하다." 고 하였다. 이에 관자가 國都를 제정하여 21鄕을 만드니, 工・商의 鄕이 6이고, 士의 鄕이 15였다. 公이 5鄕을 인솔하고, 國子가 5鄕을 인솔하고, 高子가 5鄕을 인솔하였다. 國事를 셋으로 나누어서 분계를 두어 세 관청을 설립하니, 신하는 3宰를 세우고, 工에는 3族을 세우고, 商에는 3鄕을 세우고, 澤地에는 3虞를 세우고, 山林에는 3衡을 세웠다.

桓公이 말하기를 "내가 제후에게 종사하려 하는데 되겠소?" 하니, 관자가 말하였다. "아직 안 됩니다. 나라가 안정되지 않았기 때문입니다." 환공이 말하기를 "나라를 안정시키는 것은 어떻게 해야 하겠소?" 하니, 관자가 대답하였다. "舊法을 정비하여 좋은 법을 골라서 創始해서 쓰고, 백성을 육성하여 재물이 없는 사람에게 주고 백성을 경건히 대하면, 나라가 안정될 것입니다." 환공이 "그렇게 하겠소." 하고, 드디어 舊法을 정비하여 그 좋은 법을 골라 창시해서 쓰고, 백성을 육성하여 재물이 없는 사람에게 주고 백성을 경건하게 대하니, 나라가 안정되었다. 桓公이 말하기를 "나라가 안정되었으니 이제는 되겠소?" 하니, 管子가 대답하였다. "아직 안 됩니다. 임금께서 卒伍를 바로잡고 갑병을 정비하면, 대국에서도 또한 장차 卒伍를 바로잡고 甲兵을 정비할 것이니 속히 뜻을 이루기 어렵겠고, 임금께서 정벌의 병기를 갖게 되면, 소국 제후는 守禦의 대비를 하게 될 것이니 속히 뜻을 이루기 어려울 것입니다. 임금께서 속히 천하 제후들에게 뜻을 이루시려 하신다면, 군대의 일은 명령을 은밀히 하시며 정무의 일에 부치십시오." 환공이 말하기를 "어떻게 해야 하겠소?" 하니, 관자가 대답하였다. "정무를 다스림에 軍令에 붙이십시오." 환공이 말하기를 "훌륭하오!" 하였다.

管子가 이에 國都를 제어하여 5家를 軌라는 조직으로 만드니 軌에는 그 長을 두고, 10궤는 里로 만드니 里에는 有司를 두고, 4里는 連으로 만들고 連에 그 長을 두고, 10連을 鄕으로 만드니 鄕에 良人을 두었다. 그것으로 군대 명령을 관장케 하였는데, 5家가 궤가 되므로 5人이 伍가 되니 궤의 長이 지휘하고, 10궤가 里가 되므로 50人이 小戎이 되니 里의 유사가 지휘하고, 4리가 連이 되므로 2백 人이 卒이 되니 連의 長이 지휘하고, 10連이 鄕이 되므로 2천 인이 旅가 되니 鄕의 양인이 지휘하고, 5향이 1帥가 되므로 萬人이 1軍이 되니 5향의 帥가 지휘한다. 3軍이므로 中軍의 북이 있고, 國子의 북이 있고, 高子의 북이 있었다. 蒐라는 봄 사냥으로 군대를 정비하고 獮이라는 가을 사냥으로 군대를 다스렸다. 그러므로 卒伍는 里에서 정비되었고 軍旅는 郊에서 정비되어서, 국내 교화가 이루어지게 되자 사는 곳을 바꾸게 하지 않았다. 伍의 사람들이 제사의 飮福을 함께 하고, 死喪에 함께 근심하고 재앙을 함께 하니, 사람과 사람들이 함께 짝하며 집과 집이 함께 짝하고, 대대로 함께 살고 어려서부터 함께 놀았다. 그러므로 야간 전투에 소리를 서로 알아들어서 어그러지지 않았고, 낮에는 눈으로 서로 보아 충분히 서로 알아차렸고, 서로 좋아하여 충분히 서로 죽음으로 구제해 주니, 거처함에는 함께 즐거워하고 일을 행하는 데는 함께 화합하고 죽음에는 함께 슬퍼하였다. 그러므로 지킴에는 함께 견고하게 하고, 전쟁에는 함께 강력하게 하였다. 임금이 戰士를 지닌 것이 3만 人이어서 천하에 횡행하여 무도한 사람들을 벌주고 周나라에 울타리가 되었으니, 천하 대국의 임금이라도 능히 당할 자가 없었다.

72. 管仲佐桓公爲政 管仲이 桓公을 도와 정치를 펴다

【大義】 霸權을 이루기 위한 행정구역의 개편, 인재등용의 방법, 善惡에 대한 정확한 賞罰, 생산량에 따른 철저한 稅金정책의 구현에 대한 논의.

正月之朝에 鄕長89)復(복)事어든 君親問焉하야 曰於子之鄕에 有居處〈爲義〉①好學하며 慈孝於父母하며 聰慧②質仁하야 發聞於鄕里者아 有則以告하라 有而不以告를 謂之蔽明90)이니 其罪五니라하야 有司已於事而竣91)하다 桓公又問焉하야 曰於子之鄕에 有拳勇股肱之力이 秀出於衆者아 有則以告하라 有而不以告를 謂之蔽賢92)이니 其罪五니라하야 有司已於事而竣하다 桓公又問焉하야 曰於子之鄕에 有不慈孝於父母하며 不長弟③於鄕里하며 驕躁淫暴하야 不用上令93)者아 有則以告하라 有而不以告를 謂之下比니 其罪五니라하야 有司已於事而竣하다 是故鄕長退而修德進賢하면 桓公親見之하고 遂使役官하니라

桓公令官長94)으로 期而書伐95)하야 以告且選하니 選其官之賢者而復{用}④之하야 曰有人居我官하야 有功休德하고 惟愼端慤以待時96)하고 使民以勸하고 綏97)謗言하

89) 鄕長 : 鄕大夫이니 윗장에서 이른 鄕良人이다.

90) 蔽明 : 지혜로운 사람을 매몰시켜 등용되지 못하게 함을 이른다.

91) 竣 : 물러가다의 뜻이다. 곧 일을 마치고 물러가거나 되돌아감을 이른다.

92) 蔽賢 : 덕 있는 사람을 매몰시켜 등용되지 못하게 함을 이른다.

93) 上令 : 군주나 윗사람의 명령을 이른다.

94) 官長 : 윗장의 '參國起案以爲三官'의 官의 책임자인 듯하다. 韋昭는 長官이라고 하였는데 확실하지 않으나 각 官衙의 장관을 이른 듯하다. 일부에서는 鄕長이라고 해석하기도 하여 매우 애매하다.

95) 書伐 : 伐은 功績을 이른다. 맡고 있는 부서에서 세운 공적을 글로 기록하는 것이다.

96) 待時 : 일의 시작에 있어 때를 어기지 않는다는 뜻이다. 곧 적절한 때를 참고 기다릴 줄 앎을 이른다.

야 足以補官之不善政이니이다하면 桓公召而與之語하야 訾相[98]其質에 足以比[99]成事하야 誠可立而授之오 設之以國家之患에 而不疚오 退問〈之〉⑤其鄕하야 以觀其所能에 而無大厲어든 升以爲上卿之贊하니 謂之三選[100]이니라 國子・高子[101]退而脩鄕하고 鄕退而脩連하고 連退而脩里하고 里退而脩軌하고 軌退而脩伍하고 伍退而脩家라 是故匹夫有善이면 可得而擧也요 匹夫有不善이면 可得而誅也니라 政旣成에 鄕不越長하며 朝不越爵하고 罷(피)[102]士無伍하며 罷女無家[103]하다 夫是故로 民皆勉爲善호대 與其爲善於鄕也론 不如爲善於里요 與其爲善於里也론 不如爲善於家하다 是故士莫敢言一朝之便이오 皆有終歲之計며 莫敢以終歲之議오 皆有終身之功하니라

桓公曰 伍鄙若何오 管子對曰 相地而衰(최)[104]征하면 則民不移하고 政不旅舊[105]하면 則民不偸하고 山澤各致其時면 則民不苟하고 陸・阜・陵⑥을 墐하고 井・田・疇[106]를 均하면 則民不憾하고 無奪民時면 則百姓富하고 犧牲不略이면 則牛羊遂니이다 桓公曰 定民之居若何오 管子對曰 制鄙는 三十家爲邑하야 邑有司하고 十邑爲卒

---

97) 綏 : 중지시키다의 뜻이다.

98) 訾相 : 訾는 헤아리다의 뜻이고, 相은 보살피다의 뜻이다.

99) 比 : 補佐의 뜻이다.

100) 三選 : 鄕長이 추천한 사람을 다시 官長이 선발하고 이를 다시 제후가 헤아려 살피는 세 과정을 거쳐 인재를 선발하는 것을 이른다.

101) 國子・高子 : 둘 다 周나라의 天子가 임명하는 제나라의 卿 벼슬이다. 國子는 國氏가 高子는 高氏가 대대로 임명되어 각기 5鄕을 맡아 다스렸다. 윗장 '管仲對桓公以霸術'章을 참고할 것.

102) 罷 : 행동이 보잘것없는 것이다.

103) 家 : 남편을 이른다.

104) 衰 : 差等의 뜻이다.

105) 政不旅舊 : 舊를 韋昭는 군주의 옛 친구로 해석하였다. 그리고서 옛 친구를 군대에 편입시키지 아니하면 백성의 마음이 야박해지지 않는다고 하면서 공자의 말, '故舊不遺則民不偸'를 인용하였다. 이를 그냥 옛 친구로 해석해야 한다는 주장과 벼슬에서 물러난 사람이란 해석도 있다.

106) 田疇 : 田은 곡식을 심는 전답, 疇는 삼〔麻〕을 재배하는 전답을 이른다.

하야 卒有卒帥(수)하고 十卒爲鄉하야 鄉有鄉帥하고 三鄉爲縣하야 縣有縣帥하고 十縣爲屬하야 屬有大夫니이다 五屬이라 故立五大夫하야 各使治一屬焉하고 立五正하야 各使聽一屬焉이니이다 是故正之政은 聽屬하고 牧[107]政은 聽縣하고 下政[108]은 聽鄉이니이다 桓公曰 各保治爾所하야 無或淫怠而不聽治者하라

〔校勘〕 ① 〈爲義〉 : ≪管子≫ 〈小匡〉篇과 다음 '桓公爲政旣成'章의 글에 따라 보충하였다.
② 慧 : 四部備要本에는 '惠'로 되어 있는데 '慧'가 옳다.
③ 弟 : 四部備要本에는 '悌'로 되어 있는데 통용한다.
④ {用} : ≪管子≫ 〈小匡〉篇에 의거하여 衍文으로 처리하였다.
⑤ 〈之〉 : 四部備要本에 의거하여 보충하였다.
⑥ 陸·阜·陵 : 四部備要本에는 '陵阜陸'으로 되어 있다.

정월 초하룻날의 조회에서 鄉長이 자신이 맡고 있는 고을의 일을 가지고 아뢰면, 임금이 직접 묻기를 "그대의 鄉에 평소의 생활 속에서 의롭고 학문을 좋아하며 부모에게 사랑으로 효도하며 총명하고 지혜로우며 타고난 바탕이 어질어서 향리에 소문이 도는 사람이 있느냐? 있거든 보고하도록 하라. 그러한 사람이 있는데도 보고하지 않는 것을 蔽明이라고 이르니 그 죄 五刑에 해당하는 처벌을 받을 것이다." 하여, 해당 관원이 해당되는 사람들에 대한 추천을 끝내고 물러나려 하면, 桓公이 또다시 묻기를 "그대의 鄉에 용맹과 체력적인 힘이 뭇 사람 중에서 크게 뛰어난 자가 있느냐? 있거든 보고하도록 하라. 그러한 사람이 있는데도 보고하지 않는 것을 蔽賢이라고 이르니 그 죄 五刑에 해당하는 처벌을 받을 것이다." 하여, 해당 관원이 해당되는 사람들에 대한 추천을 끝내고 물러나려 하면, 桓公이 또다시 묻기를 "그대의 향에 부모에게 사랑으로 효도하지 않고, 향리에서 어른을 공경하지 않고 어린이를 사랑으로 보살피지 않으며, 교만하고 경박하며 음탕하고 포악하여 君主나 윗사람의 명령을 듣지 않는 자가 있느냐? 있거든 보고하도록 하라. 그러한 사람이 있는데도 보고하지 않는 것을 아랫사람과 결탁하는 것이라고 이르니, 그 죄 五刑에 해당하는 처벌을 받을 것이다." 하여, 해당 관원이 해당되는 사람들에 대한 추천을 끝내고서야 물러났다. 이렇게 하고 鄉長이 물러가 德을 닦고 어진 사람을 추천해 올리면 桓公이 직접 만나 보고 마침내는 임명하여

107) 牧 : 5명의 屬大夫를 이른다.
108) 下政 : 縣帥를 이른다.

관원으로 삼았다.

桓公이 官長들에게 만 1년이 되면 각기 고을 관원 중 功績이 있는 관원의 공을 써서 보고하게 하고 한편으로 그들을 선발하여 등용하였다. 〈관장이〉 고을의 뛰어난 이를 선발해서 아뢰기를 "어떤 사람이 우리 관원으로 재직하고 있는데 공적과 아름다운 덕이 있고, 愼重·端正·誠實하여 일을 적절한 시기를 기다려 성공시키고, 백성들을 서로서로 권면하게 하고, 비방하는 말들을 중지시켜, 관아의 잘못된 정사를 보좌하기에 충분합니다." 하면, 桓公이 불러다 그와 대화를 나누어 그 사람의 자질을 헤아리고 살펴서, 한 관아의 일을 보좌하여 성사시키기에 충분해서 진실로 관원에 임명하여 일을 맡길 만하고, 가상으로 설정하여 묻는 국가의 환란에 대한 대답에 흠이 나타나지 아니하고, 다음으로 그 사람의 고향 고을에 물어 능력을 살폈을 적에 큰 惡行이 없을 경우, 끌어올려 上卿의 보좌관으로 삼았다. 이것을 三選이라 명명하였다.

國子와 高子가 〈조정에서〉 물러나서는 휘하 鄕의 일을 다스리고, 鄕長은 물러나서는 휘하 連의 일을 다스리고, 連長은 물러나서는 휘하 里의 일을 다스리고, 里長은 물러나서는 휘하 軌의 일을 다스리고, 軌長은 물러나서는 휘하 伍의 일을 다스리고, 伍長은 물러나서는 휘하 5戶에 해당하는 집의 일들을 다스렸다. 이렇게 한 까닭에 한낱 개인일지라도 훌륭함이 있으면 추천될 수 있고, 한낱 개인일지라도 나쁜 일이 있으면 罰이 내려질 수 있었다. 그리하여 정책이 확정된 뒤로는 鄕에는 어른을 넘보는 자가 없고 조정에는 德望을 넘어서는 爵位가 주어지는 일이 없었으며, 행실이 보잘것없는 사내는 伍에 참여할 수 없었고, 행실이 보잘것없는 여자는 시집갈 수 없었다. 이렇게 함으로써 백성이 모두 善을 힘써 행하면서도, 鄕에서 선한 일을 행하기보다는 里에서 선한 일을 행하는 것만 같지 못하게 생각하였고, 里에서 선한 일을 행하기보다는 집에서 선한 일을 행하는 것만 같지 못하게 생각하였다. 그러므로 士도 감히 하루아침의 편리함을 말하려 들지 않고, 모두 1년의 계획을 세우려 하였으며, 감히 한 해에 한정되는 의견을 말하려 들지 않고, 모두 자신이 죽을 때까지 해야 할 일을 생각하려 하였다.

桓公이 말하기를 "지방〔郊外〕을 다섯 등급으로 나눈다는 것은 어떤 것이오?"[109] 하

---

109) 지방을……어떤 것이오? : 桓公이 首都에 관한 정책을 대강 들은 까닭에, 다시 수도 밖의 정책에 대해 물은 것이다.

니, 管子가 대답하였다. "땅의 기름지고 척박함을 살펴서 세금을 차등 있게 징수하면 백성이 이사가려 하지 않고, 정치 행위에서 옛 君主의 친구를 군대에 편입시키지 않으면 백성이 각박해지지 않고, 山林과 川澤을 각각 철에 따라서 개방하거나 금지하면 백성이 구차히 나무를 베거나 고기를 잡으려 하지 않고, 高原의 평야와 대륙과 구릉지에 개울 길을 내고, 井田과 곡식 심는 논과 삼〔麻〕 재배하는 전답을 고르게 분배하면 백성이 한스러워함이 없고, 백성들의 농사철 시기를 빼앗지 않으면 백성들이 부유해지고, 제사 명분으로 犧牲을 과도하게 빼앗지 않으면 소와 양이 번식할 것입니다."

桓公이 말하기를 "백성들의 주거지 결정은 어떻게 해야 하오?" 하니, 管子가 대답하기를 "지방의 땅을 編制하는 일은 30戶를 邑으로 삼아 읍에 책임자〔有司〕를 두고, 10邑을 卒로 삼아 졸에 卒帥를 두고, 10卒을 鄕으로 삼아 향에 鄕帥를 두고, 3鄕을 縣으로 삼아 현에 縣帥를 두고, 10縣을 屬으로 삼아, 속에 大夫를 두어야 합니다. 〈전국이〉 5屬인 까닭에 다섯 명의 대부를 두어 각각 1속씩 다스리게 하고, 다섯 명의 正을 세워서 각각 1속을 감독하게 합니다. 그러므로 正의 정무는 屬의 대부들을 다스리고, 牧의 정무는 縣의 縣帥를 다스리고, 下政은 鄕帥의 정치를 다스려야 합니다." 하자, 桓公이 말하였다. "각각 자신들이 맡은 지역을 보존해 다스려서 혹시라도 음탕하고 태만하여 통치에 따른 정책을 따르지 않는 일이 없게 해야 할 것이오."

73. 桓公爲政旣成 桓公의 정치가 이루어지다

【大義】 官員의 철저한 考課와 인재 추천의 엄격한 제도 확립.

正月之朝에 五屬大夫復事할새 桓公擇是寡功者而謫之하야 曰制地分民如一이어늘 何故獨寡功고 敎不善이면 則政不治니라 一再則宥어니와 三則不赦하리라하고 桓公又親問焉하야 曰於子之屬에 有居處爲義好學하며 慈孝於父母하며 聰慧質仁하야 發聞於鄕里者아 有則以告하라 有而不以告를 謂之蔽明이니 其罪五니라하야 有司已於事而竣하다 桓公又問焉하야 曰於子之屬에 有拳勇股肱之力이 秀出於衆者아 有則以告하라 有而不以告를 謂之蔽賢이니 其罪五니라하야 有司已於事而竣하다 桓公又問焉하야 曰於子之屬에 有不慈孝於父母하며 不長弟於鄕里하며 驕躁淫暴(포)하야 不用上

令者아 有則以告하라 有而不以告를 謂之下比니 其罪五니라하야 有司已於事而竣하다 五屬大夫於是退而脩屬하고 屬退而脩縣하고 縣退而脩鄕하고 鄕退而脩卒하고 卒退而脩邑하고 邑退而脩家하니 是故匹夫有善이면 可得而擧也요 匹夫有不善이면 可得而誅也하야 政旣成에 以守則固하고 以征則彊이니라

정월 초하룻날의 조회에서 五屬의 大夫가 자신이 맡고 있는 지역의 일을 가지고 아뢰면, 桓公이 그들 중 功績이 적은 자를 가려내 꾸짖어 말하기를 "획정하여 준 토지와, 나누어 준 백성이 똑같은데, 무슨 까닭으로 유독 공적이 적은가? 敎化가 훌륭하지 못하면 정치는 다스려지지 않게 되어 있다. 한두 번은 용서하겠지만 세 번째에는 용서하지 않을 것이다." 하고, 桓公이 또다시 직접 묻기를 "그대의 屬에 평소의 생활 속에서 義理를 행하고 학문을 좋아하며 부모에게 사랑으로 효도하며 총명하고 은혜롭고 타고난 바탕이 어질어서 향리에 소문난 자가 있는가? 있거든 보고하도록 하라. 그러한 사람이 있는데도 보고하지 않는 것을 蔽明이라고 이르니 그 죄 五刑에 해당하는 처벌을 받을 것이다." 하여, 해당 관원이 해당되는 사람들에 대한 추천을 끝내고 물러나려 하면, 桓公이 또다시 묻기를 "그대의 屬에 용맹과 체력적인 힘이 뭇 사람 중에서 크게 뛰어난 자가 있느냐? 있거든 보고하도록 하라. 그러한 사람이 있는데도 보고하지 않는 것을 蔽賢이라고 이르니 그 죄 五刑에 해당하는 처벌을 받을 것이다." 하여, 해당 관원이 해당되는 사람에 대한 추천을 끝내고 물러나려 하면, 桓公이 또다시 묻기를 "그대의 屬에 부모에게 사랑으로 효도하지 않고, 향리에서 어른을 공경하지 않고 어린이를 사랑으로 보살피지 않으며, 교만하고 경박하며 음탕하고 포악하여 군주나 윗사람의 명령을 듣지 않는 자가 있느냐? 있거든 보고하도록 하라. 그러한 사람이 있는데도 보고하지 않는 것을 아랫사람들과 결탁하는 것이라고 이르니, 그 죄 五刑에 해당하는 처벌을 받을 것이다." 하면, 해당 관원이 해당되는 사람들에 대한 보고의 일을 끝내고서야 물러나갔다.

5屬大夫가 이에 물러나와 자기의 관할구역인 屬을 정비하고, 屬의 담당자는 물러나와 그 휘하의 縣을 정비하고, 縣의 담당자는 물러나와 그 휘하의 鄕을 정비하고, 鄕의 담당자는 물러나와 그 휘하의 卒을 정비하고, 卒의 담당자는 물러나와 그 휘하의 邑을 정비하고, 邑의 담당자는 물러나와 휘하의 家家戶戶를 다스렸다. 그리하여 한낱 개인일지라도 훌륭한 점이 있으면 추천될 수 있고, 한낱 개인일지라도 착하지 않음이 있으

면 벌이 내려질 수 있었다. 그리하여 이러한 정책이 자리 잡히고 나서는 守備하면 수비가 견고하고, 征伐하면 정벌이 강력하였다.

74. 管仲教桓公親隣國 管仲이 桓公에게 이웃 나라와 친하게 지내도록 하다

【大義】 霸者가 되기 위한 이웃 나라와의 親善政策, 이웃 나라의 人材招致, 무역관계의 강화, 정벌할 諸侯國家의 선정에 대한 논의.

桓公曰 吾欲從事於諸侯[110)]하노니 其可乎아 管子對曰 未可하니 鄰國未吾親也일새니이다 君若欲從事於天下諸侯인대 則親鄰國[111)]하소서 桓公曰 若何오 管子對曰 審吾疆埸하야 而反其侵地하고 正其封疆호대 無受其資하고 而重爲之皮幣하야 以驟聘覜①於諸侯하야 以安四鄰하면 則四鄰之國이 親我矣리이다 爲游士八十人[112)]하야 奉之以車馬·衣裘하고 多其資幣하야 使周游於四方하야 以號召天下之賢士하고 皮幣玩好를 使人②鬻(륙)之四方하야 以監其上下之所好하야 擇其淫亂者[113)]而先征之하소서

〔校勘〕 ① 覜 : 四部備要本에는 '眺'로 되어 있는데 통용한다.
② 人 : 四部備要本에는 '民'으로 되어 있는데 통용한다.

---

110) 從事於諸侯 : 諸侯의 霸者가 되어 제후들의 잘잘못을 가리는 일들에 나서고자 한다는 뜻이다.

111) 親鄰國 : 이웃 나라와 사이가 친하면 후원국이 되어주는 반면에 만일 사이가 친하지 아니하면 바로 害가 되어 遠征 길에 나설 수 없기 때문에 이 점을 강조한 것이다.

112) 游士八十人 : 遊說에 능한 사람을 80명으로 규정지은 것은, 중국이 옛날 천하를 아홉 개의 州로 나누었던 데에서 각기 한 주에 10명씩을 나누어 보내려는 생각에서이다. 당시 齊나라가 옛 營州의 영토를 차지하고 있어 영주를 제외한 여덟 주에 보낼 80명을 두자고 한 것이다. 九州에 대해서는 여러 설이 분분하나 ≪爾雅≫ 〈釋地〉에 冀·豫·雝·揚·兗·徐·幽·營·荊 등 아홉 州로 나누면서 齊나라를 營州라 하였다.

113) 淫亂者 : 음란한 나라에 대한 구별은, 완상용의 물품 값이 비싼 나라는 사치한 나라, 값이 헐한 나라는 검소한 나라로 구분하여 비싼 나라를 음란한 나라로 구분하는 방법이다.

桓公이 말하기를 "내가 제후들을 다스리는 일에 나서고자 하는데 그것이 되겠소?" 하니, 管子가 대답하였다. "아직은 안 됩니다. 이웃 나라가 우리를 친하게 생각하지 않고 있어서입니다. 임금님께서 만약 천하 제후들에 관한 일을 해보고자 하신다면 이웃 나라부터 사이를 가깝게 하십시오." 桓公이 말하기를 "어떻게 해야 하겠소?" 하니, 管子가 대답하였다.

"우리의 국경을 확정지어 침략해서 빼앗은 저들 나라의 땅을 되돌려 주어야 할 것입니다. 국경선의 경계를 바로잡으면서도 저들로부터 재물을 받는 일이 없어야 할 것입니다. 그리고 거듭 갖옷을 만들 가죽이며 비단을 마련하여 그것들을 갖고 자주 諸侯 국가들을 찾아 聘問하여야 할 것입니다. 그리하여 사방 이웃 나라를 안정시키면 사방 이웃 나라들은 우리를 친하게 여길 것입니다. 유세에 능한 사람 80명을 두어, 車馬와 衣裘를 갖추어 주고 재화와 禮物을 많이 준비시켜 주어 사방 나라를 두루 돌아다니게 하여 천하의 어진 선비들을 불러들이도록 하십시오. 가죽이며 예물이며 玩賞用의 좋은 물건들을 백성들을 시켜 사방으로 팔러 다니게 하여, 그들 나라의 군주와 신하의 嗜好를 살피게 하고, 그들 나라 중 淫亂한 나라를 가려서 우선 征伐하십시오."

75. 管仲敎桓公足甲兵 管仲이 桓公에게 무기를 충족시키게 하다

【大義】 武器의 부족을 채우기 위한 방법으로 罪人에 대한 罰을 경감시켜 무기를 바치는 것으로 贖罪케 하다.

桓公問曰 夫軍令則寄諸內政矣나 齊國寡甲兵하니 爲之若何오 管子對曰 輕過而移諸甲兵114)하소서 桓公曰 爲之若何오 管子對曰 制重罪115)贖以犀甲一戟116)하고 輕罪117)贖以鞼盾118)一戟하고 小罪119)讁以金分120)하고 宥閒罪121)니이다

114) 移諸甲兵 : 諸는 之의 뜻이고, '移之甲兵'은 그 과실을 경감하여 무기로서 죄를 속죄하게 하는 것을 이른다.

115) 重罪 : 五刑 중의 大辟, 곧 死刑罪를 이른다.

116) 戟 : 군대의 선두 兵車에 배치하는 車戟으로 자루의 길이가 1丈 6尺이다. 모양은 戈와 矛를 합한 모양이어서, 곧게 또는 橫으로 모두 쓸 수 있다.

117) 輕罪 : 오형 중 코를 베는 劓刑과 발이나 발꿈치를 베는 刖刑에 해당하는 죄를

索訟者122)는 三禁而不可上下123)어든 坐成以束矢124)니이다 美金125)以鑄劍戟하야 試諸狗馬126)하고 惡金以鑄鉏·夷127)·斤·斸①하야 試諸壤土하소서한대 甲兵大足하다

〔校勘〕① 斸 : 四部備要本에는 '斵'으로 되어 있는데 斸의 異體字이다.

桓公이 묻기를 "무릇 軍令을 국내 정치 속에 포함시켜 실시한다 하여도 齊나라는 갑옷이며 병장기가 많지 못하니, 어떻게 해야겠소?" 하니, 管子가 대답하였다. "過失에 대한 형벌을 경감시켜서 武器로 贖罪하게 하십시오." 桓公이 말하기를 "어떤 방법으로 시행해야 하겠소?" 하니, 管子가 대답하기를 "제도화하여 사형의 중죄가 내려진 자는 물소가죽 갑옷과 戟(극 : 창의 일종) 한 자루로 속죄하게 하고, 신체의 일부를 베어내는 죄를 판정받은 자는 무늬가 있는 가죽으로 만든 방패와 창 한 자루로 속죄하게 하

이른다.

118) 鞼盾 : 여러 개의 가죽을 덧대고 무늬를 수놓은 방패이다.

119) 小罪 : 五刑 속에 들지 않은 잗다란 罪를 이른다.

120) 金分 : 금전으로 속죄하게 하되 차등을 두는 것이다.

121) 閒罪 : 형벌을 내리기에는 분명하지 않아 의심스러운 점들이 있는 불명확한 죄이다.

122) 索訟者 : 송사를 다스리는 자가 訟事 내용을 검토하는 것이다.

123) 三禁而不可上下 : 韋昭는 "三禁은 訟事를 제기한 자를 3일 동안 금고시켜서 자신이 소송을 제기한 내용을 다시 한번 검토해 보게 하는 것이고, 不可上下는 소송해야겠다는 뜻이 확고 불변한 것이다."라고 하였다. 일설에는 3일 동안 소송 당사자를 감금하고 그의 소송 내용을 검토하여 확실한 내용을 확보하는 것이라고도 한다.

124) 坐成以束矢 : 坐成은 송사하는 자리를 성립시켜 송사를 판결하는 것이다. 束矢는 화살 12개, 한 묶음이다. 당시 法이, 양 당사자에게 각기 화살 1束씩을 바치도록 하여 한쪽 당사자는 바치고 한쪽이 바치지 않았을 경우 바치지 않은 사람이 소송에서 지는 것으로 정해져 있었다. 화살을 바치게 한 것은 화살이 한번 시위를 벗어나면 돌아오지 않는 뜻을 취한 것이라고 한다. ≪周禮≫ 〈秋官 大司寇〉에 "소송을 내고자 하는 사람은 조정에 화살 한 묶음을 올려야 송사를 다스려 준다.〔入束矢於朝 然後聽之〕"고 하였다.

125) 美金 : 질 좋은 쇠라고 하였으나 근래 번역본들의 주석에는 靑銅으로 해석하고 있다.

126) 試諸狗馬 : 개나 말은 칼에 쉽게 베어지지 않는 짐승이라서 이렇게 말한 것이다.

127) 夷 : 풀을 깎고 땅을 고르는 농기구.

고, 사소한 죄로 처벌받은 자는 꾸짖고서 罰金을 차등 있게 물리고, 확실하지 않은 죄는 용서하십시오. 재판을 요구하는 자의 진실을 찾아내는 길은 〈당사자를〉 3일 동안 禁錮시켜 訟事하려는 뜻이 확고부동하거든 화살 1束을 내게 하여 송사의 자리를 성립시켜 주어야 할 것입니다. 질 좋은 쇠붙이로는 劍과 戟을 주조해서 개와 말에 써보시고, 질 나쁜 쇠붙이로는 호미, 풀을 깎고 땅을 고르는 농기구, 작은 호미, 괭이 등을 주조하여 농지에 쓰도록 하십시오."라고 하였더니, 무기가 매우 풍족하게 되었다.

76. 桓公率諸侯朝天子 桓公이 諸侯를 인솔하고 天子께 조회하다

【大義】 桓公이 침략했던 땅을 되돌려 주고 不義한 제후 국가를 정벌하여 전쟁을 종식하고 文治를 확립한 뒤 제후를 거느리고 周나라 천자에게 朝會하는 패권을 이룩하다.

桓公曰 吾欲南伐하노니 何主[128]오 管子對曰 以魯爲主니이다 反其侵地堂〔棠〕① · 潛[129]하야 使海於有蔽[130]하고 渠弭於有渚[131]하며 環山於有牢[132]니이다 桓公曰 吾欲西伐하노니 何主오 管子對曰 以衛爲主니이다 反其侵地臺 · 原 · 姑與漆里하야 使海於有蔽하고 渠弭於有渚하며 環山於〔於山〕②有牢니이다 桓公曰 吾欲北伐하노니 何主오 管子對曰 以燕爲主니이다 反其侵地柴夫 · 吠狗하야 使海於有蔽하며 渠弭於有渚하며 環山於有牢니이다하다 四鄰大親하야 旣反侵地하고 正〈其〉③封疆하니 地南至於䧟陰이요 西至於濟요 北至於河요 東至於紀酅[133]하니 有革車八百乘[134]이었다

---

128) 主 : 군수품을 調達받을 수 있는 지원국을 이른다.

129) 棠潛 : 魯나라가 齊나라에 빼앗긴 두 지역의 땅 이름이다. 棠은 지금의 山東省 魚臺縣에 있고 潛은 지금의 濟寧市 서남쪽에 있었다.

130) 使海於有蔽 : 海는 沿海의 바다이다. 有蔽는 의지하여 은폐하는 것이다.

131) 渠弭於有渚 : 渠弭는 작은 바다이니 일종의 灣과 같은 것을 이른다. 渚는 水中의, 사람이 머무를 만한 작은 섬 같은 곳이다.

132) 牢 : 牛 · 羊 · 豕 등을 이른다. 험한 산과 들에 이런 가축 기르는 곳들이 있어 필요한 물자를 지원받을 수 있다는 말이다. 일설에는 방비가 굳건해지는 것이라고 하였다.

133) 紀酅 : 紀나라의 酅 고을이다. 곧 예전 紀나라 땅이었던 데에서 이렇게 부른 것이다.

134) 革車八百乘 : 賈逵는 "한 나라의 전체 군사가 800乘이다. 1乘의 군사 수는 75명이니 전체 甲士 수는 6만 명이다."라고 하였는데, 韋昭는 "이 말은 周나라 제도에 의거

擇天下之甚淫亂者而先征之하다

卽位數年에 東南多有淫亂者하니 萊·莒·徐夷135)·吳·越이라 一戰에 帥(솔)服三十一國하다 遂南征伐楚136)하야 濟汝踰方城137)하고 望138)汶山하고 使貢絲於周而反하니 荊州諸侯가 莫〈敢〉④139)不來服하다 遂北伐山戎140)하야 刜(불)令支斬孤竹141)하고 而南歸하니 海濱諸侯가 莫〈敢〉不來服하다 與諸侯飾牲爲載142)하야 以約誓於上下庶神하고 與諸侯勠力同心하다 西征攘白翟143)之地하야

한 계산이다. 齊나라의 법은 50명으로 小戎을 삼았으니 車八百乘은 군사 4만이다. 또 윗글에서 管仲이 제나라의 군사를 3軍으로 편제하니 1군은 1만 명이라고 하였으며, 아래 글에서도 군주가 군사 3만을 거느리고서 천하를 횡행하였다고 하였다. 그런데 여기에서 말하는 군사의 수가 이렇게 많은 것은 여벌로 따르는 兵車까지를 모두 이른 말인 듯하다. 혹자는 그래서 八百乘의 八자는 六자의 誤字라고 말하는 사람도 있다."고 하였다.

135) 徐夷 : 徐州에 분포한 소수 민족이 세운 나라의 하나로, 나라 이름은 徐이다.

136) 伐楚 : 이 일은 기원전 656년에 齊桓公이 魯僖公·宋桓公·陳宣公·衛文公·鄭文公·許穆公·曹昭公 등과 연합군을 편성하여 벌인 전쟁이다. 이때 齊桓公이, 주나라의 제사에서 술 거르는 일에 쓰이는 包茅를 초나라가 貢物로 바치지 않은 것을 초나라의 죄이자 전쟁의 명분으로 천명한 것이 유명하다.

137) 方城 : 초나라의 북쪽 국경을 이루는 큰 산이다. 서쪽으로 桐柏에서 동쪽으로 興黃에 이르는 산맥으로, 초나라와 북쪽의 諸侯國들이 오가는 큰길이 있는 일종의 요새지이다.

138) 望 : 望祭를 이르는 말로 먼 곳에 있는 山川을 직접 가지 않고 멀리서 바라보고 지내는 제사이다. 汶山은 지금의 岷(민)山의 별칭이다. 따라서 汶山도 당연히 민산으로 읽어야 한다. 민산은 四川省 북쪽과 甘肅省 경계에 있는 주위가 2천여 리에 이르는 거대한 산이다. 桓公이 그 산까지 직접 갈 수가 없어 멀리서 제사를 지낸 것이다.

139) 敢 : 이 글자는 四部備要本에 따라 보충하였다. 굳이 이 글자가 없어도 뜻은 그대로 이해된다. 단지 이 글자가 있으므로 해서 桓公의 위엄을 나타내는 데 더 도움을 준다. 아래에 있는 敢자도 모두 이와 같다.

140) 山戎 : 鮮卑族으로 불리는 중국 북방의 騎馬民族이다. 北戎 또는 無終으로도 불린다. 당시 齊나라 趙나라 燕나라와 국경을 접하고 있어 서로 잦은 전쟁을 벌였다. 서기전 663년에 山戎이 燕나라를 침략하여 연나라가 구원을 청하자 이때 桓公이 구원하러 나섰다가 산융을 평정하였다.

141) 令支·孤竹 : 모두 山戎과 연합 세력을 구축하고 있던 나라들이다.

至於西河144)하고 方舟設洲145)하고 乘桴146)濟河하야 至於石抗〔枕〕⑤하고 縣車束馬147)하고 踰大行(항)與辟耳之谿拘夏하야 西服流沙·西吳148)하고 南城〈於〉⑥周하고 反胙於絳149)하니 嶽濱諸侯150)가 莫〈敢〉不來服이어늘 而大朝諸侯於陽

---

142) 飾牲爲載 : 飾牲은 희생을 죽이지 않고 그냥 산 채로 몸을 청결히 하여 세워두는 것이고, 爲載는 盟約文을 그 희생 위에 올려놓기만 하고 歃血하지 않는 것이다. 곧 보통의 맹약에서 희생을 죽여 그 피를 맹약의 의식에 쓰는 그런 전통적인 방법을 따르지 않았음을 이른다. ≪周禮≫ 〈地官 封人〉에 "凡祭祀飾其牛牲."이라고 했고, 三民書局 간행 ≪新譯管子讀本≫ 〈小匡〉 注釋에서는 "희생의 입을 씻기고 거기에다 장식하는 것."이라고 했다.

143) 白翟 : 소수민족의 하나인 赤翟의 별종이다.

144) 西河 : 黃河의 상류 중 북쪽에서 남쪽으로 흐르는 구간을 이르는 말이다. 황하는 서쪽에서 발원하여 동쪽으로 흐르는데 이곳 西河라 지칭되는 구간에서는 북쪽에서 남쪽으로 흐른다.

145) 方舟設洲 : 方舟는 배 두 척을 나란히 묶는 것이고, 洲는 나무 뗏목이다.

146) 桴 : 작은 뗏목이다.

147) 縣車束馬 : 縣車는 兵車를 메고 가는 것을 이르고, 束馬는 말의 뱃대끈 따위를 단단히 조여 묶는 것이다. 이 지역의 산과 협곡들의 길이 험하여 兵車를 타지 못하고 군사들이 들거나 메고서 길을 가고 말도 타지 못하고 끌고서 산을 넘어가는 상황을 형용한 말이다.

148) 流沙西吳 : 流沙는 사막을 이르는 옛말이다. 모래가 늘 바람 따라 흘러다닌 데에서 붙여진 말이다. 西吳는 나라 이름이다. ≪管子 小匡≫

149) 反胙於絳 : 일설에는 "胙는 天子가 하사하는 것이고 絳은 晉나라의 수도이다. 천자가 제사 지낸 고기를 내렸는데 桓公이 사양하여 천자가 다시 宰孔을 시켜 제사 고기를 내린 것이다."고 하고, 賈逵는 "反은 회복의 뜻이고, 胙는 지위이고, 絳은 晉나라의 수도이다. 晉獻公이 죽은 뒤 奚齊와 卓子가 연이어 弑害당하여 晉나라의 왕위가 단절되는 어려움에 처하자, 桓公이 제후의 신분이었으면서도 晉나라를 공격하여 高梁까지 쳐들어가서 隰朋을 시켜 군대를 거느리고 公子인 夷吾를 세워서 絳에 돌아가게 하니 이가 惠公이고 이때가 魯僖公 9년이다."라고 하였다. 이 주장에 대하여 韋昭는 "임금이 즉위함을 踐胙라고 한다. 곧 桓公이 周나라의 성을 쌓아주어 天子를 높이 받들고, 또 晉나라의 난리를 토벌하여 제후의 자리를 회복하게 하였으니, 桓公이 훌륭한 일을 한 것이다. ≪左傳≫을 살펴보면 宰孔이 葵丘의 會盟에, 제사 고기와 命服을 내리고 있는데 桓公이 사양하여 다시 내렸다는 말이 없다. 따라서 賈逵의 말이 옳다."고 하였다.

穀151)하다 兵車之屬六152)이오 乘車之會三153)이러니 諸侯甲不解纍154)하며 兵不解翳155)하며 弢無弓하며 服無矢하야 隱武事하고 行文道라 帥諸侯而朝天子156)하다

〔校勘〕 ① 堂〔棠〕: 四部備要本에 의거하여 고쳤다.
② 山於〔於山〕: 汪遠孫의 ≪國語明道本攷異≫에 의거하여 고쳤다. 아래도 같다.
③ 〈其〉: 四部備要本에 의거하여 보충하였다.
④ 〈敢〉: 四部備要本에 의거하여 보충하였다.
⑤ 抗〔枕〕: 四部備要本에 의거하여 고쳤다.
⑥ 〈於〉: 四部備要本에 의거하여 보충하였다.

桓公이 말하기를 "내가 남쪽을 정벌하고자 하는데, 어느 나라를 군수품을 조달할 주인 나라로 삼으면 좋겠소?" 하니, 管子가 대답하였다. "魯나라를 주인 나라로 삼아야 할 것입니다. 그러니 노나라로부터 빼앗은 棠과 潛 땅을 되돌려 주어, 沿海에는 은폐할 만한 곳이 있고, 작은 바다의 灣에는 머물 만한 곳이 있고, 빙 둘러 산에는 가축을 기르는 곳들이 있게 해야 합니다.157)" 桓公이 말하기를 "내가 서쪽을 정벌하고자 하는

---

150) 嶽濱諸侯 : 嶽은 北嶽의 恒山이니 항산 주위의 제후들을 이른다.

151) 陽穀 : 會合은 魯僖公 3년(기원전 657년)에 있었다. 穀은 穀이 正字이다. 陽穀은 제나라의 고을 이름이다.

152) 兵車之屬六 : 屬은 회합을 이른다. 곧 兵車를 대동하고 제후들끼리 모여 맹약한 것이 6회였음을 이른다. 6회는 魯莊公 13년에 齊나라의 北杏, 14년에 衛나라의 鄄, 15년에 다시 鄄에서, 魯僖公 원년에 宋나라의 檉, 13년에 衛나라의 鹹, 16년에 晉나라의 淮에서 모인 것을 말한다.

153) 乘車之會三 : 兵車를 대동하지 않고 천자가 내린 命服만 입고서 모인 모임을 이른다. 3회는 僖公 3년에 陽穀, 5년에 衛나라의 首止, 9년에 宋나라의 葵丘에서 모인 것을 말한다.

154) 纍 : 갑옷집이다.

155) 翳 : 병기를 감춰두는 일종의 가리개이다. 근래 白話語 번역본들에는 일종의 武器庫라는 주장도 있다.

156) 帥諸侯而朝天子 : 齊桓公이 魯僖公 5년(기원전 655년)에 衛나라의 首止에서 제후들과 회맹하며 周나라 왕실의 태자 鄭(후일 즉위하여 襄王이라 하였다)을 참석시켜 왕실의 왕권 다툼을 종식시킨 일을 이른다.

157) 沿海에는……해야 합니다 : 韋昭는 이러한 여건들이 형성되어 있어야 군수품을 조달

데, 어느 나라를 군수품을 조달할 주인 나라로 삼으면 좋겠소?" 하니, 管子가 대답하였다. "衛나라를 주인 나라로 삼아야 할 것입니다. 그러니 衛나라로부터 빼앗은 臺와 原과 姑와 漆里 땅을 되돌려 주어, 沿海에는 은폐할 만한 곳이 있고, 작은 바다의 灣에는 머물 만한 곳이 있고, 빙 둘러 산에는 가축을 기르는 곳들이 있게 해야 합니다." 桓公이 말하기를 "내가 북쪽을 정벌하고자 하는데, 어느 나라를 군수품을 조달할 주인 나라로 삼으면 좋겠소?" 하니, 관자가 대답하였다. "燕나라를 주인 나라로 삼아야 할 것입니다. 그러니 연나라로부터 빼앗은 柴夫와 吠狗 땅을 되돌려 주어, 沿海에는 은폐할 만한 곳이 있고, 작은 바다의 灣에는 머물 만한 곳이 있고, 빙 둘러 산에는 가축을 기르는 곳들이 있게 해야 합니다."

이렇게 하자 사방 이웃 나라들이 매우 친하여졌다. 빼앗은 땅을 되돌려 주고 나서, 국경을 바로잡으니, 제나라의 땅이 남쪽으로는 餡陰에 이르고, 서쪽으로는 濟水에 이르고, 북쪽으로는 黃河에 이르고, 동쪽으로는 紀酅(휴)에 이르렀다. 兵車 8백 乘을 보유하자 천하에서 가장 음란한 국가를 가려 우선 정벌하였다.

桓公이 임금 자리에 나아간 지 수년에 동남쪽에 음란한 나라들이 많이 나타났다. 萊와 莒와 徐夷와 吳와 越나라들이었다. 단 한 번의 전쟁으로 31개 국가를 휩쓸어 굴복시켰다. 마침내 남쪽 정벌 길에 나서 楚나라를 토벌하여, 汝水를 건너고 方城을 넘어서 멀리 汶山을 바라보고 望祭를 지내고, 〈초나라로 하여금〉 周나라에 生絲를 조공으로 바치게 하고 〈제나라로〉 돌아오니, 荊州의 제후들이 감히, 와서 복종하지 않는 자가 없었다. 드디어 북쪽으로 山戎을 토벌하여 令支를 격퇴하고, 孤竹을 치고서 남쪽 〈본국으로〉 돌아오니 沿海의 제후들이 감히 복종하지 않는 자가 없었다. 제후들과 犧牲을 산 채로 세워두고 盟約 문서를 그 희생 위에 올려놓고서, 하늘과 땅의 여러 신들에게 서약하여, 제후들과 힘을 함께하고 마음을 함께하기로 하였다. 서쪽을 정벌하여 白翟의 땅을 빼앗고 西河에 이르러, 배 두 척을 나란하게 연결시키거나 큰 뗏목을 만들거나 작은 뗏목을 만들어서 타고는 서하를 건너 石枕에 이르렀다. 수레를 메고 말을 단단히 조여 묶고서, 太行山과 辟耳山의 협곡 拘夏를 넘어가 서쪽의 사막지역과 西吳를 항복시키고, 남쪽으로 향하여 周나라에서 王宮의 城을 쌓아 주고, 絳 땅에서 〈晉나

받을 수 있는 나라로 기능할 수 있고 군대는 반드시 이러한 험한 형세를 의지해야 한다고 하였다.

라의〉 군주의 자리를 회복시켜 주자 恒山 주위의 제후들이 찾아와 복종하지 않는 자가 없었다. 그리하여 陽穀에서 많은 제후를 회합시켰다. 兵車를 타고 모인 회합이 여섯 차례고, 병거가 아닌 수레를 타고 모인 회합이 세 차례에 걸쳐 열렸다. 제후들의 갑옷은 갑옷집에서 풀려나오지 않았고, 무기들은 무기집에서 풀려나지 않았으며, 활집의 활은 쓰일 날이 없었고, 箭袋의 화살도 쓰일 날이 없는 채, 전쟁의 일은 사라지고, 文治의 교화가 행하여졌다. 이에 〈桓公이〉 제후를 이끌고서 천자께 조회하였다.

77. 葵丘之會天子致胙于桓公 葵丘의 會盟에 天子가 桓公에게 宗廟에서 제사 지낸 고기를 내리다

【大義】 胙肉을 받기 위한 堂下拜의 수고로움을 덜어주려는 천자의 배려를 굳이 사양하고 堂下拜를 행하여 臣下의 도리를 지킨 桓公의 천자에 대한 공경.

葵丘之會158)에 天子159)使宰孔160)으로 致胙於桓公하고 曰余一人161){之命}①162)有事163)於文武일세 使孔致胙하노라하고 且有後命하야 曰以爾自卑勞로 實謂爾伯舅164)하노니 無下拜165)하라하다 桓公召管子而謀하니 管子對曰 爲君不君하

---

158) 葵丘之會 : 葵丘는 宋나라에 있는 땅으로 지금의 河南省 蘭考縣 동쪽 지역이다. 齊桓公이 魯僖公 9년(기원전 651년)에 이곳에서 제후들과 회맹하였다.

159) 天子 : 당시 周나라의 襄王이다.

160) 宰孔 : 太宰 벼슬에 있는 孔이다.

161) 余一人 : 天子의 自稱이다.

162) 之命 : 두 글자는 필요 없는 글자이다. 그대로 해석한다면 내가 명령하여 제사를 지냈다는 뜻인데 周나라 천자가 周나라의 始祖라 할 수 있는 文王, 武王의 제사를 명령으로 지내게 했다는 것은 상하 관계에서나 가능할 수 있는 말이고 자손으로서 선조에 대해 쓸 수 있는 말이 아니다. 따라서 衍文으로 처리한다.

163) 有事 : 事는 제사이다.

164) 伯舅 : 천자가 자기와 姓氏가 다른 제후를 이르는 존칭이다. 성씨가 같은 나라의 제후를 부르는 말은 큰 나라일 경우 伯父 작은 나라일 경우 叔父라고 부르며 성씨가 다른 나라의 작은 나라 제후는 叔舅라 부른다.

165) 下拜 : 堂에서 내려가 東階와 西階 사이에 서서, 내리신 것에 감사하여 北面하여 절

며 爲臣不臣은 亂之本也니이다하니 桓公懼하야 出見客166)하고 曰天威不違顔咫尺167)인대 小白168)余敢承天子之命曰爾無下拜잇가 恐隕越於下하야 以爲天子羞하노이다 遂下拜하고 升受命한대 賞服169)大路②170)와 龍旂③九旒와 渠門171)과 赤旂172)러라 諸侯稱順焉④하다

〔校勘〕 ① {之命} : 汪遠孫의 ≪國語明道本攷異≫에 王引之의 ≪經義述聞≫에 따르면 '之命' 두 글자는 아래 天子之命이 있어 잘못 들어간 글자라고 하였기에 그대로 따른다.

② 路 : 四部備要本에는 '輅'로 되어 있는데 통용한다.

③ 旂 : 四部備要本에는 '旗'로 되어 있는데 통용한다.

④ 焉 : 四部備要本에는 '矣'로 되어 있다.

葵丘의 회맹에 천자가 太宰 孔을 보내서 桓公에게 제사 지낸 고기를 내리며 말하기를 "내가 文王·武王께 제사를 드렸기에 孔을 보내어 제사 고기를 내리노라." 하고, 다시 뒤따라 내리는 말씀이 있었다. "그대가 스스로 몸을 낮추고 王室의 일에 노고하였소. 진실로 그대 伯舅에게 말하노니, 〈제사 고기를 받으려〉 堂 아래로 내려가 절하는 일은 말도록 하시오." 桓公이 管子를 불러 의논하니, 관자가 대답하였다. "임금이 되어

하는 것을 이른다.

166) 客 : 太宰 孔을 이른다.

167) 不違顔咫尺 : 違는 韋昭는 멀다〔遠也〕의 뜻이라고 하였으나, 근래는 거리나 간격이라는 것이 대체적인 해석이다. 咫는 8촌(寸)을 이르는 단위이고 咫尺은 가까움을 이른다.

168) 小白 : 桓公의 이름이다. 천자를 상대하여 이르는 말이라 자신의 이름을 직접 호칭한 것이다.

169) 賞服 : 服은 衣服·宮室·車馬·器物들을 널리 이르는 말이다.

170) 大路 : 천자가 타는 수레이다. ≪禮記≫ 〈樂記〉에 "大路는 천자의 수레이고 술 아홉 개를 드리운 용을 그린 깃발은 천자의 깃발이다.〔所謂大路者 天子之車也 龍旂九旒 天子之旌也〕"고 하여 다음에 주어지는 龍 깃발과 함께 천자만이 사용하던 것을 이례적으로 桓公에게 내려 공을 치하한 것이다. 賈逵는 大路는 제후가 천자에게 조회 갈 때 타고가는 수레라고 하였다.

171) 渠門 : 두 개를 나란히 세워 군대의 門으로 삼는 깃발이다.

172) 赤旂 : 용을 그리고 깃대 끝에 방울을 단 붉은 깃발이다.

임금답지 못하고 신하가 되어 신하답지 못함은 禍亂을 불러일으키는 근본입니다." 桓公이 두려워서 나가 宰孔을 만나 말하였다. "天子의 위엄이 얼굴에서 咫尺도 떨어져 있지 아니한데, 小白이 감히 천자께서 명하신 '너는 당 아래로 내려가 절하는 일은 말도록 하라.' 한 말씀을 받들 수 있겠습니까? 신하의 신분으로 잘못을 저질러 天子께 부끄러움을 끼칠까 두렵습니다."

마침내 당 아래로 내려가 절하고 올라와서 명령을 받으니,[173] 상으로 大路와 용을 그린 술이 9개인 깃발과 군대 문을 삼아 세우는 2개의 깃발과 용을 그린 붉은 기였다. 제후들이 桓公의 〈堂下拜를〉 禮에 맞는 도리라고 칭송하였다.

78. 桓公霸諸侯 桓公이 諸侯의 霸者가 되다

【大義】 桓公이 霸業을 성취한 뒤 제후 국가에 仁義와 은혜를 베풀고 이익을 도모해 주어 모든 국가가 저절로 귀의한 결과를 군주의 明哲과 신하의 輔弼에 의한 것이라 논하다.

桓公憂天下諸侯하다 魯有夫人・慶父之亂[174]하야 二君[175]殺死하고 國絶無嗣러니 桓公聞之하고 使高子存之[176]하다 翟人攻邢[177]한대 桓公築夷儀[178]以封之하야

---

173) 당 아래로 내려가……명령을 받으니 : 이를 ≪左傳≫ 〈僖公9年〉의 楊伯峻의 註에 의하여 살피면 "東階와 西階 사이로 내려가 再拜稽首하고 다시 堂으로 올라와 再拜稽首하고서 상을 받은 것이다."고 하면서 당시 이것은 습관적인 일이었기 때문에 이러한 예들에 대하여 생략한 것이라고 하였다.

174) 魯有夫人慶父之亂 : 夫人은 魯莊公의 夫人 哀姜이고, 慶父는 莊公의 아우 共仲이다. 공중이 哀姜과 간통하고서 哀姜의 후원으로 군주 자리를 넘보아, 莊公이 죽은 뒤 태자 般을 시해하고 이어 다음 해에 閔公을 시해하여, 경보가 죽지 않으면 난리가 그치지 않을 것이란 말이 떠돌았다.

175) 二君 : 太子 般과 閔公을 이른다.

176) 使高子存之 : 高子는 齊나라 卿 벼슬의 하나이다. 이때 高子는 高傒敬仲이었다. 存之는 僖公을 세워 나라를 안정시킨 일을 이른다.

177) 翟人攻邢 : 邢은 제후국 이름으로 周公의 아들에게 封해 준 나라이다. 지금의 河北省 邢臺市가 도읍지였다. 翟이 邢을 공격한 것은 魯莊公 32년(기원전 662년)의 일이다.

男女不淫[179]하고 牛馬選具하다 翟人攻衛[180]하야 衛人出廬於曹[181]한대 桓公城楚丘[182]以封之하고 其畜[183]散而無育이라 桓公與之繫馬[184]三百이러니 天下諸侯稱仁焉하다 於是天下諸侯가 知桓公之〈非〉①爲己動也[185]라 是故諸侯歸之를 譬若市人[186]하다 桓公知諸侯之歸己也라 故使輕其幣而重其禮[187]하니 故天下諸侯가 罷馬[188]以爲幣하고 縷纂②以爲奉[189]하고 鹿皮四个〔分〕③[190]하며 諸侯之使가

---

178) 夷儀 : 邢나라의 고을 이름으로 지금의 山東省 聊城의 경내에 있었다. 이곳에 성을 쌓아서 도읍을 옮기게 한 것이다.

179) 淫 : 淫略을 이르는 말로, 곧 姦淫과 掠奪이다.

180) 翟人攻衛 : 衛나라는 周나라 武王이 아우 康叔에게 봉해 준 나라이다. 魯閔公 2년(기원전 660년)에 翟이 衛나라를 공격하여 수도인 朝歌를 함락하고 군주 懿公을 시해하였다.

181) 曹 : 衛나라의 땅 이름이다.

182) 楚丘 : 衛나라의 땅 이름이다.

183) 畜 : 六畜, 곧 여러 가축들을 이른다.

184) 繫馬 : 마구간에 묶어서 기른 길들여진 좋은 말을 이른다. 곧 방목하여 아무렇게나 기른 말이 아니라는 말이다.

185) 桓公之〈非〉爲己動也 : 非는 四部備要本에 의거하여 보충하였다. '非'가 없을 때에는 '천하 제후는 桓公이 자기들을 위하여 행동함을 알았다.' 곧 제후 자신들이 자신들을 위해 이런저런 일들을 하고 있음을 깨달았다는 말이고, '非'가 있을 때에는 '천하 제후들이 桓公이 桓公 자신을 위하여 행동하는 것이 아님을 알았다.'라고 해석된다. 桓公이 주체이기 때문에 '非'가 있는 것이 옳을 듯하다. '動'은 환난을 구제하고 재난을 분산시키는 여러 일을 이른다.

186) 譬若市人 : 四部備要本에는 없는 말이다. 저자에 가는 사람과 같았다는 것은 시장에 가는 사람들이 이익을 얻기 위해 한 걸음이라도 빨리 가려 하듯이 桓公에게 돌아오는 제후들이 앞을 다투게 되었다는 말이다.

187) 輕其幣而重其禮 : 幣는 聘問 가는 사신이 가지고 가는 예물이요, 禮는 빙문 온 손님에게 대접하는 예물이다.

188) 罷馬 : 부릴 수 없는 시원찮은 말이다.

189) 縷纂以爲奉 : 纂은 綦로 된 本도 있다. 奉은 깔개이니 玉을 올려놓는 받침용의 무늬를 수놓은 보자기이다. 縷纂은 무명실로 무늬를 짠 것이니 어려운 공정을 요하는 누에고치 실을 쓰지 않은 것을 이른다. 縷綦는 쑥색으로 짜진 천이다.

190) 个 : ≪管子≫ 〈小匡〉篇에 鹿皮四分이라고 하여 个를 分으로 쓰고 있다. 한 마리 사

垂櫜而入[191]하야 稛載而歸[192]하다 故拘之以利하고 結之以信하며 示之以武라 故天下小國諸侯가 既許桓公[193]하여 莫之敢背하고 就其利而信其仁하며 畏其武하다 桓公知天下諸侯多與己也[194]라 故又大施忠焉하여 可爲動者爲之動하고 可爲謀者爲之謀하며 軍譚遂而不有也[195]하니 諸侯稱寬焉④하다 通齊國之魚鹽於東萊[196]하고 使關市幾而不征[197]하야 以爲諸侯利하니 諸侯稱廣焉하다 築葵兹·晏·負夏·領釜丘하여 以禦戎·翟之地하니 所以禁暴於諸侯也요 築五鹿·中牟·蓋與·牡丘하야 以衛諸夏之地하니 所以示權於中國也라 教大成에 定三革하며 隱五刃[198]하고 朝服以濟河[199]호대 而無怵惕焉하니 文事勝矣니라 是故大國慙愧하고 小國附協하니

승의 가죽을 4등분하여 쓴다는 말이다. 사슴 가죽 4장보다 한 마리 가죽을 4등분하여 쓰는 것이 앞뒤 말의 輕其幣에 더 부합할 듯하여 分을 따르기로 한다. 4장이 맞다는 설도 있다.

191) 垂櫜而入 : 자루를 거꾸로 드리운다는 뜻이다. 곧 아무 禮物도 없이 빈손으로 聘問오는 것을 의미한다.

192) 稛載而歸 : 수레에 짐을 싣고 끈으로 단단히 묶는 것을 이른다. 곧 많은 양의 예물을 얻어서 돌아가는 것을 의미한다.

193) 既許桓公 : 許는 맹약을 따를 것을 다짐하는 것이다.

194) 多與己也 : 與는 따르다, 또는 복종하여 따른다는 뜻이다.

195) 軍譚遂而不有也 : 軍은 군대로 정벌하여 멸망시키는 것이다. 譚과 遂는 다 나라 이름이다. 不有는 그 땅을 자신이 소유하지 않고 제후들에게 나누어 준 것이다. 譚나라의 멸망은 魯莊公 10년(기원전 684년)의 일이고, 遂나라의 멸망은 魯莊公 13년(기원전 681년)의 일이다.

196) 通齊國之魚鹽於東萊 : 通은 앞서 금지시켰던 것을 이때에 이르러 유통시킨 것이다. 東萊는 춘추시대 초기 萊나라이니 齊나라 동쪽에 위치해 있어서 東萊 또는 東夷라 불렀다. 뒷날 제나라에 의해 망하였다.

197) 幾而不征 : 幾는 기미를 살핀다는 뜻이다. 이상한 복장을 한 자와 이상한 말을 하는 자를 검문하거나 살피는 행위를 이른다. 征은 세금이다. 생선과 소금을 가지고 오가는 자들에게 세금을 거두지 않음으로써 제후 국가를 이롭게 하고 먼 곳에 있는 물건들을 이르러 오게 하는 것이다.

198) 定三革隱五刃 : 定은 진열해 두는 것이고, 三革은 가죽으로 만든 세 가지 물품인 갑옷·투구·방패다. 隱은 감춤이고, 五刃은 刀·劍·矛·戟·矢 등의 다섯 가지 병기이다. 이들 병장기들을 모두 거두어 갈무리해 두고 쓰지 않은 것을 이른다.

唯能用管夷吾·寗戚·隰朋·賓胥無·鮑叔牙之屬하야 **而伯**(패)**功立**이니라

〔校勘〕 ① 〈非〉 : 四部備要本에 의거하여 보충하였다. 자세한 내용은 주석 185)를 참고하라.
② 纂 : 四部備要本에는 '綦'로 되어 있다.
③ 个〔分〕 : 四部備要本에 의거하여 고쳤다. 자세한 내용은 주석 190)을 참고하라.
④ 焉 : 四部備要本에는 '焉'자가 없다.

桓公이 천하 제후의 일을 근심하여 보살폈다. 魯나라에 夫人과 慶父의 난리가 나서 두 임금이 시해당하고 나라가 단절되어 이어갈 군주가 없게 되었다. 桓公이 이 소식을 듣고서는 高子를 시켜서 나라를 존치시켜 주었다.

翟人이 邢을 공격하자 桓公이 夷儀에 성을 쌓아서 〈邢나라 임금에게〉 봉해 주어 남녀가 간음이나 약탈당하는 일이 없게 하고 牛馬 숫자도 예전에 보유했던 숫자대로 갖추어 주었다. 翟人이 衛나라를 공격하여 衛나라 사람들이 曹 땅에 우거하자 桓公이 楚丘에 성을 쌓아서 봉해 주고, 나라의 가축이 산산이 흩어져서 기를 것이 없자 桓公이 매어서 기르던 말 3백 필을 衛나라에 주었다. 이렇게 하자 천하의 제후들이 〈桓公을〉 어질다고 일컬었다. 이에 천하 제후가 桓公이 桓公 자신을 위하여 행동하지 않는다는 것을 알게 되었다. 제후들이 그에게 歸服하는 것이 마치 시장 가는 사람들에 비교될 정도였다.

桓公은 제후들이 자기에게 귀복하고 있음을 알았다. 그래서 그들이 聘問할 때 준비하는 禮物은 가볍게 하고, 그들 나라를 예우하는 일은 무겁게 하였다. 그러자 천하 제후들이 시원찮은 말〔馬〕을 예물로 쓰고 선물하는 玉의 깔개를 무명실로 짠 천으로 썼으며 사슴 가죽을 4등분하여 빙문의 예물로 썼다. 제후의 사신들이 빈 자루로 왔다가 갈 때는 수레에 선물을 묶어 싣고 돌아갔다. 그리하여 이익으로 제후국들의 마음을 사로잡고 信義로 친교를 맺고 武力의 힘을 보여주자 천하의 작은 나라 제후들이 桓公에게 맹약에 따를 것을 약속하고서는 감히 배반하는 자가 없었다. 그 이익 되게 해 주는 것에 나아갔다가 그 仁厚함을 믿게 되고 그 무력을 두려워하게 된 것이다. 桓公이 천하 제후의 대다수가 자기를 따름을 알았다. 그래서 또다시 성심을 크게 베풀었다. 행

199) 朝服以濟河 : 齊桓公이 서쪽으로 황하를 건너 晉나라의 사태를 진정시킨 일을 이른다.

동해야 할 만한 일에는 그들을 위해 행동에 나서고 계책을 내야 할 만한 일에는 그들을 위해 계책을 세웠다. 譚나라와 遂나라를 군대로 멸망시키고도 그 땅을 소유하지 않자 제후들이 관후하다고 칭송하였다. 齊나라의 생선과 소금을 동쪽의 萊나라에 유통시키고 關門과 저자에서는 오가는 자들을 살피게만 하고 세금을 거두지 않아 제후들의 이익이 되게 하자 제후들이 광대한 은혜를 칭송하였다. 葵茲·晏·負夏·領釜丘의 요새에 城을 쌓아서 山戎과 翟 지역을 방어하니 제후 나라들이 당하는 포악한 약탈을 막은 것이요, 五鹿·中牟·蓋與·牡丘 등의 요새에 城을 쌓아서 諸夏의 땅을 호위하니 중국 천지에 자신의 권위를 내보인 것이었다. 教化가 크게 이루어져, 갑옷 투구 방패가 방치되고 날 있는 다섯 가지 무기〔五刃〕들도 거두어 갈무리되었다. 朝服을 차리고서 黃河를 건너면서도 두려워하는 기색이 없었으니 文治가 세상에 행하여진 것이다. 이렇게 되자 큰 나라는 부끄러워하였고 작은 나라들은 따르며 협조하였다. 이것은 오직 管夷吾·甯戚·隰朋·賓胥無·鮑叔牙와 같은 무리를 잘 등용하여 써서 패자의 功業을 이룬 결과였다.

國語 제7권

晉語 一

晉은 姬姓의 나라이다. 처음에 周나라 成王이 同腹 아우 叔虞에게 唐나라를 봉해 준 것을 시작으로 지역은 본래 大岳에 소속된 평야지대였고 夏나라 禹임금의 도읍지였다. 지금의 山西省 대부분과 河北省의 남부 陝西省의 중부 및 河南省 북서 지역을 차지하여 나라가 黃河의 양안에 걸쳐 있었다. 나라 이름이 晉이 된 것은 나라의 남쪽에 晉水가 흘러서였다. 뒤에 그의 아들 燮父를 다시 晉侯에 봉하면서 晉나라는 시작되었다. 10대손 昭侯에 이르러 나라의 형세가 약화되어 그의 숙부 成師에게 曲沃 지역을 떼어서 曲沃伯에 봉해 주니 이 사람은 바로 桓叔이다. 桓叔이 차츰 세력을 키워 강성해지자 晉나라 潘父가 昭侯를 시해하고 桓叔을 맞아들이려 시도하였으나 성공하지 못하였다. 이에 晉나라 백성들은 昭侯의 아들 孝侯를 翼에서 즉위시켜 받들었는데, 桓叔의 아들 莊伯이 翼을 쳐서 孝侯를 弑害하였다. 이에 翼 땅 백성들은 또다시 孝侯의 아우 鄂侯를 세웠고, 鄂侯의 아들 哀侯 때에 이르러 莊伯의 아들 武公이 애후를 멸망시키고서 晉나라 땅을 모두 차지하였다. 그리고서는 진나라에 내려오던 보물을 周나라 王에게 뇌물로 바치고 주나라의 王으로부터 晉나라의 侯로 봉해져 비로소 제후의 반열에 올랐다.

이후 文公이 등극하여 齊나라 桓公에 이어 霸諸侯의 공업을 이룩하고 春秋시대 말기까지 계속 번영을 누렸다. 34대 만에 大夫들의 반란을 만나 나라가 韓·魏·趙 세 나라로 나뉘면서 晉나라는 역사에서 막을 내린다. 우리가 戰國時代로 일컫는 시대는 바로 이 晉나라가 세 나라로 갈라진 것을 기점으로 시작된다. ≪國語≫는 기실 이 晉나라의 역사가 거의 반을 차지하고 있다. 전체 21권 중 晉語가 9권이다. 晉나라가 패망하기까지의 역사를 거의 망라하고 있음이 다른 나라들의 서술에 비해 다른 점이라 할 것이다.

79. 武公伐翼止欒共子無死 武公이 翼을 치고, 欒共子가 죽으려는 것을 만류하다

【大義】 晉나라가 曲沃伯 武公의 혁명을 겪는 와중에 옛 군주 哀侯를 받들려는 한 신하의 父·師·君에 대한 일편단심.

武公伐翼[1]하야 殺哀侯[2]하고 止欒共子[3]曰 苟無死어다 吾以子見天子하야 令子爲上卿[4]하야 制晉國之政하리라하니 辭曰 成聞之컨대 民生於三[5]이라 事之如一[6]이라하니 父生之하시고 師教之하시고 君食之니이다 非父면 不生이요 非食이면 不長이요 非教면 不知니 生之族也라 故壹事之하야 唯其所在에 則致死焉이니 報生以死하며 報賜以力은 人之道也니이다 臣敢以私利[7]로 廢人之道면 君何以訓矣리잇가 且君은 知成之從也요 未知其待於曲沃也[8]니 從君而貳면 君焉用之리오하고 遂鬭而死하다

武公이 翼을 쳐서 哀侯를 시해하고는 欒共子가 〈哀侯를 따라 죽으려는 것을〉 만류하여 말하였다. "어찌하든 죽지 말라. 내가 그대를 천자께 알현시키고 그대를 上卿으로 임명하도록 하여, 晉나라의 정치를 맡아 다스리게 하겠다." 〈난공자가〉 거절하여 말하기를 "成은 듣건대 '사람은 세 사람에 의해서 생존하기 때문에 섬기기를 한결같이

---

1) 武公伐翼 : 武公은 曲沃의 군주이니 이름은 稱이며, 곡옥의 첫 領主였던 桓叔의 손자이다. 翼은 晉나라의 수도 이름으로 지금의 山西省 翼城縣 동쪽에 있었다.

2) 哀侯 : 晉나라의 군주. 이름은 光이며 아버지는 鄂侯이다.

3) 欒共子 : 晉나라 哀侯의 大夫인 共叔成이다. 桓叔의 師傅였던 欒賓의 아들이다. 그래서 共子를 죽지 말라고 만류한 것이다.

4) 上卿 : 집정대신으로 천자가 임명한다. ≪禮記≫ 〈王制〉에 "큰 나라의 三卿은 모두 天子가 命한다.〔大國三卿 皆命于天子〕"라고 하였다.

5) 三 : 임금과 아버지와 스승이다.

6) 如一 : 열심히 섬겨 목숨까지도 바치는 것을 이른다.

7) 私利 : 上卿을 주겠다는 말을 개인적으로 좋아한다는 말이다.

8) 且君……未知其待於曲沃也 : 君은 武公이다. 武公은 欒共子가 장차 그의 임금인 哀侯를 따라 죽어서 신하의 도를 따르리라는 것을 알았다. 그러므로 欒共子를 죽지 말라고 만류하였지만, 欒共子가 죽지 않고 武公을 曲沃에서 기다리는 일이 두 마음을 품는 것이 됨은 알지 못한 것이라는 말이다.

하여야 한다.'고 하였습니다. 아버지는 낳아 주시고 선생은 가르쳐 주시고 임금은 먹여 주시니 아버지가 아니면 태어나지 못하고 먹여 주지 않으면 자라나지 못하고 가르침이 아니면 세상의 어떤 것도 알지 못하니, 이들은 나를 이루어 주는 분들입니다. 그러므로 한결같이 섬겨서 오직 내가 처해 있는 곳에 따라 죽음까지도 바쳐야 합니다. 이루어 준 은혜를 죽음으로 보답하며 베풀어준 은혜에 노력으로 보답하는 것은 인간의 도리입니다. 臣이 감히 사사로운 이익 때문에 인간의 도리를 버린다면 군주께서는 무엇으로 충성을 가르칠 수 있겠습니까? 또 군주께서는 제가 따라 죽는 것이 신하된 도리를 따르는 것이라는 것은 알면서 曲沃에서 군주를 섬기는 것이 잘못이라는 것은 모르고 계십니다.[9] 군주를 따르면서 두 마음을 품는다면 군주께서는 어떻게 쓰시겠습니까?" 하고, 드디어 싸우다가 죽었다.

80. 獻公卜伐驪戎勝而不吉 獻公의 驪戎 정벌 占卦에, 승리하되 不吉하다는 점괘가 나왔다

【大義】驪戎을 치는 것을 두고 얻은 占卦에 대한 서로 다른 해석.

獻公[10]卜伐驪戎[11]에 史蘇[12]占之하고 曰勝而不吉하니이다 公曰 何謂也오 對曰 遇兆挾以銜骨하고 齒牙爲猾하야 戎・夏交捽[13]이라하니 交捽[14]은 是交勝[15]也라

---

9) 또 군주께서는……계십니다 : 이 말은 欒共子가 哀侯를 위해 죽는 것이 신하된 도리임을 알면서 죽지 않고 무공을 곡옥에서 섬기게 되면 그것은 곧 두 마음을 갖는 못된 신하가 된다는 것을 지금 생각지 못하고 계신다는 말이다.

10) 獻公 : 晉나라 武公의 아들 詭諸이다.

11) 驪戎 : 西戎의 별종으로 驪山에서 遊牧하며 지낸 데에서 붙여진 이름이다. 지금의 陝西省 臨潼 일대 지역이다. 여융의 군주는 그 지위가 男爵이었고 주나라와 같은 성씨인 姬姓이었다.

12) 史蘇 : 史는 太史 벼슬을 말하며 蘇는 그 사람의 이름이다. 太史가 관장하는 일은 점치는 일과 天文 冊曆에 관한 일들이다.

13) 遇兆挾以銜骨 齒牙爲猾 戎夏交捽 : 遇兆는 불이 이글거리는 가시나무로 거북의 등딱지를 지졌을 때 거북의 등딱지에 나타난 크고 작은 금들을 이른다. 이에 의하여 吉凶이 판단된다. 挾以銜骨 齒牙爲猾 戎夏交捽은 거북점의 占辭 책에 쓰여 있는 占辭이다. 때문에 이 점사를 두고 해석이 서로 다른 것이다. 여기 '挾'에 대해서도 史蘇는 모

臣故云이니이다 且懼有口[16]하야 攜民하고 國移心焉하노이다 公曰 何口之有리오 口在寡人하니 寡人弗受면 誰敢興之리오 對曰 苟可以攜인댄 其入也에 必甘受하고 逞而不知니 胡可壅也리잇가 公不①聽하고 遂伐驪戎하야 克之하고 獲驪姬[17]以歸하야 有寵이라 立以爲夫人하다 公飮大夫酒할새 令司正[18]實爵與史蘇하고 曰飮而無肴하노라 夫驪戎之役에 女曰勝而不吉이라 故賞女以爵이오 罰女以無肴니라 克國得妃하니 其有吉孰大焉고 史蘇卒爵하고 再拜稽首曰 兆有之일세 臣不敢蔽니이다 蔽兆之紀하야 失臣之官이면 有二辠[19]焉이니 何以事君이며 大罰將及이면 不唯無肴리이다 抑君亦樂其吉이라도 而備其凶이니 凶之無有라도 備之何害며 若其有之〔凶〕②이면 備之爲瘳니이다 臣之不信[20]이야 國之福也니 何敢憚罰이리잇가

飮酒出하야 史蘇告大夫曰 夫③有男戎이면 必有女戎[21]이니 若晉以男戎勝戎이면 而

이다. 맞물리다의 뜻으로 보고 있고, 郭偃은 挾持의 뜻으로 해석하여 서로 다른 해석을 보이고 있다. 거북점에 대한 내용은 《周禮》〈春官 占人〉에 자세하다. 銜骨은 거북의 등딱지에 나타난 두 줄의 금 사이로 세로로 난 금이 마치 이빨이 뼈를 물고 있는 모양 같다 하여 이른 말이다. 齒牙는 거북의 등딱지에 드러난 두 줄의 금에 들쭉날쭉하게 터진 모습이 마치 사람의 이빨 모양 같다 하여 이른 말이다. 猾은 희롱하다, 놀린다의 뜻이다. 이빨로 뼈를 물고서 남을 해치는 것을 놀린다의 뜻으로 표현한 것이다. 1993년 曁南大學 간행 《國語譯注辨析》 317면.

14) 交捽 : 번갈아 맞서다. 서로 충돌하다의 뜻이다. 거북의 등딱지에 나타난 두 줄의 금 중 바깥쪽 금은 오랑캐를 상징하고, 안쪽의 금은 諸夏를 상징하는데 여기서의 諸夏는 晉나라를 가리킨다. 갈라진 금 끝 부분에서 서로 만나는 것이 치아가 맞물려 서로 겨루는 듯한 모습이라고 본 것이다.

15) 交勝 : 번갈아 승리함이니, 晉나라가 驪戎을 이기고 驪戎이 다시 晉나라를 이기는 것을 이른다.

16) 口 : 참소하는 말이니 卦象에서 말한 齒牙와 銜骨이 모두 입과 관련된 말인 까닭에 한 말이다.

17) 驪姬 : 驪戎國 군주의 딸이다.

18) 司正 : 벼슬 이름으로 술자리에서 주인과 손님 사이의 예절을 관장하였다.

19) 二辠 : 두 가지 죄는 조짐 은폐와 맡은 직무를 그르친 일이다.

20) 不信 : 점이 들어맞지 않는 것이다.

21) 戎 : 군사이다. 女戎은 여자에 의해 빚어지는 患難이 군사가 벌이는 전쟁과 같다 하여

戎亦必以女戎勝晉하리니 其若之何오 里克[22]曰 何如오 史蘇曰 昔에 夏桀[23]伐有施[24]에 有施人以妹喜女焉[25]이러니 妹喜有寵이라 於是乎與伊尹[26]比而亡夏[27]하고 殷辛[28]伐有蘇[29]에 有蘇氏以妲(달)己로 女焉이러니 妲己有寵이라 於是乎與膠鬲[30]比而亡殷하고 周幽王[31]伐有褒에 有④褒人以褒姒女焉이러니 褒姒有寵하야 生伯服이라 於是乎與虢石甫[32]比하야 逐大子宜咎〔臼〕⑤[33]하고 而立伯服이라 大子出奔申[34]이러니 申人・繒⑥人이 召西戎以伐周하야 周於是乎亡하니라 今晉寡德而安

이른 말이다.

22) 里克 : 晉나라의 대부이다. 里季. 里季子라고도 한다.

23) 夏桀 : 夏나라의 마지막 군주. 이름은 癸. 禹임금의 17대손으로 폭군의 대명사로 불리는 사람이다.

24) 有施 : 나라 이름이다. 有는 나라 이름 위에 덧붙여 쓰여지는 글자이다. 明나라를 有明이라 표기하는 것과 같은 예로 다음 글의 有蘇 有褒도 같은 예들이다.

25) 妹喜女焉 : 妹喜는 施나라 군주의 딸이다. 간혹 妹(매)자로 표기한 곳도 있으나 이는 잘못이다. 《荀子》〈解蔽〉篇에는 末喜로 쓰였다. 喜는 施나라의 姓이다. 시집간 딸을 지칭하는 말의 뒤에 붙여지는 글자는 언제나 친정 나라의 姓이다. 女焉은 딸을 남에게 바치는 것을 이르는 말이다. 보통은 사위를 삼는다는 뜻으로 해석한다.

26) 伊尹 : 夏나라를 멸망시키고 殷나라를 세운 湯임금을 도운 어진 신하이다. 이름은 摯.

27) 比而亡夏 : 夏나라를 멸망시킨 공이 서로 견줄 만하다의 뜻이다. 곧 이윤이 하나라를 멸망시키려 한 일들과 말희가 하나라를 망하도록 나라 안에서 환난을 만들어 낸 것이 그 공이 서로 비슷하다는 말이다.

28) 殷辛 : 殷나라의 마지막 군주의 이름. 주로 紂로 불린다. 湯임금의 31대손으로, 夏나라의 桀과 병칭하여 桀紂는 폭군의 대명사로 일컬어진다.

29) 有蘇 : 나라 이름. 有자는 앞 주석 24)를 참고하라.

30) 膠鬲 : 본래 殷나라의 사람이었으나, 은나라를 떠나 周나라 武王을 섬겨 은나라를 멸망시키고 주나라를 건국시켰다.

31) 幽王 : 周나라의 12대 왕. 이름은 宮涅. 褒姒의 농간에 놀아나 결국 아들 平王이 동쪽으로 천도하여 東周시대를 열게 한 장본인이다.

32) 虢石甫 : 虢나라의 군주. 石甫는 그의 이름이다. 幽王 시절 주나라의 卿士로 등용되어 참소와 아첨으로 주나라를 혼란에 빠뜨렸다.

33) 宜臼 : 平王의 이름. 申后의 소생으로 幽王이 申나라의 연합 세력에 의하여 피살된 뒤 제후들로부터 천자로 추대되어 首都를 洛邑으로 옮기고 東周시대를 열었다.

34) 申 : 太子 宜臼의 外家 나라이다.

俘女하고 又增其寵하니 雖當三季之王[35]이라도 不亦⑦可乎아 且其兆云 挾以銜骨하고 齒牙爲猾이라하야 我卜伐驪에 龜往[36]離散以應我하니 夫若是는 賊之兆也요 非吾宅也니 離則有之하리라 不跨其國이면 可謂挾乎며 不得其君이면 能銜骨乎아 若跨其國而得其君이면 雖逢齒牙以猾其中이라도 其⑧誰云弗從이며 諸夏從戎[37]이면 非敗而何오 從政者不可以不戒니 亡無日矣리라

郭偃[38]曰 夫三季王之亡也宜니라 民之主也로 縱惑不疚하고 肆侈不違하고 流志而行하야 無所不疚라 是以及亡而不獲追鑑이니라 今晉國之方[39]은 偏侯[40]也오 其土又小[41]하고 大國[42]在側하니 雖欲縱惑이나 未獲專也며 大家[43]·鄰國이 將師保[44]之하야 多而驟立[45]하니 不其集[46]亡이오 雖驟立이라도 不過五矣리라 且夫口는 三五之門也[47]라 是以讒口之亂은 不過三五니라 且夫挾은 小鯁也라 可以小戕이오

---

35) 季之王 : 季는 末期를 이르는 말. 곧 桀과 紂와 幽王을 이른다.

36) 龜往 : 往은 거북점을 치면서 사람을 시켜 거북에게 驪戎을 치러 가는 사유를 아뢰게 하는 것이다.

37) 諸夏從戎 : 諸夏는 중국이 아닌 晉나라를 이르는 말이다. 驪戎이라는 中夏 이외 지역을 말하고 있으므로 晉나라를 諸夏라고 표현한 것이다. 戎은 驪戎으로 驪姬를 이른다.

38) 郭偃 : 晉나라의 大夫이다. 卜偃으로도 불리는 것으로 보아 占을 담당하는 大夫인 듯하다.

39) 方 : 크기를 이르는 名詞이다. 곧 大小와 같은, 크기를 나타내는 말이다.

40) 偏侯 : 偏은 외진 지역이라는 말이고, 侯는 爵位를 나타내는 말로 侯爵의 국가라는 말이다. 당시 晉나라가 제후국 사이에서 한쪽에 외지게 처해 있는 국가임을 말한 것이다.

41) 又小 : 곧 三代 왕들의 천자 나라에 비해 국토가 작다는 말이다.

42) 大國 : 주변의 큰 나라를 이르니 곧 秦나라와 齊나라를 이른다.

43) 大家 : 上卿을 이른다.

44) 師保 : 師는 가르쳐 인도하다의 뜻이고, 保는 보호하다의 뜻이다. 師는 太師, 保는 太保니 가르쳐 인도하는 사람들을 지칭한다는 주장도 있다.

45) 多而驟立 : 여러 차례 무도한 군주를 갈아치우고 새로운 군주를 세우는 일을 말한다.

46) 集 : 이르다의 뜻이다.

47) 三五之門也 : 韋昭는 "三은 三辰이니 日·月·星을 지칭하는 말이고, 五는 五行이니

而不能喪國이니라 當之者戕焉이니 於晉何害리오 雖謂之挾이라도 而猾以齒牙니 口弗堪也니이다 其與幾何리잇가 晉國懼則甚矣나 亡猶未也니라 商之衰也에 其銘[48]有之曰 嗛(겸)嗛之德은 不足就也니 不可以矜이오 而祗取憂也며 嗛嗛之食은 不足狃[49]也니 不能爲膏요 而祗離〔罹〕⑨咎也라하니 雖驪之亂이라도 其離〔罹〕咎而已니 其何能服이리오 吾聞以亂得聚者는 非謀면 不卒時[50]하고 非人이면 不免難하고 非禮면 不終年[51]하고 非義면 不盡齒[52]하고 非德이면 不及世하고 非天이면 不離數[53]라하니라 今不據其安하니 不可謂能謀요 行之以齒牙하니 不可謂得人이요 廢國而向已하니 不可謂禮요 不度而迂求하니 不可謂義요 以寵賈怨하니 不可謂德이요 少族而多敵하니 不可謂天이라 德義不行하고 禮義不則하고 棄人失謀하니 天亦不贊하리라 吾觀君夫人[54]也컨대 若爲亂이면 其猶隸農也하야 雖獲沃田而勤易之라도 將弗克饗이요 爲人而已니라 士蔿[55]曰 戒⑩莫如豫니 豫而後給이니라 夫子[56]戒也〔之〕⑪시며 抑二大

金・木・水・火・土를 지칭한다. 입은 이들 삼신의 기강을 세우고 오행의 덕을 편다. 그러므로 입을 문이라고 하는 것이다." 하였다. 그러나 이것이 입이라는 말과 연관지어지지 않아 三五를 三田과 五臟이라고 해석하는 사람도 있다. 1993년 暨南大學 간행 《國語譯注辨析》 321면에 "三田은 兩眉間을 이르는 上丹田, 심장을 이르는 中丹田, 배꼽 아래를 이르는 下丹田, 또는 가슴 심장 배꼽 아래라 하고 五臟은 우리가 말하는 오장이다."라고 하였다. 이렇게 해석하면 입과 관련지어질 수 있다.

48) 銘 : 鐘鼎이나 金石 등의 器物에 새겨진 글을 이른다.

49) 狃 : 탐하다, 욕심내다의 뜻이다.

50) 時 : 한 철. 곧 3개월을 이른다.

51) 終年 : 10년을 이른다. 終은 숫자의 끝수를 이르는 말로 본 것이다.

52) 齒 : 인생의 壽를 이른다.

53) 離數 : 離는 歷과 통용되는 글자로 歷數는 여러 대에 걸치는 장구한 세월을 이른다.

54) 君夫人 : 驪姬를 지칭하는 말이다. 《論語》 〈季氏〉에 "나라 임금의 妻를 백성들이 君夫人이라 일컫는다.〔邦君之妻……邦人稱之曰 君夫人〕"라고 하였다.

55) 士蔿 : 晉나라의 대부이니 字는 子輿이다.

56) 夫子 : 韋昭는 郭偃이라고 하였다. 그러나 이어지는 두 大夫에 대해서도 韋昭는 곽언을 그 한 사람으로 지칭하여 말이 서로 맞지 않고 있다. 그래서 앞에 나온 里克이라야 한다는 해석도 있다. 1993년 暨南大學 간행 《國語譯注辨析》 322면. 그러나 里克은 앞글에서 이 일에 관하여 한 말이 전혀 없다. 조금 어색한 곳이다.

夫57)之言이 其皆有焉이니라 旣오 驪姬不克하고 晉正於秦하야 五立58)而後平하다

〔校勘〕 ① 不 : 四部備要本에는 '弗'로 되어 있는데 통용한다.
② 若其有之〔凶〕 : 四部備要本에는 '若有其凶'으로 되어 있어 이를 따른다.
③ 夫 : 四部備要本에는 '夫'자가 없다.
④ 有 : 四部備要本에는 '有'자가 없다.
⑤ 咎〔臼〕 : 四部備要本에 의거하여 고쳤다.
⑥ 繒 : 四部備要本에는 '鄫'으로 되어 있는데 假借字이다.
⑦ 不亦 : 四部備要本에는 '亦不'로 되어 있다. 뜻의 차이는 없다.
⑧ 其 : 四部備要本에는 '其'자가 없다.
⑨ 離〔罹〕 : 四部備要本에 의거하여 고쳤다. 아래도 같다.
⑩ 戒 : 四部備要本에 '誡'로 되어 있는데 통용한다.
⑪ 也〔之〕 : 四部備要本에 의거하여 고쳤다.

獻公이 驪戎 정벌의 길흉을 두고 점을 치게 하자 史蘇가 점을 쳐보고서 말하였다. "승리는 하겠으나 吉하지 않습니다." 獻公이 말하기를 "무슨 말인가?" 하니, 史蘇가 대답하였다. "나타난 조짐에 의한 占辭에, '갈라져 나간 두 개의 금이 만나는 지점에 뼈가 물려져 치아 사이에서 희롱하니 驪戎과 晉나라가 서로 겨룰〔交捽〕 것이다.'라고 나왔습니다. 交捽은 번갈아 승리하는 것을 의미합니다. 신이 그래서 말씀드리는 것입니다. 또 두려운 것은 참소의 말이 백성을 이반시키고 국가를 동요시킬 수 있습니다." 公이 말하기를 "무슨 참소가 있다는 말이냐? 참소는 내게 달린 일이다. 내가 받아들이지 않는다면 누가 감히 참소하겠느냐?" 하니, 〈史蘇가〉 대답하였다. "참으로 이반시킬 수 있는 말일지라도 참소가 들어올 적에는 반드시 달게 받아들여지고 마음에 시원하여 〈그 말이 참소인 줄〉 알지 못하는데 어떻게 막을 수 있겠습니까?"

公이 그 말을 듣지 않고서 마침내 驪戎을 쳐서 승리하였다. 驪姬를 노획하여 돌아와 총애를 쏟더니 세워서 夫人으로 삼았다. 公이 大夫에게 잔치를 열어 술을 마시게 할 때에 司正을 시켜 잔을 채워 史蘇에게 주고서 말하였다. "술은 마시되 안주는 없노라. 저 驪戎과의 전쟁에 그대가 말하기를 '승리는 하겠으나 吉하지 않을 것

57) 二大夫 : 史蘇와 郭偃을 이른다.

58) 五立 : 晉獻公이 죽은 뒤에 나라의 혼란 속에 재위한 다섯 군주들이다. 그 이름은 奚齊·卓子·惠公·懷公·文公이다. 文公은 뒤에 패업을 이룩한 군주가 되었다.

이다.'라고 하였다. 그래서 그대에게 술을 상으로 내리고, 그대에게 안주를 먹지 못하게 하는 것으로 벌을 내리는 것이다. 驪戎을 이기고 妃를 얻었으니 그 吉함이 무엇이 이보다 크겠느냐?" 史蘇가 술을 다 마시고서 두 번 절하고 머리를 조아려 말하였다. "거북 등딱지에 드러난 조짐이기에 臣이 감히 숨기지 않은 것입니다. 조짐에 나타난 것을 숨겨 신이 맡은 직분을 그르친다면 이는 두 가지 죄를 범하게 되니, 무엇으로 임금을 섬길 수 있겠습니까? 큰 벌이 〈신의 몸에〉 이르게 되면 단지 안주를 먹지 못할 뿐만이 아닐 것입니다. 그러나 임금님께서는 또한 그 吉함을 즐기시더라도 그 凶함에 대해서도 대비하십시오. 凶한 일이 발생하지 않더라도 대비하는 것이야 무슨 해 될 일이겠습니까? 만일 그러다 凶한 일이 발생한다면 대비했던 것이 나을 것입니다. 제가 친 점이 맞지 않은 것은 나라의 복일 터인데 어찌 감히 벌받는 것을 환난으로 여기겠습니까?"

술자리가 파하여 자리에서 나오면서, 史蘇가 대부에게 고하여 말하였다. "남자 군사가 있다면 반드시 여자 군사도 있게 마련입니다. 만약 晉나라가 남자로 구성된 병사로서 驪나라를 이겼다면 驪나라는 반드시 여자 병사로 진나라를 이길 것인데 이를 어떻게 해결하시겠습니까?" 里克이 말하였다. "무엇을 말하는 것인가?" 하니, 사소가 말하였다. "옛날 夏나라 桀이 有施를 토벌하자 有施 사람이 妺喜를 바쳤습니다. 말희가 총애를 누리게 되자 이에 伊尹과 견줄 만한 짓을 저질러 夏나라를 멸망시켰고, 殷나라 辛이 有蘇를 토벌하자 有蘇氏가 妲己를 바쳤습니다. 달기가 총애를 누리게 되자 이에 膠鬲과 견줄 만한 짓을 저질러 은나라를 멸망시켰고, 周나라 幽王이 有褒를 토벌하자 유포 사람이 褒姒를 바쳤습니다. 포사가 총애를 누려 伯服을 낳았습니다. 이에 虢石甫와 어울려 태자 宜臼를 축출하고 백복을 〈태자로〉 세웠습니다. 태자가 申나라로 망명하자 신나라 사람과 繒나라 사람이 西戎을 불러들여 周나라를 공격했고 周나라가 이에 의해서 멸망하였습니다.[59] 지금 진

59) 周나라가……멸망하였습니다 : 이때 태자가 外家 나라인 申나라로 亡命하자 幽王이 伯服의 세력을 굳혀 주고자 宜臼의 반환을 申나라에 요구하였다. 申나라는 천자의 요구를 거절하고 서로 사돈 관계를 유지하고 있던 繒나라와 西戎 세력을 끌어들여 주나라를 공격하여 유왕을 戲 땅에서 살해하였다. 곧 이것이 주나라가 멸망당한 내용이다. 이후 제후들의 도움을 받아 宜臼가 수도를 낙읍으로 옮기고 주나라를 이었으나 이때부터 주나라의 세력은 급격히 약화되어 제후국이나 마찬가지였다.

나라는 덕행은 하찮으면서 노획한 여인을 편안해 하고 거기에다 총애까지 더더욱 쏟으니[60] 비록 三代의 말기 왕들에 비견한다 하여도 또한 옳은 일이 아니겠습니까? 또한 거북점에 의해서 나타난 말이 '안팎에서 끼고서 뼈를 물고 이빨로 희롱하고 있다.'고 하였고, 내가 여융을 치는 것을 점치면서 사람을 시켜 여융을 치는 사유를 아뢰게 하였는데 거북점의 징조가 흩어지는 것으로 나에게 응답하였습니다. 이와 같은 것은 국가가 패망할 조짐이고 우리에게 편안한 것이 아니니 나라가 분리되는 일이 있을 것입니다. 나라를 차지하고 있지 않으면 '안팎에서 끼고 있다.'고 말할 수 있겠으며, 군주의 마음을 휘어잡고 있지 않으면 뼈를 물고 있다 할 수 있겠습니까? 만약 한 나라를 차지하고서 그 임금의 마음을 휘어잡고 있다면, 비록 이빨로 휘하에 있는 사람을 농락하더라도 그 누가 따르지 않을 수 있겠습니까? 이렇게 하여 진나라가 오랑캐를 따르게 된다면 패망하지 아니하고 어쩌겠습니까? 정무에 종사하는 사람들은 경계하지 않아선 안 될 것입니다. 진나라의 멸망이 얼마 남지 않았습니다!"

郭偃이 말하였다. "三代의 말기 왕들이 멸망한 것은 마땅한 일입니다. 백성을 주재하는 왕으로 황음무도한 짓을 제멋대로 부리면서 그것을 잘못으로 생각하지 않고, 사치를 극도로 부리면서 아랑곳하지 않았고, 생각나는 대로 행동하여, 어느 곳도 병들지 않은 곳이 없었습니다. 그래서 망해 가면서도 옛날의 역사 속에서 거울삼을 바를 얻지 못한 것입니다. 지금 晉나라의 강토를 가지고 말한다면 외진 곳에 처한 조그만 侯國이며 그 국토도 또 〈三代의 천자국에 비기면〉 작습니다. 큰 나라들이 바로 곁에 있으니, 아무리 황음무도한 짓을 제멋대로 저지르고자 하여도 마음대로 할 수 있는 조건을 얻지 못하고 있습니다. 그리고 上卿과 이웃 나라가 장차 인도하고 보호하여 주어, 여러 차례 자주 세워 줄 것이니 멸망함에 이르지는 않을 것입니다. 아무리 자주 세워 준다 하더라도 다섯 차례는 넘지 않을 것입니다. 또 입은 三田과 五臟의 門입니다. 그러므로 참소하는 말로 인한 환란은 세 임금이나 다섯 임금을 넘어가지 않습니다. 또 작은 뼈를 물고 있으니 약간의 손상은 줄 수 있을지언정 나라를 잃게 할 수는 없을 것이니, 그 일에 맞닥뜨린 자들이나 손상을

60) 총애까지 더더욱 쏟으니 : 이는 노획한 여자를 임금이 편안해 하는 것에 그치지 않고 夫人으로까지 삼아 생각할 수 없는 과분한 대우를 하고 있다는 말이다.

입을 것이지 진나라에야 무슨 해가 되겠습니까? 비록 '물고 있다〔挾〕'는 占辭가 있지만 이빨로 놀리고 있으니 입을 이겨내지는 못할 것이니 그것이 얼마나 가겠습니까? 진나라가 두려움에 떠는 것은 심할 수 있지만 망하지는 않을 것입니다. 商나라가 쇠미하여질 무렵의 어떤 銘文에 이런 말이 있었습니다. '소소한 德行을 성취했다고 말하지 말라. 자랑할 것도 못 되며 단지 우환거리만 만들 것이다. 하찮은 먹을거리는 족히 탐낼 것이 없다. 능히 건강에도 도움이 되지 못하고 단지 재앙에만 걸려들 것이다.' 驪姬가 난리를 일으킨다 하더라도 재앙에만 걸려들 뿐 어떻게 백성들을 승복시킬 수 있겠습니까? 나는 들으니 '환난에 의지하여 재물과 민중을 모은 자는 좋은 계책이 없으면 한철을 마치지 못하고, 민심을 얻지 못하면 환난을 벗어나지 못하고, 예의가 있지 아니하면 10년을 넘기지 못하고, 의로움이 있지 아니하면 수명을 다 누리지 못하고, 덕행이 있지 아니하면 대물림을 하지 못하고, 하늘의 도움이 있지 아니하면 여러 대를 누리지 못한다.'고 했습니다. 현재 驪姬는 안전함을 가지고 있지 않으니 능히 좋은 계책을 가졌다 말할 수 없고, 이빨을 가지고 남을 해치려 하니 민심을 얻었다 말할 수 없고, 나라를 이어갈 公子에게 해를 끼치고서 〈국가가〉 자기에게로 돌아오게 하려고 하니 예의가 있다 말할 수 없고, 이해를 헤아리지 아니하고 사악한 방법으로 구하려 드니 의롭다 말할 수 없고, 총애를 믿고 원망 사는 일을 저지르고 있으니 덕행이 있다 말할 수 없고, 同類는 적고 원망하는 사람이 많으니 하늘의 도움이 있다 말할 수 없습니다. 덕과 의로움을 행하지 않고 예의를 본받지 아니하고 인심을 팽개치고 좋은 계책을 잃고 있으니 하늘 또한 돕지 않을 것입니다. 내가 君夫人을 살펴보건대 만약 난리를 일으킨다면 그는 농사짓는 노예나 다름이 없어 비록 좋은 농지를 얻어서 부지런히 가꾼다 하여도 자신이 능히 먹지 못하고 남 좋은 일만 시킬 것입니다."

士蔿가 말하였다. "말로 경계하는 것은 미리 대비하는 것만 못합니다. 미리 대비한 뒤라야 사태가 발생하였을 때 미칠 수 있습니다. 夫子가 경계하셨고 두 대부들도 그것에 대해서 말씀하셨습니다."

마침내 驪姬가 자신의 꿈을 이루지 못하고, 晉나라는 秦나라의 도움으로 바로잡혀 다섯 번 임금을 고쳐 세운 뒤에 평안해졌다.

81. 史蘇論驪姬必亂晉 史蘇가 驪姬가 반드시 晉나라를 어지럽힐 것이라고 말하다

【大義】 驪姬가 獻公을 충동질하여 여러 公子들을 지방으로 내보내는 것을 보고 史蘇가 晉나라가 난리에 휩싸일 것을 예언하며 대부들에게 경계할 것을 말하다.

獻公伐驪戎하야 克之하다 滅驪子61)하고 獲驪姬以歸하야 立以爲夫人하야 生奚齊하고 其娣62)生卓子하다 驪姬請使申生63)處①曲沃64)하야 以速縣〔懸〕②65)하고 重耳66)處蒲城하고 夷吾67)處屈하고 奚齊處絳하야 以儆無辱之故하소서하니 公許之하다 史蘇朝에 告大夫曰 二三大夫68)는 其戒之乎인저 亂本生矣니라 日③에 君以驪姬爲夫人에 民之疾心이 固皆至矣니라 昔者之伐也는 起④百姓以爲百姓也라 是以民能欣之니 故莫不盡忠極勞以致死〈也〉⑤니라 今君은 起百姓以自封也라 民外不得其利하고 而內惡其貪하니 則上下旣有判矣니라 然而又生男하니 其天道也아 天彊其毒하고 民疾其態하니 其亂生哉인저 吾聞君子69)는 好好而惡惡하고 樂樂而安安이라 是以能有常

---

61) 驪子 : 驪戎의 군주. 나라 이름 뒤에 쓰이는 公・侯・伯・子・男은 천자로부터 받은 爵位를 표시하는 것이다. 驪戎은 본래 男爵의 국가였는데 여기서 子爵을 칭하는 子자를 쓴 것에 대해 韋昭는 작위를 쓴 것이 아니고 남자라는 뜻이라고 하였다.

62) 娣 : 자매 사이에 아우를 이르는 말. 오빠가 여자 아우를 이를 때는 妹라 한다.

63) 申生 : 獻公의 태자. 獻公이 아버지 武公의 첩 齊姜을 부인으로 삼아 낳은 아들이다.

64) 曲沃 : 獻公의 조상 成師가 晉나라에서 봉지를 받아 나간 땅이다. 뒤에 진나라를 차지하기까지 그곳이 본거지였으므로 宗邑으로 부르며 조상의 사당을 모셨다.

65) 速懸 : 韋昭의 주는 虞御史의 설을 인용하여 縣을 縊也라 하여 목매 죽는 것이라고 하였다. 그러나 獻公에게 청하면서 태자를 속히 목매 죽게 하려 했다는 것은 옳지 않은 듯하다. 四部備要本에는 懸으로 되어 있다. 懸을 危難의 뜻으로 보아, 태자로 하여금 그 위난을 빨리 해소토록 하게 하였다는 해석과, 멀리 내보내다의 뜻으로 보아 태자를 수도에서 멀리 떠나보냈다는 해석이 있다. 이어지는 뒤의 말로 볼 때 危難의 뜻으로 보는 것이 타당할 듯하다.

66) 重耳 : 申生의 배 다른 아우이다. 뒤에 文公이 되어 제후의 霸者가 되었다.

67) 夷吾 : 重耳의 어머니를 따라 시집 온 媵妾의 몸에서 낳은 아들이다.

68) 二三大夫 : 여러 대부들을 이르는 말이다. 《論語》에서 二三子로 쓰이는, 제자들을 이르는 말이, 여러 제자를 호칭하는 말로 쓰였음을 볼 수 있다.

69) 君子 : 君王을 이른다.

이라하니라 伐木에 不自其本이면 必復生이요 塞水에 不自其源이면 必復流요 滅禍에 不自其基면 必復亂이니라 今君이 滅其父而畜其子[70]로도 禍之基也어늘 畜其子하고 又從其欲이라 子思報父之恥而信[71]其欲이니라 雖好色이라도 必惡心이면 不可謂好요 好其色이면 必授之情이니 彼得其情하야 以厚其欲이면 從其惡心하리니 必敗國이오 且深亂하리라 亂必自女戎[72]은 三代皆然이니라 驪姬果作難하야 殺大子하고 而逐二公子하니 君子曰 知難本矣라하다

〔校勘〕 ① 處 : 四部備要本에는 '主'로 되어 있는데, 다음 이어지는 글들과의 관계로 보아 '處'자가 타당할 듯하다.
② 縣〔懸〕 : 四部備要本에 의거하여 고쳤다. 주석 65)를 참고하라.
③ 日 : 四部備要本에는 '曰'로 되어 있는데 '日'이 더 타당할 듯하다.
④ 起 : 四部備要本에는 '興'으로 되어 있는데 뜻은 같다.
⑤ 死〈也〉 : 四部備要本에 의거하여 '也'를 보충하였다.

獻公이 驪戎을 토벌하여 멸망시켰다. 여융의 군주를 죽이고서 딸 驪姬를 노획하여 돌아와서는 그 딸을 세워 부인으로 삼아 奚齊를 낳고, 驪姬의 여동생이 卓子를 낳았다. 驪姬가 임금께 요청하기를 "申生으로 하여금 曲沃에 머무르게 하여 국가의 위난을 빨리 해소토록 하고, 重耳는 蒲城에 머물게 하고, 夷吾는 屈 땅에 머물게 하고, 奚齊는 絳 땅에 머물게 하여, 이들이 內憂外患을 예비하여 나라에 치욕스러운 일이 없도록 하십시오." 하니, 獻公이 허락하였다.

史蘇가 조회에서 대부들에게 고하여 말하였다. "여러 대부들은 경계해야 할 것입니다. 환란의 근본이 싹텄습니다. 일전에 임금께서 驪姬를 부인으로 삼으셨을 적에 백성들이 군주를 원망하고 한스러워하는 마음이 참으로 깊어졌습니다. 옛날 어진 군주들의 정벌은 백성을 동원하여 백성을 위하는 일을 하였습니다. 그래서 백성들이 능히 그 동원령에 흔쾌했기 때문에 충성을 다하고 힘을 다하여 죽음을 바치지 않는 자가 없었습니다. 지금의 임금은 백성을 동원하여 자신만을 후하게 하고자 하고 있습니다. 백성들이 표면적으로도 정벌로 인한 이익을 얻지 못하고 있고 내심으로는 군주의 탐욕을

70) 其子 : 驪姬를 이르는 말이다.
71) 信 : 伸의 뜻이다.
72) 女戎 : 앞 '獻公卜伐驪戎勝而不吉'章의 史蘇가 한 말에 자세하다.

미워하고 있습니다. 이리하여 위아래의 마음이 완전히 갈라져버렸습니다. 그러한 데에 또다시 아들을 낳았으니 이것은 하늘의 뜻인 성싶습니다. 하늘은 진나라에 대한 해독을 강화하고 백성은 이러한 사태를 원망하며 한스러워하고 있으니 난리가 일어날 것입니다. 내가 듣건대 군왕은 백성들이 좋아하는 것을 좋아하고 미워하는 것을 미워하며 즐거워하는 것을 즐거워하고 편안해 하는 것을 편안해 한다 하였습니다. 이렇게 함으로써 국가에 일정한 법도를 둔다고 하였습니다. 나무를 베는데 뿌리 부분을 베지 않으면 반드시 다시 싹이 자라고, 물을 막는데 그 원천으로부터 하지 않으면 반드시 다시 흘러나오고, 재앙을 없애는데 그 바탕으로부터 하지 않으면 반드시 다시 어지러워집니다. 지금 임금이 그 아버지를 죽이고서 그 자식을 기르고 있는 것만으로도 재앙의 근본입니다. 그런데 그 자식을 길러주고 그가 욕심내는 것마저 따라서 해주고 있으니, 자식이 아버지의 치욕을 갚고 자신의 욕심을 펴고자 하는 생각을 갖게 되는 것입니다. 아무리 아름다운 姿色이 있을지라도 단연코 악한 마음을 가졌다면 아름답다고 말할 수 없습니다. 여인의 자색을 좋아하다 보면 그 사람의 소원을 들어주게 마련입니다. 驪姬가 소원을 이루어 자신의 욕심을 더 크게 갖는다면 그의 악한 마음을 멋대로 부려 반드시 나라를 망치고 난리를 크게 심화시킬 것입니다. 난리가 반드시 여자 군사로부터 비롯된 것은 三代 시절부터 모두 그래 왔습니다."

驪姬가 과연 난리를 일으켜서 태자를 죽이고 두 公子를 내쫓자, 군자들이 "〈史蘇가〉 난리의 근원을 알았다."고 하였다.

82. 獻公將黜太子申生而立奚齊 獻公이 太子 申生을 내치고 奚齊를 세우려 하다

【大義】 獻公이 驪姬의 꼬임에 넘어가 太子 申生을 폐하려는 과정에서, 현실을 바라보는 신하들의 각기 다른 세 가지 견해와 申生의 자기 안전보다 君父의 취지를 따르려는 충성과 효도.

驪姬生奚齊하고 其娣生卓子라 公將黜大子申生하고 而立奚齊하다 里克・丕鄭・荀息[73]相見에 里克曰 夫史蘇之言이 將及矣니 其若之何오 荀息曰 吾聞事君者는 竭

73) 里克・丕鄭・荀息 : 이들은 모두 진나라의 대부들이다. 이극은 나중에 驪姬와 奚齊와 卓子를 죽이고 망명 중인 夷吾를 불러들여 진나라의 위기를 바로잡는데 헌

力以役事요 不聞違命호라 君立臣從이어니 何貳之有리오 丕鄭曰 吾聞事君者는 從其義오 不阿其惑也①호라 惑則誤民이니 民誤失德이면 是棄民也니라 民之有君은 以治義也니 義以生利하고 利以豐民이니 若之何其民之與處而棄之也리오 必立大子하리라 里克曰 我不佞하야 雖不識義나 亦不阿惑이니 吾其靜也하리라하고 三大夫乃別하다

烝於武公74)할새 公稱疾不與하고 使奚齊涖事75)하다 猛足76)言於大子曰 伯氏77)不出하고 奚齊在廟하니 子盍圖乎아 大子曰 吾聞之羊舌大夫78)하니 曰事君以敬이요 事父以孝라호니 受命不遷爲敬이요 敬順所安爲孝니라 棄命79)은 不敬이요 作令은 不孝니 又何圖焉이리오 且夫閒父之愛80)而嘉其况은 有不忠焉이요 廢人81)以自成은 有不貞焉이니라 孝·敬·忠·貞은 君父之所安也오 棄安而圖는 遠於孝矣니 吾其止也하리라

〔校勘〕① 也 : 四部備要本에는 '也'자가 없다.

신하였고, 丕鄭은 里克의 거사를 도왔으며, 荀息은 해제의 스승으로 해제와 탁자가 죽자 그도 따라서 죽음을 택하였다.

74) 烝於武公 : 烝은 사철에 지내는 제사 중 하나인 겨울 제사의 이름이다. 武公은 獻公의 아버지다. 무공의 사당은 曲沃에 있었다. 사철에 지내는 제사 이름은 봄의 祠, 여름의 禴, 가을의 嘗, 겨울의 烝이다.

75) 使奚齊涖事 : 奚齊에게 제사를 주재하게 한 것은 신하와 백성들에게 申生을 태자에서 폐하고 奚齊를 태자로 삼고자 하는 자신의 뜻을 넌지시 알리려는 목적에서이다.

76) 猛足 : 태자의 家臣이다.

77) 伯氏 : 만형을 이르는 말이니 바로 태자를 지칭하는 말이다. 일설에는 申生의 이복동생 重耳의 외조부인 狐突이라는 주장이 있다. 狐突의 字가 伯行이므로 그를 伯氏라고 칭했다는 것이다. 그러니까 狐突은 두문불출하고 해제가 나와서 제사를 주관하고 있으니의 형식으로 말이 진행되었다는 것이다. 그 근거로 당시 狐突이 獻公의 뜻을 알고서 태자에게 망명하도록 諫하였으나 태자가 자신의 말을 받아들이지 않아 杜門不出한 것을 예로 들었다. 그러나 韋昭는 이때 호돌이 두문불출한 시절이 아니었다며 만형 주장을 따랐다.

78) 羊舌大夫 : 羊舌突을 이르는 말로 양설은 複姓이다.

79) 棄命 : 아버지가 曲沃을 지키게 한 것을 이른다.

80) 閒父之愛 : 驪姬를 지칭한 말일 성싶다.

81) 廢人 : 奚齊를 지칭한 말일 성싶다.

* 烝於武公에서 吾其止也까지는 우리나라에서 발행한 판본에서는 윗장의 글과 別行으로 잡아 章을 독립시켰다.

驪姬가 奚齊를 낳고 驪姬의 여동생이 卓子를 낳았다. 獻公이 태자 申生을 태자 자리에서 내쫓고 해제를 세우려 하였다. 里克과 丕鄭과 荀息이 서로 함께 만나게 되었는데 이극이 말하기를 "史蘇가 했던 말이 장차 닥칠 것 같으니, 어떻게 해야 하겠소?" 하니, 순식이 말하였다. "나는 임금을 섬기는 자는 힘을 다하여 임금을 위해 일해야 한다고 들었지 명령을 어긴다는 말은 듣지 못하였소. 임금이 태자를 세우시면 신하로서는 따라야 합니다. 어찌 두 마음을 가질 수 있겠소?" 丕鄭이 말하였다. "나는 들으니 임금을 섬기는 자 그 의로운 일은 따르고 그 의혹스러운 일은 따르지 않는다 하였소. 임금이 의혹에 빠져 있으면 백성을 그르치게 되니 백성이 그릇되어 덕을 잃게 하는 것은 백성을 버리는 일입니다. 백성이 임금을 두려는 이유는 정치를 의롭게 해달라는 뜻에서입니다. 의로워야 이익이 생기고, 이익이 생겨야 백성이 풍요로워집니다. 어떻게 저들 백성과 함께 살면서 저들을 저버리겠소? 나는 반드시 태자를 세우겠소." 이극이 말하기를 "나는 재주가 없어 비록 의로운 것은 모르나 또한 의혹스러운 일도 따르지는 않을 것이오. 나는 잠자코 있으렵니다." 하고, 세 大夫가 헤어졌다.

武公의 사당에 겨울 제사를 지내면서 獻公이 병을 핑계로 참여하지 않고 해제를 시켜서 제사를 주재하게 하였다. 猛足이 태자에게 말하기를 "伯氏인 태자를 내보내지 않고 해제가 사당에서 제사를 주재하고 있습니다. 태자께서는 어찌 안전책을 도모하지 않으십니까?" 하니, 태자가 말하였다. "내가 羊舌大夫한테 들으니 그의 말이 '임금은 恭敬으로 섬기고 아버지는 효도로 섬겨야 한다.'고 하였다. 명령을 받아 변심하지 않는 것이 恭敬이요, 〈아버지께서〉 편안해 하시는 바를 공경하고 순종하는 것이 효도이다. 명령을 버림은 不敬이요, 명령을 멋대로 만들어내는 것은 不孝이다. 또 내가 무슨 도모를 하겠느냐? 아버지가 사랑하는 사람을 이간시키면서 아버지가 내리시는 것을 즐거운 마음으로 누리는 것은 不忠이며, 남을 폐출시키고 자신의 목적을 이루는 것은 양심의 올곧지 않음이다. 孝·敬·忠·貞은 아버지께서 훌륭하게 여기시는 바이다. 아버지께서 훌륭하게 여기시는 것을 버리고 스스로의 길을 도모하는 것은 효도에서 멀어지는 일이다. 나는 나를 위한 행동은 하지 않을 것이다."

83. 獻公伐翟柤 獻公이 翟柤를 치다

【大義】 翟柤가 晉나라의 공격을 부른 顚末과, 한 老大夫의 목숨을 아끼지 않은 전투 정신.

獻公田이라가 見翟柤(사)之氛[82]하고 歸寢不寐하다 郤叔虎朝라 公語之한대 對曰 牀笫[83]之不安邪잇가 抑驪姬之不存側邪잇가 公辭焉하니 出語[84]士蔿曰 今夕[85]에 君〈寢〉①不寐라하니 必爲翟柤也리라 夫翟柤之君은 好專利而不忌하고 其臣競諂以求媚하야 其進者壅塞하고 其退者距違하며 其上貪以忍하고 其下偸以幸하야 有縱君而無諫臣하고 有冒上而無忠下하니라 君臣上下가 各厭②其私하야 以縱其回하고 民各有心하야 〈而〉③無所據依하니 以是處國이면 不亦難乎아 君若伐之면 可克也리라 吾不言하니 子必言之하라 士蔿以告한대 公說④하야 乃伐翟柤하다 郤叔虎將乘城에 其徒曰 棄政而役은 非其任也니라하니 郤叔虎曰 旣無老謀하고 而又無壯事면 何以事君이리오하고 被羽[86]先升하야 遂克之하다

〔校勘〕 ① 〈寢〉: 四部備要本에 의거하여 보충하였다.
② 厭 : 四部備要本에는 '饜'으로 되어 있는데 통용한다.
③ 〈而〉: 四部備要本에 의거하여 보충하였다.
④ 說 : 四部備要本에는 '悅'로 되어 있는데 통용한다.

獻公이 사냥하다가 翟柤의 하늘에 뜬 구름의 요사한 기운을 보고서, 돌아와서는 잠자리에서 잠을 이루지 못하였다. 郤叔虎가 朝會하자, 잠을 자지 못한 것을 말하였다.

---

82) 翟柤之氛 : 翟柤는 나라 이름이다. 氛은 일종의 구름 기운이니 이 기운 중 요사한 것을 祲이라 하고 길한 것을 祥이라 한다.

83) 牀笫 : 牀은 침상, 笫는 침상에 까는 자리이다.

84) 語 : 여러 중국본에는 모두 遇로 되어 있는데 조정에서 물러나와 사위를 만났다는 뜻이다. 우리나라본을 따라 語를 따른다.

85) 今夕 : 요사이의 밤이라는 해석도 있다. 翟柤의 요사한 기운을 보고 돌아와서 치고자 하는 마음에 근래 밤마다 잠을 이루지 못했다는 말이다.

86) 被羽 : 韋昭는 羽는 새의 깃털이니 그것을 등에 진 것이라고 하며 지금 군대의 장수들이 旄(이)를 등에 지는 것과 같다고 하였다. 旄는 투구나 병장기를 장식한 깃이다. 그러나 羽는 깃발이라는 해석도 있다. ≪漢韓大辭典 羽≫

그가 대답하기를 “잠자리가 불편해서였습니까? 아니면 驪姬가 곁에 있지 않아서였습니까?” 하니, 獻公이 그런 것은 아니라고 하였다. 극숙호가 조정에서 물러나와 士蔿에게 말하였다. “오늘 밤에 임금께서 잠을 못 주무셨다고 하니 반드시 翟柤 때문이었을 것입니다. 저 적사의 임금은 이익을 독점하기를 좋아하면서도 꺼리는 기색이 없고, 그 신하들은 아첨 경쟁으로 총애를 구하여, 벼슬에 나아가 있는 자들은 군주의 耳目을 차단하고, 벼슬에서 물러난 자들은 임금과 거리를 두고 회피하고 있습니다. 임금은 탐욕스러워 차마 못할 짓을 저지르고 신하는 구차하게 요행만을 노리고 있습니다. 방종한 임금만 있고 諫言하는 신하가 없으며, 탐욕스러운 임금만 있고 충성하는 신하는 없습니다. 군신 상하가 각각 그 사사로움만을 충족시키고자 사악한 짓을 멋대로 저지르고, 백성들은 각기 딴마음을 가지고서 기대어 의지할 곳을 얻지 못하고 있습니다. 이렇게 나라를 다스린다면 또한 어렵지 않겠습니까? 임금님께서 만약 翟柤를 치신다면 이길 수 있을 것입니다. 내가 말씀드리지 않았으니 당신이 반드시 말씀드리십시오.” 士蔿가 郤叔虎의 말을 아뢰자 獻公이 기뻐하여 이내 적사를 정벌하였다. 극숙호가 城에 오르려 하자 그 부하들이 말하였다. “지휘해야 할 직책을 버려두고 전쟁에 앞장서려 하는 것은 당신의 책무가 아닙니다.” 극숙호가 말하기를 “이미 노련한 계책도 없고, 또 장한 군공도 없다면 무엇으로 임금을 섬기겠는가?” 하고, 깃발을 등에 지고 앞장서 올라가 드디어 승리하였다.

84. 優施教驪姬遠太子 優施가 驪姬에게 태자를 멀리 쫓아 보내도록 教唆하다

【大義】 優施와 驪姬가 태자 申生을 제거하기 위한 계책 수립에서 태자의 유약한 성격을 이용하려는 간사함과 악독함.

公之優[87]曰施니 通於驪姬하다 驪姬問焉曰 吾欲作大事[88]호대 而難三公子[89]之徒하니 如何오 對曰 蚤處之[90]하야 使知其極하소서 夫人知有①極이면 鮮有慢心이요

87) 優 : 음악이나 춤, 또는 각가지의 技藝를 연출하는 사람이다.

88) 大事 : 嫡子인 申生을 태자에서 내몰고 자신의 아들 奚齊를 세우려는 일이다.

89) 三公子 : 申生 · 重耳 · 夷吾를 이른다.

90) 處之 : 處는 확정함이다.

雖其慢이라도 乃易殘也니이다 驪姬曰 吾欲爲難인댄 安始而可오 優施曰 必於申生하소서 其爲人也 小心精潔하고 而大[91]志重하고 又不忍人하니이다 精潔이면 易辱이오 重이면 僨可疾이오 不忍人이면 必自忍也[92]니 辱之近行하소서 驪姬曰 重이면 無乃難遷[93]乎아 優施曰 知辱이라야 可辱이니 可辱이면 遷重이니이다 若不知辱이면 亦必不知固秉常矣니이다 今子內固而外寵하고 且善不莫不信하니 若外單(탄)②善而內辱之면 無不遷矣리이다 且吾聞之컨대 甚精이면 必愚라하니 精而易辱이요 愚不知避難하니 雖欲無遷이나 其得之乎아하다 是故로 先施讒於申生하니라

* 驪姬賂二五[94]하야 使言於公曰 夫曲沃은 君之宗也[95]요 蒲與二屈[96]은 君之疆也니 不可以無主니이다 宗邑無主면 則民不威하고 疆埸無主면 則啓戎心하니 戎之生心하고 民慢其政은 國之患也니이다 若使大子로 主曲沃하고 而二公子로 主蒲與屈이면 乃可以威民而懼戎하고 且旌君伐하리이다하고 使俱曰 翟之廣莫[97]을 於晉爲都[98]니 晉之啓土 不亦宜乎잇까하니 公說하야 乃城曲沃하야 大子處焉하고 又城蒲하야 公子重耳處焉하고 又城二屈하야 公子夷吾處焉하다 驪姬旣遠大子에 乃生之言하니

---

91) 大 : 나이가 제일 어른임을 이른다.

92) 自忍也 : 스스로 차마 못할 짓을 저지른다는 뜻이니 스스로 자살한다는 말이다.

93) 遷 : 생각을 바꾼다는 뜻이다. 곧 태자 申生이 태자로서의 자신의 지위를 지키고자 하는 생각이 바뀌어 삶을 포기하는 행동을 하도록 유도한다는 것이다.

94) 二五 : 獻公으로부터 사랑받는 대부 梁五와 東關五 두 사람이다. 두 사람 이름의 끝 글자가 五자여서 二五라고 한 것이다.

95) 曲沃 君之宗也 : 宗은 宗廟가 있는 고을이라는 말이다. 曲沃은 獻公의 증조 桓叔의 封地이고, 先公의 종묘가 있는 곳이어서 이렇게 말한 것이다. 西周를 宗周라고 칭하는 것과 같은 예이다.

96) 二屈 : 北屈과 南屈을 아울러 이르는 말이다.

97) 廣莫 : 韋昭는 北翟의 사막 지역이라고 하였다. 일설에는 너른 땅이라고 한다. 이 말을 기록하고 있는 ≪左傳≫ 〈莊公28年〉의 楊伯峻 注에 廣莫은 廣大無邊이라고 하면서 그의 근거로 ≪莊子≫ 〈逍遙遊〉의 '無何有之鄕 廣莫之野'를 들었다. 한 사막 지역을 탐내는 말로 보기보다는 戎狄의 너른 지역을 이르는 말로 보는 것이 타당할 듯하다.

98) 都 : 下邑이다. 하읍은 국가의 수도 이외 지역을 이르는 말이다.

大子由是得辠하다

〔校勘〕 ① 有 : 四部備要本에는 '有'자가 없다.
② 單 : 四部備要本에는 '殫'으로 되어 있는데 통용한다.
* 驪姬賂 이하는 공서본에 별행으로 처리하여 章을 달리 하였다.

獻公의 광대에 施〔優施〕라는 자가 있어 驪姬와 간통하였다. 驪姬가 묻기를 "내가 큰 일을 벌이고자 하는데 세 公子의 무리가 아무래도 어렵다. 어떻게 해야겠느냐?" 하니, 〈優施가〉 대답하였다. "빨리 그들의 지위를 확정시켜서 스스로 자신이 정점의 지위에 이르러 있음을 알게 하십시오. 사람이 정점에 있음을 알면 더 이상 부질없는 욕심을 갖는 자가 적고 비록 부질없는 욕심을 갖는다 하여도 손쉽게 해치울 수 있습니다." 驪姬가 말하기를 "내가 난을 꾸민다면 누구부터 손을 쓰는 것이 좋겠느냐?" 하니, 우시가 말하였다. "반드시 申生부터 하십시오. 그의 사람됨이 小心하고 精潔하며, 그리고 나이가 제일 맏이어서 생각이 自重自愛합니다. 또 남에게 차마 못할 짓을 못합니다. 사람이 정결하면 욕보이기 쉽고, 자중자애하면 손쉽게 쓰러뜨릴 수 있으며, 남에게 차마 못할 짓을 못하면 반드시 자신에게는 차마 못할 짓을 합니다. 하찮은 일로 그를 욕보이도록 하십시오." 驪姬가 말하기를 "자중자애한다면 생각이 바뀌기 어렵지 않겠느냐?" 하니, 우시가 말하였다. "욕됨을 알아야 욕되게 해 줄 수 있습니다. 욕되게 해 줄 수만 있다면 자중자애하던 마음은 변할 것입니다. 만약 욕됨을 모른다면 또한 반드시 일정의 원칙을 굳게 지켜야 한다는 것도 모릅니다.[99] 지금 당신은 안으로는 임금의 사랑이 굳고 밖으로는 임금의 총애가 넘쳐나고 있으며 또 좋고 나쁜 것을 떠나 믿어주지 않는 것이 없습니다. 만약 당신이 태자를 겉으로는 착한 뜻을 다해 대하면서 안으로 욕스러움을 안겨 준다면 태자의 생각은 모두 바뀔 것입니다. 또 내가 듣건대, 매우 純精한 사람은 반드시 우직하다 하였습니다. 순정한 사람은 쉽게 욕되게 할 수 있고, 우직스러운 사람은 환난을 피할 줄 모릅니다. 비록 마음을 바꾸지 않으려 해도 그렇게 되겠습니까?" 이런 연유로 해서 참소가 먼저 申生에게 이르게 되었다.

驪姬가 五자 이름을 가진 두 명의 대부 梁五와 東關五에게 뇌물을 주어 獻公에게 말

99) 일정의 원칙을……모릅니다 : 이는 申生처럼 自重自愛한 사람은 자신이 누명일망정 죄를 입게 되면 물러나야 한다는 것을 아는데, 쉽게 마음이 변하는 사람은 죄에 상관없이 버티려는 생각이 있어 오히려 상대하기 힘들다는 뜻이다.

하도록 하였다. "曲沃은 임금의 종묘가 모셔진 고을이고, 蒲와 두 곳의 屈 땅은 임금님 疆域의 국경입니다. 강력한 관리자가 없어서는 안 됩니다. 종묘가 모셔진 고을에 강력한 관리자가 없으면 백성들이 두려워하지 않고, 강역의 국경에 강력한 관리자가 없으면 戎狄의 야심이 열리게 됩니다. 융적이 야심을 발동시키고 백성들이 국가의 정책을 무시하는 것은 국가의 환란이 됩니다. 만일 태자에게 곡옥을 관리하게 하고 두 公子로 하여금 蒲와 屈 땅을 관리하게 하면, 백성을 두렵게 하고 오랑캐를 두려움에 떨게 할 수 있을 것입니다. 한편으로는 임금의 공적도 빛날 것입니다." 또 〈驪姬가 두 사람에게〉 함께 말하도록 하였다. "戎狄의 광활한 지역을 晉나라의 영토로 삼을 수 있으니, 진나라가 영토를 개척하는 것이 또한 마땅하지 않겠습니까?" 獻公이 기뻐하여 곡옥에 성을 쌓아서 태자에게 주재하게 하고, 또 포에 성을 쌓아서 公子 重耳에게 주재하게 하고, 또 두 곳의 굴 땅에 성을 쌓아서 公子 夷吾에게 주재하게 하였다. 驪姬가 태자를 멀리 내보내고서는 이내 참언을 지어내니, 태자가 이로 인해 죄를 얻었다.

85. 獻公作二軍以伐霍 獻公이 二軍을 편성하여 霍나라를 정벌하다

【大義】 태자에게 下軍의 지휘를 맡긴 獻公의 잘못과, 下軍의 지휘가 갖는 위험성을 듣고서도 떠나지 못하는 태자의 忠君 孝父 사상.

十六年100)에 公作二軍101)하야 公將上軍하고 大子〈申生〉①將下軍以伐霍102)하다 師未出에 士蔿言於諸大夫曰 夫大子는 君之貳也니 恭以俟嗣니라 何官之有리오 今君이 分之土103)而官之하니 是左之也니라 吾將諫以觀之하리라하고 乃言於公曰 夫大子는 君之貳也어늘 而帥下軍하시니 無乃不可乎잇가 公曰 下軍은 上軍之貳也니라

---

100) 十六年 : 晉獻公 16년이니 魯閔公 원년(기원전 661년)이다.

101) 二軍 : 曲沃의 武公이 기원전 679년 晉나라를 공격하여 무너뜨리고서 周나라의 天子 僖王에게 뇌물을 바치고 제후의 지위를 획득할 때, 1軍 곧 12,500명의 군대를 거느리도록 규정받았다. 그런데 이때에 이르러 그 명령을 어기고 2軍 체제로 바꾼 것이다.

102) 霍 : 周文王의 아들 霍叔武에게 봉해 준 나라이다.

103) 分之土 : 태자에게 曲沃을 맡겨 다스리게 한 것을 이른다.

寡人在上하고 申生在下가 不亦可乎아 士蔿對曰 下는 不可以貳上이니이다 公曰 何故오 對曰 貳若體[104]焉하니 上下左右以相心目하야 用而不倦이 身之利也니이다 上貳代擧하고 下貳代履하야 周旋變動以役心目이라 故能治事하고 以制百物이니이다 若下攝上하고 與上攝下하면 周旋不變②하야 以違心目이라 其反爲物用也니 何事能治리잇가 故古之爲軍也는 軍有左右하야 闕從補之하야 成而不知라 是以寡敗니이다 若以下貳上하면 闕而不③變하야 敗弗能補也니이다 變非聲章[105]이면 弗能移也로대 聲章過數면 則有釁하고 有釁則敵入하고 敵入而凶하면 救敗不暇니 誰能退敵이리잇가 敵之如志는 國之憂也니이다 可以陵小나 難以征大④하니 君其圖之하소서 公曰 寡人有子而制焉이니 非子之憂也니라 對曰 夫⑤大子國之棟也니이다 棟成乃制之는 不亦危乎니잇가 公曰 輕其所任하면 雖危何害리오

士蔿出語人曰 大子不得立矣리라 改其制而不患其難하고 輕其任而不憂其危하니 君有異心이니라 又焉得立이리오 行之克也라도 將以害之요 若其不克이면 其因以皐之리라 雖克與不라도 無所⑥避皐니 與其勤而不入으론 不如逃之니라 君得其欲하고 大子遠死며 且有令名하야 爲吳太伯[106]이니 不亦可乎아 大子聞之하고 曰子輿[107]之爲我謀 忠矣로대 然吾聞之컨대 爲人子者는 患不從이요 不患無名하며 爲人臣者는 患不勤이요 不患無祿이라하니라 今我不才而得勤與從하니 又何求焉이며 焉能及吳大伯乎아하고 大子遂行하야 克霍而反이러니 讒言彌興하다

〔校勘〕 ① 〈申生〉: 四部備要本에 의거하여 보충하였다.

---

104) 體 : 신체의 四肢, 곧 팔다리를 이른다.

105) 聲章 : 군대의 지휘에 사용되는 도구들로, 聲은 진격 신호용으로 쓰이는 북소리와 퇴각 신호로 쓰이는 징소리를 이르며, 章은 깃발이다.

106) 爲吳太伯 : 吳太伯은, 周文王의 伯父를 이른다. 孔子가 ≪論語≫ 〈泰伯〉篇에서 至德으로 칭찬한 분으로 자신이 임금의 지위에 오를 수 있는 맏아들이었으나 셋째아우 季歷이 문왕을 낳자 왕위가 문왕에 이어지게 하고자 주나라를 떠나 남쪽으로 피신하여 후일 오나라의 군주가 됨으로써 吳太伯이라 불렸다. 여기서는 태자 申生이 지금 태백처럼 이곳을 떠난다면 태백의 명성을 얻을 수 있다는 말이다.

107) 子輿 : 士蔿의 字다.

② 變 : 四部備要本에는 '動'으로 되어 있는데, 위의 '周旋變動'과는 반대의 뜻을 표현한 것이니 어느 글자나 무방할 듯하다.
③ 不 : 四部備要本에는 '不'자가 없는데 있는 것이 옳다.
④ 大 : 四部備要本에는 '國'으로 되어 있는데 '大'가 옳다.
⑤ 夫 : 四部備要本에는 '夫'자가 없다.
⑥ 所 : 四部備要本에는 '以'로 되어 있는데 같은 뜻이다.

16년에 獻公이 二軍을 편성하여 公이 上軍을 지휘하고, 태자 申生에게 下軍을 지휘하게 하여 霍나라를 정벌하였다. 군대가 아직 출동하지 않았을 때, 士蔿가 여러 대부에게 말하기를 "태자는 임금의 2인자이니 공손히 계승을 기다려야 합니다. 무슨 관직을 필요로 함이 있겠습니까? 지금 임금께서 영토를 나누어 주고 관직에 임명하신 것은 이는 度外視하여 내치시는 것입니다. 내가 장차 諫하여 뜻을 살펴보겠습니다." 하고, 獻公에게 말하였다. "무릇 태자는 임금의 2인자입니다. 그런데 下軍을 거느리게 하시니, 불가한 일이 아니겠습니까?" 獻公이 말하기를 "하군은 상군을 보좌하는 군대이다. 寡人이 上軍을 지휘하고 申生이 하군을 지휘하는 것이 또한 옳지 않느냐?" 하니, 사위가 대답하였다. "下는 上을 보좌할 수 없습니다." 獻公이 말하기를 "무슨 까닭이냐?" 하니, 대답하였다. "보좌한다는 것은 팔 다리와 같습니다. 상하좌우에서 마음과 눈이 하고자 하는 것을 보조하여 손은 손끼리 발은 발끼리 서로 도와야 피로하지 않으니 이것이 신체의 원활함입니다. 위의 손은 손을 도와서 번갈아가며 일을 하고, 아래의 발은 발을 도와서 번갈아가며 걷는 일을 하여 이리저리 변화하고 움직여 마음과 눈이 원하는 일을 하게 되므로 능히 일을 처리하고 모든 사물을 운용합니다. 만일 아래 발이 위의 손의 일을 攝行하고 위의 손이 발의 일을 섭행하게 된다면 이리저리 변화가 자유롭지 못하여 마음과 눈이 하고자 하는 것과 어긋나면서, 도리어 외부 사물에 부림을 당하게 되니 무슨 일을 능히 처리할 수 있겠습니까? 그러므로 옛날 군대를 편성할 때에는, 군대에 左軍과 右軍을 두어 한쪽 부대에 부족함이 발생하는 대로 한쪽 부대에서 보충시켜 陣勢가 그대로 유지되게 했으니, 적군은 그들에게 부족함이 발생한 사실도 알아채지 못하였습니다. 이리하여 패배하는 일이 적었습니다. 만일 하군으로 상군을 보좌하게 하면, 부족함이 발생하여도 제때에 변환 배치를 하지 못해서, 패배하는 것을 보면서도 보충시키지 못합니다. 군대의 변환 배치에는 징소리와 북소리와 깃발이 아니면 능히 이동시킬 수 없습니다. 징소리와 북소리와 깃발의 정해진 법도에 과오가 발생하면 틈이 생기고, 틈이 생겨나면 적군이 그 틈을 비집고 침입하고, 적군이 침입하여 〈우리 군대가〉 두려움에 빠지게 되면 패배를 만회하기에도 겨를이 없는데 누가 능히 적을 물리칠 수 있겠습니까? 적이 하고자 하는 대로 되는 것은 국가의 근심입니다. 〈하군으로 상군을 보좌하게 하는 것을 가지고는〉 작은 나라를 침략할 수는 있어도, 큰 나라를 정벌하는 일은 어렵습니다. 임금님께서는 잘 생각하십시오!" 獻公이 말하기를 "과인에게 아들이 있어서 내가 다듬어 쓰는 것이니, 그대가 근심할 일이 아니다." 하니, 대답하였다. "태자는 나라의 들보입니다. 들보로 만들어져 있는데, 다른 것으로 쓰려고 다듬으시니 또한 위험한 일이 아니겠습니까?" 獻公이 말하기를 "그의 임무를 가볍게 해 주면, 비록 위태로울지라도 어찌 해가 되겠느냐?" 하였다.

士蔿가 나와서 사람들에게 말하였다. "태자께서는 군주의 지위에 서지 못할 것이다. 태자가 가지고 있던 기왕의 법제를 바꾸면서도 그에 의하여 빚어질 환란을 근심하지 아니하고, 그 임무를 가볍게 만들면서도 그에 의하여 나타날 위태로움을 근심하지 않고 있으니 임금께서 다른 마음이 있는 것이니, 어떻게 군주의 자리에 설 수 있겠느냐? 出征하여 이긴다 하여도 장차 해칠 것이고,108) 만일 이기지 못하면 그로 인하여 죄를 내릴 것이다. 이기거나 지거나 죄를 피할 수 없으니, 그 애쓰고서 〈임금 뜻에〉 들지 못하기보다는 도망치는 것만 못할 것이다. 임금은 하고자 하는 바를 얻은 것이 되고,109) 태자는 죽음으로부터 멀어질 것이며, 한편으로는 아름다운 명예를 갖게 되어서 吳泰伯이 될 것이니 또한 옳은 일이 아니겠느냐?" 태자가 이 말을 듣고 말하기를 "子輿의 나를 위한 계책은 충성에서 나온 것이다. 그러나 내가 듣건대, 아들 된 입장에서는 〈아버지 명령을〉 따르지 못하는 것을 근심해야 하고, 명예가 없는 것을 근심하지 않으며, 신하가 된 자는 애쓰지 못하는 것을 근심해야 하고, 녹봉이 없음은 근심하지 않는다고 하였다. 지금 내가 재주가 없는 사람으로 애쓰고 따를 수 있는 기회를 얻었는데, 또 무엇을 구하겠으며 어찌 능히 吳泰伯에 미칠 수 있겠느냐?" 하고서, 태자가 마침내 전쟁터로 나아가 霍나라를 이기고 돌아오자 참소하는 말이 더욱 일어났다.

---

108) 出征하여……것이고 : 공을 세움으로 해서 백성의 많은 지지를 확보하는 것이 죽음을 부른다는 말이다.

109) 임금은……얻은 것이 되고 : 驪姬에게서 낳은 아들 奚齊를 태자로 세우고자 하는 바람을 이른다.

86. 優施教驪姬譖申生 優施가 驪姬를 教唆하여 申生을 참소하게 하다

【大義】 獻公의 失權을 근심하여 자신의 죽음을 자청하는 驪姬의 고단수 베갯머리 訟事에 의해 위험에 빠지는 태자 申生.

優施教驪姬夜半而泣謂公曰 吾聞申生은 甚好仁而彊하고 甚寬惠而慈於民하야 皆有所行之라하더이다 今謂君惑於我하야 必亂國이라하니 夫①無乃以國故而行彊於君이니잇가 君未終命而不沒110)하니 君其若之何오 盍殺我하야 無以一妾亂百姓이니잇가 公曰 夫豈惠其民而不惠於其父乎아 驪姬曰 妾亦懼矣로이다 吾聞之外人之②言호니 曰爲仁與爲國이 不同하야 爲仁者는 愛親之謂仁이요 爲國者는 利國之謂仁이라 故長民者無親이요 衆以爲親이라하더이다 苟衆利③而百姓和면 豈能憚君이리잇가 以衆故不敢愛親이면 衆況111)厚之니 彼將惡始而美終하야 以晩蓋者也니이다 凡民利是生하야 殺(시)君而厚利衆이면 衆孰沮之며 殺親無惡(오)於人이면 人孰去之리잇가 苟交利而得寵하고 志行而衆說은 欲其甚矣니 孰不惑焉이리잇가 雖欲愛君이라도 惑不釋也리이다 今夫以君爲紂면 若紂有良子하야 而先喪紂하야 無章其惡而厚其敗니 鈞之死也로대 無必假手於武王이요 而其世不廢하야 祀至於今이니 吾豈知紂之善不(부)哉잇가 君欲勿恤이나 其可乎며 若大難至而恤之면 其何及矣리잇가 公④懼曰 若何而可오 驪姬曰 君盍老而授之政이니잇가 彼得政而行其欲하야 得其所索이면 乃其釋君이니 且君其圖之하소서 自桓叔以來로 孰能愛親이니잇가 唯無親이라 故能兼翼이니이다 公曰 不可與政이니라 我以武與威라 是以臨諸侯니 未沒而亡政이면 不可謂武요 有子而不勝이면

---

110) 君未終命而不沒 : 두 가지 해석이 있다. 첫째는 命은 천자가 내린 爵位이다. 따라서 천자가 내린 작위를 다 누리지도 못하고 또 생명도 아직 죽지 않고 살아 있다는 해석이다. 둘째는 而를 皃자의 통용자로 보아 驪姬 자신을 지칭하는 말로 해석하는 것이다. 곧 임금님도 죽지 않고 驪姬도 아직 살아 있다는 해석이다. 둘째의 해석은 1993년 暨南大學 간행 ≪國語譯注辨析≫ 347면의 주장이다. 둘째의 해석을 따른다.

111) 況 : 益의 뜻이니 더욱의 뜻이다.

不可謂威니라 我授之政하면 諸侯必絶이요 能絶於我면 必能害我니 失政而害國은 不可忍也니라 爾勿憂하라 吾將圖之하리라

驪姬曰 以皐落翟[112]之朝夕苛[113]我邊鄙로 使無日以牧田野하야 君之倉廩이 固不實이요 又恐削封疆이니 君盍使之伐翟하야 以觀其果於衆也와 與衆之信[114]輯睦焉이니잇가 若不勝翟이면 雖濟其辠라도 可也오 若勝翟이면 則善用衆矣라 求必益廣하리니 乃可厚圖也니이다 且夫勝翟하면 諸侯驚懼하야 吾邊鄙不儆하야 倉廩盈하며 四鄰服하며 封疆信하야 君得其賴하고 又知可不니 其利多矣니이다 君其圖之하소서하니 公說하다 是故使申生伐東山할새 衣之偏裻(독)之衣[115]하고 佩之〈以〉⑤金玦[116]하다 僕人贊[117]聞之하고 曰大子殆哉인저 君賜之奇하시니 奇生怪요 怪生無常이요 無常不立⑥이니라 使之出征하여 先以觀之라 故告之以離心이요 而示之以堅忍之權이니 則必惡其心하고 而害其身矣니라 惡其心이면 必內險之요 害其身이면 必外危之니 危自中起하니 難哉인저 且是衣也는 狂夫阻之衣也[118]니 其言[119]曰盡敵而反이라하니 雖盡

112) 皐落翟 : 皐落氏라는 오랑캐로 赤翟의 별종이다. 東山翟으로도 불린다. 아래 글에 東山을 토벌하였다는 東山이 바로 皐落氏의 오랑캐를 이른다.

113) 苛 : 침략하여 소란을 일으키는 것이다.

114) 信 : 참으로의 뜻이다.

115) 偏裻之衣 : 저고리의 뒤쪽 중앙을 중심으로 서로 다른 색의 천으로 만든 옷이다. 裻은 저고리 뒤쪽 중앙의 솔기이다.

116) 金玦 : 쇠로 만든, 한쪽이 터진 고리이다.

117) 僕人贊 : 태자의 奴僕이다.

118) 狂夫阻之衣也 : 韋昭는 "狂夫는 方相氏이다. 阻는 옛날에 맹세의 뜻으로 쓰이던 詛자와 통용해 쓰였던 글자이니 方相氏가 전염병을 다스리는 귀신을 몰아내는 일을 시작하며 지내는 제사에서 맹세하는 의식을 행할 때 입는 옷이다."라고 하였다. 태자가 입고 있는 옷을 예전 方相氏가 입던 옷으로 본 것이다. 그러나 ≪左傳≫ 〈閔公2年〉의 이 기사에서 楊伯峻은 방상씨가 입는 옷은 지금 태자가 입고 있는 그러한 옷이 아니라고 하면서 ≪周禮≫ 〈夏官 方相氏〉에 方相氏는 '黃金의 눈이 넷이고 검은 옷에 붉은 치마를 입고 창을 잡고 방패를 들고서 전염병을 몰아낸다.〔黃金四目 玄衣朱裳 執戈揚盾〕'라 한 것을 그 증거로 제시하였다. 양백준은, 미친사람도 입기 싫어하는 옷으로 해석하였다. 매우 이상한 꼴불견의 옷이라고 정의한 것이다.

119) 其言 : 韋昭는 狂夫가 전염병을 관장하는 神을 몰아내는 일을 시작하며 지내는 제사

敵이라도 其若內讒何오 申生勝翟而反에 讒言作於中하니 君子曰 知微라하다

〔校勘〕 ① 夫 : 四部備要本에는 '夫'자가 없다.
② 之 : 四部備要本에는 '之'자가 없다.
③ 衆利 : 四部備要本에는 '利衆'으로 되어 있는데 같은 말이다.
④ 公 : 四部備要本에는 '君'으로 되어 있는데, '公'을 따른다.
⑤ 〈以〉 : 四部備要本에 의거하여 보충하였다.
⑥ 不立 : 四部備要本에는 '生不立'으로 되어 있으나 따르지 않는다.

優施가 驪姬를 교사하니, 밤중에 흐느끼며 獻公에게 일러 말하였다. "제가 듣건대, 申生은 매우 仁德 베풀기를 좋아하면서도 드세게 사납고, 매우 관대하고 은혜로우면서 백성들에게 자애로우니 모두 목적이 있어 그렇게 한다고 하였습니다. 지금 임금께서 저한테 홀려 있어 반드시 나라를 어지럽힐 것이라고 말하고 있으니, 나라를 위한 일이라며 임금께 강압을 행하려 들지 않겠습니까? 임금께서도 죽지 않았고 저도 아직 죽지 않았으니, 임금께서는 어찌 하시렵니까? 왜 저를 죽여서 한 사람의 妾으로 인해 백성이 어지러워지는 일을 없애려 하지 않으십니까?" 獻公이 말하기를 "어찌 그 백성에게 은혜롭게 하면서 그 아비에게 은혜롭지 않겠느냐?" 하니, 驪姬가 말하였다. "저도 겁이 납니다. 제가 바깥사람들의 말을 들으니 '仁을 행함과 나라를 다스림은 같지 않아, 仁을 행하는 사람은 부모를 사랑하는 것을 인이라 하고, 나라를 다스리는 사람은 나라를 이롭게 하는 것을 仁이라 한다.'고 하였습니다. 그러므로 백성의 임금된 사람은 친한 사람이 없고 대중을 친한 사람으로 삼는 것입니다. 만일 대중에게 이롭고 백성이 화합하는 일이라면, 어찌 임금 弑害를 꺼리겠습니까? 대중 때문에 감히 부모를 사랑하지 않는다면, 민중들이 더욱 그를 厚德하게 생각할 것입니다. 그는 장차 惡으로 시작하고서 善으로 마무리하여, 뒤의 善行으로써 앞의 惡行을 덮어버릴 자입니다. 무릇 백성을 이롭게 하기 위해 임금을 시해하여 크게 민중을 이롭게 하면 민중들 중 누가 그것을 막겠으며, 어버이를 시해하더라도 백성들로부터 미움받을 것이 없다면, 백성들 중 누가 그를 떠나겠습니까? 진실로 모두에게 이로우면서 사랑을 얻고, 품고 있던 뜻을 실현시키면서 민중을 기뻐하게 하는 것은 매우 하고

에서 하는 맹세의 말이라고 하였다. 그러니까 狂夫가 입는 옷을 가지고 광부가 하는 맹세의 말까지를 獻公의 마음 속에서 유추하여 태자의 위험 상황을 말하고 있는 것이라고 본 것이다. 楊伯峻은 獻公의 말로 보았다.

자 하는 일입니다. 뉘라서 그러한 미혹에 빠져 들지 않을 수 있겠습니까? 비록 임금을 사랑하고 싶은 생각이 있다 하더라도 迷惑 속에서 빠져 나오지 못할 것입니다. 지금 임금님을 폭군 紂라 가정한다 하더라도, 만일 紂에게 훌륭한 아들이 있어 紂를 먼저 죽였다면 그 주의 악행이 드러나지도 않고, 그 패배가 참혹스럽지도 않았을 것입니다. 주에게는 어차피 똑같은 죽음이면서, 武王의 손을 빌릴 필요도 없고, 대대로 이어지는 왕위도 폐기되지 않고, 오늘날까지 제사도 이어졌을 것입니다.[120] 그렇다면 내가 어떻게 紂가 훌륭한 군주였는지 아니었는지를 알겠습니까? 임금께서 근심하지 않으시려 하여도, 될 수 있는 일이 아닙니다. 만약 큰 환란이 이른 뒤에 근심하게 되시면 어찌 미칠 수 있겠습니까?" 獻公이 두려워서 말하기를 "어떻게 해야 하겠느냐?" 하니, 驪姬가 말하였다. "임금께서는 왜 나이 늙었다 하고서 그에게 정권을 넘겨주려 하지 않으십니까? 그가 정권을 얻고 자신이 하고자 했던 일을 시행하여 그가 찾던 바를 얻게 되면 그제서는 임금님을 놓아드릴 것입니다. 임금님께서는 이러한 것들을 생각해 보십시오. 桓叔 이래로 누가 능히 친족을 사랑했습니까? 친족임을 무시했던 까닭으로 翼을 겸병할 수 있었습니다."[121] 獻公이 말하였다. "정권은 줄 수 없다. 나는 무력과 위엄을 이용하여 이것을 가지고 제후들 사이에서 버텼다. 아직 죽지 않은 상태에서, 정권을 잃는다면 무력이 있다 말하지 못할 것이고, 아들을 이기지 못한다면 위엄이 있다 말하지 못할 것이다. 내가 아들에게 정권을 넘겨주게 되면 제후들이 반드시 관계를 끊을 것이고, 제후가 나와 관계를 끊을 수 있다면, 반드시 나를 해치려 들 것이다. 정권을 잃고 나라가 해침을 당하는 일은 차마 할 수 없다. 너는 근심하지 말라, 내가 생각해 보겠노라."

驪姬가 말하기를 "皐落의 오랑캐가 아침저녁으로 우리 변방을 소란하게 하면서 어

---

120) 제사도 이어졌을 것입니다 : 天子國으로서의 周나라가 지금까지 지속되어 종묘에서 지내는 선조 왕들에 대한 제사가 계속 이어질 것이라는 말이다.

121) 桓叔 이래로……겸병할 수 있었습니다 : 桓叔은 獻公의 증조로, 조카 昭侯에게서 曲沃의 땅과 曲沃伯의 작위를 받은 成師의 시호이다. 翼은 晉나라의 수도이다. 晉나라가 翼을 수도로 하는 진나라와 曲沃을 기반으로 하는 환숙의 두 세력으로 갈려 싸우는 과정에서 환숙이 진나라를 공격하다 실패하였고 이후 대를 이어가며 수없는 전투를 벌여 마침내 獻公의 아버지 武公이 진나라를 빼앗고 진나라에 있던 왕족들을 모두 소탕한 것을 이른다.

느 하루도 田野에서 목축을 할 수 없게 하여, 사실 임금의 창고가 꽉 차지 못하고 또 국경의 땅이 깎여나갈까도 우려되옵니다. 임금께서는 태자 申生에게 고락의 오랑캐를 토벌하도록 시켜서 그가 대중의 군대 운용에 과감한지 대중과 참으로 화목한지를 왜 살피려 하지 않으십니까? 만약 오랑캐를 이기지 못하게 되면 罪案을 구성한다 하더라도 충분할 것이고, 만약 오랑캐를 이긴다면, 곧 군중을 잘 운용하는 자가 되어 가슴으로 그리는 것이 반드시 더욱 커질 것이니 이렇게 되면 도모하기가 매우 쉬워질 것입니다. 또 오랑캐에게 승리하면 제후들이 놀라고 겁을 내 우리 변방이 놀라는 일이 없게 됨으로써, 창고가 가득 차고, 사방 이웃들이 복속하고, 국경이 확실하여 질 것입니다. 임금님께서 그로 인한 이로움을 얻고, 또 태자가 민중들의 마음을 얻고 있는지의 여부까지 알 수 있어 그로 인한 이익이 많습니다. 임금께서는 생각해 보도록 하십시오."라고 하자, 獻公이 기뻐하였다. 이런 일로 해서 申生을 시켜 東山을 치게 하면서, 저고리의 뒤쪽 좌우의 천이 서로 다른 옷을 입게 하고, 쇠로 만든 한쪽이 터진 고리를 차게 하였다.

하인 贊이 그 소식을 듣고서 말하였다. "태자께서 위태로울 것 같구나! 임금께서 기이한 것들을 내리시니, 기이한 것은 괴이쩍은 것을 만들어내고, 괴이쩍은 것은 非正常을 빚어내니, 비정상이 되면 즉위할 수 없을 것이다. 정벌을 나가게 한 것은 먼저 민중을 운용하는 실력을 우선 살피시고자 함이다. 때문에 태자에게 마음이 떠났음을 알려 준 것이고, 굳고 잔인한 權道를 쓰라는 뜻을 보여준 것이다.122) 반드시 태자의 마음을 싫어하고, 태자의 몸을 해칠 것임을 비친 것이다. 마음에 싫어하게 되면, 반드시 마음속에서 위험에 빠뜨리려 하고, 몸을 해치려 들면 반드시 밖으로 위태로움에 빠지게 한다.123) 위태로움이 안으로부터 일어나고 있으니 어렵겠구나! 또 이 옷은 미친

---

122) 權道를……보여준 것이다 : 마음이 떠났음을 보여준 것은, 偏裻之衣가 좌우가 서로 다른 것을 두고서 마음이 서로 등져 있음을 표현한 것이며, 굳고 모질게 권도를 쓰라는 뜻을 보여 준 것은 金玦을 두고 이른 말이다. 金玦의 金은 차다, 냉정하다의 뜻을 담고 있고 玦은 떠나라는 뜻을 보일 때, 環은 끊어진 인연을 되돌릴 때 쓰던 물품들이며, 權은 일종의 權道를 이르는 말이다. 금결을 주어서 태자가 晉나라를 멀리 떠나는 굳고 모진 權道策을 쓰라는 뜻을 보여준 것이란 말이다. 金玦에 관한 주석은 1993년 暨南大學 간행 《國語譯注辨析》 349면을 따랐다. 《左傳》〈閔公2年〉 기사에도 이에 관한 기사가 약간 보인다.

123) 밖으로……빠지게 한다 : 전쟁에 나가게 하는 일을 이른다.

사람도 입기 싫어할 옷이다. 獻公이 하는 말이 '적을 다 없애고 돌아오라.'고 하였으니, 비록 적을 다 없애더라도 안으로부터의 참소를 어떻게 할 것인가?"

申生이 오랑캐를 이기고 돌아오자 참소하는 말이 안으로부터 일어났다. 군자들이 말하기를 "〈贊은〉 기미를 알았다."고 하였다.

87. 申生伐東山 申生이 東山을 정벌하다

【大義】 太子 申生의 東山 정벌 전후로 나타나는 晉나라 대신들의 서로 다른 여러 대처.

十七年[124]冬에 公使大子로 伐東山하다 里克諫曰 臣聞皐落氏將戰[125]이라하니 君其釋申生也하소서 公曰 行也니라 〈里克〉①對曰 非故②也니이다 君行에 大子居以監國也하고 君行에 大子從以撫軍也어늘 今君居하시고 大子行하니 未有此也니이다 公曰 非子之所知也니라 寡人聞之컨대 立大子之道三하니 身鈞以年[126]이요 年同以愛요 愛疑[127]決之以卜·筮라하니 子無謀吾父子之閒하라 吾以此觀之하리라하고 公不說하다 里克退하야 見大子하니 大子曰 君賜我〈以〉③偏衣·金玦은 何也오 里克曰 孺子[128]는 懼乎잇가 衣躬之偏[129]하고 而握金玦[130]은 令不偸矣니이다 孺子何懼잇가 夫爲人子者는 懼不孝요 不懼不得[131]이니이다 且吾聞之컨대 〈曰〉④敬賢於請이라하니

124) 十七年 : 獻公 17년이니 魯閔公 2년(기원전 660년)이다.

125) 將戰 : 晉나라의 토벌에 순종하여 잘못을 사죄하지 않고 一戰을 벼르고 있다는 말이다.

126) 身鈞以年 : 身鈞은 서로의 덕이 같음이다. 以年은 나이가 많은 사람을 태자로 세운다는 것이다.

127) 愛疑 : 사랑하는 마음이 똑같아 마음에 망설여지는 것이다.

128) 孺子 : 천자·제후·卿의 代를 이을 후계자를 이르는 말이다.

129) 衣躬之偏 : 獻公이 태자에게 내린 반쪽이 서로 다른 옷은, 獻公이 자신의 옷 반쪽을 떼어서 태자에게 입혔다는 말이다.

130) 而握金玦 : 金玦은 兵權의 핵심을 이르는 말이다. 곧 병권의 요체를 태자에게 주었다는 말이다.

131) 不得 : 군주의 자리를 얻지 못함이다. 일설에는 獻公의 마음을 사지 못하는 것이라고 하였다. 그러나 韋昭는 ≪左傳≫ 〈閔公2年〉의 기사에 의거하여 본다면 이 말은

孺子勉之乎인저하니 君子曰 善處父子之閒矣라하다 大子遂行할새 狐突御戎하고 先友爲右132)하다 衣偏衣⑤而佩金玦하고 出而告先友曰 君與我此는 何也오 先友曰 中分而金玦之權133)이 在此行也하니 孺子勉之〈乎〉⑥인저 狐突이 歎曰 以尨⑦衣純하고 而玦之以金銑者134)는 寒〈之〉⑧甚矣니 胡可恃也리오 雖勉之라도 敵〔翟〕其⑨可盡乎아 先友曰 衣躬之偏과 握兵之要는 在此行也하니 勉之而已矣니이다 偏躬無慝이요 兵要遠災며 親以無災하니 又何患焉이니잇가 至於稷桑135)하야 翟人出逆이라 申生欲戰한대 狐突이 諫曰 不可하니이다 突聞之컨대 國君好艾〔外〕⑩136)면 大夫殆하고 好內면 適子殆하며 社稷危라하더이다 若惠於父而遠於死하고 惠於衆而利社稷이면 其可以圖之乎인저 況其危身於翟以起讒於內也잇가 申生曰 不可하다 君之使我는 非歡也요 抑欲測吾心也라 是故로 賜我奇服而告我權이니라 又有甘言焉하니라 言之大甘하니 其中必苦요 譖在中矣라 君故生心이니 雖蝎(할)譖이라도 焉避之리오 不若戰也니라 不戰而反이면 我皋滋厚요 我戰雖⑪死라도 猶有令名焉하리라 果戰⑫하야 敗翟於稷桑而反하니 讒言益起하다 狐突이 杜門不出한대 君子曰 善深謀라하다

〔校勘〕 ① 〈里克〉: 四部備要本에 의거하여 보충하였다.
② 故 : 四部備要本에는 '故'자가 없는데, 있는 것이 옳다.
③ 〈以〉 四部備要本에 의거하여 보충하였다.
④ 〈曰〉: 四部備要本에 의거하여 보충하였다.

태자의 "내가 태자 자리에서 폐위되겠느냐?"고 한 말에 대한 대답이니 군주의 자리를 얻지 못하겠느냐의 뜻으로 보아야 한다고 하였다.

132) 爲右 : 兵車의 오른쪽에 타고서 主將을 보호하는 일을 맡는 사람이다.

133) 中分而金玦之權 : 中分은 偏衣를 달리 이르는 말. 임금 옷의 반쪽을 나누어 주었으니 그것은 임금 권력의 반을 나누어 준 것을 상징하는 것. 金玦之權의 金은 兵權을, 玦은 결단을, 權은 權柄을 상징하니 병권으로 모든 것을 결단할 수 있는 힘을 쥐어 주었다는 뜻이다.

134) 玦之以金銑者 : 玦은 결별이요, 銑은 灑의 뜻이니, 灑灑는 서늘하게 차가운 모양이다. 즉 태자에게 따스하게 정이 가는 생각이 없음을 이른다.

135) 稷桑 : 皐落翟의 지명이다.

136) 艾 : 外의 誤字이다. 음이 서로 비슷하여 빚어진 잘못이다. 好外는 조정에 따로 총애하는 신하가 많은 것이다.

⑤ 偏衣 : 四部備要本에는 '偏之衣'로 되어 있으나 따르지 않는다.
⑥ 〈乎〉 : 四部備要本에 의거하여 보충하였다.
⑦ 尨 : 四部備要本에는 '厖'으로 되어 있는데 통용한다.
⑧ 〈之〉 : 四部備要本에 의거하여 보충하였다.
⑨ 敵〔翟〕其 : 四部備要本에 의거하여 '翟'으로 고쳤다. ≪左傳≫에도 '翟'으로 되어 있다. '其'가 四部備要本에는 없다.
⑩ 艾〔外〕 : 韋昭의 注에 따라 고쳤다. 주석 136)을 참고하라.
⑪ 雖 : 四部備要本에는 '雖'자가 없다.
⑫ 戰 : 四部備要本에는 '戰'자가 없다.

17년 겨울에 獻公이 태자를 시켜 東山을 정벌하게 하였다. 里克이 간하기를 "신이 듣건대 皐落氏가 항전하려 한다 합니다. 임금님께서는 申生을 제외시켜 주십시오." 하니, 공이 말하였다. "가야 한다." 이극이 대답하기를 "역사에 없던 일입니다. 임금께서 출정을 떠나면 태자는 〈서울에〉 남아 국가의 일을 살피거나, 임금께서 출정하여 떠나면 태자가 侍從하여 군사를 慰撫하여 왔습니다. 지금 임금님께서는 남아 계시고 태자는 출정하여 떠나니 이러한 일은 아직까지 있지 않았습니다." 하니, 獻公이 말하였다. "그대가 알 바 아니다. 寡人은 들으니, 태자를 세우는 방법에는 세 가지가 있다 하였다. 德이 서로 같으면 나이로 하고, 나이가 같으면 사랑하는 사람으로 세우고, 사랑하는 마음이 서로에게 망설여질 때는 거북점과 蓍草점으로써 결정한다고 하였다. 그대는 우리 父子 사이의 일에 끼어들어 말하려 하지 말라. 내가 이번 정벌의 일을 가지고 살필 것이다." 獻公이 마음속으로 기뻐하지 않았다. 里克이 물러나와 태자를 만나 뵙자, 태자가 말하기를 "임금께서 나에게 양쪽이 서로 다른 옷〔偏衣〕과 金玦을 내려주신 것은 무슨 뜻입니까?" 하니, 里克이 말하였다. "孺子께서는 두려우십니까? 임금님이 자신의 옷 반쪽을 가져다 입혀 주셨고 兵權의 핵심 要諦를 쥐어주셨으니, 명령이 야박하지 않습니다. 孺子께서는 무엇을 두려워하십니까? 아들 된 사람은 불효를 두려워하고, 군주의 자리를 얻지 못하는 것은 두려워하지 않는다 하였습니다. 또 제가 듣건대, '공경하는 태도가 무엇을 요구하는 것보다 낫다.'고 하였습니다. 유자께서는 힘쓰도록 하십시오!"137) 군자들이 말하기를 "부자의 사이에서 잘 처신하였다."138)고 하였다.

137) 힘쓰도록 하십시오 : 앞에서 말한 孝道와 恭敬을 이른다.
138) 잘 처신하였다 : 임금에게는 태자의 出征을 만류하게 하고 태자에게는 효도와 공경을 힘쓰게 한 것을 이른다.

태자가 드디어 출정할 적에, 狐突이 兵車를 몰고 先友가 수레의 오른쪽을 담당하였다. 태자는 偏衣를 입고 金玦을 차고 나와서 先友에게 말하였다. "임금님께서 나에게 이런 것들을 주신 것은 어째서일까?" 선우가 말하기를 "임금님 옷의 반쪽을 나누어 주심과 병권의 핵심 權柄을 쥐도록 허락한 것이 이번 출정에 달려 있으니 孺子께서는 힘쓰도록 하십시오!" 하자, 狐突이 탄식하여 말하였다. "雜色을 순수한 덕을 지닌 태자에게 입히고 결별의 뜻을 금속의 차가움으로 보인 것은 너무 냉정한 것이다. 어찌 믿을 수 있겠느냐? 아무리 노력한다 하더라도 翟(오랑캐)을 다 없앨 수 있겠는가?" 先友가 말하였다. "임금님이 자신의 옷 반쪽을 가져다 입혀 주셨고 병권의 핵심 요체를 쥐어 주셨으니 이번 출정에 달려 있습니다. 노력할 뿐입니다. 임금님의 반쪽 옷을 입혀 주신 것에 악의가 없고 兵權의 핵심 요체를 쥐어주신 것은 재앙을 멀게 하시려는 생각에서 입니다. 옷으로 친근함을 보이고 병권을 주어 재앙을 없게 하시려 하였으니 또 무엇을 근심하겠습니까?"

稷桑에 이르자 皐落翟의 사람들이 나와 대항하였다. 申生이 싸우려 하자 호돌이 간언하기를 "안 됩니다. 제가 듣건대 '나라 임금이 밖으로 총애하는 신하가 있으면 大夫가 위태롭고, 안으로 총애하는 여인이 있으면 맏아들이 위태롭고, 社稷이 위태해진다.' 하였습니다. 만일 아버지 〈마음에〉 순응하면서 죽음에서도 멀어지고, 민중을 은혜롭게 하면서 사직을 이롭게 할 수 있는 것[139]이라면 도모해 볼 만한 일일 것입니다. 하물며 오랑캐에게 몸을 위태롭게 하며 참언을 안에서 일어나도록 하는 일에 비길 수 있는 일이겠습니까?" 하니, 申生이 말하였다. "안 된다. 임금께서 나를 시킨 것은 사랑해서가 아니고, 또한 내 마음을 헤아려 보려고 함에서이다. 그러므로 나에게 기이한 옷을 내려 주시고 나에게 兵權의 權柄을 넌지시 일러 주신 것이다.[140] 또 달콤한 말[141]이 있으셨다. 너무 달콤한 말은 그 속에 반드시 쓴 것이 담겨 있다. 참소의 말이

---

139) 아버지 〈마음에〉……할 수 있는 것 : 이는 狐突이 태자에게 亡命을 권유하는 말이다. 지금 여기에서 전쟁을 그만두고 망명을 선택하게 되면 아버지 獻公이 奚齊를 세우고자 하는 마음에 순응하게 되고, 전쟁을 하지 않음으로써 민중을 은혜롭게 대하는 일이 되고, 또 태자 자리를 두고 다툼을 벌이지 않아 社稷에 이롭다는 말이다.

140) 기이한 옷을……일러 주신 것이다 : 기이한 옷은 偏裻이고, 兵權의 權柄은 金玦을 두고 이르는 말이다.

141) 달콤한 말 : 申生이 떠나려 할 때 獻公이 좋은 말로 위로해 준 것을 이른다.

궁중에 퍼져 있어 임금님께서 이런 생각을 내신 것이다. 비록 나무 좀벌레가 파먹는 것같이 참소하더라도 어찌 피하겠느냐? 싸우는 것만 못하다. 싸우지 않고 돌아가게 되면 내 죄가 더욱 커질 것이고, 내가 싸우게 되면 비록 죽더라도 오히려 아름다운 명예가 남을 것이다."

마침내 전투를 벌여 稷桑에서 오랑캐를 패배시키고 돌아왔다. 참언이 더욱 일어나 호돌이 문을 닫고 나가지 않자, 군자들이 말하기를 "훌륭한 深謀遠慮이다."라고 하였다.

國語 제8권

晉語 二

88. 驪姬譖殺太子申生 驪姬가 太子 申生을 참소하여 죽이다

【大義】 驪姬가 太子 申生을 참살하는 과정에서 벌이는 여러 일들, 곧 獻公이 명확하게 申生을 죽이겠다는 말을 하도록, 重臣들이 방해하지 못하도록, 申生에게 죄를 뒤집어 씌울 수 있는 제사 음식을 가져오도록, 申生을 스스로 자살하도록, 여러 公子들이 망명하도록 하는 일련의 치밀한 전개를 그림처럼 보여 준다.

反自稷桑1)하야 處五年2)에 驪姬謂公曰 吾聞申生之謀3)愈深이라호이다 日에 吾固告君曰得衆①호니 衆弗利면 焉能勝翟이리잇가 今矜翟之善하야 其志益廣을 狐突不順이라 故不出이니이다 吾聞之컨대 申生甚好信而彊하고 又失言於衆矣라 雖欲有退나 衆將責焉하야 言不可食이오 衆不可弭라 是以深謀라하니 君若不圖면 難將至矣리이다 公曰 吾不忘也나 抑未有以致罪焉이니라 驪姬告優施曰 君旣許我殺大子하고 而立奚齊矣니라 吾難里克하니 奈何오 優施曰 吾來里克은 一日而已니 子爲我具特羊4)之饗하면 吾以從之飮(임)酒하리라 我는 優也니 言無郵니이다 驪姬許諾하고 乃具하야 使優施飮里克酒하다 中飮에 優施起舞하며 謂里克妻曰 主孟5)啗我하라 我教玆6)暇豫事

1) 稷桑 : 稷桑은 7권 끝의 '申生伐東山'章을 참고하라.

2) 處五年 : 직상의 전투에서 돌아온 지 5년이 지난 것을 이르니 晉獻公 21년이고 魯僖公 4년(기원전 656년)에 해당한다.

3) 申生之謀 : 申生이 아버지 獻公을 시해하려는 계책을 이른다.

4) 特羊 : 羊 한 마리를 이른다. 짐승을 셀 때 特은 한 종류의 한 마리, 牢는 두 종류의 각기 한 마리, 太牢는 牛・羊・豕를 각기 갖춘 것을 이른다.

5) 主孟 : 主는 大夫의 妻를 지칭하는 말이다. 孟에 대해서는 세 가지 주장이 있는데 첫째, 韋昭는 里克의 아내의 字라고 하였다. ≪禮記≫ 〈曲禮〉에 "여자는 시집가게 되면 비녀

君하리라하고 乃歌曰 暇豫之吾吾(어어)[7]여 不如鳥烏[8]로다 人皆集於菀이어늘 己獨集於枯[9]로다 里克笑曰 何謂菀이며 何謂枯오 優施曰 其母爲夫人하고 其子爲君이니 可不謂菀乎아 其母旣死하고 其子又有謗하니 可不謂枯乎아 枯且有傷하리라하다

優施出커늘 里克辟奠하고 不飧而寢이라가 夜半에 召優施曰 曩而言은 戲乎아 抑有所聞之乎아 曰然하다 君旣許驪姬殺大子하고 而立奚齊하야 謀旣成矣니라 里克曰 吾秉[10]君以殺大子는 吾不忍이요 通復故交[11]도 吾不敢이니 中立[12]이면 其免乎아 優施曰 免이니이다

旦而里克이 見丕鄭曰 夫史蘇之言[13]이 將及矣니라 優施告我하야 君謀成矣라 將立奚齊라호라 丕鄭曰 子謂何오 曰吾對以中立이로라 丕鄭曰 惜也로다 不如曰不信이라하야 以疏之며 亦固大子하야 以攜之며 多爲之故하야 以變其志니라 志少疏라야 乃可閒也어늘 今子曰中立이라하야 況固其謀〈也〉②로다 彼有成矣면 難以得閒이니라 里克曰 往言은 不可及〈也〉③니라 且人[14]中心에 唯無忌之하니 何可敗也리오 子將何如오 丕

를 꽂고 字를 부른다.〔女子許嫁 笄而字〕"라고 하여 여자가 시집을 가면 字를 부르는 것이 예로 규정되어 있음이 그 증거이다. 둘째 孟은 盍자와 통용하는 글자이니 '부인께서는 어찌 나에게 마시도록 권하지 않습니까?'라는 뜻이다. 셋째 孟은 且자의 뜻으로 '부인께서는 우선 저에게 음식을 대접해 주십시오.'라고 해야 한다는 것이다. 1993년 暨南大學 간행 ≪國語譯注辨析≫ 355면.

6) 玆 : 里克을 이른다.

7) 吾吾 : 용감히 다가서서 서로 친하게 지내지 못하는 모양이다. 곧 머뭇거리며 배회하는 모양이다.

8) 烏烏 : 까마귀이다.

9) 暇豫之吾吾 不如鳥烏 人皆集於菀 己獨集於枯 : 노래 가사이다. 이 노래 가사의 烏와 枯는 가사의 韻字이다.

10) 秉 : 잡다, 받들다의 뜻이다.

11) 通復故交 : 復은 아뢰다, 알리다의 뜻이고, 故交는 예전에 사귀던 사람이니 곧 태자를 이른다. 예전에 서로 알고 지냈던 태자에게 이 소식을 알린다는 말이다.

12) 中立 : 獻公의 뜻도 따르지 않고 태자를 돕지도 않는다는 말이다.

13) 史蘇之言 : 獻公이 驪戎을 치려할 적에 친 占卦를 풀이한 史蘇의 '勝而不吉 云云'한 말들을 이른다. 위 7권 '獻公卜伐驪戎勝而不吉'章을 참고하라.

14) 且人 : 驪姬를 이른다.

鄭曰 我無心[15]호라 是故事君者는 君爲我心이요 制不在我니라 里克曰 殺君以爲廉하야 長廉以驕心하고 因驕以制人家는 吾不敢이요 抑撓志以從君하야 爲廢人以自利也하고 利方以求成人[16]도 吾不能이니 將伏也라하고 明日에 稱疾不朝러니 三旬에 難[17]乃成하다

驪姬以君命으로 命申生曰 今夕에 君夢見④齊姜[18]하니 必速祠而歸福[19]하라 申生許諾하고 乃祭於曲沃[20]하고 歸福於絳[21]이러니 公田이라 驪姬受福하야 乃寘鴆[22]於酒하고 置堇[23]於肉이라가 公至에 召申生獻한대 公祭之地[24]하니 地墳이라 申生恐而出이어늘 驪姬與犬肉한대 犬斃하고 飮(임)小臣[25]酒한대 亦斃라 公命殺杜原款[26]하니 申生奔新城[27]하다 杜原款將死에 使小臣圉하야 告於申生曰 款也不才하고 寡知不敏하야 不能敎導하야 以至於死호이다 不能深知君之心度하야 棄寵[28]求廣土而竄伏焉하고 小心狷介하야 不敢行也라 是以言至而無所訟之〈也〉⑤오 故陷於大難하야 乃

---

15) 我無心 : 나는 아무런 마음이 없다. 곧 나는 모든 것을 임금 하자는 대로 따르는 사람이라는 말이다.

16) 利方以求成人 : 方은 길, 방법을 이른다. 곧 좋은 방법으로 남을 이루어 주는 것을 구하는 것을 이른다. 여기에서 남은 奚齊를 이르는 말이다.

17) 難 : 申生이 죽고 두 公子가 축출당한 일을 이른다.

18) 齊姜 : 申生의 어머니로, 齊桓公의 딸이다.

19) 歸福 : 제사 지내고 돌리는 제사 고기와 술 등을 이른다. 歸는 饋의 뜻이다.

20) 曲沃 : 晉나라 獻公의 조상 사당이 모셔진 곳이다.

21) 絳 : 晉나라의 수도이다.

22) 鴆 : 새 이름. 독이 많아 이 새의 깃털을 술에 담갔다 먹으면 그 자리에서 사람이 죽는다고 한다.

23) 堇 : 우리말로는 바곳이라 하고 한자로는 附子, 또는 烏頭라고 한다. 삶은 물이 死藥으로 쓰인다.

24) 祭之地 : 술을 먹기에 앞서 땅에 붓는 행위로 조상에게 감사를 표하는 의식이다.

25) 小臣 : 궁중의 宦官이다.

26) 杜原款 : 태자 申生의 스승이다.

27) 新城 : 태자가 머무르고 있는 曲沃이다. 새로 태자를 위해 쌓은 城이라 하여 붙여진 이름이다.

28) 棄寵 : 사랑하는 것을 버리라는 말이니, 곧 태자 자리를 버리라는 것이다.

逮於讒호이다 然款也不敢愛死하야 唯與讒人으로 均⑥是惡也로이다 吾聞君子는 不去情하고 不反讒이라하니 讒行身死可也니 猶有令名焉이니이다 死不遷情은 彊也요 守情說父는 孝也요 殺身以成志는 仁也요 死不忘君은 敬也니 孺子勉之어다 死必遺愛하야 死民之思 不亦可乎잇가 申生許諾하다

人謂申生曰 非子之罪어늘 何不去乎잇가 申生曰不可하다 去而罪釋이면 必歸於君이니 是惡君⑦也니라 章父之惡하야 而〈取〉⑧笑諸侯면 吾誰鄉而入고 內困於父母하고 外困於諸侯는 是重困也요 棄君去罪는 是逃死也니라 吾聞之컨대 仁不惡⑨君이요 知不重困이요 勇不逃死라하니라 若罪不釋이면 去而必重이니 去而罪重은 不知요 逃死而惡君은 不仁이요 有罪不死는 無勇이니라 去而厚惡이며 惡不可重이요 死不可避니 吾將伏以俟命하리라

驪姬見申生하고 而哭之曰 有父忍之온 况國人乎아 忍父而求好人이면 人孰好之며 殺父以求利人이면 人孰利之리오 皆民之所惡也니 難以長生이니라하고 驪姬退하니 申生乃雉經[29]於新城之廟하다 將死에 乃使猛足言於狐突曰 申生有罪호니 不聽伯氏[30]라가 以至於死호이다 申生不敢愛其死나 雖然吾君老矣요 國家多難하니 伯氏不出이면 奈吾君何오 伯氏苟出하야 而圖吾君이면 申生受賜以至於死[31]니 雖死何悔리잇가 是以謚爲共君[32]하다 驪姬旣殺大子申生하고 又譖二公子曰 重耳・夷吾與(예)知共君之事니이다하니 公令奄⑩楚[33]刺重耳러니 重耳逃於翟하고 令賈華刺夷吾러니

29) 雉經 : 목매달아 죽는 것을 이른다.

30) 伯氏 : 狐突을 이르는 말. 호돌의 字가 伯行이어서 그렇게 부르는 것이다. 말을 듣지 않은 것은 7권 끝장 '申生伐東山'章에서 호돌이 망명을 권유한 것을 이른다.

31) 受賜以至於死 : 王引之는 그의 저서 《經義述聞》에서 至於 두 글자는 바로 위의 '不聽伯氏以至於死'의 至於 두 글자가 잘못 여기에 중복되어 쓰인 衍文이라고 주장하였다.

32) 共君 : 共은 恭과 같다. 恭자를 쓴 이유를 韋昭는 謚法에서 정하고 있는 '잘못을 저질렀다가 잘 고친 것〔旣過能改〕'의 덕목과 합당하여 올린 것이라 하였다. 1993년 暨南大學 간행 《國語譯注辨析》 359면에는 '공경과 순리로 임금을 받들었다.〔敬順事上〕'의 덕목에 합치하여 쓴 것이라 하였다.

33) 奄楚 : 환관 楚이며 楚는 伯楚를 줄여 이르는 말이다. 다른 책에서 寺人 披로 일컬어

夷吾逃於梁하다 **盡逐羣公子**하고 **乃立奚齊焉**하다 **始爲令**하야 **國無公族**34)**焉**하다

〔校勘〕 ① 日吾固告君曰得衆 : 四部備要本에는 '日吾固告君日得衆'으로 되어 있는데 뜻은 크게 다르지 않다.
② 〈也〉 : 四部備要本에 의거하여 보충하였다.
③ 〈也〉 : 四部備要本에 의거하여 보충하였다.
④ 見 : 四部備要本에는 '見'자가 없다.
⑤ 〈也〉 : 四部備要本에 의거하여 보충하였다.
⑥ 均 : 四部備要本에는 '鈞'으로 되어 있는데 통용한다.
⑦ 惡君 : '惡'이 四部備要本에 '怨'으로 되어 있다. 이어지는 글에서 章父之惡 이외의 '惡'자는 四部備要本에 모두 '怨'자로 되어 있으나 공서본을 따라 '惡'을 따른다.
⑧ 〈取〉 : 四部備要本에 의거하여 보충하였다.
⑨ 惡 : 四部備要本에는 '怨'으로 되어 있다. 아래도 같다.
⑩ 奄 : 四部備要本에는 '閹'으로 되어 있는데 통용한다.

稷桑으로부터 돌아와서 5년이 지났다. 驪姬가 獻公에게 말하기를 "저는 들으니 申生이 임금님을 해치려는 꾀가 더욱 치밀해졌다고 합니다. 전날에 제가 임금님께 그가 민중의 마음을 사고 있음에 대해서 말씀드렸었습니다. 〈민중들이 태자를 위해서 싸우는 것을〉 이롭게 생각하지 않았다면 어떻게 東山의 오랑캐를 이겼겠습니까? 지금 동산 오랑캐와의 싸움에서 군대를 잘 운용한 것을 자랑스럽게 여기고서 그 뜻이 더욱 커지자 狐突이 이를 불순하게 여겨 杜門不出하고 있습니다. 제가 듣자 하니 申生은 매우 信義를 실행하는 것을 좋아하고 强靭하다 합니다. 그런 터에 대중들에게 失言하여,35) 비록 말을 물리고자 하여도 민중들이 장차 힐책할 것 같아 이미 한 말을 거둬들일 수도 없고, 민중들의 바람을 중지시킬 수도 없어 이리하여 치밀하게 계책을 꾸민다 하였습니다. 임금님께서 만약 도모하지 않으시면 장차 어려움이 닥칠 것입니다." 하니, 獻公이 말하였다. "나도 잊지 않고 있다. 그러나 治罪할 만한 일이 아직 있지 아니하다."

지는 사람으로 披는 이름이고 伯楚는 그의 字이다.

34) 公族 : 제후의 아들을 公子라 하고 손자를 公孫이라 하니, 公子와 公孫이 곧 公族이다.

35) 대중들에게 失言하여 : 아버지 獻公을 죽이고 임금이 되겠다고 말한 것이다. 물론 驪姬가 太子 申生을 모함하여 꾸민 말이다.

驪姬가 優施에게 고하여 말하기를 "진작에 임금께서 나에게 太子를 죽이고 奚齊를 세우겠노라고 허락하셨다. 그러나 내 입장에서는 里克이 어렵게 생각되니 어찌했으면 좋겠느냐?" 하니, 優施가 말하였다. "내가 里克을 우리 편으로 돌아오게 하는 것은 하루면 됩니다. 당신께서 나를 위해 羊 한 마리로 宴享을 준비해 주신다면 내가 그 집으로 찾아가 술을 대접하겠습니다. 나는 광대라서 아무 말이고 실수될 것이 없습니다." 驪姬가 허락하고서 이내 음식을 장만하여 優施로 하여금 里克에게 술을 대접하게 하였다. 술이 반쯤 취하였을 적에 우시가 자리에서 일어나 춤을 추면서 里克의 妻에게 일러 말하기를 "主孟은 나에게 한 잔 마시도록 권해 주십시오. 내가 里克에게 한가롭고 즐겁게 임금을 섬길 수 있도록 해 드리겠습니다." 하고서는, 노래를 불렀다. "한가하고 즐거운 길을 머뭇거리며 다가서지 못함이여! 까마귀의 지혜만도 못하도다. 사람들은 울창한 숲에 모여들거늘 자기는 홀로 마른 가지에 앉아 있도다." 하고 노래를 부르자, 里克이 웃으면서 말하였다. "무엇을 울창하다고 하며, 무엇을 마른 가지라고 말하느냐?" 優施가 말하기를 "그 어머니는 夫人이 되었고 그 아들은 임금이 될 것이니 울창하다고 말할 수 있지 않겠습니까? 그 어머니는 이미 죽었고 그 아들은 또 비방을 받고 있으니 마른 가지라고 말할 수 있지 않겠습니까? 말라 시들어졌으니 곧 베어질 것입니다." 하였다.

優施가 술자리를 끝내고 나가자 里克이 차려진 음식들을 밀쳐 두고 저녁밥도 먹지 않고서 잠자리에 들었다가, 밤중에 優施를 불러 말하기를 "아까 너의 말은 희롱으로 한 말이냐? 아니면 들은 바가 있어서이냐?" 하니, 〈優施가〉 말하였다. "들었습니다. 임금께서 진작에 驪姬에게 太子를 죽이고 奚齊를 세우겠다고 허락하여 계책이 이미 정해졌습니다." 里克이 말하기를 "내가 임금의 뜻을 받들어 태자를 죽이는 일도 나로서는 차마 할 수 없고, 예전에 알고 지냈던 太子에게 통하여 알리는 일도 내가 감히 할 수 없다. 中立하여 있으면 내가 화를 면할 수 있겠느냐?" 하니, 優施가 말하였다. "면할 것입니다."

아침이 되자 里克이 丕鄭을 만나서 말하기를 "저 史蘇가 했던 말이 곧 닥칠 것 같습니다. 優施가 나에게 말하기를 '임금의 계책이 이미 정해져 장차 奚齊를 세울 것입니다.' 하였소." 하니, 丕鄭이 말하기를 "그대는 무엇이라고 말하였소?" "나는 中立하여 있겠다고 대답하였소." 하니, 丕鄭이 말하기를 "애석하다! 그런 말은 믿을 수 없는 말이라고 대답하여서 저들의 책략을 시들해지게 하고, 또 太子의 형세를 공고히 하면서 저들 사이를 벌려 놓고, 그에 대비한 많은 계략들을 써서 저들의 생각을 변하게 하느니만 못하였소. 가진 생각이 조금이라도 시들해져야 이에 이간시킬 수 있습니다. 지금 당신이 중립하여 있겠다고 말한 것은 더욱 저들의 계책을 굳건하게 해 준 것이오. 저들의 계책이 확정되면 이간질하기가 어려울 것이오." 하였다. 里克이 말하기를 "이미 쏟아낸 말이라 되돌릴 수 없소. 또 저 驪姬의 마음속에는 아무것도 꺼리는 것이 없으니, 무엇으로 좌절시킬 수 있겠소! 당신은 어떻게 하시겠소?" 하니, 丕鄭이 말하였다. "나는 아무런 주장하는 생각이 없소. 임금을 섬기는 자는 임금의 마음을 내 마음으로 삼아야 하오. 결정의 판단도 자신이 가져서는 안 되오." 里克이 말하기를 "임금 弑害하는 것을 淸廉이라 생각하고서 그 청렴성을 키워 마음을 교만하게 갖고 그 교만한 마음으로 남의 집안일을 판단하여 결정하려는 것은 내가 감히 할 수 없소. 또한 자신의 뜻을 굽히고 임금의 뜻에 따라 남을 廢黜시켜 자신을 이롭게 하는 일이나 좋은 방법을 가지고 태자 자리를 차지하도록 찾아주는 일도 나는 할 수 없소. 앞으로는 숨어 살겠소." 하고, 다음 날 병을 핑계하고 朝會에 나가지 않더니, 30일 만에 난리가 일어났다.

驪姬가 임금의 명령이라면서 申生에게 명하여 말하기를 "오늘 저녁 임금님이 꿈에서 齊姜을 보았다 하시니 반드시 빨리 제사를 지내고 제사 음식을 보내오도록 하라." 하였다. 申生이 허락하고 이내 曲沃에서 제사를 지내고 제사 음식을 絳에 보냈다. 〈그때〉 獻公이 사냥 중이어서 驪姬가 제사 음식을 받아서는 술에는 鴆毒을 타고, 고기에는 바곳의 독을 넣어두었다. 獻公이 돌아오자 申生을 불러서 제사 음식들을 바치게 하였는데 獻公이 술을 땅에 부으니 땅이 부풀어 올라, 申生이 두려움에 자리에서 빠져나갔다. 驪姬가 개에게 고기를 주자 개가 즉사하고, 小臣에게 술을 마시게 하자 역시 쓰러져 죽었다. 獻公이 杜原款을 죽이라고 명령하니 申生이 新城으로 달아났다. 杜原款이 죽으려면서 小臣 圉를 시켜 申生에게 고하도록 하여 말하기를 "款은 재주도 없고 지혜도 하찮고 영민하지도 못하여 잘 教導해 드리지 못하고 죽음에 빠지시도록 하였습니다. 임금님의 마음을 깊이 알아차려, 태자 자리를 버리고 넓은 아무 땅이나 구하여 달아나 숨지 못하였으며, 좁은 생각과 분수에 옹졸하게 얽매여 감히 함께 망명의 길을 떠나는 일도 못하였습니다. 이 때문에 참소의 말이 이르렀을 적에 辨白의 길을 찾지 못하고 큰 어려움에 빠져 참소에 희생되는 데에 이르게 되었습니다. 그러나 款은 감히 죽음을 애석히 여겨 참소하는 자들과 똑같이 악한 사람이 되는 짓은 못합니다. 제가 듣건대 군자는 忠愛의 情을 버리지 않고 참소를 반박하지 않는다고 하였습니다.

참소가 행해져 몸이 죽는 것은 당연한 일로 오히려 아름다운 이름이 남을 것입니다. 죽어도 忠愛의 情을 바꾸지 않는 것은 마음이 굳센 것이요, 忠愛의 情을 지켜서 아버지를 기쁘게 하는 것은 효성이요, 한 몸을 바쳐 뜻을 이루는 것은 仁이요, 죽으면서도 君主를 잊지 않는 것은 敬입니다. 孺子는 힘쓰도록 하십시오. 죽으면서도 반드시 사랑이 후세에 끼쳐지게 하여, 죽어서도 백성들이 그리워 생각하도록 하는 것이 옳지 않겠습니까?" 하니, 申生이 허락하였다.

어떤 사람이 申生에게 말하기를 "당신의 죄가 아닌데 왜 떠나지 않습니까?" 하니, 申生이 말하였다. "그것은 옳지 않다. 내가 떠나서 죄가 해명된다면 반드시 그 잘못이 임금에게 돌아갈 것이다. 이는 임금을 악독하게 만드는 일이다. 아버지의 악독이 드러나 제후에게 웃음거리가 되면 내가 어느 곳으로 亡命할 수 있겠느냐? 안으로 부모에게 곤경한 처지로 내몰리고, 밖으로 제후들에게 곤경한 처지가 되면 이중으로 곤경에 내몰리는 것이며, 임금을 버리고 죄에서 도망치는 것은 죽음에서 도망치는 행위이다. 나는 듣건대 '어진 사람은 임금을 악독하게 하지 않고 지혜로운 사람은 이중 곤경에 몰리지 않고 용기 있는 사람은 죽음에서 도망치지 않는다.'고 하였다. 만약 죄가 해명되지 않으면 도망감으로써 반드시 죄가 무거워질 것이니 도망가서 죄가 무거워지게 하는 것은 지혜롭지 못한 일이요, 죽음에서 도망쳐 임금을 악독하게 하는 것은 어질지 못한 일이요, 죄가 있는데 죽지 않는 것은 용맹스럽지 못한 일이다. 도망가는 일은 악을 더 많아지게 하는 것이니 악을 가중시킬 수도 없고, 죽음을 피할 수도 없으니 나는 앉으로 잠자코 명령을 기다리겠다."

驪姬가 申生을 보고 울면서 말하기를 "아버지에게도 차마 못할 짓을 하는데 하물며 나라 사람이겠는가? 아버지에게 차마 못할 짓을 하면서 백성들에게 好人으로 비치기를 구하면 백성 누가 좋은 사람이라 할 것이며 아버지를 죽이면서 사람들에게 이로운 사람으로 비치기를 구한다면 사람들 누가 이로운 사람이라 여기겠는가? 모두 백성들이 미워하는 일이니 목숨을 길이 누리는 것은 어려울 것이다." 하였다. 驪姬가 물러가자 申生이 이에 新城의 祠堂에서 목매어 죽었다. 죽으면서 이에 猛足을 시켜 狐突에게 말하기를 "申生에게는 죄가 있습니다. 伯氏의 말을 듣지 않다가 죽음에 이르게 되었습니다. 申生은 감히 죽음을 아까워하지는 않습니다. 그렇지만 우리 임금께서 노쇠하시고, 국가에 어려움이 많습니다. 伯氏께서 벼슬에 나오지 않으시면 우리 임금님은 어찌하겠습니까? 伯氏께서 진실로 벼슬에 나와 우리 임금을 위하여 일해 주신다면 申生은 은혜를 받고서 죽음으로 나아가는 것이 될 것입니다. 비록 죽는다 하더라도 무슨 후회가 있겠습니까?" 하였다. 이런 일들로 인해서 시호를 共(恭)君이라 하였다.

驪姬가 太子 申生을 죽이고서 또 두 사람의 公子를 참소하여 말하기를 "重耳와 夷吾가 共君의 일에 참여하여 알고 있었습니다." 하니, 獻公이 환관 楚에게 명령하여 重耳를 찔러 죽이라 하니 重耳가 翟으로 달아나고, 賈華에게 명령하여 夷吾를 찔러 죽이라 하니 夷吾가 梁나라로 달아났다. 여러 公子들을 다 나라 밖으로 내쫓고서 이내 奚齊를 세웠다. 처음으로 法令을 만들어서 국내에 公族이 살 수 없게 하였다.

89. 公子重耳夷吾出奔 공자 重耳와 夷吾가 망명하다

【大義】 쫓기는 重耳와 夷吾의 현재의 처지와 뒷날을 고려한 망명국 선택의 기준.

二十二年[36]에 公子重耳出亡[37]하야 及柏谷[38]하야 卜適齊楚하다 狐偃[39]曰無卜焉이니이다 夫齊楚는 道遠而望大[40]하야 不可以困往이니이다 道遠難通이요 望大難走며 困往多悔니 困且多悔라 不可以走望이니이다 若以偃之慮론 其翟乎인저 夫翟은 近晉而不通하고 愚陋而多怨하며 走之易達이니 不通은 可以竄惡이요 多怨은 可以①共憂니 今若休憂於翟하야 以觀晉國하고 且以監諸侯之爲면 其無不成이니이다 乃遂之翟하다 處一年에 公子夷吾亦出奔曰 盍從吾兄하야 竄於翟乎아 冀芮[41]曰 不可니이다 後出同走[42]면 不免於罪요 且夫偕出이라도 偕入은 難이오 聚居異情[43]은 惡이니

---

36) 二十二年 : 晉獻公 22년이니 魯僖公 5년(기원전 655년)이다.

37) 重耳出亡 : 獻公이 寺人 披를 시켜 重耳가 머물고 있는 蒲城을 토벌하게 하자 공자 重耳가 망명길에 오른 것이다.

38) 柏谷 : 지금 河南省 靈寶縣 남서쪽의 朱陽鎭이다. 당시 晉나라의 땅이었다.

39) 狐偃 : 공자 重耳의 외삼촌이다. 字는 子犯이며, 狐突의 아들이다. 중이의 19년 망명길을 곁에서 도운 참모이기도 하다.

40) 望大 : 바라는 욕심이 크다는 것은 그들 두 나라가 천하 제후들로부터 朝貢을 받아 霸諸侯하는 일이나 생각하고 있다는 말이다.

41) 冀芮 : 진나라의 大夫이다. 본래 성명은 郤芮이나 그의 食邑이 冀여서 冀芮라고 이른 것이다. 夷吾가 돌아와 임금 자리에 오른 뒤 卿이 되었으나 文公〔重耳〕을 죽이려다 秦穆公의 꾀임에 빠져 죽임을 당하였다.

不若走梁이니이다 梁近於秦하고 秦親吾君44)이어늘 吾君老矣니 子往이면 驪姬懼하야 必援於秦이며 以吾存也로 且必告悔니 告悔②면 是吾免也니이다 乃遂之梁하다 居二年에 驪姬使奄楚로 以環釋言45)하고 四年에 復爲君46)하다

〔校勘〕 ① 以 : 四部備要本에는 '與'자로 되어 있는데, '以'와 '與'는 옛날에 통용하였다.
② 告悔 : 四部備要本에는 이 두 글자가 없다.

獻公 22년에 公子 重耳가 도망쳐 나오다 柏谷에 이르러서 齊나라로 갈 것인지 楚나라로 갈 것인지를 점쳤다. 狐偃이 말하기를 "점칠 것도 없습니다. 저 齊나라와 楚나라는 길도 멀고 바라는 바가 커서, 곤궁한 처지로 찾아갈 수 있는 나라가 아닙니다. 길이 멀어서 이르러 가기도 어렵고, 바라는 바가 커서 달아나 歸依하기도 어려우며, 곤궁한 처지에서 찾아갔다가는 후회할 일이 많을 것입니다. 곤궁한 처지에다 또 후회할 일도 많을 나라에 도망가서 그들의 도움을 바랄 수는 없습니다. 저 偃의 소견으로는 翟나라로 가야 한다고 생각합니다. 翟나라는 晉나라에 가까우면서도 서로 왕래하지 않고, 사람들이 어리석고 생각이 촌스러워 원한을 산 나라들이 많습니다. 그곳으로 달아난다면 도착하기 쉽고, 왕래하지 않고 있어 저들의 毒手에서 도망쳐 숨을 수 있고, 원한을 사고 있는 나라가 많아 그 나라와 근심을 함께 할 수 있습니다. 지금 만약 적나라로 가서 근심을 잠재우면서 晉나라가 어떻게 되어 가는지 살피고 또 한편으로 제후들의 동정을 엿본다면, 이루지 못할 것이 없을 것입니다." 하니, 이에 마침내 적나라로 갔다.

翟나라에 거처한 지 1년 만에 공자 夷吾도 망명길에 나섰다. 말하기를 "어찌 우리

---

42) 同走 : 同謀하여 奚齊를 시해하려 한다는 혐의를 받을 수 있다는 뜻이다.

43) 異情 : 重耳와 夷吾가 각기 귀국하여 임금이 되고자 하는 서로 다른 생각을 갖는 것을 이른다.

44) 秦親吾君 : 秦穆公의 부인이 晉獻公의 딸이어서 이른 말이다.

45) 以環釋言 : 環은 玉으로 만든 둥그런 고리이다. ≪荀子≫ 〈大略〉篇에 '絶人以玦 反絶以環'이라 하여 "남과 절교할 때 한쪽이 터진 고리〔玦〕를 주고, 절교한 것을 뒤집고자 할 때는 둥그런 고리〔環〕를 준다."고 하였다. 곧 夷吾와의 단절을 회복하자는 뜻에서 驪姬가 이 環을 보낸 것이다. 韋昭는 環은 還의 뜻이라고 하였다.

46) 四年復爲君 : 夷吾가 梁나라로 망명한 지 4년 만이니 魯僖公 9년(기원전 651년)이다. 이 해에 晉獻公이 죽자 이오가 秦穆公의 도움을 받아 귀국하여 卽位하였다.

형을 따라 적나라로 가서 숨지 않으리오." 하니, 冀芮가 말하였다. "옳지 않습니다. 나중에 망명길에 오르면서 같은 나라로 도망치는 것은, 同謀의 죄를 면할 수 없는 일입니다. 또한 한 나라로 함께 망명하였다 하더라도 함께 입국하는 것은 어려운 일이고, 함께 모여 살면서 서로 다른 생각을 갖는 것은 의리상 좋지 못한 일입니다. 梁나라로 달아나느니만 못합니다. 양나라는 秦나라에서 가깝고 秦나라는 우리 임금과 친합니다. 우리 임금이 늙었으니 당신께서 양나라로 가면 驪姬는 두려워서 반드시 秦나라에 구원을 요청할 것이며 우리가 지금 양나라에 머무르면서 秦나라에 의존하고 있는 까닭에 驪姬는 반드시 뉘우치는 말을 〈秦나라에〉 할 것입니다. 뉘우치는 말을 秦나라에 하게 된다면 우리는 죄를 면한 것이 될 것입니다." 이에 梁나라로 갔다. 양나라에 머문 지 2년 만에, 驪姬가 宦官 楚를 시켜서 玉環을 가지고 解明하는 말을 전해 오고, 양나라에 거처한 지 4년 만에 晉나라로 돌아와 임금이 되었다.

90. 虢將亡舟之僑以其族適晉 虢나라가 망하려 하자 舟之僑가 집안을 거느리고 晉나라로 가다

【大義】 自慢한 君主의 자신만이 옳다고 하는 판단이 빚어내는 국가의 불행 속에 충직한 신하의 어쩔 수 없는 선택.

虢公[47)]夢在廟러니 有神人面白毛虎爪요 執鉞하고 立於西阿[48)]라 公懼而走한대 神曰 無走하라 帝命曰使晉襲於爾門이니라 公이 拜稽首하다 覺(교)하야 召史嚚占之하니 對曰 如君之言이면 則蓐收[49)]也니 天之刑神也오 天事官成[50)]이니이다 公使囚之하고 且使國人賀夢하다 舟之僑[51)]告其諸①族曰 衆謂虢亡②不久를 吾乃今知之로이다 君

---

47) 虢公 : 虢나라의 군주이니 周나라 王季의 아들이자 文王의 아우인 虢仲의 후손인 虢醜이다.

48) 阿 : 추녀다. 汪遠孫의 ≪國語明道本攷異≫에 "≪太平御覽≫ 〈神鬼部〉에서 이 글을 인용하며 西阿之下라고 썼다." 하였다.

49) 蓐收 : 西方을 맡아 다스리는 神. 서방은 五行에서 가을이고 가을은 肅殺을 상징하는 데에서 刑神이라 이른 것이다.

50) 天事官成 : 하늘이 재앙이나 복을 내리고자 하면 五方을 관장하고 있는 신을 상징으로 내세워 먼저 그 뜻을 나타낸다는 말이다.

不度(탁)而賀大國之襲하니 於己〈也〉③何瘳리오 吾聞之컨대 日大國道에 小國襲焉曰服이오 小國敖④에 大國襲焉曰誅라호라 民疾君之侈也라 是以遂於逆命이어늘 今嘉其夢하니 侈必展하리라 是天奪之鑒而益其疾〈也〉⑤니라 民疾其態어늘 天又誑之하고 大國來誅어늘 出令乃⑥逆하며 宗國[52]旣卑하고 諸侯遠己하야 內外無親하니 其誰云救之리오 吾不忍俟也라 將行[53]하리라하고 以其族適晉이러니 六年[54]에 虢乃亡하다

〔校勘〕① 其諸 : 四部備要本에는 '諸其'로 되어 있는데 같은 말이다.
② 亡 : 四部備要本에는 '亡'자가 없다.
③ 〈也〉 : 四部備要本에 의거하여 보충하였다.
④ 敖 : 四部備要本에는 '傲'로 되어 있는데 통용한다.
⑤ 〈也〉 : 四部備要本에 의거하여 보충하였다.
⑥ 乃 : 四部備要本에는 '而'로 되어 있다.

虢나라의 군주〔虢公〕가 꿈에 종묘에 있는데, 어떤 한 神人이 사람 얼굴에 흰털과 호랑이 발톱을 하고서 도끼를 들고 서쪽 추녀에 서 있었다. 虢公이 두려워서 달아나자, 神人이 말하였다. "달아날 것 없다. 上帝께서 명령하여, 晉나라를 시켜서 너희 나라의 國門으로 들어가도록 하셨다."고 하자, 虢公이 절하고 머리를 조아렸다. 꿈에서 깨어나 태사 은〔史嚚〕을 불러서 점을 쳐보게 하였다. 대답하기를 "임금님의 말과 같다면 그 귀신은 蓐收이니 하늘에서 형벌을 담당하는 神입니다. 하늘은 하고자 하는 일을 담당하고 있는 神을 상징으로 내세워 나타냅니다." 하였다. 괵공이 史嚚을 가두게 하고 나라 사람들로 하여금 꿈을 慶賀하게 하였다. 舟之僑가 자신의 여러 집안 사람들을 불러서 고하였다. "여러 사람이 '虢나라가 망하는 것이 오래 남지 않았다.' 하는 말의 뜻을, 제가 이제야 알았습니다. 임금님께서 神人이 말해 준 뜻을 헤아리지 않고 큰 나라가 나라로 들어오는 것을 경하하도록 하고 있습니다. 나라에 내려질 재앙이 어찌 조금이라도 가벼워질 수 있겠습니까? 저는 듣건대 큰 나라에 道義가 구현되어 있어 작은 나라가 나아가는 것은 '복종하여 歸依한다.'라 하고, 작은 나라가 거만하여 큰 나라가

---

51) 舟之僑 : 晉나라의 大夫이다.
52) 宗國 : 국가의 王室 집안 사람들이다.
53) 將行 : 이를 舟之僑의 말로 해석하였으나, 일부에서는 '吾不忍俟也'까지가 주지교의 말이고 장행은 주지교가 떠나려면서의 뜻으로 봐야한다는 해석도 있다.
54) 六年 : 舟之僑가 진나라로 떠난 뒤 6년이니 魯僖公 5년(기원전 655년)이다.

들어가는 것은 '征伐한다.'고 말하는 것이라 들었습니다. 백성들은 임금의 사치스러움을 미워하고 있습니다. 그런 연유로 마침내 임금의 명령을 거역하기에 이르렀습니다. 그런데 지금 꾼 꿈을 아름다운 것으로 여기고 계시니, 사치스러움이 반드시 더하여질 것입니다. 이는 하늘이 그 사람에게서 거울삼을 만한 것을 빼앗아서 그의 죄악을 더욱 심화시키려는 것입니다. 백성들이 그 저지른 행태들을 미워하고 있는데 하늘마저 또 저 임금을 홀리고 있으며, 큰 나라의 정벌이 닥쳐오는데 명령을 낸다는 것이 이치에 어긋나는 일만 하고 있습니다. 국가의 宗室들이 이미 미약해졌고 제후들도 우리와 疏遠해져 있습니다. 안팎으로 친한 곳이 없으니, 어느 나라가 구제해 줄 것이라고 말할 수 있겠습니까? 저는 차마 기다리고 있을 수 없어 곧 떠나렵니다." 이에 자신의 종족을 거느리고 晉나라로 옮겨 갔다. 6년 만에 虢나라가 망하였다.

91. 宮之奇知虞將亡 宮之奇가 虞나라가 망할 것을 알다

【大義】 假道滅虢의 晉나라 야심에 대응하는 宮之奇의 날카로운 지적과, 국가의 영역을 남에게 개방할 수 있는 조건을 忠과 信이 구현된 나라로 규정한 혜안.

伐虢之役[55)]에 師出於虞[56)]라 宮之奇諫[57)]이러니 而不聽이라 出하야 謂其子曰 虞將亡矣리라 唯忠信者야 能留外寇而不害니라 除闇以應外를 謂之忠이오 定身以行事①를 謂之信이어늘 今君이 施其所惡於人[58)]하니 闇不除矣요 以賄滅親[59)]하니 身不定矣니라 夫國은 非忠不立이요 非信不固니라 既不忠信而留外寇하니 寇知其釁而歸圖

---

55) 伐虢之役 : 魯僖公 5년에 晉獻公이 괵나라를 정벌한 전쟁이다.

56) 虞 : 虞나라는 ≪史記≫의 기사에 따르면 周나라 太王의 둘째아들인 仲雍의 둘째아들 虞仲에게 봉해 준 나라이다. 괵나라가 우나라의 남쪽에 있어 진나라가 괵나라를 정벌하기 위해서는 반드시 우나라를 경유해야 하였다.

57) 宮之奇諫 : 宮之奇는 虞나라의 대부이다. 우나라의 길을 晉나라에 빌려 주지 말 것을 군주에게 간하였다.

58) 施其所惡於人 : 晉나라에 길을 빌려 주어 괵나라를 치게 한 것을 이른다.

59) 以賄滅親 : 虞公이 진나라로부터 屈山에서 나는 名馬와 垂棘에서 나는 璧玉 등의 선물을 받고서, 자신이 太王의 후손이면서 역시 태왕의 아들 王季의 후손의 나라인 괵나라를 치게 한 것을 이른다.

焉이면 已自拔其本矣니 何以能久리오 吾不去면 懼及焉이라하고 以其孥로 適西山[60]이러니 三月에 虞乃亡하다

〔校勘〕 ① 事 : 四部備要本에는 '事'자가 없는데 있어야 한다.

虢나라를 정벌하는 전쟁에서 晉나라의 군사는 虞나라의 길을 통해야만 되었다. 宮之奇가 〈길을 빌려 주지 말 것을 虞公에게〉 諫하였으나 듣지 않았다. 궁지기가 조정에서 물러나와 그 아들에게 말하기를 "우나라는 앞으로 망할 것이다. 오직 충후함과 신실함이 있는 자만이 능히 외국의 군사를 자국의 영토 안에 머무르게 하고서도 해를 입지 않는 것이다. 자신의 어두운 마음을 제거하고서 외부의 일에 대응하는 것을 忠厚함이라 이르고, 몸을 안정시키고서 일을 처리하는 것을 신실함이라고 말한다. 그런데 지금 임금님께서는 자기가 싫어하는 것을 남에게 베풀고 있으니 어두운 마음이 제거되지 않은 것이고, 또 뇌물을 받고서 친척을 멸하게 하니 몸을 안정시키는 일이 아니다. 나라는 충후함이 아니면 확립되지 못하고 信實함이 아니면 공고해지지 않는다. 충후하지도 신실하지도 아니하고서 외국의 군사를 머무르게 하니, 외국의 군사가 나라의 틈새를 알고 있다가 돌아가는 길에 도모한다면, 자기 스스로 自國의 기초를 제거해 버렸으니, 어찌 오래 버틸 수 있겠느냐? 내가 떠나지 않는다면, 두려운 상황이 이를 것이다." 하고서, 처자식을 데리고 西山으로 떠났다. 3개월 만에 虞나라가 멸망하였다.

92. 獻公問卜偃攻虢何月 獻公이 卜偃에게 虢나라 공격할 달을 묻다

【大義】 유행하는 童謠에서 정책을 채용하는 대신의 지혜.

獻公이 問於卜偃[61]曰 攻虢何月也오 對曰 童謠有之하니 曰丙之晨[62]에 龍尾[63]伏辰[64]이로다 均服[65]振振하야 取虢之旂로다 鶉[66]之賁賁하고 天策[67]焞焞(톤)이로

60) 西山 : 虞나라의 서쪽 변경에 있는 나라이다.

61) 卜偃 : 晉나라의 占 담당 대부인 郭偃이다.

62) 丙之晨 : 丙子日의 새벽이다. 보통은 天干과 地支를 배합하여 날짜를 표시하나 天干이 地支의 子와 합하여지는 날은 天干만으로 날짜를 표시하기도 한다.

63) 龍尾 : 尾는 尾의 古字. 尾星을 이른다. 尾星이 蒼龍七宿의 여섯째별이어서 이렇게 이른 것이다.

다 火中成軍하니 虢公其奔이로다하니 火中而旦은 其九月十月之交乎인저하다

獻公이 卜偃에게 묻기를 "虢나라를 치는데 어느 달에 치면 좋겠는가?" 하니, 卜偃이 말하였다. "아이들 노래에 이런 가사가 있습니다. '丙子日 새벽 蒼龍자리 尾星이 빛을 감추도다. 한 복장으로 차린 투구며 갑주여, 위풍당당하여 괵나라의 國旗를 빼앗도다. 鶉火星 초롱초롱 天策星 어둑어둑! 순화성이 새벽 하늘 남쪽에 빛나는데 軍功 이루어져 虢公이 달아난다.' 하니 순화성이 새벽 하늘에 南中하는 것은 아마도 9월과 10월이 교차하는 때일 것입니다."

93. 宰周公論齊侯好示 天子國의 冢宰인 周公이, 齊나라 제후의 과시하기 좋아하는 것을 논하다

【大義】 힘과 물질의 과시로 이룬 霸權의 한계.

葵丘之會[68]에 獻公將如會라가 遇宰周公[69]하니 曰君可無會也니이다 夫齊侯好示하야 務施與力[70]하고 而不務德하니 故輕致諸侯而重遣之하야 使至者勸하고 而畔者慕니이다 懷之以典言하며 薄其要結[71]而厚德之하야 以示之信하고 三屬諸侯하야

---

64) 伏辰 : 伏은 숨는다. 辰은 天文學用語로 음력 초하룻날 태양이 머물고 있는 지점을 이른다. 이를 옛날에는 해와 달이 서로 만나는 것이라고 하였다. 그러니까 해와 달이 만나는 곳이 尾星자리라는 말이고 이때 미성의 별빛이 해에 의하여 빛이 어두워지는 것을 미성이 숨은 것이라 표현한 것이다.

65) 均服 : 上下가 모두 전쟁 복장을 똑같이 차린 것을 이른다.

66) 鶉 : 일명 鶉火星. 서방 朱雀七宿 중의 셋째별인 柳星이다.

67) 天策 : 天蝎자리에 속한 별 이름이다. 일명 傅說星.

68) 葵丘之會 : 齊桓公의 주도로 제후들이 宋나라의 葵丘에서 회맹한 모임이다. 자세한 것은 '葵丘之會天子致胙于桓公'章을 참고하라.

69) 遇宰周公 : 宰周公은 周나라의 卿士 벼슬에 있는 冢宰 孔이다. 그의 食邑이 周 땅이어서 이렇게 이른다. 宰周公이 회맹에 참여하고 먼저 돌아가다 길에서 서로 만난 것이다.

70) 施與力 : 施는 은혜, 力은 功業을 이른다.

71) 薄其要結 : 要는 約의 뜻이니, 結盟의 의식을 간소하게 하는 것을 이른다. 앞의 '桓公率諸侯朝天子'章을 참고하라.

存亡國三[72]하야 以示之施라 是以北伐山戎하고 南伐楚하고 西爲此會也니 譬之如室이면 既鎮其甍矣니이다 又何加焉이리잇가 吾聞之컨대 惠難徧也요 施難報也며 不徧不報면 卒於怨讎라호이다 夫齊侯將施惠如出責(채)하면 是之不果奉[73]이니 而暇晉是皇[74]가 雖後之會나 將在東矣[75]리니 君無懼焉〔矣〕[①]하소서 其有勤也리이다하니 公乃還(선)하다

〔校勘〕 ① 焉〔矣〕 : 四部備要本에 의거하여 고쳤다. 王引之의 ≪經義述聞≫에서 '矣'가 옳다고 하였다.

葵丘의 會盟에 獻公이 참석하려고 하였다. 천자국의 총재인 周公을 만나자, 주공이 말하기를 "군주께서는 그 회맹에 가지 않으셔도 될 것입니다. 저 齊侯가 과시하기를 좋아하여 은혜를 베풀거나 功德을 쌓는 일에 힘쓰고 덕을 닦는 데에는 힘쓰지 않고 있습니다. 그러므로 제후들을 불러들일 때는 빈손으로 가볍게 오게 하여서는 수레에 무겁게 실어 보내어, 찾아가는 사람으로 하여금 더 잘 하려는 생각을 갖게 하고 배반하여 떠났던 사람들에게는 思慕의 감정을 일으키게 하고 있습니다. 典範이 될 수 있는 말로 편안히 감싸주고, 友好條約의 의식을 간소하게 하고, 후한 덕을 입혀서 그들에게 信義를 보였으며, 세 차례나 제후들을 모이게 하여 멸망 지경에 있는 세 나라를 보존시켜서 그들에게 베푸는 뜻을 보였습니다. 이 일을 하느라 북쪽으로 山戎을 정벌하고 남쪽으로 楚나라를 치고 서쪽으로 이번 모임을 열었습니다. 집 짓는 일에 비유한다면 이미 용마루를 올려놓은 것입니다. 또 무엇을 더할 것이 있겠습니까? 나는 듣건대 '施惠는 두루 펴기 어렵고 베푼 은혜는 보답받기가 어려운데 두루 펴지 않고 보답하지 않

72) 存亡國三 : 세 나라는 '桓公霸諸侯'章에서 이르는 魯·邢·衛 세 나라를 이른다.

73) 果奉 : 果는 克, 奉은 行의 뜻이니, 시행하다의 뜻이다.

74) 皇 : 匡(바로잡는다)의 뜻.

75) 將在東矣 : 동쪽에서 會盟이 있을 것이라는 말이다. 이를 韋昭는 다음 장에 나오는 淮 땅의 회맹을 이르는 말이라고 하였다. 그러나 淮는 당시 춘추시대에는 남쪽 지역에 해당한다. 그러므로 이 글은 지금까지 齊桓公이 북·남·서 세 지역에서 제후를 모아 회맹의 의식을 거행하였으니 앞으로는 그 과시하기 좋아하는 군주가 동쪽 어느 지역에서 회맹의식을 거행하여 동쪽 지역에 자신의 위세를 과시하는 일을 벌일 것이라고 비꼰 말로 보는 것이 타당할 듯하다. 그러면서 이번에는 그냥 돌아가고 앞으로 있을 동쪽 지역의 회맹에 수고해 참여하라고 뒤의 말을 붙인 것이다.

으면 마침내는 원수가 된다.' 하였습니다. 齊나라의 군주가 베푼 은혜를 빚을 내준 것처럼 생각한다면, 이 일만도 능히 좋은 결과를 얻을 수 없는 일인데 어느 겨를에 晉나라를 바로잡으려 들겠습니까? 오직 후일의 회맹이 장차 동쪽에서 있을 것이니, 임금께서는 두려워하지 마십시오. 힘쓰셔야 할 일이 있을 것입니다." 하니, 獻公이 이내 발길을 돌렸다.

94. 宰周公論晉侯將殺 천자국의 冢宰인 周公이 晉侯가 죽을 것을 예언하다

【大義】 自國의 힘을 看過하고 大國의 霸權에 휘둘리는 외교를 제정신을 잃은 것으로 판단하는 叡智.

宰孔謂其御曰 晉侯將死矣리라 景霍以爲城76)하고 而汾・河・涑・澮以爲淵〔渠〕①하며 戎・翟之民이 實環之니라 汪77)是土也하니 苟違其違78)면 誰能懼之리오 今晉侯不量齊德之豐否〔不〕②하고 不度諸侯之勢하며 釋其閉脩79)하고 而輕於行道하니 失其心矣니라 君子失心이면 鮮不夭昏이니라 是歲也에 獻公이 卒하다 八年80)에 爲淮之會하다 〈九年〉③桓公在殯에 宋人伐之81)하다

---

76) 景霍以爲城 : 景은 大의 뜻이다. 霍은 산 이름이다. 太岳山의 主峯으로 지금의 山西省 霍縣 남동쪽에 있다. 산이 2백 리에 걸쳐 있어 당시 晉나라의 천연 성곽을 이루고 있었다.

77) 汪 : 광활하여 끝이 없는 모양이다.

78) 苟違其違 : 苟違의 違는 피하다, 곧 하지 않는다의 뜻이고, 其違의 違는 도리에 어긋나는 짓이다.

79) 閉脩 : 閉는 守의 뜻이니 關門의 수비를 이르고, 脩는 治의 뜻이니 自國의 정치를 다스림을 이른다.

80) 八年 : 葵丘의 회맹 뒤 8년이니 魯僖公 16년(기원전 644년)이다.

81) 桓公在殯 宋人伐之 : 齊桓公이 淮에서 회맹을 거행한 다음 해 12월에 죽어 아직 장례도 치르기 전인데, 桓公의 아들 다섯이서 왕권 다툼을 벌여 태자 昭가 宋나라로 달아나자 宋襄公이 제후들을 규합하여 제나라를 토벌하고 마침내 태자를 등극시킨 일을 이른다. 자세한 내용은 ≪左傳≫ 僖公17年과 18年 기사를 참고하라. 이 기사를 끝에 첨부한 것에 대해서 그 의미를 아무도 논하지 않고 있다. 그러나 의미가 없다면 이 글은 군더더기로 이해될 수밖에 없다. 그래서 이 글은 이렇게 이해된다. 宰孔이 앞에

〔校勘〕 ① 淵〔渠〕: 四部備要本에 의거하여 고쳤다. 韋昭의 주석 池也의 뜻으로 볼 때 '渠'가 옳을 듯하다.
② 否〔不〕: 汪遠孫의 ≪國語明道本攷異≫의 주석에 '補音本에 否가 不자로 쓰였는데 不자가 옳다.' 하였다.
③ 〈九年〉: 王引之의 ≪經義述聞≫에 의거하여 보충하였다.

宰孔이 자신의 수레를 모는 사람에게 말하였다. "晉獻公이 앞으로 죽을 것이다. 큰 霍山이 성곽처럼 둘러쳐 있고, 汾水와 黃河와 涑水와 澮水가 해자를 이루고 있으며, 戎人과 翟人이 사실상 빙 둘러싸고 있다. 광활한 이 정도의 국토를 가졌으니 진실로 그 道義에 어긋나는 짓만 행하지 않는다면, 누가 그들을 두렵게 하겠는가? 지금 晉나라의 군주는 齊桓公의 덕행이 豊厚하느냐의 여부도 헤아려 보지 않고, 諸侯의 형세에 대해서도 가늠해 보지 않고서, 闕門의 수비와 自國의 정치를 손놓아 두고서 가벼이 會盟길에 나서고 있으니, 제정신을 잃고 있음이다. 사람이 제정신을 잃으면 죽거나 병이 들지 않는 이가 드문 것이다." 그 해에 獻公이 죽었다. 葵丘의 회맹이 있은 지 8년에 齊桓公이 淮에서 제후들과 회맹했다. 그리고 9년에 桓公이 죽어 殯所에 있는 상태에서 宋나라 사람들이 제나라를 토벌하였다.

95. 里克弑奚齊而秦立惠公 里克이 奚齊를 弑害하자 秦나라가 惠公을 晉나라의 군주로 세우다

【大義】 晉獻公이 죽은 뒤 승계 문제를 둘러싼 晉나라 안의 세력, 망명 중인 公子들의 쟁탈, 주도권을 쥐고 있는 秦나라의 속셈이 相衝하는 속에 利權에 눈이 먼 추악한 현실 정치.

서 언급한 桓公 정치의 豊厚함과 결점에서 결점의 결과로 王子들의 난이 빚어졌고, 이때 이를 수습한 사람은 宋襄公이었다는 점이다. 곧 桓公이 지금 저렇게 위세를 떨치고 있지만 그 나라에 후계자 문제가 정리되어 있지 않아 어지러워질 수 있는 소지가 있으니 진나라가 국토의 광활함을 바탕으로 국내 정치를 잘 다스려, 齊桓公이 수행하고 있는 霸諸侯의 길을 닦아야 하는데 닦지 않아 결국 獻公은 죽음을 맞이하고 제나라의 어지러움에 宋襄公이 桓公의 일을 이어받았다는 것을 드러내기 위해 이 글을 붙인 것으로 이해된다.

二十六年[82]에 獻公卒하다 里克將殺(시)奚齊할새 先告荀息[83]曰 三公子之徒[84]將殺(살)孺子[85]하니 子將如何오 荀息曰 死吾君而殺其孤는 吾有死而已요 吾蔑從之矣니라 里克曰 子死에 孺子立이면 死①不亦可乎아 子死라도 孺子廢면 焉用死哉②아 荀息曰 昔에 君問臣事君於我어늘 我對以忠貞한대 君曰 何謂也오하야늘 我對曰 可以利公室인댄 力有所能無不爲는 忠也요 葬死者하고 養生者에 死人復生하야도 不悔[86]하고 生人不愧는 貞也니이다호라 吾言旣往矣니 豈能欲行吾言而又愛吾身乎아 雖死나 焉辟③之리오

里克告丕鄭曰 三公子之徒將殺孺子호니 子將何如오 丕鄭曰 荀息謂何오 對曰 荀息曰死之라하더이다 丕鄭曰 子勉之어다 夫二國士之所圖 無不遂也[87]니이다 我爲子行之하리니 子帥七輿大夫[88]以待我하라 我使翟以動之[89]하며 援秦以搖之하고 立其薄者면 可以得重賂오 厚者를 可使無入[90]이면 國이 誰之國也오 里克曰 不可하다 克

---

82) 二十六年 : 獻公의 26년이니 魯僖公 9년(기원전 651년)이다.

83) 荀息 : 驪姬의 아들인 奚齊의 스승이다.

84) 三公子之徒 : 申生 · 重耳 · 夷吾 세 公子를 따르는 사람들이다.

85) 孺子 : 천자나 제후의 후계자를 이르는 말.

86) 死人復生不悔 : 죽은 獻公이 다시 살아나더라도 荀息에게 아들 해제를 부탁했던 마음에 후회가 없다는 말이다.

87) 二國士之所圖 無不遂也 : 二國士는 里克과 荀息이다. 두 사람의 계획이 이제까지 이루어지지 않은 적이 없었다는 말은 이번 거사에서 이극은 죽이려 하고 순식은 죽겠다는 서로의 죽음을 건 방어와 공격도 그대로 이뤄질 것이라는 일종의 예언이다.

88) 七輿大夫 : 申生이 거느린 下軍의 7명의 大夫이다. 그 이름은 左行의 共華, 右行의 賈華 · 叔堅 · 騅歂 · 纍虎 · 特宮 · 山祁 등이다. 다음 권 '惠公殺丕鄭'章에 낱낱이 이름이 거론되어 있다. ≪左傳≫ 〈僖公10年〉의 이 기사의 林堯叟 注에는 '侯伯七命 副車七乘 故有七輿大夫之官'이라고 하여 七輿大夫가 생긴 유래에 대해 설명하고 있다.

89) 使翟以動之 : 翟은 公子 重耳가 망명가 있는 나라여서 그곳에 원조를 청하려 한 것이다.

90) 立其薄者 可以得重賂 厚者 可使無入 : 薄과 厚를 韋昭는 과거 자신들과 지낸 정리의 후함과 소원함으로 풀었다. 그러나 1993년 暨南大學 간행 ≪國語譯注辨析≫ 371면에서는 兪樾의 설을 인용하여 薄은 왕족 혈친 관계상 왕위 계승권과 관계가 먼 사람, 厚는 왕위 계승권에서 가까운 사람으로 해석하며 계승권에서 가까운 사람들을 重耳

聞之컨대 夫義者는 利之足也요 貪者는 怨之本也라하니 廢義則利不立이요 厚貪則怨生이니라 夫孺子豈獲罪於民가 將以驪姬之惑蠱君而誣國人하고 讒羣公子而奪之利하고 使君迷亂하야 信而亡之케하고 殺無罪以爲諸侯笑하야 使百姓莫不有藏惡於其心中하니 恐其如壅大川하야 潰而不可救禦也니라 是故將殺奚齊하고 而立公子之在外者하야 以定民弭憂니 於諸侯且爲援이면 庶幾曰諸侯義而撫之요 百姓欣而奉之면 國可以固니라 今殺君而賴其富인댄 貪且反義니 貪則民怨이요 反義則富不爲賴니 賴富而民怨하고 亂國而身殆면 懼爲諸侯載니 不可常也니라 丕鄭許諾하다 於是殺奚齊・卓子及驪姬하고 而請君於秦하다 既殺奚齊에 荀息將死之어늘 人曰 不如立其弟而輔之니라하니 荀息立卓子러니 里克又殺卓子라 荀息死之하니 君子曰 不食其言矣라하다

既殺奚齊・卓子하고 里克及丕鄭이 使屠岸夷[91]告公子重耳於翟하야 曰國亂民擾하니 得國在亂이요 治民在擾니라 子盍入乎아 吾請爲子鉥[92]하리라 重耳告舅犯[93]曰里克欲納我니라 舅犯曰 不可니이다 夫堅樹在始니 始不固本이면 終必槁落이니라 夫長國者는 唯知哀樂喜怒之節이라 是以導民이니 不哀喪而求國이면 難이요 因亂以入이면 殆며 以喪得國이면 則必樂喪이요 樂喪이면 必哀生하며 因亂以入이면 則必喜亂이요 喜亂이면 必怠德이니 是哀樂喜怒之節易也니 何以導民이며 民不我導면 誰長이리오 重耳曰 非喪이면 誰代며 非亂이면 誰納我오 舅犯曰 偃也[94]聞之컨대 喪亂有小大하니 大喪大亂之剡也는 不可犯也니 父母死爲大喪이요 讒在兄弟爲大亂이니 今適當之라 是故難이니이다 公子重耳出見使者하고 曰子惠顧亡人重耳나 父生에 不得供備洒埽之臣[95]하고 死又不敢莅喪하야 以重其罪어늘 且辱大夫하니 敢辭하노라 夫固國

와 夷吾라 하였다. 뒤의 해석이 조금 더 타당한 듯하여 그 설을 따른다.

91) 屠岸夷 : 진나라의 대부이다. 屠岸은 複姓이고 夷는 이름이다

92) 鉥 : 引導를 뜻하는 말이다.

93) 舅犯 : 重耳의 외삼촌 犯을 이르는 말이다. 이름은 狐偃이고 字는 子犯이다.

94) 偃也 : 舅犯이 자신을 자신의 이름으로 이르는 말이다. 위 주석을 참고하라.

95) 洒埽之臣 : 물 뿌리고 쓰는 일을 하는 신하란 뜻으로, 곁에서 시중드는 일을 이른다. 아들이니까 당연히 아들 노릇을 못했다고 해야 하나 아버지가 군주여서 신하란 말을

者는 在親衆而善鄰이요 在因民而順之니 苟衆所利요 鄰國之④所立이요 大夫其從之면 重耳不敢違리라

呂甥及郤稱도 亦使蒲城午96)告公子夷吾於梁하야 曰子厚賂秦人以求入하소서 吾主子하리이다 夷吾告冀芮曰 呂甥欲納我니라 冀芮曰 子勉之어다 國亂民擾하고 大夫無常하니 不可失也니이다 非亂何入이며 非危何安이리오 幸苟君之子라 唯其索之〈也〉⑤니이다 方亂以擾하니 孰適禦我며 大夫無常하니 苟衆所置면 孰能勿從이리잇가 子盍盡國以賂外內하야 無愛虛以求入이니잇가 旣入而後에 圖聚하소서 公子夷吾出見使者하야 再拜稽首하고 許諾하다

呂甥出告大夫曰 君死自立則不敢이요 久則恐諸侯之謀하야 徑召君於外也하야 則民各有心하야 恐厚亂97)이니 盍請君於秦乎아 大夫許諾이어늘 乃使梁由靡告於秦穆公하야 曰天降禍於晉國하야 讒言繁興하야 延及寡君하야 使寡君⑥之紹續昆裔로 隱悼播越하야 託在草莽하야 未有所依하고 又重之以寡君之不祿98)하야 喪亂並臻이러니 以君之靈과 鬼神降衷으로 罪人99)克伏其辜나 羣臣莫敢寧處일새 將待君命하노이다 君若惠顧社稷하고 不忘先君之好하야 辱收其逋遷裔胄而建立之하야 以主其祭祀하

쓴 것이다.

96) 呂甥及郤稱 亦使蒲城午 : 呂甥과 郤稱·蒲城午는 모두 진나라의 대부들이다. 여생은 獻公의 생질이어서 여생이라 칭한 것이며, 呂는 그의 采地이다. 蒲城午는 蒲城은 복성이고 午는 이름이다.

97) 久則恐諸侯之謀 徑召君於外也 則民各有心 恐厚亂 : 韋昭는 徑召君於外也를 뇌물을 받은 제후들이 멋대로 다른 공자를 불러들이는 것이라고 하였다. 그러나 이 글을 두 말로 나누어 久則恐諸侯之謀를 빈 자리로 오래 두면 제후들이 음모를 꾸밀 것이고, 徑召君於外也 則民各有心을 멋대로 군주를 밖에서 불러들이면 백성들이 자신들의 마음속에 두고 있는 지지자가 각기 다르게 되어 결과적으로 혼란만 더하여질까 두렵다로 보아야 한다는 주장도 있다. '久면 則恐諸侯之謀로 徑召君於外也면 則民各有心'으로 보자는 것이다.

98) 不祿 : 士의 죽음을 이르는 말이니 다시 祿俸을 받지 못하게 되었다는 뜻에서 쓴 말이다. 다만 獻公은 군주인데 이 말을 쓴 것은 다른 나라 군주 앞이라 겸손하게 표현한 것이다.

99) 罪人 : 驪姬를 이른다.

고 且塡〔鎭〕⑦撫其國家及其民人이면 雖四鄰諸侯之聞之也라도 其誰不儆懼於君之威하고 而欣喜於君之德이리잇가 終君之重愛[100)]요 受君之重况이오 而羣臣受其大德이니 晉國其誰非君之羣隷臣也리잇가 秦穆公許諾하다 反使者하고 乃告大夫子明及公孫枝[101)]하야 曰夫晉國之亂에 吾誰使先하야 若[102)]夫二公子而立之하야 以爲朝夕之急[103)]가 大夫子明曰 君使縶也하소서 縶敏且知禮하고 敬以知微하니 敏能竄[104)]謀요 知禮可使요 敬不隊(추)⑧命이요 微知可否니 君其使之하소서

乃使公子縶하야 吊公子重耳於翟하야 曰寡君使縶하야 吊公子之憂와 又重之以喪이니이다 寡人聞之컨대 得國常於喪이요 失國常於喪[105)]이라하니 時不可失이오 喪不可久니 公子其圖之하라 重耳告舅犯한대 舅犯曰 不可니이다 亡人無親[106)]이요 信仁以爲親[107)]이라 是故置之者不殆니이다 父死在堂而求利면 人孰仁我며 人實有之[108)]어늘 我以儌幸⑨이면 人孰信我리오 不仁不信이면 將何以長利리잇가 公子重耳出見使者하고 曰君惠吊亡臣하고 又重有命[109)]하시나 重耳身亡하야 父死不得與於哭泣之

---

100) 終君之重愛 : 終君을 韋昭는 죽은 獻公을 이르는 말이라고 하였다. 그러나 죽은 제후를 終君이라고 일컬은 기록이 없다. 따라서 終君之重愛를 임금님의 그동안 晉나라에 쏟은 중한 사랑을 마무리하는 일이라고 보는 것이 옳을 듯하다.

101) 子明及公孫枝 : 子明과 公孫 枝는 모두 秦나라의 대부이다.

102) 若 : 지시대명사인 之자의 뜻이다.

103) 朝夕之急 : 아침 저녁 언제 어떻게 될지 모르는 위급한 상황이란 말은 당시 晉나라에 군주가 없는 것을 형용한 말이다.

104) 竄 : 隱微한 일을 이른다.

105) 得國常於喪 失國常於喪 : 韋昭는 得國을 齊桓公이 襄公의 뒤를 이어 군주 자리에 오른 것, 失國을 齊桓公과 똑같이 망명길에 올랐다 군주 자리 획득에 실패하고 죽음을 당한 子糾의 일에 비겼다.

106) 亡人無親 : 亡人은 공자 중이를 이르는 말이고 無親은 그가 不孝子의 누명을 쓰고서 어버이를 버리고 외국으로 도망 나왔기 때문에 세상에서 친근하게 대해 줄 사람이 없다는 말이다.

107) 亡人無親 信仁以爲親 : 이 말은 ≪大學≫에 '舅犯曰亡人無以爲寶 仁親以爲寶'로 되어 있다.

108) 人實有之 : 사람마다 실상 기회를 똑같이 맞이하고 있다는 뜻으로, 당시 晉나라의 여러 공자들 모두가 君主 자리에 오를 수 있는 기회를 균등하게 가졌다는 말이다.

位하니 又何敢有它志[110]하야 以辱君義리오하고 再拜不稽首[111]하고 起而哭[112]하고 退而不私[113]하다 公子縶退하야 吊公子夷吾於梁호대 如吊公子重耳之命한대 夷吾告冀芮하야 曰秦人勤我矣니라 冀芮曰 公子勉之어다 亡人無狷潔이니 狷潔不行이오 重賂配德이니라 公子盡之하야 無愛財어다 人實有之니 我以徼幸이 不亦可乎잇가 公子夷吾出見使者하고 再拜稽首하고 起而不哭하고 退而私於公子縶하야 曰中大夫里克與我矣라 吾命之以汾陽之田百萬[114]하고 嬖大夫丕鄭與我矣라 吾命之以負葵〔蔡〕⑩之田七十萬호라 君苟輔我하면 蔑天命矣오 吾必遂矣⑪리라 亡人苟入이면 掃除宗廟하고 定社稷이니 亡人何國之與有리오 君實有郡縣이나 且入河外列城五[115]니 豈謂君無有리오 亦爲君之東游津梁之上에 無有難急也니 亡人之所懷挾嬰壤〔纓纕〕⑫[116]으로 以望君之塵垢[117]者요 黃金四十鎰과 白玉之珩[118]六雙은 不敢當

---

109) 有命 : 진나라로 돌아가 군주가 될 길을 고려하라고 한 말을 이른다.

110) 它志 : 군주가 되는 것을 이른다.

111) 稽首 : 머리를 한참 동안 땅에 대고 있는 절. 아홉 가지의 절 중에서 가장 공경스러운 절로 신하가 군주에게 행하는 절이다. ≪周禮 春官 大祝≫

112) 起而哭 : 앉았던 자리에서 일어나면서 자리가 바뀌었으므로 다시 哭을 하는 것을 이른다.

113) 不私 : 다시 서로 사적으로 만나지 않았음을 이른다.

114) 汾陽之田百萬 : 汾陽은 분수의 북쪽이라는 뜻의 지명이다. 陽은 산과 어울리면 산의 남쪽을 지칭하는 말이 되고 물과 어울리면 물의 북쪽을 지칭하는 말이 된다. 百萬 아래에는 單位語가 빠져 있다. 韋昭는 1백만 畝라고 하였다. 아래 七十萬도 마찬가지이다. 그러나 ≪漢語大詞典≫에서는 백만은 수의 최대치를 이르는 말이니 많은 것을 이르는 말이라고 해석하였다.

115) 河外列城五 : 晉나라의 서쪽 황하 너머에 있는 다섯 城이다. 黃河를 경계로 본다면 황하의 동쪽에 晉나라가 있고 황하의 서쪽에 秦나라가 있다. 다섯 성은 동쪽의 虢略, 남쪽의 華山, 안으로 解梁城까지의 땅들이다.

116) 亡人之所懷挾纓纕 : 纓은 말의 굴레에 해당하는 끈이고 纕은 말의 뱃대끈이다. 앞에서 말한 다섯 성을 이렇게 형용한 것인데 매우 하찮은 물건이란 말이다.

117) 塵垢 : 車馬가 달릴 때 일으키는 먼지이다. 곧 앞에서 말한 다섯 성이라는 하찮은 예물을 진나라 군주가 거두어달라는 뜻이다.

118) 白玉之珩 : 珩은 佩玉의 맨 위에 가로로 놓이는 玉이다.

公子요 請納之左右하노라 公子縶反하야 致命穆公한대 穆公曰 吾與公子重耳하노라 重耳仁하야 再拜不稽首하니 不沒⑬119)爲後也오 起而哭하니 愛其父也⑭요 退而不私하니 不沒⑮於利也니라 公子縶曰 君之言過矣로이다 君若求置晉君而載之120)인댄 置仁不亦可乎잇가 君若求置晉君以成名於天下인댄 則不如置不仁하야 以滑⑯其中하야 且可以進退121)니이다 臣聞之호니 〈曰〉⑰仁有置요 武有置라하니 仁置德이요 武置服이니이다 是故先置公子夷吾하니 寔爲惠公이니라

〔校勘〕 ① 死 : 四部備要本에는 '死'자가 없다.
② 哉 : 四部備要本에는 '哉'자가 없다.
③ 辟 : 四部備要本에는 '避'로 되어 있는데 통용한다.
④ 之 : 四部備要本에는 '之'자가 없다.
⑤ 〈也〉 : 四部備要本에 의거하여 보충하였다.
⑥ 使寡君 : 四部備要本에는 이 세 글자가 없다.
⑦ 塡〔鎭〕 : 四部備要本에 의거하여 고쳤다.
⑧ 隊 : 四部備要本에는 '墜'로 되어 있는데 통용한다.
⑨ 幸 : 四部備要本에는 '倖'으로 되어 있는데 통용한다. 아래도 같다.
⑩ 葵〔蔡〕 : 四部備要本에 '蔡'로 되어 있으며 汪遠孫의 ≪國語明道本攷異≫에 의거하여 '蔡'로 고쳤다.
⑪ 吾必遂矣 : 四部備要本에는 이 네 글자가 없다.
⑫ 嬰壤〔纓纕〕 : 四部備要本에 의거하여 고쳤다.
⑬ 沒 : 四部備要本에는 '役'으로 되어 있으나 따르지 않는다.
⑭ 父也 : 四部備要本에는 '父孝也'로 되어 있으나 따르지 않는다.
⑮ 沒 : 四部備要本에는 '役'으로 되어 있으나 따르지 않는다.
⑯ 滑 : 四部備要本에는 '猾'로 되어 있는데 통용한다.
⑰ 〈曰〉 : 四部備要本에 의거하여 보충하였다.

26년에 獻公이 죽었다. 里克이 奚齊를 弑害하려면서 먼저 荀息에게 고하기를 "세 公子를 따르는 무리가 孺子(奚齊)를 시해하려 하고 있습니다. 그대는 앞으로 어떻게

119) 不沒 : 沒은 탐하는 것이다. 四部備要本에는 役으로 되어 있다. 아래 不沒於利의 沒도 四部備要本에는 役으로 되어 있다.
120) 載之 : 성공시키는 것을 이른다.
121) 進退 : 임금을 다른 사람으로 바꾸는 것을 이른다.

하겠소?" 하니, 순식이 대답하였다. "우리 군주가 이제 죽었는데 그 어린 자식을 시해한다면 나에게 죽음이 있을 뿐 나로서는 결코 따를 수 없소." 이극이 말하기를 "그대가 죽어 孺子가 왕위에 설 수 있다면 죽는 것도 또한 옳지 않은가? 그러나 그대가 죽더라도 유자가 폐출된다면 어찌 죽을 일이겠소?" 하니, 순식이 말하였다. "전날에 임금께서 나에게 신하의 임금 섬기는 도리를 물으시기에, 내가 忠과 貞이라고 대답하였더니, 임금께서 '무엇을 이르는 말이냐?' 하시기에, 내가 대답하기를 '국가의 王室에 이로울 수 있다면 내 힘으로 능히 할 수 있는 바를 다하는 것은 忠이고, 죽은 자를 장사 지내고 산 사람을 봉양한 일이 죽은 사람이 다시 살아와도 〈부탁하고 죽었던 것을〉 후회하지 않고, 산 사람에게 부끄러울 것이 없는 것은 貞입니다.' 하였소. 내가 이미 이런 말을 공표했는데 어찌 내가 한 말을 실천하고자 하면서 또한 이 몸을 아끼겠으며, 비록 죽는다 하더라도 어찌 그것을 회피하겠소."

里克이 丕鄭에게 고하기를 "세 公子를 따르는 무리가 孺子를 죽이려 하고 있습니다. 그대는 앞으로 어떻게 하겠소?" 하니, 비정이 말하기를 "荀息은 뭐라 말하였소?" 하자, 대답하기를 "순식은 죽을 것이라고 하였소." 하였다. 비정이 말하기를 "그대는 노력하도록 하십시오. 두 國士가 도모하는 일은 시행되지 않은 적이 없소. 나는 그대를 위해서 행동하겠소. 七輿大夫를 거느리고 나의 호응을 기다리도록 하십시오. 내가 翟에 가서 군대를 동원시키고 秦나라의 원조를 받아 奚齊의 무리를 흔들어 놓겠소. 그리고서 왕위 계승권에서 소원한 자를 세운다면 많은 뇌물을 얻을 수 있을 것이니, 왕위 계승권과 가까운 자들을 入國할 수 없게 만든다면, 나라는 누구의 국가가 되겠소?"라고 하니, 이극이 말하기를 "옳지 않소. 나는 들으니, 무릇 의로움은 이익을 발생시키는 발〔足〕이고, 탐욕은 원망의 근본이라 하였소. 의로움을 팽개쳐 버린다면 이익은 성립되지 않고, 너무 큰 탐욕을 부리면 원망이 생겨납니다. 무릇 孺子(公子들)가 백성에게 무슨 죄를 지은 것이 있습니까? 다만 驪姬가 임금의 마음을 蠱惑시키고, 나라 사람들을 속였으며, 뭇 公子들을 참소하여 그들의 권익을 빼앗았으며, 임금으로 하여금 제정신을 잃고 혼란에 빠져 그의 말을 믿고 공자들을 망명시키도록 하였고, 죄 없는 〈申生〉을 죽이도록 하여 제후들의 웃음거리가 되게 하고 백성들 마음속에 악한 마음을 간직하지 않은 사람이 없게 만들었소. 마치 큰 내를 막아놓은 것과 같아서 둑이 무너져 내려 막아낼 길이 없게 될까 두렵소. 이런 연유에서 장차 奚齊를 죽이고 공자들 중 외국에 나가 있는 자를 세워서 백성을 안정시키고 우환을 잠재우려는 것이오. 제후 국가

중에서 또한 원조를 해 준다면 제후들이 의롭게 여기고서 우리를 도와주는 것이라고 말할 수 있을 것이고, 백성들이 흔쾌히 우리의 계획을 떠받들어 주어야 국가가 공고해질 것이오. 지금 임금을 시해하고 그로 인한 부귀를 이롭게 여긴다면 이는 탐욕스럽고 또한 의로움에 반하는 행위입니다. 탐욕스러우면 백성들이 원망하고, 의로움에 반하면 富貴는 내게 이로움이 되지 않소. 부귀를 이롭게 여기고 백성들의 원망을 사서, 국가가 혼란에 빠지며 몸이 위태로워지는 일은 제후들의 역사책에 실릴까 두려운 일이니, 常道라 할 수 없소."라고 하니, 丕鄭이 허락하였다. 이에 奚齊와 卓子와 驪姬를 죽이고, 秦나라에 임금 세우는 일을 도와 달라고 청하였다.

奚齊가 시해당하고 난 뒤, 荀息이 죽으려 하였다. 어떤 사람이 말하기를 "태자의 아우를 세워서 보좌하는 것만 못할 것입니다." 하였다. 순식이 〈아우〉 卓子를 군주로 세웠더니, 里克이 또 탁자를 시해하여, 순식도 죽었다. 군자들이 "그는 食言하지 않았다."고 말하였다.

해제와 탁자를 시해하고서 里克과 丕鄭이 屠岸夷를 시켜서 翟에 있는 공자 重耳에게 고하게 하였다. "국가는 혼란하고 백성들은 동요하고 있습니다. 나라를 얻을 수 있는 기회도 혼란한 시기에 달려 있고, 백성을 다스릴 수 있는 기회도 動搖되고 있을 때에 달려 있습니다. 당신은 왜 들어오려 하지 않습니까? 저희가 청컨대 그대를 위하여 인도하겠습니다." 중이가 외삼촌 범〔舅犯〕에게 고하기를 "이극이 나를 받아들이고자 합니다." 하니, 舅犯이 말하였다. "안 됩니다. 나무를 굳건히 하는 것은 뿌리에 있습니다. 처음에 근본이 굳건하지 않으면 끝내는 반드시 말라 넘어집니다. 저 나라의 君長이 된 자들은 오직 슬퍼하고 즐거워하고 기뻐하고 노여워하는 準則을 알고 있습니다. 그러한 까닭에 백성을 가르쳐 인도합니다. 初喪을 슬퍼하지 않고 국가를 얻으려 하는 것은 재난에 빠지는 일이며, 혼란을 이용해서 나라에 들어가려는 것은 위태로움에 빠지는 일입니다. 初喪을 이용해 나라를 얻으면 반드시 초상을 즐거워하게 되고, 초상을 즐거워하게 되면 반드시 슬픈 일이 생깁니다. 혼란한 틈을 이용해서 나라에 들어가면 반드시 혼란을 기뻐하게 되고, 혼란을 기뻐하게 되면 반드시 덕을 닦는 데 게을러집니다. 이는 슬퍼하고 즐거워하고 기뻐하고 노여워하는 준칙을 바꾸는 일입니다. 무엇으로 백성을 가르쳐 인도할 것이며 백성들이 내가 가르쳐 인도하는 것을 따르지 않는다면 누구에게 임금 노릇을 하겠습니까?" 重耳가 말하기를 "초상이 아니면 뉘라서 자리를 대신할 수 있으며, 혼란이 아니면 누가 나를 들이려 하겠습니까?" 하니, 구범이 말하였다. "偃은 듣건대, 初喪과 混亂에는 크고 작은 것이 있어, 큰 초상이나 큰 혼란의 銳鋒은 범할 수가 없다 하였습니다. 부모가 돌아가신 것은 큰 초상에 해당하고, 참소가 형제 사이에 있는 것은 큰 혼란에 해당합니다. 지금이 마침 그것에 해당합니다. 그러므로 어려운 것입니다." 공자 重耳가 나가서 사자를 만나 말하였다. "그대가 망명객 重耳를 은혜롭게 염려해 주고 있으나, 아버지가 살아 계셨을 때 灑掃應對 등의 일로 시중드는 신하 노릇을 하지 못하였고, 돌아가셔서는 또 감히 초상 마당에도 나가지 못하여 그 죄가 더욱 무겁습니다. 또 대부들에게까지 굴욕스럽게 나를 찾는 걸음을 하게 하였습니다. 감히 거절하겠습니다. 국가를 공고하게 하는 길은, 백성을 가까이 사랑하고 이웃 나라와 잘 지내는 데 달렸으며, 백성들 마음에 의지해서 그들 마음에 순응하는 데 달려 있습니다. 진실로 백성이 이롭게 여기는 바이고, 이웃 나라가 세워주는 바이고 대부들까지도 따른다면 중이는 감히 어기지 않을 것입니다."

呂甥과 郤稱도 역시 蒲城午를 시켜서 梁나라에 있는 공자 夷吾에게 고하게 하였다. "당신은 秦나라에 후한 뇌물을 주어서 入國의 길을 찾으십시오. 우리가 당신을 군주로 받드는 일을 주동하겠습니다." 이오가 冀芮에게 말하기를 "呂甥이 나를 받아들이고자 합니다." 하니, 冀芮가 말하였다. "당신은 힘쓰도록 하십시오. 국가는 혼란하고 백성은 동요하고 있으며, 대부들은 恒心이 없습니다. 이 기회를 잃어서는 안 됩니다. 혼란이 아니면 어떻게 입국할 수 있으며, 위태하지 않다면 어떻게 귀국하여 편안히 안착할 수 있겠습니까? 다행스럽게 임금의 아들이라서 그들이 우리를 찾아온 것입니다. 현재 혼란이 일어나 동요하고 있으니 누가 우리를 막겠으며, 대부들이 恒心이 없으니, 진실로 백성들이 세운 바이면 누가 능히 따르지 않겠습니까? 孺子는 왜 국가의 모든 재물을 나라 안팎에 뇌물로 주어 國庫가 텅 빌지라도 아랑곳하지 않고 入國의 길을 구해보려 하지 않으십니까? 입국한 뒤에 재물 모으는 일은 도모하도록 하십시오." 공자 夷吾가 나가서 사자를 만나 두 번 절하고서 머리를 조아려 허락하였다.

呂甥이 나가서 대부들에게 고하기를 "임금께서 돌아가셨는데 우리가 스스로 임금을 감히 세울 수도 없고, 그렇다고 빈자리로 오래 놔두면 제후들이 음모를 꾸며 마음대로 밖에서 군주를 불러들여 백성들 각자가 지지하는 사람이 생겨나 혼란이 가중될까 두렵습니다. 어찌하여 秦나라에 임금 세우는 일을 요청해 보지 않을 일이겠습니까?" 하니, 대부들이 허락하였다. 이에 梁由靡를 시켜 秦穆公에게 고하게 하였다. "하늘이 晉나라에 禍를 내려서 참소의 말이 분분하게 일어나더니, 급기야 우리 寡君에게 그 화가 번져 우리 寡君을 이을 태자며 公子들이 두려움과 근심으로 멀리 달아나도록 하여 저 草野에 머물면서 의지할 곳조차 없게 하였습니다. 또 거기에다 寡君마저 세상을 떠나 초상과 혼란이 겹쳐 있습니다. 임금님의 신령스러움과 神이 내려 준 복록의 힘으로 죄인(驪姬)은 자신이 저지른 죄에 따라 伏誅되었으나, 여러 신하들은 감히 편안하게 지낼 수가 없어 지금 임금님의 명령을 기다리고 있습니다. 임금님께 청하오니, 社稷을 은혜로 돌보아 주시고 先君과 지내셨던 우호를 잊지 마시어 망명길에 떠도는 공자를 굴욕스러우시겠지만 거두어 군주로 세워서, 先王의 제사를 주재하게 하고, 또 국가와 백성을 鎭撫하도록 해 주십시오. 사방 이웃의 제후들이라도 그 소문을 듣게 된다면, 놔라서 임금님의 위엄에 경계와 두려움을 느끼지 않겠으며, 임금님의 덕행을 흔쾌히 기뻐하지 않겠습니까? 임금님께서 그동안 晉나라에 쏟은 중한 사랑을 마무리하시는 일이 될 것이고, 저희는 임금님의 큰 은혜를 받드는 일이 될 것입니다. 우리나라의 뭇 신하들이 임금님의 큰 덕을 받는 일일 것이니, 晉나라의 그 누가 임금님이 부리는 수많은 신하가 아니겠습니까?"

秦穆公이 이를 허락하였다. 使者를 되돌려 보내고, 이내 대부 子明과 公孫 枝를 불러 말하기를 "晉나라의 난리에 누구를 먼저 보내서, 저들 두 公子 중에서 한 공자를 세워 朝夕의 위급함을 꾸릴까?" 하니, 대부 子明이 말하였다. "임금님께서는 縶을 보내도록 하십시오. 縶은 민첩하면서도 한편으로 禮를 알고, 공경스러우면서도 한편으로 기미를 짐작할 줄 압니다. 민첩하면 은밀한 계책에 능하고, 예를 알면 사신으로 부릴 수 있고, 공경스러우면 수행시킨 명령을 실추시키지 않고, 기미를 짐작할 줄 알면 일의 可否를 판단하게 됩니다. 임금님께서는 그를 보내도록 하십시오."

이에 公子 縶을 使者로 보내어 翟으로 가서 公子 重耳를 위로하게 하였다. "寡君께서 저를 시켜 공자가 망명의 근심 속에 또다시 거듭 어버이 초상을 만난 것을 위로하도록 하셨습니다. 〈말씀하시기를〉 '과인은 들으니, 국가를 얻는 것도 항상 國喪 때이고, 나라를 잃는 것도 항상 國喪 때라 하였소. 기회의 시기를 잃어서도 안 되고, 국상 기간이 길 수도 없으니, 공자는 고려해 보도록 하시오.'라고 하셨습니다." 중이가 舅犯에게 고하자, 구범이 말하였다. "옳지 않습니다. 망명객에게는 친근하게 상대해 줄 사람이 없습니다. 信義와 仁德이 있은 다음이라야 친근하게 상대해 줍니다. 그렇게 해서 군주 자리에 세워진 자라야 위태로움에 빠지지 않습니다. 아버지가 돌아가셔 殯所가 아직 堂에 차려져 있는 상태에서 이익을 구하려 하면, 백성들 중 누가 우리를 仁德이 있다 하겠으며, 公子들마다 실상 똑같은 기회를 가졌는데 우리가 요행을 바라고자 들면, 백성들 중 누가 우리를 신의 있다고 하겠습니까? 仁德도 없고 信義도 없다면, 장차 무엇을 가지고 길이길이 이익을 누리겠습니까?" 공자 重耳가 나가서 使者를 만나 말하기를 "임금님께서 은혜롭게 망명객을 위로해 주시고 또 거듭 명령의 말씀이 있으셨으나, 중이가 도망쳐 나온 신세여서 아버지가 돌아가셨는데도 哭泣의 자리에도 참여하지 못하고 있습니다. 또 무슨 감히 다른 뜻을 두어 임금님의 恩義를 욕되게 하겠습니까?" 하고, 두 번 절하고서 머리를 땅에 조아리지 않았으며 자리에서 일어나 한 차례 哭하고, 자리에서 물러가서는 개인적으로 〈사신을〉 만나지 않았다.

公子 縶이 물러나와 梁나라로 가서 公子 夷吾를 위로하기를 公子 重耳에게 위로한 말과 똑같이 하였다. 이오가 冀芮에게 고하기를 "秦나라 사람이 나를 돕겠답니다." 하니, 기예가 말하였다. "공자께서는 노력하십시오! 망명 중인 사람은 所信을 고집하거나 몸을 깨끗이 가질 수 없습니다. 소신을 고집하거나 몸을 깨끗이 갖다보면 큰일을 이룰 수 없습니다. 많은 뇌물을 공자의 地位에 걸맞게 써야 할 것이니, 공자께서는 힘을 다하고 재물을 아끼지 마십시오. 공자들 모두가 실상 똑같은 기회를 가졌는데 우리가 요행으로 구할 수 있다면 또한 뇌물이라도 쓰는 것이 옳은 일 아니겠습니까?" 公子 夷吾가 나와서 사자를 만나서는, 두 번 절하고서 머리를 땅에 대고 한참을 조아렸고, 자리에서 일어나서는 哭하지 않았고, 자리에서 물러나왔다가는 公子 縶을 개인적으로 만나서 말하였다. "中大夫 里克이 나를 돕고 있어서, 내가 汾水의 북쪽 전답 1백만 畝를 주겠다 하였고, 先君에게 사랑받았던 丕鄭이 나를 돕고 있어서, 내가 負蔡의 전답 70만 畝를 주겠다 하였소. 임금님께서 진실로 나를 도와주신다면, 天命을 기다릴 것도 없이 내가 반드시 성공할 것입니다. 망명객이 어떠한 방법으로라도 나라에 들어가게만 된다면 宗廟를 소제하고 社稷을 안정시킬 뿐이지 망명객이 어찌 국토까지 소유하려 들겠습니까? 임금님께서도 실로 自國의 郡縣을 소유하고 계시지만 우선 黃河 너머에 늘어서 있는 다섯 城을 들여놓겠습니다. 임금님께 어찌 이러한 땅이 없어서 이겠습니까? 단지 임금님께서 동쪽으로 나루나 다리로 유람길 나오셨다가 어려움이나 군색한 일을 당하는 일이 없게 하기 위함이니, 망명객이 가진 말굴레며 말뱃대끈 같은 하찮은 것들로 임금님이 달리시며 일으키는 먼지를 바라보려 하옵니다. 황금 40鎰과 白玉의 珩 6쌍은 공자에게 감히 드린다 할 수 없으니, 좌우의 시종하는 사람들에게 들이기를 청하옵니다."

公子 縶이 나라로 돌아와서 穆公에게 復命하자, 穆公이 말하기를 "나는 公子 重耳를 도와주고 싶다. 중이가 사람됨이 어질도다. 再拜하고 머리를 땅에 조아리지 않았음은 후계자가 되는 것을 탐하지 않음이고, 자리에서 일어나 한 차례 哭을 한 것은 그 아비를 사랑함에서이고, 물러간 뒤에 사사로이 공자 縶을 만나지 않은 것은 국가를 얻는 이익을 탐하지 않은 것이다." 하니, 공자 縶이 말하였다. "임금님의 말씀이 잘못됐습니다. 임금님께서 만약 晉나라의 군주를 세워 성공시키고자 하시는 일이라면, 어진 公子를 세우는 것이 또한 마땅하지 않겠습니까? 그러나 임금님께서 만약 진나라 군주를 세우는 것으로 천하에 威名을 떨치시기를 구하는 것이라면, 어질지 않은 공자를 세워서 진나라의 나라 안에 혼란을 야기하여, 다시 군주를 바꿀 수 있는 길을 열어 두느니만 못할 것입니다. 신은 듣건대 '仁義롭다는 소문을 위해서 세우는 군주가 있고, 威武를 드날리고자 세우는 군주가 있다.'고 하였습니다. 인의롭다는 소문을 구할 적에는 덕 있는 사람을 세우고, 威武를 드날리고자 할 적에는 복종하는 사람을 세워야 합니다." 이렇게 되어 먼저 공자 夷吾를 세우게 되니 이 사람이 바로 惠公이다.

96. 冀芮答秦穆公問 冀芮가 秦穆公의 물음에 답하다

【大義】 秦穆公의 夷吾 입국을 결단하게 한 冀芮의 기민한 말솜씨.

穆公問冀芮하야 曰公子誰恃於晉고 對曰 臣聞之컨대 亡人無黨이니 有黨必有讎라하더이다 夷吾之少也에 不好弄戲하고 不過所復하며 怒不及色이러니 及其長也하야도 弗改라 是①故出亡에 無惡〔怨〕②於國하고 而衆安之니이다 不然이라도 夷吾不佞하니 其誰能恃乎[122)]잇가 君子曰 善以微勸〈也〉③라하다

〔校勘〕 ① 是 : 四部備要本에는 '是'자가 없다.
② 惡〔怨〕 : 四部備要本에 의거하여 고쳤다.
③ 〈也〉 : 四部備要本에 의거하여 보충하였다.

---

122) 其誰能恃乎 : 夷吾가 그 누구를 능히 믿겠습니까? 이는 이오에게는 고국 晉나라에 아무도 믿을 수 있는 사람이 없으니 현재 入國을 돕고 있는 秦나라만을 믿는다는 뜻을 은근히 풍긴 것이다.

秦穆公이 冀芮에게 묻기를 "공자 〈夷吾〉는 晉나라에서 누구를 믿고 있는가?" 하니, 기예가 대답하였다. "신은 듣건대, 망명 중인 사람은 黨與가 없어야 하니 黨與가 있다 보면 반드시 원수가 있게 된다고 들었습니다. 夷吾가 어렸을 적에 희롱하며 장난치는 것을 좋아하지 않았고, 보복하는 일에 지나침이 없었으며, 성이 나도 얼굴빛에 나타내지 않더니, 어른이 되어서도 이를 고치지 않았습니다. 이러하였던 까닭에 망명 나와 있으면서도 나라에 대한 원망이 없었습니다. 그래서 백성들도 그를 편안하게 생각하고 있습니다. 그런 것들이 아니라도 이오는 재바르지를 못합니다. 그 누구를 능히 믿겠습니까?"

君子가 말하기를 "미묘한 말로 사람 마음을 움직이는 일을 잘하였다."고 하였다.

國語 제9권

晉語 三

97. 惠公入而背外內之賂 惠公이 입국하고서는, 나라 안팎으로 뇌물을 주기로 한 약속을 저버리다

【大義】 지도자들의 현실 이익에 급급한 배반적인 행동이 낳은 禍亂에 대한 비판과 그 代案.

惠公入而背外內之賂[1]하니 輿人誦之曰 佞之見佞[2]하야 果喪其田하고 詐之見詐[3]하야 果喪其賂로다 得國[①]而狃[4]하니 終逢其咎요 喪田不懲[5]하니 禍亂其興이라하더니 旣오 里·丕死禍[6]하고 公隕於韓[7]하니 郭偃[8]曰 善哉라 夫衆口는 禍福之門也[②]라

---

1) 背外內之賂 : 내외에 주기로 했던 뇌물은, 夷吾가 앞의 '里克弑奚齊而秦立惠公'章에서 밖으로는 秦穆公에게 약속한 黃河 서쪽의 다섯 城과 안으로 里克과 丕鄭에게 약속한 전답들이다.

2) 佞之見佞 : 佞은 僞善이다. 위선자들이 더 위선적인 사람을 만났다는 뜻이니, 위선자는 里克과 丕鄭을 이른 말이고 위선적인 사람은 惠公을 이른다.

3) 詐之見詐 : 詐는 秦나라가 덕 있는 重耳를 세우지 않고 복종하는 夷吾를 세워 자신들의 이익을 챙기려 속임수를 부린 행위를 이르고, 속임수를 당하였다는 惠公이 秦나라에 약속한 城을 주지 않은 것을 이른다.

4) 狃 : 익숙함이다. 곧 惠公이 속임수에 능하다는 뜻이다.

5) 喪田不懲 : 田地를 잃고서도 마음에 고치려 하지 않는다는 뜻이니, 이극과 비정의 행위를 비판한 말이다.

6) 里丕死禍 : 이극과 비정의 죽음은 다음 '惠公殺丕鄭'章에 자세하다. 禍는 욕심을 부린 결과로 빚어진 재앙이다. 禍자에서 구두를 뗀 것은 汪遠孫의 ≪國語明道本攷異≫의 주석에 따른 것이다. 汪遠孫의 ≪國語明道本攷異≫에서 "韋昭의 注를 轉寫하는 과정에서 '旣里丕死' 다음에 里丕死에 대한 韋昭의 注를 써 넣고 '禍公隕於韓' 다음에 禍자에 대

是以君子省衆而動하나니 監戒而謀하며 謀度而行이라 故無不濟요 內謀外度(탁)에 考省不倦하야 日考而習이라야 戒備畢矣리라

〔校勘〕① 國 : 四部備要本에는 '之'로 되어 있는데 옳지 않다.
② 也 : 四部備要本에는 '也'자가 없다.

惠公이 입국하여, 나라 안팎으로 주기로 하였던 뇌물 약속을 저버렸다. 그러자 사람들이 노랫말을 만들어서 "僞善者가 위선적인 사람을 만나 결국 약속받은 田地를 잃고, 속임수를 부리려던 자가 속임수를 당하여 결국 약속받았던 뇌물을 잃도다. 나라를 얻고서도 거짓말에 익숙하니 끝내 재앙을 만날 것이고, 田地를 잃고서도 징계하려 하지 않으니 禍亂이 일어날 것이다." 하더니, 얼마 안 가서 里克과 丕鄭이 탐욕 때문에 죽임을 당하고, 惠公이 韓 땅에서 패하였다.

郭偃이 말하였다. "훌륭하다. 여러 사람의 입은 재앙과 복록의 門이다. 그러므로 군자는 여러 사람의 마음을 성찰하여 움직이는 것이다. 경계하는 말들을 살펴서 도모하고, 도모하고 헤아려서 행동한다. 그러므로 성공하지 아니함이 없는 것이다. 안으로 도모하고 밖으로 헤아리는 과정에서도, 조사하고 살피기를 게을리 하지 아니하여, 날마다 살피고 반복해 익혀야만, 경계하고 대비하는 도리를 다한 것이라 할 것이다."

98. 惠公改葬共世子 惠公이 共世子의 墓를 改葬하다

【大義】惠公의 위선적 행동에 重耳에게로 향하는 民心.

惠公卽位하야 出共世子而改葬之[9]러니 臭達於外[10]라 國人誦之曰 貞之無報

한 韋昭의 注를 잘못 써 넣은 것이 후세 사람들의 착각을 불러일으켜 禍자를 위로 붙여 떼지 않고 아래로 붙여 읽게 된 오해를 불러일으켰다."고 하였다. 지금 白話語 번역본들에는 모두 '里丕死 禍 公隕於韓'으로 구두를 떼어 惠公이 탐심에 韓原 땅에서 패한 것으로 해석하고 있다.

7) 公隕於韓 : 魯僖公 15년(기원전 645년)에 秦나라가 晉나라를 정벌하여 韓原 땅에서 惠公을 포로로 잡고 晉나라 군대를 크게 무찌른 것을 이른다. 뒤 '秦侵晉止惠公於秦'章에 자세하다.

8) 郭偃 : 晉나라 大夫이다.

也[11]니 孰是人斯로 而有是臭也오 貞爲不聽하고 信爲不誠이로다 國斯無刑하야 媮居幸生[①][12]하니 不更厥貞하면 大命其傾하리라 威兮懷兮[13]여 各聚爾有하야 以待所歸兮어다 猗兮違兮[14]여 心之哀兮[15]로다 歲之二七[16]에 其靡有微[②]兮[17]로다

---

9) 出共世子而改葬之 : 共世子는 태자 申生이다. 시호가 共이어서 공세자라 불렸다. 改葬은 獻公 때 申生의 장사를 예를 차려 지내지 않았던 까닭에 다시 태자의 예로 장례를 치르고자 개장한 것이다.

10) 臭達於外 : 묘를 파는데 악취가 밖에까지 풍긴 것이다. 韋昭는 "惠公이 獻公의 부인 賈君과 간통하였던 까닭에, 태자 申生이 악취를 밖에까지 풍긴 것이다. 곧 惠公과 같이 무례한 사람에 의해 장사 지내지는 것을 원치 않아서이다. 唐固가 賈君을 申生의 妃라고 말한 것은 잘못이다. 傳에 '獻公이 賈君에게 장가들었으나 아들이 없었다.'고 했다."고 하였다.

11) 貞之無報也 : 貞은 태자 申生을 태자를 장사 지내는 바른 예를 갖추어 葬禮 지내는 것을 이른다. 無報는 장례 치러주는 데 대한 좋은 보답이 없음이다. 곧 申生의 陰으로 돕는 좋은 갚음이 없다는 말이다. 혹자는 貞을 申生이라고 말하나, 아래 이어지는 글들과 서로 맞지 않으니 잘못된 말인 듯하다.

12) 媮居幸生 : 도적질하여 차지하고 있음은, 惠公이 晉나라의 군주가 되어 있는 것을 이른다.

13) 威兮懷兮 : 威는 두려움, 懷는 그리움을 이른다. 곧 나라 사람들이 惠公을 두려워하고 重耳를 그리워함을 말한다.

14) 猗兮違兮 : 猗는 탄식하는 소리이고, 違는 떠나간다는 뜻이니 惠公으로부터 마음을 돌리는 것을 이른다.

15) 心之哀兮 : 마음이 슬픈 것은, 사람들이 늘 기왕의 것을 편안해 하고 바꾸는 것을 어렵게 생각하게 마련이어서 지금까지 惠公을 따르다가 중이에게 마음을 바꾸는 데 따른 마음의 서글픔이다.

16) 二七 : 14년을 이른다. 곧 14년 뒤에 일이 있을 것이란 말이다.

17) 靡有微兮 : 微는 惠公의 아들 子圉를 이른다. 이에 대해 復旦大學 간행 ≪國語直解≫ 440면에서는, 董增齡의 ≪國語正義≫의 설을 인용하여 "사람에게 아들이 있는 것은 마치 새에게 꽁지가 있는 것과 같기 때문에 輿人이 子圉를 꽁지에 비유한 것이다.〔人之有子 如鳥之有尾 故輿人以尾指子圉也〕"라고 하여 韋昭의 설을 뒷받침하였다. 곧 자식도 두지 못할 것이란 말이다. 이 말대로 子圉가 惠公을 이어 즉위하였으나 重耳를 지원하는 백성들의 공격을 받고 결국 죽었다. 이 내용은 뒤 '惠公斬慶鄭'章에 자세하다.

若翟公子여 吾是之依兮로니 鎭撫國家하고 爲王妃(배)18)兮리라 郭偃曰 甚哉라 善之難也여 君改葬共君19)하야 以爲榮也어늘 而惡滋章(창)이온여 夫人美於中이면 必播於外하고 而越於民하야 民實戴之하나니 惡亦如之니라 故行不可不愼也니 必或知之③니라 十四年에 君之冢嗣其替乎20)니 其數告於民矣요 公子重耳其入乎니 其魄兆於民矣21)로다 若入이면 必伯(패)諸侯하야 以見天子요 其光耿於民矣리라 數는 言之紀也요 魄은 意之術也22)요 光은 明之耀④也니 紀言以叙之하고 述意以導之하며 明耀以炤⑤之하니 不至何待리오 欲先導者行乎인저 將至矣리라

〔校勘〕 ① 媮居幸生 : 四部備要本에는 '偸居倖生'으로 되어 있는데 통용하여 쓰는 글자들이므로 뜻은 같다.

② 微 : 四部備要本에는 '徵'으로 되어 있는데 옳지 않다.

③ 必或知之 : 韋昭 注에 一本에 "이 글 아래에 '民必知其善否也' 일곱 자가 있다."고 하였다.

④ 燿 : 四部備要本에는 '曜'로 되어 있는데 통용한다. 아래의 明燿도 같다.

⑤ 炤 : 四部備要本에는 '昭'로 되어 있는데 통용한다.

惠公이 즉위하여 장사 지낸 共世子를 파내서 다시 장례 지내는데, 악취가 밖에까지 진동하였다. 나라 사람들이 노랫말을 만들었다.

禮 차린 장례건만 고마운 보답 없으니
뉘라서 이 사람에게 이 냄새 피우게 하나
禮 차린 장례도 외면당하고
깊은 신심마저 미덥지 못하다네.

---

18) 妃 : 配자의 뜻이다.

19) 共君 : 共世子, 곧 태자 申生을 이른다.

20) 冢嗣其替乎 : 冢嗣는 嫡長子를 이르니 惠公의 태자 子圉이다. 替는 絶滅하다, 廢位되다의 뜻이다.

21) 其魄兆於民矣 : 魄은 형상이고 兆는 나타남이다.

22) 意之術也 : 韋昭는 "意는 백성들이 가진 뜻이고, 術은 길〔道〕이다. 형상이나 조짐이 드러나면 백성들의 뜻은, 나타난 그 형상을 따르게 되어 있다."라고 하였다. 暨南大學 간행 《國語譯注辨析》 381면에는 術은 述과 통용하는 글자이니 反映을 뜻하는 말이라고 하였다.

이 나라는 법도도 없는 암흑 세상
빼앗은 자리를 요행으로 지켜가네.
이 정치 바뀌지 않으면 나라의 운명 기울어지리.
두려울손 惠公이요 그립나니 重耳로다.
너도나도 가진 것 챙겨들고 돌아오는 님 기다리세.
아아 惠公을 떠나려니 애달픈 이 심회여!
앞으로 열네 해면 그분 자식마저 두지 못하리
翟 땅에 계신 重耳여! 우리 이분을 의지하게 되리
나라도 다독여 어루만지고 천자의 짝이 되시리라.

郭偃이 말하였다. "심하다! 善行의 어려움이여! 임금님이 共君의 묘를 改葬하신 것은 榮譽를 얻으려는 생각에서였는데, 惡行만 더욱 퍼졌구나. 사람이 속에 훌륭한 것이 간직되어 있으면 반드시 밖으로 펼쳐지고 백성에게 들쳐지니, 백성들이 그 훌륭함을 推戴하고자 하는 것이다. 악한 것도 역시 이와 마찬가지이다. 그러므로 행동은 삼가지 않을 수 없으니 반드시 누군가가 알게 되어 있다. 14년 뒤이면 惠公의 태자가 절멸할 것이니 그 햇수가 백성들에게 알려졌고, 공자 重耳가 入國할 것이니 그 형상이 백성들 사이에서 비치고 있다. 〈公子 重耳가〉 만일 입국하게 되면 반드시 제후의 霸者가 되어서 天子를 알현할 것이고, 그 빛은 백성에게 밝게 비출 것이다. 숫자는 말의 기록이고, 나타난 형상은 백성들 뜻의 반영이고, 광채는 밝은 덕으로부터 뿜어져 나온다. 떠도는 말들의 기록에 그가 돌아올 것이 서술되어 있고, 백성들의 뜻을 반영하여 그의 귀국을 인도하고 있고, 뿜어져 나온 빛은 환하게 빛나고 있으니, 〈중이가〉 돌아오지 않고서 무엇을 기다리겠는가? 중이를 先導하고자 하는 자들은 행동에 나서야 할 것이다. 곧 이르러 올 것이다."

99. 惠公悔殺里克 惠公이 里克을 죽인 일을 뉘우치다

【大義】 한 신하를 잘못 죽음에 몰아넣은 군주가 져야 하는 준엄한 죗값.

惠公旣殺里克[23]而悔之曰 芮也使寡人過殺我社稷之鎭[24]이로다 郭偃聞之하고 曰不

---

23) 惠公旣殺里克 : 里克을 죽인 일은 다음 '惠公殺丕鄭'章과 ≪左傳≫ 〈僖公10年〉 기사에

謀而諫者는 冀芮也요 不圖而殺者는 君也니 不謀而諫은 不忠이요 不圖而殺은 不祥이니라 不忠은 受君之罰하고 不祥은 罹天之禍하나니 受君之罰은 死戮[25]이요 罹天之禍는 無後니 志道者는 勿忘[26]하라 將及矣리라하더니 及文公入하여 秦人殺冀芮而施之[27]하다

惠公이 里克을 죽인 뒤에 뉘우쳐 말하였다. "冀芮가 나로 하여금 우리 社稷의 重臣을 잘못 죽이게 하였구나." 郭偃이 그 소식을 듣고서 말하기를 "임금을 위해 셈해 보지 않고 諫言한 자는 기예이고, 다른 신하와 논의해 보지 않고서 죽인 자는 임금이다. 셈해 보지 않고 간언한 것은 충성스럽지 않음이고, 논의해 보지 않고 죽인 것은 상서롭지 않은 일이다. 충성스럽지 않으면 임금에게 벌을 받고, 상서롭지 못하면 하늘의 재앙을 당하니. 임금에게 받는 벌은 죽임이나 모욕을 당하는 것이요, 하늘로부터 당하는 재앙은 後嗣가 끊기는 것이다. 占辭를 기록하는 자는 〈이 말 기록하는 일을〉 잊지 말라. 장차 화가 미칠 것이다."라고 하였더니, 文公의 입국에 미쳐 秦나라 사람이 冀芮를 죽여서 시체를 저잣거리에 진열하였다.

100. 惠公殺丕鄭 惠公이 丕鄭을 죽이다

【大義】 惠公이 丕鄭을 죽인 일의 기록.

惠公〈旣〉①卽位하야 乃背秦賂[28]하고 使丕鄭聘於秦하야 且謝之하다 而殺里克曰 子

자세하다.

24) 鎭 : 重자의 뜻이니 곧 重臣을 이른다.

25) 死戮 : 戮은 욕됨을 당하는 것이니, 죽거나 또 욕됨이 있다는 말이다.

26) 志道者勿忘 : 志는 기록함이다. 道는 현행 白話語 번역본들이 모두 規律·事理라고 말하고 있으나 해석이 매끄럽지 못하다. 韋昭의 주에 "郭偃이 점쳐 보고 말한 '화가 미칠 것'이란 말을 잊지 말도록 하라.〔勿忘此占言禍將至也〕"한 것으로 볼 때 곽언이 말하고 있는 '자신의 占辭'를 이르는 것으로 해석하는 것이 타당할 듯하다.

27) 及文公入 秦人殺冀芮而施之 : 文公은 重耳이다. 冀芮가 문공을 晉나라에 입국시킨 뒤 후회하고 弑害하려 하자 문공이 몰래 秦伯과의 회합을 위해 王城 땅으로 길을 떠났다. 그것을 모른 기예가 公宮을 불사르고 文公을 찾다가 찾지 못해 河上으로 도망치자, 秦伯이 그를 유인하여서 죽였다. 施는 시체를 펼쳐 놓는 일이다. 이 일은 ≪左傳≫ 〈僖公24年〉 기사에 자세하다.

殺二君與一大夫[29]하니 爲子君者 不亦難乎아 丕鄭如秦하야 謝緩賂하고 乃謂穆公曰 君厚問[30]以召呂甥·郤稱·冀芮而止之하고 以師奉公子重耳하소서 臣之屬[31]內作하면 晉君必出하리이다 穆公使泠至報問하고 且召三大夫하다 鄭也與客將事②[32]러니 冀芮曰 鄭之使薄이어늘 而報厚하니 其言我於秦也하야 必使誘我니 弗殺이면 必作難[33]하리라 是故殺丕鄭及七輿大夫인 共華·賈華·叔堅·騅歂(추천)·纍虎·特宮·山祁(기)하니 皆里·丕之黨也니라 丕豹[34]出奔秦하다

丕鄭之自秦反也하야 而③聞里克死하고 見共華曰 可以入乎아 共華曰 二三子皆在④而不及[35]하고 子使於秦하니 可哉인저러니 丕鄭入에 君殺之하다 共賜[36]謂共華曰 子行乎인저 其及也니라 共華曰 夫子之入은 吾謀也니 將待及⑤하리라 賜曰 孰知之[37]리오 共華曰 不可하다 知而背之[38]는 不信이요 謀而困人은 不知요 困而不死는 無勇이니라 任大惡三하니 行將安入이리오 子其行矣어다 我姑待死하리라 丕鄭之子曰豹라 出奔秦하야 謂穆公曰 晉君大失其衆이니이다 背君賂하고 殺里克而忌處者[39]하야 衆固

---

28) 乃背秦賂 : 秦나라에 약속한 뇌물은 황하 서쪽의 다섯 城이다. 앞의 '里克弑奚齊而秦立惠公'章을 참고하라.

29) 子殺二君與一大夫 : 군주는 奚齊와 卓子이고 대부는 荀息이다.

30) 厚問 : 問은 선물이다. 후한 예물을 보낸다는 뜻이다.

31) 臣之屬 : 屬은 七輿大夫를 이른다. 七輿大夫는 앞의 '里克弑奚齊而秦立惠公'章 주석을 참고하라.

32) 鄭也與客將事 : 客은 秦나라에서 사신 온 泠至이고, 將事는 晉나라가 秦나라에 報聘하는 일을 준비하는 것을 이른다.

33) 必作難 : 冀芮 자신을 죽이려는 난을 일으킬 것이란 말이다.

34) 丕豹 : 丕鄭의 아들이다.

35) 二三子皆在而不及 : 二三子는 七輿大夫이다. 不及은 죄가 그들에게 미치지 않음이다.

36) 共賜 : 共華의 집안 사람이니 晉나라의 대부이다.

37) 孰知之 : 비정을 돌아오도록 공화가 꾀를 냈다는 사실을 누가 알겠느냐는 말이다.

38) 不可 知而背之 : 이 글은 不可와 知而背之로 나누어 해석하였으나, 하나로 묶어 '다른 사람이 모를 것이라고 하여 저버리는 것은' 이라고 해석할 수도 있다. 다만 뒤에 이어지는 문장들이 네 글자로 단락지어진 글들이어서 앞의 해석을 취하였다.

39) 忌處者 : 忌는 미워함이고, 處者는 惠公이 망명해 있었을 때 국내에 남아 있었던 대부들이다.

不說이어늘 今又殺臣之父及七輿大夫하니이다 此其黨半國矣니 君若伐之면 其君必出하리이다 穆公曰 失衆이면 安能殺人40)이리오 且夫禍唯無釁니 足者不處요 處者不足이니라 勝敗若化41)하니 以禍爲違42)면 孰能出君이리오 爾俟我하라

〔校勘〕 ① 〈旣〉 : 四部備要本에 의거하여 보충하였다.
② 將事 : 四部備要本에는 '將行事'로 되어 있는데 옳지 않다.
③ 而 : 四部備要本에는 '而'자가 없다.
④ 在 : 四部備要本에는 '在' 다음에 '外'자가 더 있는데 옳지 않다.
⑤ 及 : 四部備要本에는 '也'로 되어 있다.

惠公이 즉위한 뒤에, 이내 秦나라에 주겠다고 한 뇌물 약속을 저버리고, 丕鄭을 시켜 秦나라에 聘問하여 우선 사과의 말을 하게 하였다. 그리고서는 里克을 죽이면서 말하기를 "그대는 君主 둘과 大夫 한 사람을 죽였다. 그대 같은 사람의 임금 노릇 하기란 또한 어려운 일이 아니겠는가?" 하였다.

비정이 秦나라에 가서 뇌물이 늦어지고 있음을 사과하였다. 그리고서는 穆公에게 일러 말하였다. "임금님께서는 두터운 禮物을 선물하고서 呂甥과 郤稱과 冀芮를 불러 그들을 억류시키고, 군사를 동원하여 공자 重耳를 호송해 입국시키도록 하십시오. 臣의 무리가 국내에서 호응하여 일어나면 晉나라 군주를 반드시 축출할 수 있을 것입니다." 穆公이 泠至를 사자로 보내 聘問에 보답하고, 또 세 사람의 大夫를 불렀다. 丕鄭은 사신 온 영지와 〈秦나라〉 빙문 가는 일을 준비하고 있었다. 기예가 말하기를 "비정이 사신 갈 때의 예물이 薄하였는데 報聘 예물이 후하였다. 그것은 비정이 나에 대해 秦나라에 말하여 반드시 나를 유인하게 한 것일 것이니, 〈비정을〉 죽이지 않으면 반드시 나를 도모하려는 난을 일으킬 것이다." 하고서는, 비정과 七輿大夫인 共華·賈華·叔堅·騅歂·纍虎·特宮·山祁 등을 죽이니, 모두 里克과 丕鄭의 무리였다. 丕豹가 도망가 秦나라로 달아났다.

---

40) 失衆 安能殺人 : 晉나라 군주가 국민의 마음을 잃었다면 어떻게 대중을 명령하여 너희 아버지와 七輿大夫를 죽일 수 있었겠느냐는 말이다.

41) 勝敗若化 : 化는 轉化無常을 말한다. 즉 비정이 임금을 죽이려고 하다가 거꾸로 임금에게 죽임을 당한 것을 이른다.

42) 以禍爲違 : 違는 떠나가는 것이다. 丕豹가 아버지가 화를 당하자 피해 나온 것을 이른다.

丕鄭이 秦나라에서 돌아오려 할 즈음에 里克이 죽었다는 소리를 들었다. 共華를 보고서 말하기를 "입국할 수 있겠느냐?" 하니, 공화가 말하였다. "七輿大夫가 고스란히 그대로이고 죄에 아직 걸려든 적이 없습니다. 그리고 대부께서는 秦나라에 사신 다녀오는 길이니 들어올 수 있을 것입니다." 비정이 들어오자 惠公이 그를 죽여 버렸다. 共賜가 공화에게 이르기를 "그대는 떠나도록 하십시오. 죄가 장차 미칠 것입니다." 하니, 공화가 말하였다. "夫子(丕鄭)가 들어온 것은 나의 꾀에 의한 것이었습니다. 화가 미치기를 기다리렵니다." 共賜가 말하기를 "누가 그 내막을 알고 있겠습니까?" 하니, 공화가 말하였다. "옳지 않습니다. 뻔히 알면서 저버리는 것은 信義롭지 못한 일이고, 꾀를 내 남을 곤궁에 빠트리는 것은 지혜롭지 못함이고, 남을 곤궁에 처하게 하고서 죽지 않는 것은 용맹이 없음입니다. 이 같은 큰 악행 세 가지를 가지고서, 떠난다 한들 장차 어느 나라를 갈 수 있겠습니까? 그대나 떠나도록 하십시오. 나는 아직은 죽기를 기다리렵니다."

丕鄭의 아들이 있었는데 이름이 豹였다. 秦나라로 달아나서 穆公에게 말하기를 "晉나라 군주가 그 국민들에게 인심을 크게 잃었습니다. 임금님께 드리기로 한 뇌물도 저버렸고, 里克을 죽이고서 자신이 망명 중에 국내에 남아 있었던 대부들을 미워하여, 민중들이 아주 그를 좋게 여기지 않습니다. 지금 또 臣의 아버지와 七輿大夫를 죽였습니다. 지금 그들 무리는 나라의 절반 정도입니다. 임금께서 만약 정벌하신다면, 그 군주를 반드시 축출할 수 있을 것입니다." 하니, 穆公이 말하였다. "민중의 마음을 잃었다면, 어떻게 능히 사람을 죽일 수 있었겠느냐? 또 그가 저지른 재앙은 죽을 만하지는 않다. 죄가 죽기에 충분한 자는 나라에 머물러 있지 못하는 것이니, 나라에 머물러 있는 사람은 죄가 죽기에 충분하지 않아서이다. 일의 勝敗란 無常하기가 순환하는 변화와 같다. 禍를 당했다 하여 나라를 떠나버리기로 든다면, 누가 임금을 축출할 수 있겠느냐? 너는 내가 일을 도모할 때를 기다리도록 하라."

101. 秦薦晉饑 晉不予秦糴 秦나라는 晉나라의 흉년에 곡식을 주어 도왔으나 晉나라는 秦나라의 흉년에 곡식을 주지 않았다

【大義】 秦나라와 晉나라의 君臣이 상대방 나라의 흉년을 두고 취한 서로 다른 판단과 태도.

晉饑[43]하야 乞糴於秦이러니 丕豹曰 晉君無禮[44]於君은 衆莫不知니이다 往年有

難[45]이러니 今又荐饑하니 已失人이요 又失天이라 其〈有〉①殃也多矣니 君其伐之하고 勿予糴하소서 公曰 寡人其君是惡나 其民何罪오 天殃流行하야 國家代有오 補之②薦饑[46]는 道也니 不可以廢道於天下니라 謂公孫枝曰 予之乎아 公孫枝曰 君有施於晉君호대 晉君無施於其衆이러니 今旱而聽於君[47]하니 其天道也니이다 君若弗予라도 而天予之[48]요 苟衆不說其君之不報也라도 則有辭矣니 不如③予之하야 以說其衆[49]이니이다 衆說이면 必咎其君④이니 其君不聽이어든 然後誅焉이면 雖欲禦我나 誰與리잇가 是故汎⑤舟於河하야 歸糴於晉[50]하다 秦饑에 公令河上[51]輸之粟이러니 虢射(석)曰 弗予賂地하고 而予之糴이면 無損於怨이오 而厚於寇니 不若勿予니이다 公曰 然하다 慶鄭曰 不可니이다 已賴其地하고 而又愛其實이면 忘善而背德이니 雖我必擊之니 弗予면 必擊我리이다 公曰 非鄭之所知也라하고 遂不予하다

---

43) 晉饑 : 饑는 곡식이 흉년 든 것을 이른다. 이때의 흉년은 魯僖公 13년(기원전 647년)의 일이다.

44) 無禮 : 賂物로 주기로 한 땅을 주지 않은 것을 이른다.

45) 有難 : 里克과 丕鄭의 무리를 죽인 일을 이른다.

46) 薦饑 : 薦을 韋昭는 進也라고 하여 '올리다' '전달하다'의 뜻으로 보았다. 그렇다면 薦饑는 무슨 말일까. 흉년에 곡식을 전하는 것이라고 意譯할 수는 있으나 곡식이라는 말이 없다. 그래서 薦을 지원하다의 뜻으로 보아 흉년이 든 것을 지원하는 것으로 해석할 수도 있다. 그런데 우리나라 대본에는 중국의 여러 본들과 다르게 '補之薦饑'로 되어 있다. 여기서 薦饑는 거듭된 흉년을 말하니, 곧 거듭된 흉년을 도와준다는 말이다. 또 중국본의 '補乏薦饑'로 해석한다 하여도 거듭된 흉년에 궁핍한 것을 도와준다의 뜻으로 해석이 가능하다. 다만 여기서 韋昭의 주석 進也의 뜻이 명쾌하지 못하다.

47) 聽於君 : 秦穆公에게 명령을 듣는다는 것이다.

48) 予之 : 준다는 것은 내년에 농사를 풍년 들게 해 준다는 말이다.

49) 君若弗予……以說其衆 : 원문의 懸吐를 다른 해석 방법에 의거하여 바꾼 것이다. 번역하면 '임금님께서 주시지 않더라도 하늘이 풍년을 내려 줄 것이며 진정으로는 晉나라의 백성들이 〈우리의 이번 일을〉 달가워하지 않게 되면 한편으로 晉나라 군주가 秦나라에 은혜를 갚지 않은 일에 대해서도 핑계거리를 만들어 줌이 있을 것이니 쌀을 그들에게 주어 그들 백성들을 기쁘게 하는 것만 못할 것입니다.' 이다.

50) 歸糴於晉 : 歸는 보낸 곡식을 되돌리는 일 없이 순순히 주었다는 말이다.

51) 河上 : 惠公이 秦나라에 주기로 약속했던 黃河 동쪽의 다섯 城이다.

〔校勘〕 ① 〈有〉 : 四部備要本에 의거하여 보충하였다.
② 之 : 四部備要本에는 '乏'으로 되어 있다. 주석 46)을 참고하라.
③ 如 : 四部備要本에는 '若'으로 되어 있다.
④ 咎其君 : 四部備要本에는 '咎於其君'으로 되어 있다.
⑤ 汎 : 四部備要本에는 '氾'으로 되어 있는데 통용한다.

晉나라에 흉년이 들어 쌀 사들이는 일을 秦나라에 청하였다. 그러자 丕豹가 말하였다. "晉나라 군주가 임금님께 무례하게 군 것에 대해서는 여러 사람이 모두 알고 있습니다. 지난해에 난리가 있었고 올해 또 거듭 흉년이 들었습니다. 이미 민심을 잃었고 또 天心마저 잃어 그 나라가 겪는 재앙이 많은 것입니다. 임금님께서는 그 나라를 정벌하여서 쌀을 사들이도록 내주지 마십시오." 穆公이 말하기를 "寡人이 그 나라의 군주는 밉지만 그 나라의 백성이야 무슨 허물할 게 있느냐? 하늘의 재앙은 돌고 도는 것이다. 그래서 국가들이 번갈아 가며 겪는다. 거듭된 흉년에 바닥난 물자를 도와주는 것은 바른 도리이다. 천하에 바른 도리를 폐할 수는 없다." 하고서, 公孫 枝에게 일러 말하였다. "그 나라에 곡식을 주어야 할까?" 하니, 公孫 枝가 말하였다. "임금님께서 晉君에게 은혜를 베푸는데도 晉君이 자신의 백성에게 은혜를 베푸는 일이 없었습니다. 지금 가뭄으로 인해 임금님의 命을 들으려 하고 있으니 아마도 이는 天道인 성싶습니다. 임금님께서 만약 주지 않으시더라도 하늘이 내년에 풍년이 들도록 해 줄 것입니다. 진실로 백성들이 자신의 군주가 은혜를 갚지 않은 것에 대해서는 좋게 생각하고 있지 않지만 우리가 쌀을 팔지 않는 것에 대해서는 이런저런 말들이 있을 것입니다. 쌀을 주어서 그 백성들을 기쁘게 해 주느니만 못할 것입니다. 백성들이 기뻐하게 되면 반드시 그 임금에게 허물을 돌릴 것이니, 그 임금이 우리의 명령을 듣지 않은 뒤에 討罪한다면 비록 우리를 막아서려 하더라도 누가 도와주겠습니까?" 이리하여 黃河에 배를 띄워 晉나라에 보내는 쌀을 순순히 보내주었다.

秦나라에 흉년이 들어 晉惠公이 河上에 명령을 내려 곡식을 보내주라 하였다. 虢射이 말하였다. "뇌물로 주기로 했던 땅은 주지 않고 쌀만 그들에게 준다면 원망스러운 감정을 줄이는 일 없이 敵國의 국력만 강화시켜 주는 일이 될 것이니 주지 않느니만 못할 것입니다." 晉惠公이 말하기를 "그러하다." 하자, 慶鄭이 말하였다. "옳지 않습니다. 이미 그 땅의 잇속을 챙기고 있으면서 또다시 그 땅에서 생산된 곡식까지도 주기를 아낀다면 남이 베풀어준 善을 잊어버리고 德을 배반하는 행위입니다. 비록 우리 처지라도 반드시 공격하려 들 것이니 주지 않는다면 반드시 우리를 공격해 올 것입니다." 惠公이 말하기를 "慶鄭 네가 알 바가 아니다." 하고, 끝내 주지 않았다.

102. 秦侵晉止惠公於秦 秦나라가 晉나라를 침범하여 秦나라가 晉惠公을 포로로 잡았다

【大義】 전쟁에서의 名分을 가진 군대와 명분을 잃은 군대의 勝負 속에 나타나는 事必歸正.

六年[52]에 秦歲定[53]이라 帥師侵晉하야 至於韓[54]하다 公謂慶鄭曰 秦寇深矣니 奈何오 慶鄭曰 君深其怨하니 能淺其寇乎잇가 非鄭之所知也니 君其訊射(석)也하소서하니 公曰 舅[55]所病也니라하다 卜右[56]한대 慶鄭吉이어늘 公曰 鄭也不孫①이라하고 以家僕徒爲右하고 步揚御戎하며 梁由靡御韓簡[57]하고 虢射爲右하야 以承公[58]하다 公禦秦師할새 令韓簡視師러니 曰師少於我호대 鬭士衆이러이다 公曰 何故오 簡曰 以君之出也에 處己[59]하고 入也에 煩己하고 饑食에 其糴하야 三施而無報라 故來어늘 今又擊之하니 秦莫不慍이요 晉莫不怠라 鬭士是故衆이니이다 公曰 然이나 今我不擊이면 歸必狃[60]하리니 一夫도 不可狃온 〈而〉②況國乎아하고 公令韓簡挑戰하야 曰昔君之惠③를

---

52) 六年 : 晉惠公 6년이니 魯僖公 15년(기원전 645년)이다.

53) 歲定 : 定은 안정됨이다. 한 해 곡식이 풍년이 들어 백성들이 안정된 것이다.

54) 韓 : 晉나라 땅 韓原이다.

55) 舅 : 諸侯가 다른 姓의 大夫를 호칭하는 말이다.

56) 卜右 : 兵車의 오른쪽에 타고서 병거에 탄 군주나 장수를 보호할 책임을 지는 武士를 점쳐 정하는 일이다. 그렇게 결정된 사람을 車右라고 한다. 兵車는 장수가 병거의 왼쪽에 자리하고, 모는 사람이 중앙에 위치하고, 무력을 갖춘 사람이 오른쪽에서 비상사태를 대비한다. ≪穀梁傳 成公5年 輦者不辟 范甯注≫

57) 梁由靡御韓簡 : 梁由靡는 晉나라 대부이고 韓簡은 晉나라 卿이다.

58) 承公 : 承은 차례, 또는 다음의 뜻이다.

59) 處己 : 己는 秦나라다. 處己는 惠公이 처음 망명 나가 梁나라에 머물면서 秦나라에 의지한 것을 이른다.

60) 狃 : 만만히 알고서 가볍게 여기는 것이다. 싸우지 않고 돌아간다면 秦나라가 반드시

寡人未之敢忘이나 寡人有衆하야 能合之언정 弗能離也[61]로이다 君若還(선)이면 寡人之願也어니와 君若不還(선)이면 寡人將無所避니이다 穆公衡雕戈하고 出見使者하야 曰 昔君之未入에 寡人之憂也요 君入而列未成[62]에 寡人未敢忘호라 今君旣定而列成하니 君其整列이면 寡人將身④見[63]하리라

客還에 公孫枝進諫曰 昔에 君之不納公子重耳하고 而納晉君하니 是君之不置德하고 而置服也니이다 置而不遂하고 擊而不勝이면 其若爲諸侯笑何오 君盍待之乎[64]잇가 穆公曰 然하다 昔에 吾之不納公子重耳하고 而納晉君은 是〈吾〉⑤不置德하고 而置服也니라 然公子重耳實不肯하니 吾又奚言哉오 殺其內主[65]하고 背其外賂하며 彼塞我施하야 若無天乎云⑥[66]하니 若有天이면 吾必勝之리라하고 君輯〔揖〕⑦大夫就車[67]하고 君鼓而進之하다 晉師潰하야 戎馬濘而止[68]라 公號慶鄭曰 載我하라 慶鄭曰 忘善而背德하며 又廢吉卜[69]이러니 何我之載잇가 鄭之車는 不足以辱君避也니이다 梁由靡御韓簡하고 輅(아)[70]秦公하야 將止之러니 慶鄭曰 釋來救君하라하야늘 亦不克救⑧하

업신여겨 손쉽게 여길 것이란 말이다.

61) 弗能離也 : 군사들이 싸우고자 하여 해산시킬 수 없다는 말이다.

62) 列未成 : 列은 자리이다. 곧 군주 자리가 안정되지 않음을 이른다.

63) 將身見 : 직접 뵙겠다는 것은 직접 맞붙어 싸우겠다는 뜻이다.

64) 盍待之乎 : 난리가 일어나 스스로 죽는 것을 기다리지 않느냐는 말이다.

65) 內主 : 국내에서 擁立을 주도한 사람들, 곧 里克과 丕鄭을 말한다.

66) 若無天乎云 : 云은 韋昭는 말하다의 뜻이라면서 晉나라의 소행이 마치 하늘을 무시하는 듯한 말투라고 하였다. 이에 대하여 淸나라의 王引之는 그의 저서 ≪經義述聞≫에서 "韋昭가 云자를 위로 붙여 구두를 뗀 것은 文理가 이루어지지 않는다. 云자는 당연히 아래 글의 若자 아래로 들어가야 한다. '若無天乎 若云有天'이라고 써야 文理가 순하다. ≪三國志≫ 〈公孫淵傳〉에 바로 이 문장이 이렇게 쓰여 있다."고 하였다.

67) 君輯大夫就車 : 輯은 揖의 뜻이다. 韋昭는 穆公이 대부들에게 揖의 禮를 취하여 각기 병거에 오르도록 한 것이라고 하였으나, 輯을 글자 그대로 해석하여 대부를 소집하여 병거에 오르게 하였다로 해석하기도 한다.

68) 濘而止 : 濘은 깊은 수렁이다. 止는 병거를 끄는 말이 빠진 것이다.

69) 又廢吉卜 : 앞에서 車右를 점쳤을 때, 경정이 길한 것으로 나온 점괘를 따르지 않고 다른 사람을 車右로 쓴 것을 이른다.

70) 輅 : 迎의 뜻이다. 遭遇하다라는 말이다.

야 遂止於秦하다

穆公歸하야 至於王城71)하야 合大夫而謀曰 殺晉君與逐出之와 與以歸〈之〉⑨와 與復之 孰利오 公子縶曰 殺之利니이다 逐之면 恐構諸侯요 以歸면 則國家多慝72)이요 復之면 則君臣合作하야 恐爲君憂니 不若殺之니이다 公孫枝曰 不可하다 恥大國之士於中原하고 又殺其君以重之면 子思報父之仇하고 臣思報君之讎니 雖微秦國이라도 天下孰不患이리잇가 公子縶曰 吾豈將徒殺之리잇가 吾將以公子重耳로 代之니 晉君之無道는 莫不聞이오 公子重耳之仁은 莫不知니이다 戰勝大國은 武也요 殺無道而立有道는 仁也요 勝無後害는 知也니이다 公孫枝曰 恥一國之士하고 又曰余納有道以臨汝라하면 無乃不可乎잇가 若不可면 必爲諸侯笑니이다 戰而〈取〉⑩笑諸侯면 不可謂武요 殺其弟而立其兄하야 兄德我而忘其親이면 不可謂仁이요 若勿〔弗〕⑪忘이면 是再施而不遂也니 不可謂知니이다 君曰 然則若何오 公孫枝曰 不若以歸하야 以要晉國之成이며 復其君而質其適子하야 使子父代處秦이면 國可以無害리이다 是故歸惠公하고 而質子圉73)하니라 秦始知河東之政74)하다

〔校勘〕 ① 孫 : 四部備要本에는 '遜'으로 되어 있는데 통용한다.
② 〈而〉 : 四部備要本에 의거하여 보충하였다.
③ 惠 : 四部備要本에는 '惠'자 다음에 '也'자가 더 있다.
④ 身 : 四部備要本에는 '親'으로 되어 있다.
⑤ 〈吾〉 : 四部備要本에 의거하여 보충하였다.
⑥ 云 : 四部備要本에는 '云'자가 없다.
⑦ 輯〔揖〕 : 四部備要本에 의거하여 고쳤다.

---

71) 王城 : 秦나라의 땅 이름이다.

72) 國家多慝 : 慝은 나쁜 일이다. 惠公이 秦나라에 머무르는 동안 秦나라 틈새의 좋지 않은 것들을 알아 나중에 이러한 것들이 秦나라에 재앙이 될 수 있다는 말이다.

73) 子圉 : 惠公의 맏아들이다. 뒤에 懷公이 되었다.

74) 知河東之政 : 秦나라가 하동 지역에 관청을 둔 까닭에 하동의 정무를 관장하였다고 한 것이다. 하동은 앞서 惠公이 입국하며 秦나라에 뇌물로 주기로 한 河西, 또는 河外로 불리던 다섯 城이다. 땅 이름이 이렇게 바뀐 것은 晉나라에서 보면 河西이고 秦나라에서 보면 河東이기 때문이다. 이 일은 魯僖公 15년에 있었다.

⑧ 救 : 四部備要本에는 '救'자 다음에 '君'자가 더 있는데 옳지 않다.
⑨ 〈之〉 : 四部備要本에 의거하여 보충하였다.
⑩ 〈取〉 : 四部備要本에 의거하여 보충하였다.
⑪ 勿〔弗〕 : 四部備要本에 의거하여 고쳤다.

6년에 秦나라에 풍년이 들어 백성들이 안정되었다. 이에 군사를 거느리고 晉나라를 침략하여 韓原 땅에 이르렀다. 惠公이 慶鄭에게 일러 말하기를 "秦나라가 깊숙이 침입했으니 어떻게 해야겠느냐?" 하니, 경정이 말하기를 "임금님께서 그들의 원망을 깊게 하였으니 그 침입을 가볍게 할 수 있는 방법이 있겠습니까? 경정으로서는 알 만한 바가 아닙니다. 임금님께서는 虢射에게 물어보십시오." 하자, 惠公이 말하였다. "저것이 저 대부의 단점이다." 兵車의 오른쪽에 탈 사람을 점쳤는데 경정이 吉한 것으로 점쳐지자 惠公이 말하기를 "그 사람은 공손하지 못하다." 하고는, 家僕徒를 병거의 오른쪽에 타는 사람으로 삼고 步揚에게 兵車를 몰게 하였다. 梁由靡가 韓簡의 병거를 몰고 虢射이 〈韓簡〉 병거의 오른쪽에 타는 사람이 되어 惠公이 탄 병거의 뒤에 섰다.

惠公이 秦나라 군사를 방어하면서 韓簡에게 명령하여 〈秦나라〉 군사를 둘러보게 하였다. 韓簡이 말하였다. "군사의 수효는 우리보다 적었으나 싸우고자 하는 병사의 수효는 우리보다 많았습니다." 惠公이 말하기를 "무엇 때문인가?" 하니, 韓簡이 대답하였다. "임금님께서 〈晉나라에서〉 쫓겨났을 때 자신들의 나라에 의지하여 정착하였고, 入國할 적에 자신들 나라를 번거롭게 하였고, 〈晉나라에〉 흉년이 들었을 때 자신들 나라가 쌀을 사들일 수 있게 하여, 세 번씩이나 은혜를 베풀었는데도 보답이 없는 까닭에 치러 왔는데 지금 또 자신들을 공격하고자 나서고 있어, 秦나라 군사는 누구도 노여움을 품지 않는 사람이 없고 晉나라 군사는 은혜를 입었으므로 게으른 생각을 내지 않은 군사가 없습니다. 싸우고자 하는 군사가 이 때문에 많습니다." 惠公이 말하기를 "그렇기는 하지만 지금 내가 공격하지 않고 돌아가면 반드시 만만히 알고서 가볍게 여기려 들 것이다. 한 사람의 필부도 만만히 보게 해서는 안 되는 것인데 하물며 나라이겠느냐!" 하고, 惠公이 韓簡에게 도전하게 하면서 말하였다. "옛날에 秦나라 임금님이 베풀어주신 은혜는 과인이 감히 잊지 못합니다. 그러나 과인에게는 많은 군사가 있어 능히 모을 수는 있지만 능히 해산시킬 수는 없습니다. 秦나라 군주께서 만약 바로 발길을 돌리신다면 寡人이 원하는 일이지만 秦君께서 만약 발길을 바로 돌리시지 않는다면 과인으로서도 피할 길이 없을 듯하옵니다." 穆公이 무늬가 조각된 창을 비껴 들고 나와서 使者를 보고 말하였다. "옛날 晉나라 군주가 입국하지 못하였을 적에도 과인이 그것을 걱정하였고, 晉나라의 군주가 입국하여 군주 자리에 제대로 자리 잡지 못하였을 적에도 과인이 그 일을 감히 잊지 못하였다. 지금 晉나라의 군주가 이미 안정되어 군주 자리가 확고하여졌으니 군주께서 軍陣을 정돈한다면 과인이 장차 직접 만나 볼 것이다."

使者가 돌아가자 公孫 枝가 諫言을 올렸다. "옛날에 임금님께서 公子 重耳를 들여보내지 않고 지금의 晉나라 군주를 들여보내셨는데 그것은 임금님께서 德 있는 公子를 세우지 않고 복종하는 공자를 세우려는 생각에서였습니다. 세우고서 자리를 안정시키지 못하고 공격하였다가 이기지 못한다면 앞으로 제후들의 비웃음거리가 될 것입니다. 임금님께서는 왜 난리가 일어나서 그가 스스로 쓰러지는 날을 기다리지 않으십니까?" 하니, 穆公이 말하였다. "그렇다. 옛날 내가 공자 重耳를 들여보내지 않고 지금의 진나라 군주를 들여보낸 것은 德 있는 이를 세우지 않고 복종하는 이를 세운 것이다. 그러나 공자 중이가 사실상 달가워하지 않는데 내가 또 무슨 말을 할 수 있었겠느냐? 국내에서 그의 옹립을 주도한 자들을 죽이고 국외로는 뇌물 약속을 저버렸다. 저들이 우리의 베풂을 외면하는 것이 마치 하늘을 무시하는 듯한 말투이다. 만약 하늘이 있다면 내가 반드시 이길 것이다."

秦나라 군주가 大夫에게 揖하여 수레에 오르게 하고서는 직접 북을 쳐 군사를 진격시켰다. 晉나라 군사가 무너져 〈惠公의〉 병거를 끄는 말이 깊은 수렁에 빠졌다. 惠公이 慶鄭을 소리쳐 불러서 말하기를 "나를 태우도록 하라." 하니, 慶鄭이 대답하였다. "베풀어준 선행도 잊고 은덕도 저버리고 또 길한 점괘마저 무시하셨습니다. 왜 저더러 태우라고 하십니까? 경정의 수레는 임금님께서 욕되게 타시고서 피란할 만하지 못합니다." 梁由靡가 韓簡의 병거를 몰다 秦公을 맞아 싸워서 곧 포획하려는데, 慶鄭이 말하기를 "〈秦穆公〉은 놓아두고 이리로 와서 우리 임금을 구하라." 하였다. 그러나 구하지 못해 마침내 秦나라에 붙잡혔다.

穆公이 귀국하여 王城 땅에 이르러 大夫들을 모아놓고 계책을 의논하였다. "晉나라 군주를 죽이는 것, 〈진나라에서〉 축출하는 것, 귀국시키는 것, 다시 王位를 회복시켜 주는 것들 중 어느 것이 이롭겠느냐?" 公子 縶이 말하였다. "죽이는 것이 이롭습니다. 축출시키면 제후와 결탁할까 염려되고, 귀국시킨다면 우리 국가에 간특한 일이 많을 것이고, 왕위를 회복시켜 주면 君臣이 합작하여 임금님의 걱정거리를 만들어낼까 염려되니 죽이는 것만 못합니다." 公孫 枝가 말하였다. "옳지 않습니다. 大國의 군사를 들녘의 한가운데에서 부끄럽게 하고 또 그 임금을 죽여서 치욕을 가중시킨다면, 아들은 아버지의 원수 갚기를 생각하고 신하는 임금의 원수 갚기를 생각할 것입니다. 설사 秦나라가 아니더라도 천하의 諸侯 중에 뉘라서 그런 나라를 걱정거리로 생각하지 않겠습니까?" 公子 縶이 말하였다. "제가 어찌 부질없이 죽이려는 것이겠습니까? 저는 장차 公子 重耳로 대신하려는 생각에서입니다. 晉나라 군주의 無道함에 대해서는 듣지 않은 사람이 없고, 公子 重耳의 仁德은 알지 못하는 이가 없습니다. 大國을 싸워 이긴 것은 武力을 과시함이고, 無道한 사람을 죽이고 道가 있는 사람을 세우는 일은 仁德을 밝힘이고, 이기고서 뒤탈이 없게 하는 것은 지혜입니다." 公孫 枝가 말하였다. "한 나라의 군사들에게 치욕을 안기고서 또 내가 道德을 갖춘 公子를 들여보내 너희를 다스리게 할 것이라고 말하는 것은 불가한 일이 아니겠습니까? 만약 그 일이 불가하게 된다면 반드시 제후들의 비웃음거리가 될 것입니다. 승전하고서 제후들의 비웃음을 산다면 武力을 드러낸 일이라 할 수 없을 것이고, 그 아우를 죽이고 그 형을 세워서 그 형이 우리를 덕스러워하고 그 아우의 죽음을 잊는다면 仁德이 있다 말할 수 없을 것이고, 만약 그 아우의 죽음을 잊지 않는다면 이는 거듭 은혜를 베풀고서도 결과를 얻지 못하는 일이 될 것이니 지혜롭다 말할 수 없을 것입니다." 秦나라 군주가 말하기를 "그렇다면 어떻게 해야겠느냐?" 하니, 公孫 枝가 말하였다. "돌려보내서 그것을 인연으로 晉나라와 화평을 맺어 두는 것만 못할 것입니다. 그의 군주 자리를 회복시켜 주고 그의 맏아들을 볼모로 잡아서 아들과 아버지가 번갈아 秦나라에 머물러 있게 한다면 나라에 해가 없을 것입니다." 이 때문에 惠公을 돌려보내고 아들 子圉를 볼모로 잡았으며, 秦나라가 河東 지역의 정무를 처음으로 관장하기 시작하였다.

103. 呂甥逆惠公於秦 呂甥이 秦나라에서 惠公을 맞아들이다

【大義】 呂甥이 포로로 잡혀간 惠公을 맞아들이기 위해 국내와 秦나라에서 펼치는 輿論形成과 여론을 전달하는 교묘한 말솜씨.

公在秦三月[75]에 聞秦將成하고 乃使郤乞告呂甥[76]이러니 呂甥教之言하야 令國人

---

75) 在秦三月 : ≪左傳≫에는 惠公이 9월에 포로로 잡혔다가 11월에 귀국한 것으로 기록

於朝曰 君使乞告二三子하시니 曰秦將歸寡人이나 寡人不足以辱社稷호니 二三子其改置하야 以代圉也[77]하라하고 且賞以說衆하니 衆皆哭이어늘 焉作轅田[78]하다 呂甥致衆而告之曰 吾君慙焉하야 其亡之不恤[79]하고 而羣臣是憂[80]하시니 不亦惠乎아 君猶在外하니 若何오 衆曰 何爲而可오 呂甥曰 以韓之病으로 兵甲盡矣니 若征繕[81]以輔孺子하야 以爲君援이면 雖四鄰之聞之也라도 喪君有君하고 羣臣輯睦하고 兵甲益多니 好我者勸하고 惡我者懼하야 庶有益乎인저 衆皆說이어늘 焉作州兵[82]하다

呂甥逆君於秦할새 穆公訊之曰 晉國和乎아 對曰 不和니이다 公曰 何故오 對曰 其小人은 不念其君之罪하고 而悼其父兄子弟之死喪者하야 不憚征繕以立孺子하야 曰必

되어 있다.

76) 乃使郤乞告呂甥 : 郤乞은 晉나라의 대부로 惠公을 따라 秦나라에 가 있었고, 呂甥은 또한 晉나라의 대부로 당시 진나라에 남아 정사를 보살피고 있었다.

77) 改置 以代圉也 : 다른 公子를 세워서 태자 子圉를 대체하라는 말이다. 이는 惠公 부자가 군주의 자리를 다른 公子에게 讓與하는 듯한 인상을 백성들에게 심어서 그들을 감동시키려는 생각에서 나온 꾀이다.

78) 焉作轅田 : 焉은 於是의 뜻으로 곧 '이에'란 말이다. 轅田은 賈逵가 말하기를 "轅은 바꾼다는 뜻이다. 전답에 관한 법령을 바꾸어서 여러 사람들에게 전답을 상으로 내린 것이니 그동안 井田 제도로 規劃되어 있던 전답의 경계들을 바꾸어버린 것이다."고 하였다. 혹자가 轅은 수레이니 전답에 따라 兵車를 세금으로 낸 것이라고 하는 주장에 대하여, 韋昭는 "賞을 내려 민중을 기쁘게 하고자 하면서 전답에 따라 병거를 내게 한다는 것은 옳은 해석이 아니다."고 하였다. ≪左傳≫ 〈僖公15年〉에 이 기사에서 楊伯峻은 轅田은 爰田이라면서 역대 轅田에 대한 분분한 여러 異說들을 나열하였다. 여기서는 일단 賈逵의 설을 따르기로 한다.

79) 亡之不恤 : 亡은 포로로 붙잡혀 외국에 있는 것이다.

80) 羣臣是憂 : 憂를 韋昭는 군주를 다른 公子로 바꾸어 세우라 한 것, 여러 신료들에게 賞을 내린 것, 轅田을 만든 일 등이라 하였다. 그러나 轅田을 만든 것은 惠公이 직접 지시해서 이루어진 일인지 불분명하다.

81) 征繕 : 征은 세금 징수이며 繕은 兵仗器 수선이다. 세금을 더 징수하여 병장기를 손질하는 것을 이른다.

82) 焉作州兵 : 2천 5백 戶가 한 州이다. 州兵은 州 단위의 군사들을 州의 수령이 거느리고 병장기도 州 단위로 준비하는 것이다. 州兵은 국가 단위 군대에서 지방 단위 군대로의 전환이라는 점에서 주목할 점이다.

報吾讎[①]니 寧事齊・楚하야 齊・楚又交輔之리라하고 其君子는 思其君호대 且知其罪라 曰必[②]事秦하야 有死無它니라 故不和일새 比其和之而來라 故久니이다 公曰 而[83)] 無來라도 吾固將歸君이니라 國謂君何오 對曰 小人曰不免이라하고 君子則不라하니이다 公曰 何故오 對曰 小人忌而不思[84)]하야 願從其君[85)]而與報秦이라 是故云이오 其君子則不하야 曰吾君之入也는 君之惠也니라 能納之하고 則能執之[③]하니 能執之하야 則能釋之면 德莫厚焉이요 惠莫大焉이로대 納而不遂하고 廢而不起면 以德爲怨이니 君其不然이라하니이다 秦君曰 然하다하고 乃改館[86)]晉君하고 饋七牢[87)]焉하다

〔校勘〕① 吾讎 : 四部備要本에는 '讎吾'로 되어 있는데 그렇게 하면 句讀도 必報讎 吾寧事齊楚라야 맞다.
② 必 : 四部備要本에는 '必'자가 없다.
③ 則能執之 : 四部備要本에는 이 네 글자가 없다.

惠公이 秦나라에 머문 지 3개월 되는 즈음에 秦나라가 講和하려 한다는 소문을 들었다. 이에 郤乞을 시켜 呂甥에게 그 사실을 알리도록 하였다. 여생이 극걸에게 할 말을 가르쳐 주어 조정에서 나라 사람들에게 명령하게 하기를 "임금이 나를 시켜서 여러분들에게 고하게 하기를 '秦나라가 장차 寡人을 돌려보내려고 하나, 과인은 社稷의 군주 자리를 욕되게 하기에는 부족한 사람이다. 여러분들은 군주를 바꾸어 세워서 圉를 대체하도록 하라.'고 하셨습니다." 하고서 또다시 〈임금의 이름으로〉 賞을 내려 백성들을 기쁘게 하니, 백성들이 모두 소리 내어 울었다. 이에 轅田제도를 만들었다.

呂甥이 여러 사람들을 모아놓고서 고하기를 "우리 임금님이 부끄러움에서, 포로로 외국에 붙잡혀 계신 자신을 걱정하지 아니하고, 여러 신료들을 걱정하고 계시니 또한 은혜로운 일이 아니겠습니까? 그러한 임금님이 아직 나라 밖에 계시니 어찌하면 좋겠

---

83) 而 : 상대를 지칭하는 名詞이다.
84) 忌而不思 : 忌는 원망이다. 不思는 大義를 생각지 못함이다.
85) 其君 : 惠公의 아들 子圉를 이른다.
86) 改館 : 처음에 秦穆公이 晉惠公을 靈臺에 구금시켰다가 돌려보내려고 생각한 까닭에 다시 客館에 머물도록 한 것이다.
87) 七牢 : 牛・羊・豕 각기 한 마리씩을 갖춘 음식을 1牢라 한다. 7牢는 이의 7배이니 公・侯・伯・子・男의 제후 班列에서 侯伯 班列의 제후에게 행하는 禮이다.

습니까?" 하니, 여러 사람들이 말하였다. "무엇을 어떻게 했으면 좋겠습니까?" 여생이 말하기를 "韓原의 전쟁에서 참패함으로써 兵甲을 모두 상실하였습니다. 만약 세금을 더 거두어 兵器를 수선하고, 子圉를 보좌하여 임금님의 후원이 되게 한다면 사방 이웃 나라에서 소문을 듣더라도, 임금을 잃었으나 임금이 유지되고 있는 것이 되고, 여러 신료도 화목하고 兵甲도 더욱 많아지는 것이 될 것입니다. 하여 우리를 좋아하는 나라는 격려할 것이고, 우리를 싫어하는 나라는 두려워할 것이니 아마도 도움되는 일이 있을 것입니다." 하니, 모든 백성이 다 기뻐하였다. 이에 州兵을 만들었다.

呂甥이 임금을 秦나라에서 맞이하려 할 적에, 穆公이 묻기를 "晉나라는 화목한가?" 하니, 여생이 대답하였다. "화목하지 못합니다." 穆公이 "어인 까닭에서인가?" 하니, 呂甥이 대답하였다. "小人들은 自國 군주의 죄는 생각하지도 않고 그 父兄이나 子弟들 죽은 것만 슬프게 여겨, 세금을 내 병장기 수선하는 일을 두려워하지 아니하고 太子를 옹립하여 말하기를 '반드시 우리의 원수를 갚을 것이다. 우리가 차라리 齊나라와 楚나라를 섬겨서라도 제나라와 초나라가 다시 서로 곁에서 거들어주고 돕도록 하겠다.' 하고 있고, 君子들은 自國의 군주를 생각하면서도 또 그 군주의 罪過도 알고 있습니다. 그들은 말하기를 '반드시 秦나라를 섬겨야 한다. 죽음이 있을지라도 다른 마음을 가져선 안 된다.'고 말하고 있습니다. 이런 일들로 불화를 빚고 있습니다. 이러한 의견들이 조화되기를 기다렸다 오느라 시간이 오래 걸렸습니다."

穆公이 "그대가 오지 않았더라도 내가 본시 그대들의 군주를 돌려보내려 하고 있었다. 그대 나라에서는 그대 군주를 어떻게 말하고 있느냐?" 하자, 여생이 말하였다. "소인들은 '죽음을 면치 못할 것이다.'라고 말하고 있고, 군자들은 그렇지 않다고 말하고 있습니다." 穆公이 "어인 까닭에서이냐?" 하자, 대답하였다. "소인들은 원망만 하고 大義를 생각지 못하여 그 군주(子圉)를 따라 함께 秦나라에 보복하기를 원하고 있습니다. 그렇기 때문에 그렇게 말하는 것이고, 저들 군자들은 그렇지 않다고 말하니 '우리 군주가 들어와 군주 자리를 이은 것은 저 군주의 은혜였다. 능히 들여보내기도 하고 능히 잡아들이기도 하였다. 능히 잡아들였으니 능히 풀어준다면, 덕이 그보다 두터울 수가 없고 은혜가 그보다 더 클 수가 없을 것이다. 그러나 들여보내 군주 자리를 잇게 하고서 군주의 자리를 안정시켜 주지 않고, 폐출시켰다가 다시 세워주지 않는다면, 德 보인 것을 원한으로 만드는 일이다. 秦나라 군주께서는 그렇게 하지 않으실 것이다.' 라고 말하고 있습니다." 秦나라 군주가 "그렇다." 하고서, 이에 惠公이 묵는 館舍를 바꾸어 묵게 하고, 7牢의 음식을 대접하였다.

104. 惠公斬慶鄭 惠公이 慶鄭의 목을 베다

【大義】 惠公이 포로에서 풀려나 돌아오자마자 벌인 慶鄭의 처벌 과정에서 일어나는 경정의 丈夫다운 氣概와 惠公의 좁은 소견.

〈惠〉①公未至에 蛾晳②88)謂慶鄭曰 君之止는 子之罪也니라 今君將來어늘 子何俟오 慶鄭曰 鄭也聞之컨대 曰軍敗에 死之하고 將止89)에 死之라하야늘 二者不行하고 又重之以誤人하야 而喪其君90)하니 有大罪三이니라 將安適고 君若來면 將待刑以快君志요 君若不來면 將獨伐秦하야 不得君이면 必死之니 此所〈以〉③待也니라 臣得其志91)하야 而使君瞢은 是犯也니라 君行犯도 猶失其國이온 而況臣乎아

公至於絳郊92)하야 聞慶鄭止93)하고 使家僕徒召之하야 曰鄭也有罪어늘 猶在乎아 慶鄭曰 臣怨君始入而報德이면 不降94)이오 降而聽諫95)이면 不戰이오 戰而用良96)

---

88) 蛾晳 : 晉나라의 대부. 四部備要本과 ≪左傳≫에는 모두 蛾析으로 되어 있다.

89) 將止 : 止는 포로로 잡히는 것을 이른다.

90) 又重之以誤人 而喪其君 : 梁由靡가 秦君을 포획하고 惠公을 위험에서 구하려던 두 가지 뜻을 모두 이루지 못한 것을 이른다. 이 내용은 윗장 '秦侵晉止惠公於秦'章에 자세하다.

91) 得其志 : 志는 경정이 외국으로 도망가서 생명을 부지하는 것이다.

92) 絳郊 : 絳은 진나라의 首都이다.

93) 慶鄭止 : 止는 외국으로 도망치지 아니하고 국내에 그대로 머물러 있는 것이다.

94) 不降 : 韋昭는 "스스로 降下하여 秦나라를 저버리지는 않았을 것이다.〔不自降下而背秦也〕"라고 하였는데 降下라는 말이 선뜻 해석되지 않는다. 暨南大學出版社 刊行 ≪國語譯注辨析≫ 393면에는 "降은 哄과 통용되는 글자이니 다투는 것이다."고 하였다. 기남대학본의 해석을 따르기로 한다.

95) 降而聽諫 : 이 전쟁은 晉나라가 秦나라의 흉년에 쌀 구입을 허락하지 않은 데에서 발단이 되었다. 秦나라가 쌀 구입을 청하였을 때에 慶鄭은 惠公에게 秦나라의 청을 들어주도록 진언하였다. 바로 이 諫言을 이르는 말이다. 위 '秦薦晉饑晉不予秦糴'章을 참고하라.

96) 戰而用良 : 用良은 좋은 사람을 등용해 쓰는 것을 이르니, 惠公의 兵車 오른쪽에 탈

이면 不敗호이다 旣敗而誅에 又失有罪[97]면 不可以封國일새 臣是以待卽刑하야 以成君政호이다 君曰 刑之하라 慶鄭曰 下有直言은 臣之行也요 上有直刑은 君之明也니 臣行君明은 國之利也니이다 君雖弗刑이라도 必自殺也리이다 蛾晳諫曰 臣聞之④컨대 奔刑[98]之臣은 不若赦之以報讎라하니 君盍赦之하야 以報於秦이니잇가 梁由靡曰 不可하니이다 我能行之면 秦豈不能이리잇가 且戰不勝하고 而報之以賊은 不武요 出戰[99]不克하고 入處不安[100]은 不知며 成而反之[101]는 不信이요 失刑亂政[102]은 不威니이다 出不能用하고 入不能治면 敗國이요 且殺孺子[103]니 不若刑之니이다 君曰 斬鄭하야 無使自殺하라 家僕徒曰 有君不忌[104]하고 有臣死刑이면 其聞賢於刑之니이다 梁由靡曰 夫君政刑이라 是以治民이니이다 不聞命而擅進退는 犯政也요 快意〈而〉⑤喪君은 犯刑也니이다 鄭也賊而亂國하니 不可失也요 且戰而自退하고 退而自殺이면 臣得其志요 君失其刑이라 後不可用也[105]니이다하니 君命⑥司馬說[106]刑之하다 司馬說

사람을 점쳐 경정이 吉한 것으로 나왔으나 따르지 않은 것을 이른다. 이는 위 '秦侵晉止惠公於秦'章을 참고하라.

97) 又失有罪 : 慶鄭이 도망쳐 버리면 罪 있는 사람을 제대로 죄주지 못할 것이란 말이다.

98) 奔刑 : 奔은 刑罰에 흔쾌히 나아가는 것이다.

99) 出戰 : 晉나라와 秦나라가 韓原에서 싸운 것을 이른다.

100) 入處不安 : 지금 晉나라가 다시 秦나라를 치고자, 조용히 있지 못하는 것을 이른다.

101) 成而反之 : 成은 화평조약의 성립이 성립되는 것이다. 화평조약을 맺고서 뒤집는다는 말이다.

102) 失刑亂政 : 失刑은 죄 있는 자를 처형하지 못함이고, 失刑하였을 경우 정치가 어지러워진다는 말이다.

103) 且殺孺子 : 孺子는 군주나 世卿의 후계자를 이르는 말이다. 지금 惠公의 태자 子圉가 秦나라에 인질로 잡혀 있어 만일 秦나라를 공격하게 되면 진나라가 子圉를 반드시 죽일 것이란 말이다.

104) 不忌 : 忌는 怨嫌이다.

105) 後不可用也 : 不可用에 대해서 韋昭는 '다시 전쟁에 쓸 수 없을 것이다.'로 해석하였다. 君主가 나라를 다스리는 특권을 잃음으로 해서 다시 아무 것도 할 수 없다는 뜻이다. 그러나 굳이 전쟁에 한정 지을 필요가 없을 듯하여 전쟁이란 뜻을 따르지 않았다.

106) 司馬說 : 司馬는 군법을 관장하는 벼슬 이름이고 說은 사람 이름이다.

進三軍之士하야 而數慶鄭曰 夫韓之誓[107]에 曰失次犯令이면 死요 將止不面夷[108]면 死요 僞言誤衆이면 死라하니라 今鄭失次犯令하니 而罪一也요 鄭擅進退하니 而罪二也요 女誤梁由靡하야 使失秦公하니 而罪三也요 君親止어늘 女不面夷하니 而罪四也니 鄭也就刑하라 慶鄭曰 說아 三軍之士皆在하니라 有人能坐待刑이어니 而不能面夷아 趣(촉)行事乎인저 丁丑[109]에 斬慶鄭하고 乃入絳하다 十五年[110]에 惠公卒하고 懷公立[111]이라 秦乃召重耳於楚하야 而納之러니 晉人殺懷公於高梁하고 而授重耳하니 實爲文公이니라

〔校勘〕 ① 〈惠〉 : 四部備要本에 의거하여 보충하였다.
② 晢 : 四部備要本에는 '析'으로 되어 있다. 아래도 같다.
③ 〈以〉 : 四部備要本에 의거하여 보충하였다.
④ 之 : 四部備要本에는 '之'자가 없다.
⑤ 〈而〉 : 四部備要本에 의거하여 보충하였다.
⑥ 命 : 四部備要本에는 '令'으로 되어 있다.

惠公이 아직 이르지 않았을 때, 蛾晢이 慶鄭에게 말하기를 "군주께서 포로로 잡힌 것은 그대의 잘못 때문입니다. 지금 군주가 곧 들어오는데 그대는 뭘 기다리고 있습니까?" 하니, 경정이 말하였다. "내가 듣건대 '군대가 전쟁에서 지면 죽어야 하고, 將軍이 포로로 붙잡히면 죽어야 한다.'고 하였습니다. 그런데 이 두 가지 일을 실행하지 못하였습니다. 또 거듭 남까지 그르쳐 임금님을 붙잡혀 가게 하였습니다. 큰 죄가 세 가지나 됩니다. 장차 어디로 도망갈 수 있겠습니까? 임금님이 만약 들어오신다면 임금

---

107) 韓之誓 : 晉나라가 秦나라와 韓原에서 전투를 벌일 때 군사를 모아놓고 한 盟誓. 곧 전투에서 지켜야 할 수칙과 맹세의 말을 정하여 군대에 포고하는 일종의 의식이다.

108) 將止不面夷 : 止는 포로로 잡히는 일이다. 夷는 손상이다. 곧 장군이 붙잡히는데 소속 군사가 얼굴에 상처 하나 없으면 해당 죄를 받는다는 말이다.

109) 丁丑 : 11월 29일이다.

110) 十五年 : 晉惠公 재위 15년으로 魯僖公 24년(기원전 636년)에 해당한다. 그러나 晉惠公의 죽음이 ≪左傳≫에 僖公 24년이 아닌 23년에 실려 있으니 15년은 당연히 14년의 잘못이라는 고증이 일반적으로 굳혀진 상태이다.

111) 懷公立 : 懷公은 惠公의 태자 子圉다. 자어가 秦나라에 볼모로 잡혀 있다가 惠公이 죽기 1년 전에 도망쳐 되돌아왔다.

님이 내리는 형벌을 기다려서 임금님의 뜻을 통쾌하게 해 드릴 것이요, 임금님이 만약 들어오시지 못한다면 앞으로 혼자서라도 秦나라를 정벌하여, 임금님을 구해 돌아오지 못하면 반드시 죽을 것입니다. 이것이 기다리고 있는 이유입니다. 내가 나 하고 싶은 대로 외국으로 도망쳐서 임금님이 부끄러움을 느끼도록 하는 것은 逆賊罪를 범하는 행위입니다. 군주가 이러한 죄를 범한다 하더라도 오히려 나라를 잃을 일인데 하물며 신하이겠습니까!"

惠公이 絳都의 郊外에 이르러서 慶鄭이 나라에 그대로 머물러 있다는 소식을 듣고는 家僕徒를 보내 경정을 불러서 말하기를 "경정은 저지른 죄가 있는 터인데 아직까지 머물러 있었더냐?" 하니, 경정이 말하였다. "신은 원망스럽습니다. 임금님이 처음 들어오셨을 적에 恩德에 보답했으면 다툼이 발생하지 않았을 것이고, 다툼이 발생하였더라도 諫言하는 말을 들으셨다면 싸움은 일어나지 않았을 것이고, 싸우면서도 훌륭한 사람을 썼더라면 패하지 않았을 것입니다. 전쟁에 지고서 죄를 다스리는 데에 또다시 죄 있는 사람을 놓친다면 나라는 유지될 수 없을 것입니다. 신은 이런 까닭에서 刑罰에 나아가기를 기다려, 임금님께서 정치를 이루시도록 하려는 생각에서였습니다."

임금이 말하기를 "처형하라!" 하니, 경정이 말하였다. "아랫사람이 윗사람에게 바른 말을 하는 것은 신하의 도리이고, 군주가 바른 형벌을 시행하는 것은 군주의 英明함입니다. 신하가 정도를 행하고 군주가 영명하게 형벌을 시행하는 것은 나라의 이로움입니다. 임금님께서 형벌을 내리지 않으시더라도 반드시 제 자신이 죽을 것입니다."

蛾晳이 諫하여 말하기를 "신은 듣건대 형벌을 흔쾌히 나가 받으려는 신하는 赦免하여 원수를 갚게 하는 것만 못하다고 하였습니다. 임금님께서는 어찌 그를 사면시켜서 秦나라에 보복토록 하지 않으십니까?" 하니, 梁由靡가 말하였다. "안 됩니다. 우리가 그런 짓을 행할 수 있다면 秦나라라고 왜 그런 짓을 못하겠습니까? 싸워 이기지 못하고서 손상 입히는 것으로 보복하려 하는 것은 씩씩함일 수 없고, 나가 싸워 이기지 못하고서 들어와 머무르며 보복의 일로 조용히 지내지 못하는 것은 지혜로움일 수 없고, 화친하고서 뒤집는 것은 信義일 수 없고, 형벌의 기준을 잃고 정치를 혼란시키는 것은 威嚴일 수 없습니다. 또 전쟁에 나가서 마음대로 부려 쓰지 못하고 나라에 들어와 잘못을 다스리지 못한다면, 나라를 무너뜨리는 일이자 〈秦나라에 볼모로 잡혀 있는〉 태자를 죽이는 일입니다. 처형하는 것만 못합니다."

임금이 말하기를 "경정을 참살하여 제 손으로 죽지 못하게 하라." 하니, 家僕徒가 말하였다. “임금님이 사사로운 원망을 생각하지 않고 신하가 스스로 형벌에 나아가 죽는다면, 그 소문이 형벌을 내리는 것보다 나을 것입니다.”

梁由靡가 말하기를 “임금은 政令과 刑法을 주관합니다. 이러한 까닭에 백성을 다스릴 수 있습니다. 임금의 명령을 듣지 않고 멋대로 나아가고 물러나는 것은 政令을 범한 것이고, 자신의 감정을 쾌하게 하려 임금을 포로로 붙잡혀 가게 한 것은 刑法을 범한 행위입니다. 경정이 政令을 손상시키고 나라를 어지럽혔으니 정령과 형법을 둔 의미를 잃어서는 안 됩니다. 또한 전쟁에서 자신의 생각대로 후퇴하고, 후퇴하여서는 자신의 생명을 자신이 끊는다면 신하는 자신의 뜻대로 행동하는 것이고, 임금은 형법을 둔 뜻을 잃는 것이어서 이후 아무것도 수행할 수 없게 될 것입니다.” 하니, 임금이 司馬 說에게 명령하여 처형하게 하였다.

司馬 說이 3군의 군사를 소집시키고 경정의 죄를 열거하기를 “韓原의 전투에서 이렇게 맹세하였다. ‘군대의 隊伍를 잃거나 군령을 어기면 죽이고, 장수가 잡혔는데 얼굴에 상처 한 곳 없으면 죽이고, 거짓말로 대중을 誤導하면 죽인다.’고 하였다. 慶鄭 너는 대오를 잃고 군령을 어겼으니, 너의 첫 번째 죄요, 경정 너는 진격과 후퇴를 네 멋대로 하였으니 너의 두 번째 죄요, 네가 양유미를 誤導하여 秦穆公을 포로로 잡을 수 없게 하였으니 너의 세 번째 죄요, 군주가 붙잡혔는데도 너의 얼굴에 상처 하나 없었으니 너의 네 번째 죄다. 경정은 형벌을 받도록 하라.” 하니, 경정이 말하였다. “說아! 三軍의 군사들이 모두 이 자리에 있다. 사람이 앉아서 사형을 기다리고 있는데, 이것이 얼굴에 상처 하나도 없는 것이냐? 어서 형벌을 집행하도록 하라!” 丁丑日에 경정을 斬刑하고서야 惠公이 絳都에 들어왔다.

15년에 惠公이 죽고, 懷公이 등극하였다. 秦나라가 楚나라에서 重耳를 불러서 들여보내자, 晉나라 사람들이 高梁 땅에서 懷公을 시해하고 重耳에게 정권을 넘겨주니 바로 文公이다.

譯註者 略歷

許鎬九
경남 진주 출생
家親 晦山公께 家學
秋淵 權龍鉉 先生 師事
민족문화추진회 국역연수원 수료
단국대학교 동양학연구소 漢韓大辭典編纂室 수석팀장(현)
민족문화추진회 강사(현)
한국국학진흥원 강사(현)
〈漢文聲讀考〉《退溪全書》《菊潭集》《別洞集》
《茶山集》《雙槐堂遺稿》《拓齋文集》《宣祖實錄》
《正祖實錄》《朱注論語》《朱注孟子》 등 번역

李海權
충남 공주 출생
肯堂 李圭憲 선생에게 한문 수학
민족문화추진회 국역연수원 수료
고려대학교 교육대학원 한문교육과 수료
성균관대학교 사회교육원 성균관 한림원
전통문화연구회 동방사상연구회 등 出講
고려대학교 특수자료 관리부(현)
《中宗實錄》《仁祖實錄》《明宗實錄》《宋子大全》 등 번역
한국민족문화대백과사전 원고 집필

李忠九
경기 과천 출생
성균관대학교 대학원 국어국문학과 문학박사
민족문화추진회 국역연수원 수료
성균관대학교 강사
전통문화연구회 교무위원(현)
국사편찬위원회 고전연구위원(현)
〈六書尋源攷〉〈韓國漢字 硏究〉〈經書諺解硏究〉 등
《小學集註》《通鑑節要》 등 번역

金在烈
전남 화순 출생
秋淵 權龍鉉 先生 師事
민족문화추진회 국역연수원 수료
단국대학교 동양학연구소 辭典編纂室 전문연구원(현)
《宣祖實錄》《宋子大全》
《茶山詩文集》 등 번역

東洋古典譯註叢書 35
譯註 國 語 1　　　　16,000원

2005년 12월 31일 초판 발행
2006년 6월 15일 초판 2쇄

譯 註 許鎬九・李海權・李忠九・金在烈
編 輯 古典國譯編輯委員會
發行人 李啓晃
發行處 社團法人 傳統文化硏究會
서울시 종로구 낙원동 284-6 낙원빌딩 411호
전화 : (02)762-8401 전송 : (02)747-0083
전자우편 : juntong@juntong.or.kr
홈페이지 : juntong.or.kr
사이버書堂 : cyberseodang.or.kr
등록 : 1989. 7. 3. 제1-936호

인쇄처 : 한국법령정보주식회사

ISBN 89-91720-08-0 94140
89-85395-71-8(세트)

도서목록

기초한문교재 成百曉 譯註

懸吐完譯 四字小學 (4,000원) 習字敎本 (2,000원)
〃 推句·啓蒙篇 (3,500원) 習字敎本 (2,000원)
〃 明心寶鑑 (5,000원)
〃 童蒙先習·擊蒙要訣 (8,500원)
〃 註解千字文 (6,000원) 習字敎本 (2,000원)

東洋古典國譯叢書

懸吐完譯 論語集註 (成百曉 譯註 20,000원)—개정증보판
〃 孟子集註 (成百曉 譯註 22,000원)—개정증보판
〃 大學·中庸集註 (成百曉 譯註 7,000원)—개정증보판
〃 詩經集傳 上下 (成百曉 譯註 각 17,000원)
〃 書經集傳 上下 (成百曉 譯註 각 20,000원)
〃 周易傳義 上下 (成百曉 譯註 각 25,000원)
〃 小學集註 (成百曉 譯註 18,000원)
〃 古文眞寶 後集 (成百曉 譯註 18,000원)
〃 通鑑節要 1 (金都鍊·鄭 珉 譯註 17,000원)
〃 海東小學 (成百曉 譯註 10,000원)
〃 孝經大義 (鄭太鉉 譯註 7,000원)
譯註 九畹集 (趙圭瑢 譯註 20,000원)
校勘直譯 黃帝內經素問 (洪元植 校譯 20,000원)
〃 黃帝內經靈樞 (洪元植 校譯 20,000원)
譯註 어우야담 1·2·3 (玄惠卿 외 譯註 각 15,000원)

東洋古典譯註叢書

譯註 春秋左氏傳 1·2·3 (鄭太鉉 譯 각 18,000원)
〃 莊 子 1 (安炳周·田好根 共譯 13,000원)
〃 古文眞寶 前集 (成百曉 譯 16,000원)
〃 戰國策 1 (林東錫 譯 16,000원)
〃 戰國策 2 (林東錫 譯 18,000원)
〃 心經附註 (成百曉 譯 18,000원)
〃 近思錄集解 1·2·3 (成百曉 譯 각 16,000원)
〃 禮記集說大全 1 (辛承云 譯 18,000원)

漢字漢文教育叢書

漢字教育新講 李應百 鄭愚相 외 10,000원
新漢文科教育論 鄭愚相 외 28,000원
韓中漢文淵源 李應百 13,000원
漢字部首解說 李忠九 10,000원
敎授用 指導書 四字小學 咸賢贊 6,000원
〃 推句·啓蒙篇 咸賢贊 6,000원
〃 明心寶鑑 李明洙 6,000원
〃 童蒙先習 田好根 6,000원
袖珍本 懸吐 基礎漢文敎材 7,000원
袖珍本 口訣 論語·大學·中庸 7,000원
〃 孟 子 7,000원
〃 小學·孝經 7,000원
〃 古文眞寶 前集 7,000원
〃 古文眞寶 後集 10,000원
〃 詩經·書經·周易 각 9,000원
교양인을 위한 한자·한문 裵源龍 外 12,000원
형성자 중심 한자교육 시험백과 金鐘赫 25,000원
실용교양한문 李相鎭 15,000원
漢文基本古典 CD 45,000원
四書三經 CD 98,000원
四書성독테이프 50,000원

서울특별시교육감 인정도서 (96—065~8)
초등학교 漢字 1~4단계
저자 : 정우상 안재철 정우인 한은수
정가 : 1단계 3,750원 2단계 3,550원
3단계 3,550원 4단계 3,500원

동양문화총서

한문이란 무엇인가 (김도련·유영희 저 8,000원)
先賢들의 字와 號 (申用浩·姜憲圭 저 8,000원)
漢詩形式論 (申用浩 編述 10,000원)
동양사상 (정규훈 외 12,000원)

경전으로 본 세계종교 60,000원

편저자 : 길희성 김영경 김용표 이기동
이강수 이정배 홍성엽